이 책에서 이해할 주요 내용

The New York Times 앱은 폰트를 잘 활용해 브랜드를 확립했다고 좋은 평가를 받고 있습니다. 필요 이상의 괘선이나 여백을 쓰지 않고도 읽기 편한 문자로 화면을 구성했습니다(282쪽 참조).

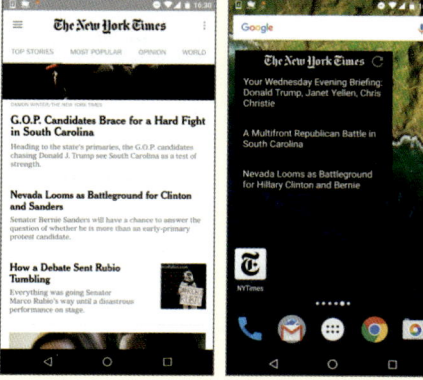

■ The New York Times의 일관된 브랜드 표현

배색과 폰트를 결정할 때 중요한 점은 '어떤 세계관을 표현하는가'입니다. 그래서 우선 무드 보드를 활용해 방향성을 검토합니다. 이미지를 따라서 찾아낸 사진을 모아 표현하고 싶은 방향성과 키워드를 선정하는 재료로 삼습니다(283쪽 참조).

■ 인기 있고 컬러풀한 이미지로 작성한 무드 보드

■ 각 부분의 색 설정

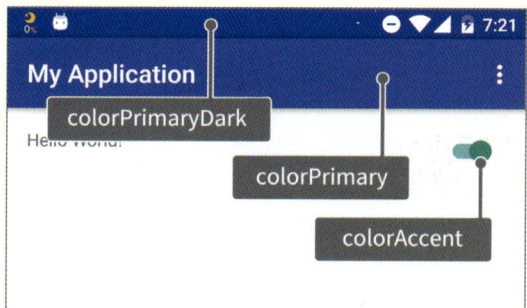

머티리얼 디자인 가이드라인의 Color 항목을 참고해서 컬러 팔레트의 속성을 지정합니다(317쪽 참조).

■ 그리드를 3분할해 구성한 예

포토샵으로 일정한 여백을 계산해 가이드를 긋고, 그 사이를 콘텐츠로 채웁니다. 이런 레이아웃을 만들 때는 처음에 여백을 정하고 나서 콘텐츠의 크기가 정해지기도 합니다(284쪽 참조).

사진을 다룰 때는 문자를 겹쳐도 읽을 수 있게 배려할 필요가 있습니다. 문자를 읽기 힘들면 사진 자체의 명도차를 억제해 조정하거나 반투명 요소를 겹쳐 읽기 쉽도록 배려합니다(285쪽 참조).

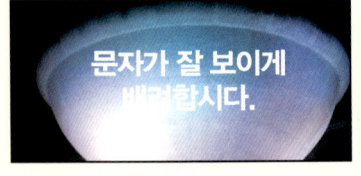 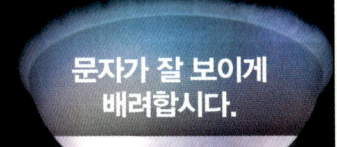 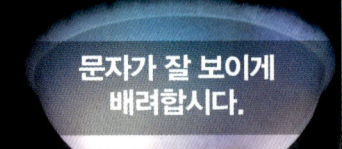

■ 사진과 문자의 구성

일반 버튼은 세 종류가 정의돼 있고, 다른 버튼이나 프레임 수, 레이아웃의 우선순위 등에 따라 어느 하나가 선택됩니다(307쪽 참조).

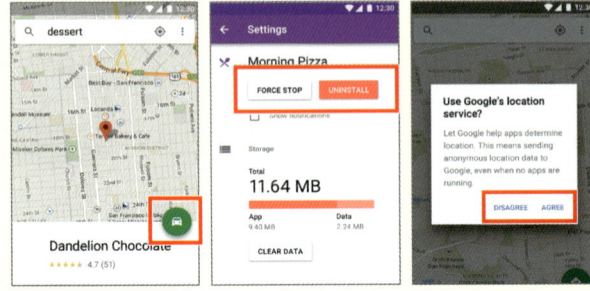

■ 일반 버튼의 예

안드로이드에서는 다이내믹 컬러를 이용하기 위해 Palette 클래스를 제공합니다. 이 클래스를 이용하면 지정한 이미지를 분석하고, 대표색을 추출할 수 있습니다(318쪽 참조).

처음엔 유튜브 브랜드 색상인 빨간색이 인상적

다양한 브랜드가 섞인 검색 결과에서는 옅은 회색으로

개별 채널에서는 다이내믹 컬러로 특색이 표현된다

■ 유튜브에서 다이내믹 컬러를 활용한 예

안드로이드 스튜디오에서 새 프로젝트를 생성하는 화면입니다. 안내를 따라가면 프로젝트를 생성할 수 있습니다(6쪽 참조).

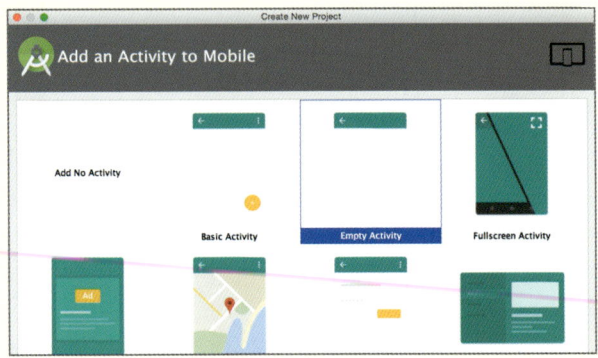

■ 프로젝트 템플릿을 선택

단축키를 활용해 개발 속도를 높여봅시다. [CTRL] + [R](윈도우/리눅스: [SHIFT] + [F10]) 또는 ▶ 버튼을 눌러 실행할 수 있습니다(10쪽 참조).

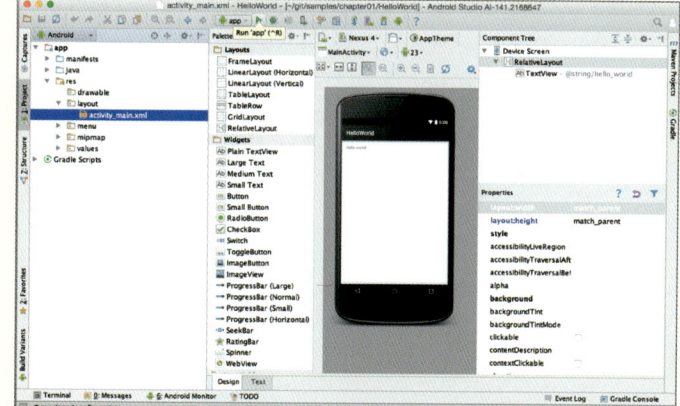

■ 안드로이드 스튜디오 상의 실행 버튼 위치

지원 라이브러리에 있는 NotificationCompat을 활용한 예제 앱입니다. 액션을 이용해 Notification에 버튼을 추가할 수 있습니다(109쪽 참조).

■ Notification Action 표시

RecyclerView를 응용한 예제 앱입니다. Adapter의 메서드를 호출하는 것만으로 드래그 앤 드롭과 스와이프를 간단히 구현할 수 있습니다(128쪽 참조).

■ 드래그 앤 드롭과 스와이프에서의 삭제 표시

GitHub API를 활용한 예제 앱입니다. 이 앱을 MVP, MVVM이라는 설계 기법으로 각각 구현합니다. 앱의 구현을 통해 설계 기법을 학습합시다(137쪽 참조).

■ GitHub API를 활용한 예제 앱

이 예제 앱에서는 간단한 BMI 계산을 합니다. 이 앱에 대한 단위 테스트를 작성해 테스트 작성법을 이해합시다(209쪽 참조).

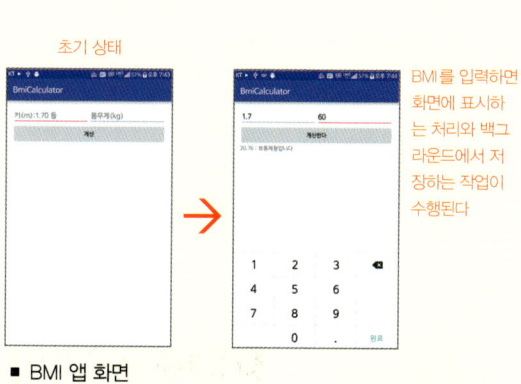

■ BMI 앱 화면

GPU 오버드로 기능을 이용하면 화면에 중복해서 그리는 횟수를 표시해 줍니다. 이 기능은 개발자 모드에서 활성화할 수 있습니다. 화면이 온통 분홍색이나 빨간색이 된 경우는 그리기가 중복된 것이므로 최적화할 여지가 있습니다(376쪽 참조).

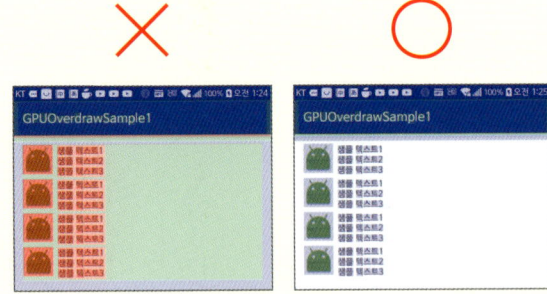

- GPU 오버드로우 시각화(최적화할 수 있는 여지를 확인)

인증 API를 이해합시다. 상품 구매 화면 예제입니다. 인증 요청에 시간 간격을 설정해 단말의 잠금 화면이나 앱 내에서 잠금을 해제하고 30초 이내라면 재인증 없이 동작시킬 수 있습니다(426쪽 참고).

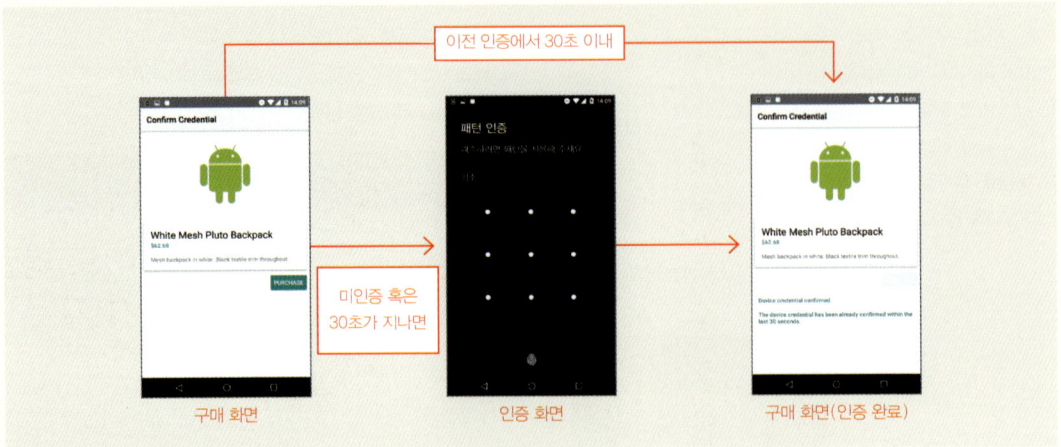

- Confirm Credential 앱

Yahoo! JAPAN의 뉴스 피드에 들어가는 광고란에서 자사 앱(Yahoo! 뉴스 앱)으로 유도합니다(449쪽 참조).

리스팅 광고는 '검색 연동형 광고'라고도 합니다. 운용 최적화에 시간이 걸리므로 장기적으로 광고할 예정이 있는 서비스에 적합합니다(453쪽 참조).

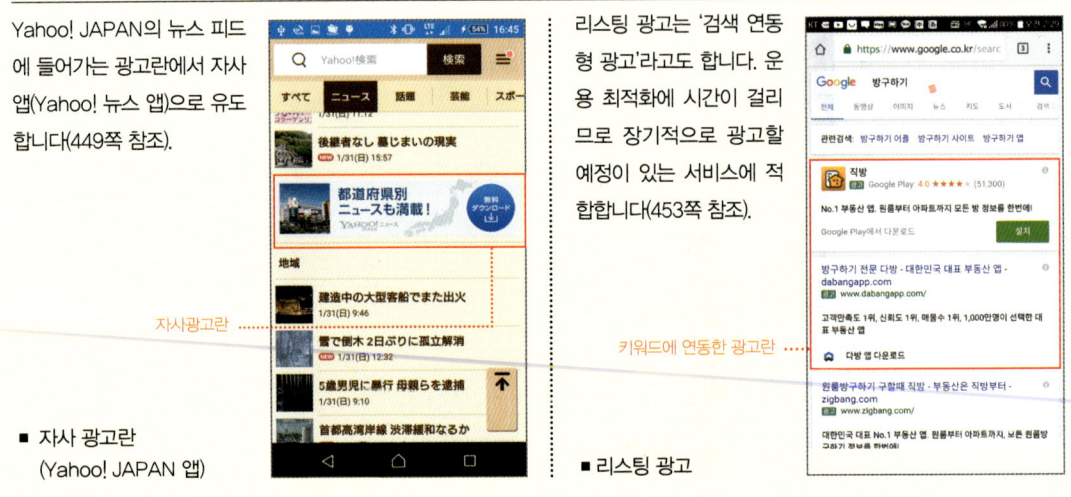

- 자사 광고란
  (Yahoo! JAPAN 앱)

- 리스팅 광고

현업 최고의
안드로이드 개발자가 알려 주는
**안드로이드 개발
레벨업 교과서**

현업 최고의 안드로이드 개발자가 알려 주는
안드로이드 개발 레벨업 교과서

지은이 쯔쯔이 슌스케, 사토야마 나미토, 마츠다 쇼이치, 사사키도 히로키, 멘쥬 타카히로
옮긴이 김성훈
펴낸이 박찬규 엮은이 이대엽 표지디자인 Arowa & Arowana

펴낸곳 위키북스 주소 경기도 파주시 문발로 115, 311호(파주출판도시, 세종출판벤처타운)
전화 031-955-3658, 3659 팩스 031-955-3660

가격 32,000 페이지 524 책규격 188 x 240mm

초판 발행 2017년 06월 08일
ISBN 979-11-5839-065-5 (93000)

등록번호 제406-2006-000036호 등록일자 2006년 05월 19일
홈페이지 wikibook.co.kr 전자우편 wikibook@wikibook.co.kr

KUROOBI ENGINEER GA OSHIERU PRO NO GIJUTSU Android KAIHATSU NO KYOKASHO
Copyright © 2016 Shunsuke Tsutsui, Namito Satoyama, Shoichi Matsuda, Hiroki Sasakido, Takahiro Menju
All rights reserved.
Original Japanese edition published by SB Creative Corp.
Korean translation rights © 2017 by WIKIBOOKS.
Korean translation rights arranged with SB Creative Corp., Tokyo
through Botong Agency, Seoul, Korea

이 책의 한국어판 저작권은 Botong Agency를 통한 저작권자와 독점 계약으로 위키북스가 소유합니다.
신저작권법에 의해 한국 내에서 보호를 받는 저작물이므로 무단 전재와 복제를 금합니다.
이 책의 내용에 대한 추가 지원과 문의는 위키북스 출판사 홈페이지 wikibook.co.kr이나
이메일 wikibook@wikibook.co.kr을 이용해 주세요.

이 도서의 국립중앙도서관 출판시도서목록 CIP는
서지정보유통지원시스템 홈페이지(http://seoji.nl.go.kr)와
국가자료공동목록시스템(http://www.nl.go.kr/kolisnet)에서 이용하실 수 있습니다.
CIP제어번호 CIP2017012522

현업 최고의 안드로이드 개발자가 알려 주는
안드로이드 개발 레벨업 교과서

쯔쯔이 슌스케, 사토야마 나미토, 마츠다 쇼이치, 사사키도 히로키, 멘쥬 타카히로 지음 / 김성훈 옮김

위키북스

구글이 주도하는 안드로이드 플랫폼은 스마트폰을 넘어 시계나 자동차 등 여러 분야에서 널리 이용되고 있습니다. 특히 스마트폰 시장에서 안드로이드 단말의 점유율은 매우 높고, 앞으로 더욱 높아질 것으로 예상됩니다. 게다가 이미 훌륭한 개발 환경과 배포 체계가 갖춰져 있어 프로그래밍하는 사람이라면 누구나 쉽게 만들고 배포할 수 있는 안드로이드 앱 프로그래밍에 관심을 두고 도전해볼 만한 상황이 됐습니다.

초보 단계를 벗어나 만들고 싶은 앱을 어느 정도 만들 수 있게 된 개발자라면 자연스럽게 다음 단계로 소프트웨어 설계 기법이나 최적화 노하우 등으로 눈을 돌리게 됩니다. 그런데 단말의 성능이 빠르게 향상되고 새로운 기술이 등장하는 등 어지러울 정도로 급변하는 개발 환경 속에서 무엇부터 손을 대야 할지 막막해하는 사람이 적지 않습니다. 이제는 안드로이드 앱 개발 환경에서 다뤄야 할 내용이 아주 많아져서 책 한 권으로 다 정리하기도 어려울 정도입니다.

저자가 서문에서 밝힌 것처럼 이 책은 초보 개발자가 한 단계 더 성장하는 데 필요한 것이 무엇인지 고민한 끝에 앱의 '설계 – 개발 – 디자인 – 배포 – 성장'에 관한 포괄적이고 체계적인 지식을 전달하는 데 초점을 맞췄습니다. 설계와 구현을 바라보는 시야를 넓히는 데 주력한 것입니다. 깊이 있는 지식뿐 아니라 설계, 테스트, 디자인 외에 시장 조사, 배포, 수익화 등과 관련된 폭넓은 지식도 필요한 것이 개발의 한 측면이라고 생각합니다.

이 책은 단순히 개발 툴 활용과 프로그래밍 기법을 전달하는 것을 넘어 '상품'으로서 앱을 개발하는 데 필요한 과정을 효과적으로 익힐 수 있는 길을 보여줍니다. 집필진 모두 야후에서 현역으로 활동하는 프로 개발자와 디자이너라서 '야후에서는 이런 식으로 앱을 만드는구나' 하고 어느 정도 분위기를 느낄 수 있는 것도 장점입니다. 집필진 각자의 경험에서 골라낸 주제를 모두 담느라 깊이 있게 들어가진 않지만 새로운 단계로 도약하려는 초보 개발자가 앱 개발에 실패하지 않기 위해서, 그리고 좋은 앱을 만드는 길잡이로서 활용할 수 있게 적절히 주제가 선정됐습니다.

제목에서 알 수 있듯이 이 책은 초보자를 대상으로 하지 않고, 프로그래밍 경험이 있는 개발자를 대상으로 설명합니다. 조금 설명이 어렵거나 생략된 부분은 제시된 예제 코드를 읽고 실행하면 이해하는 데 도움이 되리라 생각합니다. 또한 앞에서도 언급했지만 안드로이드 개발 환경은 빠르게 변화하고 있으므로 책이 출간된 후 구글 개발자 콘솔이나 안드로이드 스튜디오, 라이브러리 등에 변경되는 부분이 생길 수 있습니다. 그런 부분은 보완하면서 적극적으로 변화에 대처한다면 더욱 탄탄한 기반 지식을 쌓아갈 수 있을 것입니다.

끝으로 번역 작업을 맡겨주신 위키북스와 번역 원고를 꼼꼼히 확인하고 다듬어 주신 편집자분께 깊이 감사드립니다. 그리고 이 책을 선택해 주신 독자 여러분께 책의 가치가 잘 전달돼 목적하는 바를 얻을 수 있게 된다면 무척 기쁘겠습니다.

옮긴이

좀 더 수준 높은 안드로이드 개발을 시작하자

이 책을 선택해 주셔서 감사합니다. 이 책은 안드로이드 프로그래밍을 어느 정도 할 수 있게 됐지만 한 걸음 더 나아가고 싶어 하는 분들을 위해 썼습니다. 좀 더 앱을 잘 개발하고 개선할 수 있는 힌트를 가득 담았고, 1인 개발자와 회사에서 개발하는 분 모두에게 도움되는 정보를 모았습니다.

이 책의 집필진들은 자신이 개발하는 앱에 '사용하기 쉬워요'와 같은 리뷰나 별점이 늘어나면 매우 기뻐합니다. 그리고 그런 기쁨은 한층 더 개발에 대한 동기 부여로 연결되지요. 여러분이 이제부터 개발할 앱에서도 꼭 이 책에서 얻은 지식을 꼭 활용해 주세요. 그리고 개선을 거듭해서 '좋아요!' '쓰기 편해요!'라고 좋은 평가를 받는 인기 있는 앱으로 키워 보세요.

이 책에서 다루는 내용

안드로이드 앱 개발의 세계도 이제는 폭이 아주 넓어져서 책 한 권으로 다 정리하기가 어려워졌습니다. 그래서 집필진은 개발 경험이 있는 엔지니어가 한 단계 더 성장하는 데 중요한 것이 무엇일까 고민하기 시작했습니다. 그리고 앱을 개발할 때 '설계 – 개발 – 디자인 – 배포 – 성장'에 관한 포괄적이고 체계적인 지식을 습득하는 것이 무엇보다 중요하다는 결론을 내렸습니다.

앱 개발의 전체 그림을 명확히 이해하게 되면 설계와 구현을 바라보는 시야가 크게 넓어집니다. 그렇게 된다면 안드로이드 앱 개발자로서의 성장도 느낄 수 있을 것입니다.

이 책은 'Tech01'~'Tech19'까지, 19개의 장으로 구성했습니다. 체계적으로 장을 나누고 현역 앱 개발자 5명이 저마다 전문 분야를 살려 각 장을 담당했습니다. 개발 도구나 라이브러리도 몇 년 전과는 싹 달라져서 최신 버전을 도입했습니다.

각 문장은 폭넓은 분야에서 요점을 파악하기 쉽게 설명하는 데 주안점을 두고 기술했습니다. 각 장은 독립적이므로 어디서부터 읽어 나가든 상관없습니다. 마음이 가는 곳부터 읽어나가시면 됩니다.

개발 환경, 빌드 시스템, 자동화는 각각 Tech01, Tech06, Tech09에서 설명합니다. 기본 컴포넌트인 액티비티(Activity), 서비스(Service) 등은 Tech02와 Tech03에서, 단위 테스트, UI 테스트 기법은 Tech07과 Tech08에서 각각 설명합니다.

Tech05에서는 설계 기법으로서 MVP, MVVM을 다룹니다. 설계 기법은 개발자의 필수 지식입니다. Tech13과 Tech14에서는 알아둬야 할 성능 개선, 보안 검사를 설명합니다.

Tech15 이후로는 주로 배포부터 성장에 관해 설명합니다. 앱 개발에서 조금 벗어난 것처럼 보일지 모르지만 개발자도 배포 이후 성장까지 적극적으로 관여함으로써 어떻게 개선할지 주관적으로 파악할뿐만 아니라 수치를 보면서 객관적으로도 파악할 수 있게 됩니다. 따라서 개발과 함께 개선을 제안할 수 있는 기술도 습득할 수 있습니다.

또한 이 책에서는 디자인 기초도 다루고 있습니다. Tech10, Tech11의 디자인 편은 현역 디자이너가 담당해서 앱 개발에 필요한 디자인 기초 지식을 학습할 수 있습니다. 이 부분을 다 읽고 나면 디자이너의 작업 과정을 더 잘 이해할 수 있고, 디자이너와의 협업이 훨씬 즐거워질 것입니다.

시간을 들여 모든 장을 읽고 나면 여러분은 자신의 지식과 개발 능력이 비약적으로 높아졌음을 느낄 수 있을 거라고 생각합니다. 이 책을 읽은 모든 분들이 소프트웨어 엔지니어로서 멋진 안드로이드 앱을 개발하고 앱 비즈니스에도 성공하기를 기원합니다. 또한 그 결과로서 안드로이드와 관련된 환경 전체가 더욱 성숙해지길 바랍니다.

무엇보다도 이 책이 그 일익을 담당할 수 있다면 무척 기쁘겠습니다.

Happy Android!!

2016년 5월 길일 집필진을 대표해 츠츠이 슌스케

CHAPTER 01
안드로이드 스튜디오의 편리한 기능으로 개발 효율을 높인다

1.1 안드로이드 스튜디오를 사용해보자   2

    1.1.1 안드로이드 스튜디오와 그 특징을 이해하자   2
    1.1.2 새 프로젝트를 만들자   3
    1.1.3 실제 디바이스에서 동작시켜 보자   9
    1.1.4 안드로이드 스튜디오의 폴더 구성을 살펴보자   12

1.2 개발을 빠르게 하는 기능을 활용하자   17

    1.2.1 안드로이드 스튜디오로 실용적인 개발 환경을 구축하자   17
    1.2.2 단축키를 이용해 코드를 빠르게 입력하자   19
    1.2.3 편리한 플러그인을 철저히 활용하자   27
    1.2.4 편리한 디버그 기능을 활용하자   29

1.3 안드로이드 스튜디오 2.0의 새로운 개발 환경   31

    1.3.1 인스턴트 런   31
    1.3.2 새로운 에뮬레이터를 시험해보자   31

1.4 정리   32

CHAPTER 02
각 컴포넌트를 복습한다 ①: 액티비티와 프래그먼트 기초

2.1 액티비티를 이해하자   34

    2.1.1 액티비티란?   34
    2.1.2 액티비티의 수명주기를 이해하자   35
    2.1.3 액티비티의 백스택을 이해하자   39

2.2 뷰와 레이아웃을 이해하자   41

    2.2.1 뷰를 이해하자   41
    2.2.2 레이아웃을 이해하자   42
    2.2.3 커스텀 뷰를 만들자   44

2.3 프래그먼트로 UI를 가진 컴포넌트를 통합하자   51

2.3.1 프래그먼트를 이해하자   51

2.3.2 프래그먼트 수명주기를 이해하자   55

2.3.3 프래먼트를 동적으로 추가 · 삭제하자   57

2.3.4 중첩 프래그먼트를 이용하자   60

2.3.5 UI를 갖지 않는 프래그먼트를 이용하자   62

2.4 정리   65

CHAPTER 03
각 컴포넌트를 복습한다 ②: ContentProvider, Service, BroadcastReceiver 기초

3.1 ContentProvider로 데이터 읽기 쓰기를 구현해보자   68

3.1.1 ContentProvider로부터 데이터를 읽어오자   68

3.1.2 ContentProvider를 만들자   73

3.2 BroadcastReceiver로 브로드캐스트 이벤트를 수신하자   85

3.2.1 BroadcastReceiver의 기본을 이해하자   85

3.2.2 LocalBroadcastReceiver를 이해하자   87

3.2.3 브로드캐스트를 수신해 처리할 때 주의할 점을 알아보자   87

3.3 Service로 백그라운드 처리를 구현하자   91

3.3.1 Service의 종류와 수명주기를 이해하자   91

3.3.2 상주 서비스를 만들자   93

3.3.3 IntentService를 활용하자   97

CHAPTER 04
개발에 도움을 주는 지원 라이브러리 활용법: RecyclerView, CardView, Pallete 활용

4.1 지원 라이브러리로 호환성을 유지하면서 개발을 진행합시다   102

4.1.1 지원 라이브러리의 기본을 이해하자   102

4.1.2 지원 라이브러리 종류와 특징을 이해하자   105

4.2 지원 라이브러리 예제를 실행한다 107

    4.2.1 사용자에게 통지하는 NotificationCompat을 이해하자 107

4.3 리스트를 표시하는 RecyclerView 위젯을 이용해보자 111

    4.3.1 RecyclerView의 특징을 이해하자 111

    4.3.2 RecyclerView로 리스트를 표시하자 113

    4.3.3 RecyclerView를 커스터마징하자 118

4.4 정리 128

CHAPTER 05
변경에 강하게 설계한다: MVVM 설계 기법의 이해와 라이브러리 활용

5.1 다양한 설계 기법을 이해하자 130

    5.1.1 MVP를 이해하자 130

    5.1.2 MVVM을 이해하자 131

5.2 액티비티 클래스에 플랫하게 구현해보자 133

    5.2.1 어떤 앱을 만들지 생각하자 133

    5.2.2 앱에 사용할 화면과 기능을 이해하자 134

    5.2.3 구현 방법을 확인하자 134

    5.2.4 패키지 구분법을 확인하자 136

    5.2.5 리포지토리 화면을 이해하자 136

    5.2.6 고찰과 깨달음 142

5.3 MVP를 사용하자 143

    5.3.1 패키지가 나뉜 것을 확인하자 143

    5.3.2 MVP로 안드로이드 프로젝트를 구현하자 144

    5.3.3 고찰과 깨달음 151

5.4 MVVM을 사용하자 152

5.4.1 데이터 바인딩을 사용해보자 152
5.4.2 데이터 바인딩으로 MVVM을 사용해보자 157
5.4.3 패키지 구조를 확인하자 157
5.4.4 리포지토리 화면을 이해하자 158
5.4.5 고찰과 깨달음 167

5.5 정리 167

CHAPTER 06

빌드 시스템을 이해하고 커스터마이징한다: 그레이들의 이해

6.1 그레이들의 기본을 이해하자 170

6.1.1 그레이들의 특징을 파악하자 170
6.1.2 Android Gradle 플러그인 특징을 이해하자 171
6.1.3 안드로이드의 빌드 파일을 살펴보자 172
6.1.4 모듈의 build.gradle을 이해하자 173
6.1.5 그레이들의 태스크를 이해하자 178

6.2 안드로이드 그레이들 플러그인을 활용해 개발 효율을 높이자 180

6.2.1 안드로이드 그레이들 플러그인의 설정을 이해하자 180
6.2.2 상황에 맞게 프로젝트를 커스터마이징하자 185
6.2.3 빌드 변형을 이해하자 192

6.3 커맨드라인으로 실행하자 193

6.3.1 커맨드라인에서 실행하는 장점 193
6.3.2 빌드 194
6.3.3 응용 조작을 마스터하자 195

6.4 정리 198

CHAPTER 07
단위 테스트를 이해하자: 단위 테스트 작성

7.1 테스트의 의의와 종류를 이해하자 — 200
- 7.1.1 테스트를 이해하자 — 200
- 7.1.2 테스트의 종류를 정리하고 이해하자 — 201

7.2 단위 테스트를 작성해 보자 — 203
- 7.2.1 단위 테스트의 사전준비를 하자 — 203
- 7.2.2 테스트를 구현하자 — 209

7.3 테스트 도입 전략을 세우자 — 218
- 7.3.1 테스트 도입을 향한 첫걸음 — 218
- 7.3.2 메서드가 지나치게 길지만 테스트는 작성하고 싶다 — 218
- 7.3.3 리팩터링 기능 활용 — 221

7.4 정리 — 225

CHAPTER 08
UI 테스트를 이해하고 실천한다: UI 테스트 작성

8.1 UI 테스트를 이해하자 — 228
- 8.1.1 단위 테스트와의 차이를 이해하자 — 228
- 8.1.2 UI 테스트의 실제 — 229

8.2 UI 테스트를 구현하자 — 231
- 8.2.1 UI 테스트 프레임워크 에스프레소를 활용하자 — 231
- 8.2.2 에스프레소 사용 환경을 준비하자 — 232
- 8.2.3 에스프레소를 이해하자 — 235

8.3 테스트를 더 깊이 이해하고 활용하자 — 244
- 8.3.1 다른 앱과의 연계와 홈 화면에서의 동작을 테스트하자 — 244
- 8.3.2 테스트 운영 방침을 정하자 — 247

8.4 정리 — 249

CHAPTER 09
자동화로 매우 빠른 개발 환경을 만든다: CI 기초

9.1 CI의 의미를 이해하자		252
9.1.1 CI의 기초를 이해하자		252
9.1.2 CI로 해야 할 일과 시점을 이해하자		253
9.1.3 CI의 하루를 생각해 보자		256
9.2 안드로이드 앱 개발에 CI를 도입하자		258
9.2.1 Jenkins와 Circle CI를 이해하자		258
9.2.2 Jenkins를 동작시키자		258
9.2.3 빌드를 자동화하자		261
9.2.4 테스트를 자동화하자		266
9.2.5 인스펙션을 자동화하자		267
9.2.6 디플로이를 자동화하자		271
9.2.7 Circle CI의 기본을 이해하자		273
9.3 정리		276

CHAPTER 10
디자인을 이해하고 사용하기 쉬운 앱을 만든다: 엔지니어도 알 수 있는 디자인의 기초

10.1 디자인의 기본을 이해하자		278
10.1.1 '색'과 '폰트'를 이해하자		278
10.1.2 콘텐츠를 위한 레이아웃을 이해하자		283
10.1.3 사진 사용법에 주의하자		285
10.2 디자인 진행 방법을 전략적으로 생각하자		286
10.2.1 디자인의 경쟁자 조사를 하자		286
10.2.2 컨셉트 테스트를 실시하자		287
10.3 앱 제작을 성공으로 이끌자		289
10.3.1 행동과 목표를 명확히 하자		289
10.3.2 3단계 프로토타이핑을 알자		291
10.4 정리		293

CHAPTER 11
머티리얼 디자인을 이해한다: 머티리얼 디자인 가이드라인의 이해

11.1 머티리얼 디자인을 파악하자   296
    11.1.1 지금까지의 소프트웨어 UI와의 차이를 이해하자   296
    11.1.2 머티리얼 디자인을 활용하자   302

11.2 대표적인 컴포넌트를 이해하자   305
    11.2.1 리스트와 그리드 리스트, 카드의 특징을 이해하자   305
    11.2.2 버튼과 피드백을 이해하자   307
    11.2.3 인터랙션을 분석하자   308

11.3 정리   309

CHAPTER 12
머티리얼 디자인을 구현한다: 안드로이드 디자인 지원 라이브러리의 활용

12.1 적용할 준비를 하자   312
    12.1.1 OS 버전별로 이용할 머티리얼 디자인의 요소를 결정하자   312
    12.1.2 머티리얼 디자인 테마를 적용하자   313

12.2 부분 적용할 수 있는 디자인 요소를 이해하자   315
    12.2.1 리플 이펙트(물결 효과)를 구현하자   315
    12.2.2 Elevation과 Shadow를 이해하자   316
    12.2.3 컬러 팔레트를 정의하자   317

12.3 머티리얼 디자인의 UI 요소를 구현하자   320
    12.3.1 Android Design Support Library를 도입하자   320
    12.3.2 NavigationView를 구현하자   320
    12.3.3 TabLayout으로 탭을 구현하자   324
    12.3.4 AppBar의 동작을 제어하자   327
    12.3.5 FloatingActionButton과 SnackBar를 적용하자   330

12.4 정리   334

CHAPTER 13 안전한 앱을 만든다: 보안 검사

- **13.1 안드로이드 보안 모델을 이해하자** … 336
  - 13.1.1 안드로이드 소프트웨어 스택과 보안 … 336
  - 13.1.2 리눅스의 보안 모델을 이해하자 … 337
  - 13.1.3 Permission에 관해 이해하자 … 340
  - 13.1.4 Runtime Permission에 관해 이해하자 … 341
  - 13.1.5 앱 간의 Permission을 이해하자 … 344

- **13.2 보안에 강한 앱을 만들자** … 347
  - 13.2.1 서명 검증을 구현하자 … 347
  - 13.2.2 외부로부터의 입력 데이터를 검증하자 … 349
  - 13.2.3 디딤돌 공격을 받지 않기 위해 … 350
  - 13.2.4 데이터를 저장하자 … 351
  - 13.2.5 난독화하자 … 353
  - 13.2.6 동적 코드 로딩을 이해하자 … 354
  - 13.2.7 HTTPS 통신을 이해하자 … 356

- **13.3 과거 사례로부터 배워 안전성이 높은 앱을 만들자** … 358
  - 13.3.1 비공개 데이터를 앱에 공개해 버린 사례에서 배우자 … 358
  - 13.3.2 WebView의 과거 사례에서 배우자 … 358
  - 13.3.3 OS의 취약성을 이해하자 … 359
  - 13.3.4 안전성이 높은 앱으로 완성하자 … 359

- **13.4 정리** … 360

CHAPTER 14 척척 움직이는 경쾌한 앱으로 완성한다: 병목 개선

14.1 앱을 척척 움직이게 하는 달성 기준을 알자   362
- **14.1.1** 척척 움직이는 앱이란 어떤 것일까   362
- **14.1.2** 척척 동작하는 앱을 만드는 데 필요한 지식을 정리하자   363

14.2 병목을 발견하자   365
- **14.2.1** StrictMode로 확인하자   365
- **14.2.2** 프로파일러를 활용하자   366

14.3 레이아웃을 최적화해 성능을 높이자   372
- **14.3.1** lint로 다양한 문제를 검사하자   372
- **14.3.2** GPU Overdraw로 불필요한 그리기의 중복을 없애자   375
- **14.3.3** Hierarchy Viewer로 레이아웃 구조를 파악하자   377

14.4 메모리를 의식하고 개발하자   380
- **14.4.1** 다양한 메모리 상황을 확인하자   380
- **14.4.2** LeakCanary를 활용해 메모리 누수를 방지하자   381

14.5 그밖의 최적화 방법을 이해하자   385

14.6 정리   388

CHAPTER 15 모네타이즈를 실현한다: 인앱 결제 구현

15.1 모네타이즈를 이해하자   390
- **15.1.1** 모네타이즈의 기본을 이해하자   390
- **15.1.2** 광고 모델을 이해하자   390
- **15.1.3** 과금 모델을 이해하자   391
- **15.1.4** 모네타이즈 모델을 조합하자   393

15.2 인앱 결제를 구현하자 394

15.2.1 In-App Billing(IAB)의 기본을 이해하자 394

15.2.2 인앱 상품 관리를 이해하자 395

15.2.3 결제 처리 구현 환경을 준비하자 395

15.2.4 IInAppBillingService.aidl로 IAB를 구현하자 397

15.2.5 매번 과금을 구현하자 398

15.3 IAB를 테스트하자 409

15.3.1 테스트 전략을 세우자 409

15.3.2 정적 응답으로 단위 테스트를 하자 410

15.3.3 테스트 계정으로 결합 테스트를 하자 410

15.3.4 실제 결제로 운영 테스트를 하자 411

15.4 정리 412

16.1 지문인증을 이해하자 414

16.1.1 지문인증 관련 API를 이해하자 414

16.1.2 지문인증을 앱에 내장하자 414

16.1.3 디바이스의 잠금화면을 앱에서 이용하자 415

16.1.4 지원 단말을 확인하자 415

16.2 지문인증 관련 API를 구현하자 416

16.2.1 구글의 예제 코드를 확인하자 416

16.2.2 Fingerprint Authentication을 구현하자 416

16.2.3 Confirm Credential을 구현하자 426

16.3 정리 430

CHAPTER 16
지문인증 API를 활용한다:
지문인증 구현

CHAPTER 17
앱의 장점을 전하자: 앱 공개

17.1 개발자 콘솔을 활용해 한발 앞서가는 릴리스를 구현하자   432
    17.1.1 알파 버전/베타 버전을 활용하자   432
    17.1.2 apk를 나누어 릴리스하자   434

17.2 사용자 설치 수를 자세히 이해하자   437
    17.2.1 A/B 테스트로 페이지 전환율을 높이자   437
    17.2.2 설치에 관한 데이터를 이해하자   439

17.3 사용자에게 적절히 앱을 전달하자   442
    17.3.1 앱이 문제없이 동작하는지 파악하자   442
    17.3.2 사용자의 리뷰를 확인하고 응답하자   442
    17.3.3 릴리스 빈도와 방법을 최적화하자   443

17.4 정리   444

CHAPTER 18
공개한 앱을 성장시키자: 그로스 핵

18.1 설치 수를 늘리자   446
    18.1.1 유입 채널을 점검하자   446
    18.1.2 자연 유입과 ASO를 이해하자   447
    18.1.3 채널별로 효과가 높은 유도에 힘을 쏟자   449
    18.1.4 프로모션과 광고를 정리하자   451

18.2 일상에서 많이 사용되는 앱을 목표로 하자   455
    18.2.1 지표를 모두 찾아내 개선점을 파악하자   455
    18.2.2 개선책을 실시하자   457
    18.2.3 처음 시작할 때 효과적으로 앱을 소개하자   460
    18.2.4 앱을 널리 퍼뜨리자   461

18.3 정리   462

CHAPTER 19
푸시를 활용해 실시간으로 정보를 전달한다: GCM의 이해

19.1 푸시 알림의 장점과 이용법을 이해하자   464
    19.1.1 푸시 알림의 기본을 이해하자   464
    19.1.2 로컬 푸시와 리모트 푸시의 차이를 알자   465
    19.1.3 푸시 알림을 효과적으로 사용하자   465

19.2 리모트 푸시를 구현하자   467
    19.2.1 GCM과 아키텍처를 이해하자   467
    19.2.2 구글의 예제 코드를 실행해 보자   468
    19.2.3 GCM을 구현하자(클라이언트)   473
    19.2.4 서버에서 푸시를 구현하자   482

19.3 GCM을 활용하자 ~ GCM 주제 메시징 ~   484
    19.3.1 구독한 사람에게만 푸시하자   484

19.4 정리   486

예제 앱 다운로드

이 책의 예제는 모두 깃허브(GitHub)에 공개돼 있습니다. 이 책의 내용을 학습할 때 다음 설명에 따라 예제 앱을 다운로드하고 임포트하세요.

깃허브에서 다운로드하기

다음 깃허브 페이지에서 예제 앱을 다운로드할 수 있습니다.

[URL] 예제 앱의 프로젝트 페이지(Tech09 제외)

https://github.com/wikibook/advanced-android-book/

Tech09의 젠킨스(Jenkins)를 이용한 CI를 실행하고자 다음과 같이 저장소를 분리했습니다.

[URL] 예제 앱의 프로젝트 페이지(Tech09만)

https://github.com/wikibook/tech09-jenkins-sample

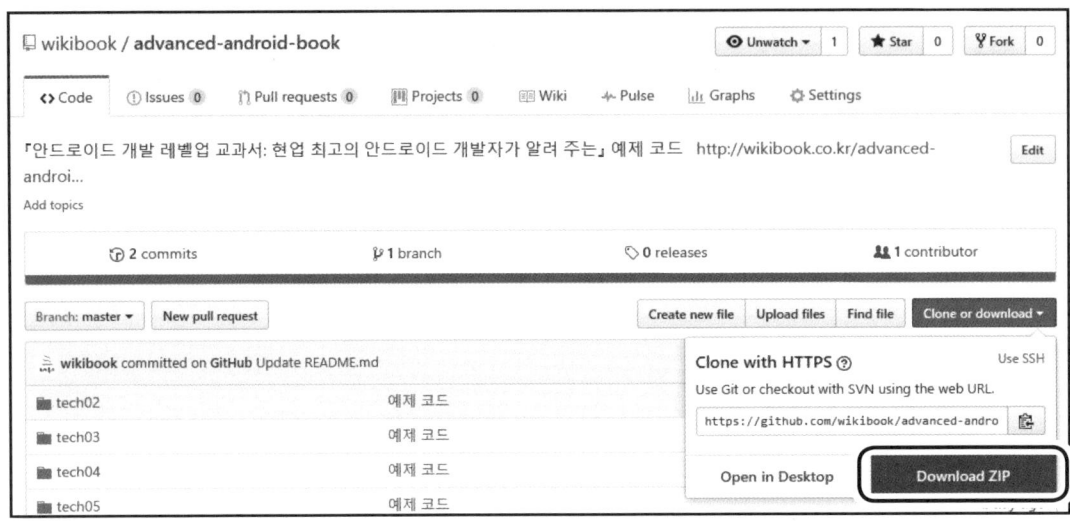

[그림 1] 깃허브에서 다운로드

git 클라이언트를 이용해 깃허브로부터 프로젝트를 클론한 적이 없는 분은 위의 그림처럼 [Clone or download] → [Download ZIP] 버튼을 눌러 예제 앱을 다운로드합니다.

프로젝트 임포트

조금 전에 [Download ZIP] 버튼을 눌러 다운로드한 ZIP 파일의 압축을 미리 풀어주세요.

시험 삼아 Tech02의 HelloActivity를 임포트해 봅시다. 안드로이드 스튜디오에서 [Open an existing Android Studio project]를 눌러 예제 앱을 임포트합니다.

[그림 2] 예제 앱을 임포트한다

프로젝트 선택 대화창이 나타나면 미리 압축을 풀어 놓은 파일에서 HelloActivity를 선택하고 [OK] 버튼을 누릅니다.

임포트가 끝나면 안드로이드 스튜디오의 프로젝트 윈도우가 시작됩니다. 이로써 프로젝트를 임포트하는 데 성공했습니다.

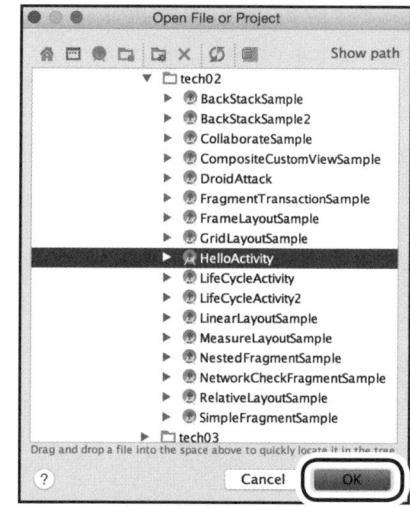

[그림 3] HelloActivity 예제 앱을 임포트한다

그럼, 여기서는 에뮬레이터를 이용해 예제 앱을 실행해 봅시다.

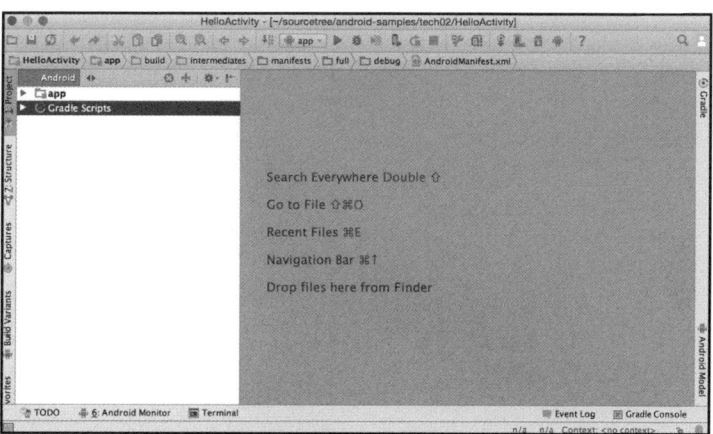

[그림 4] HelloActivity 예제 앱 임포트 완료

프로젝트를 임포트한 후 메뉴에서 예제 앱을 실행합니다.
[Run] → [Run 'app'] 메뉴를 통해 실행할 수 있습니다. [Run 'app']을 선택하면 어느 실행 환경에서 앱을 실행할지 확인하는 대화창이 그림 5처럼 나타납니다. 그림 5에서는 Nexus 5X API 23이라는 에뮬레이터를 선택했습니다. [OK] 버튼을 누르면 에뮬레이터가 시작되고, 그림 6처럼 예제 앱이 실행됩니다.

에뮬레이터를 만든 적이 없는 경우 [Create New Emulator]를 선택하고 에뮬레이터를 만들어 주십시오.

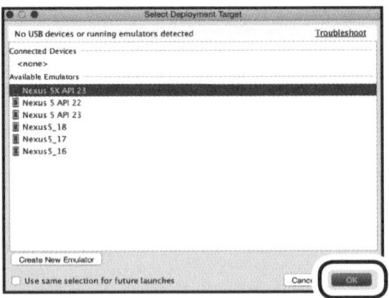

[그림 5] 실행할 에뮬레이터를 선택

고속 에뮬레이터를 이용하려면 Intel x86 Emulator Accelerator(HAXM)를 설치해 ABI가 x86으로 된 에뮬레이터가 필요합니다.

다음 URL에 Intel x86 Emulator Accelerator(HAXM installer) 설치에 관한 설명이 있으니 참고하세요.

[URL] Android Emulator 2.0
http://tools.android.com/tech-docs/emulator

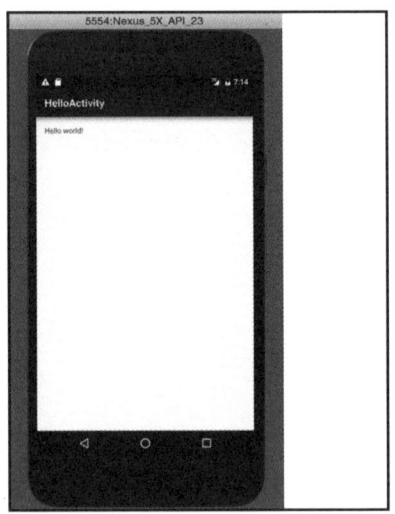

[그림 6] 에뮬레이터에서 실행한 결과

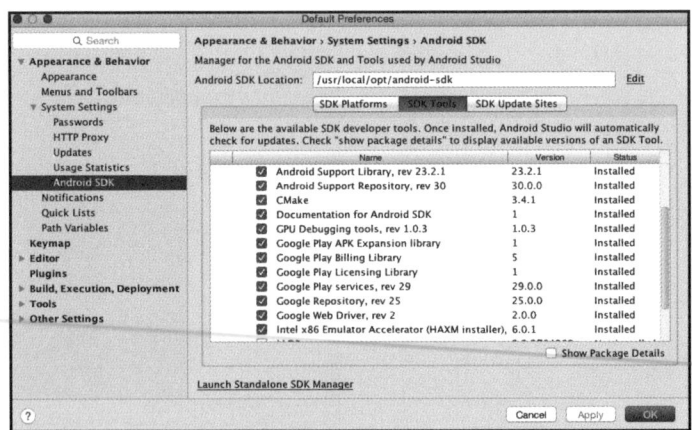

[그림 7] Intel x86 Emulator Accelerator(HAXM 설치)

실습 환경

운영체제는 Mac OS X Yosemite이고, 본문 내 스크린샷을 캡처하는 데는 안드로이드 스튜디오 2.x을 이용했습니다. 예제 앱은 안드로이드 스튜디오 2.1을 이용해 빌드했습니다. 예제 앱은 Xperia Z1(안드로이드 4.4.2), ARROWS NX F-02G(안드로이드 5.0.2), Nexus5X(안드로이드 6.0.1)에서 확인했습니다. 지문인증, Runtime Permission은 Nexus6P(안드로이드 6.0.1)에서 확인했습니다.

안드로이드 스튜디오의 편리한 기능으로 개발 효율을 높인다

CHAPTER 01

요즘은 안드로이드 스튜디오가 안드로이드 앱 개발 환경의 주류가 됐습니다. 안드로이드 스튜디오에는 다양하고 편리한 기능과 단축키, 플러그인이 존재합니다. 이번 장에서는 안드로이드 스튜디오를 활용하는 데 필요한 기본기부터 응용 기법까지 소개합니다.

안드로이드 스튜디오를 사용해보자

우선 안드로이드 스튜디오의 특징을 파악하고, 새 프로젝트 만들기와 실제 기기에서 실행하는 방법을 학습합니다. 그런 다음, 안드로이드 스튜디오의 폴더 구성을 살펴봅니다. 이번 절에서 기본적인 조작법을 익히고 나면 안드로이드 스튜디오로 효율적으로 개발할 수 있게 됩니다.

1.1.1 안드로이드 스튜디오와 그 특징을 이해하자

안드로이드 스튜디오는 구글에서 제공하는 공식 안드로이드 앱 IDE(통합개발환경; Integrated Development Environment)입니다. 이제부터 안드로이드 스튜디오의 주요 기능과 특징을 소개합니다.

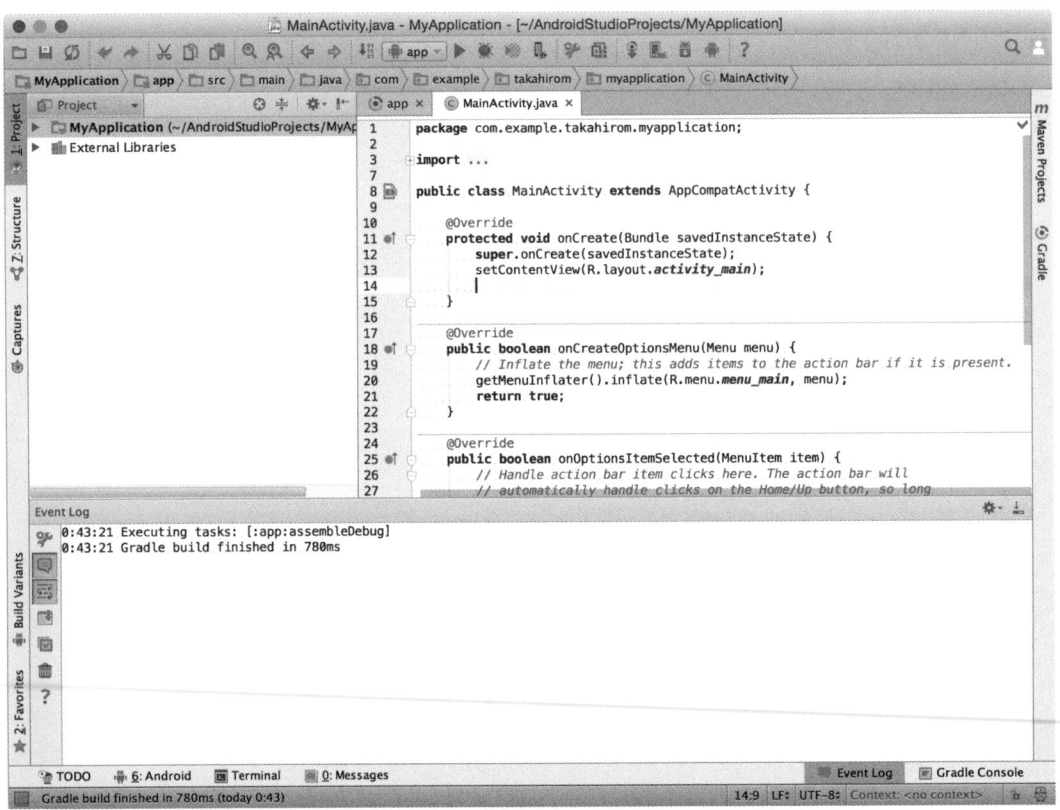

[그림 1-1] 안드로이드 스튜디오를 실행한 모습

안드로이드 스튜디오의 바탕이 된 영리한 IntelliJ IDEA

안드로이드 스튜디오는 IntelliJ IDEA를 기반으로 만들어졌습니다. IntelliJ IDEA는 자바 등 다양한 프로그래밍 언어를 지원하는 JetBrains에서 개발한 IDE입니다. IntelliJ IDEA에는 똑똑한 소스코드 자동 완성이나 리팩터링 등 놀라울 정도로 많은 기능이 있어 효율적으로 개발을 진행할 수 있습니다. 편리하게 코딩할 수 있게 도와주는 기능이 매우 많으니 꼭 이런 기능들을 활용해야 하겠습니다.

그레이들의 유연한 빌드 시스템 활용

안드로이드 스튜디오에서는 빌드 시스템으로 그레이들(Gradle)을 채용했습니다. 그레이들은 Ant를 기반으로 하는 이전까지의 빌드 시스템을 대체합니다. 그레이들에는 플러그인 기능이 있어 Android Gradle 플러그인이라는 안드로이드 앱을 빌드하는 플러그인이 있습니다. 그레이들은 매우 유연한 빌드 시스템으로, 다양한 설정과 기능을 이용할 수 있습니다. 그레이들에 관해서는 Tech06에서 설명합니다.

안드로이드 개발에 특화된 다양한 기능

안드로이드 스튜디오에는 안드로이드 개발에 특화된 다양한 기능이 있습니다. 예를 들면, 화면 레이아웃 편집과 디버그, 성능 측정 기능 등입니다. 안드로이드 스튜디오에는 단순한 개발을 넘어 효율적으로 개발할 수 있는 기능이 준비돼 있으니 잘만 활용하면 개발 속도를 폭발적으로 높일 수 있습니다.

1.1.2 새 프로젝트를 만들자

설정하기

안드로이드 스튜디오를 시작하면 다음과 같은 설정 마법사가 실행됩니다. 환경에 따라서는 자바 설치가 필요하지만 이 책에서는 자바 설치 부분은 생략했습니다.

설정 화면에서 [Next]를 눌러 다음으로 진행합니다. 다음으로 Install Type 선택이 나타나면 'Standard'를 선택하고 [Next]를 누릅니다.

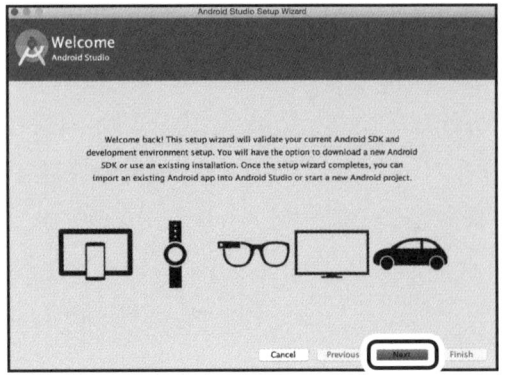
[그림 1-2] 설정 화면

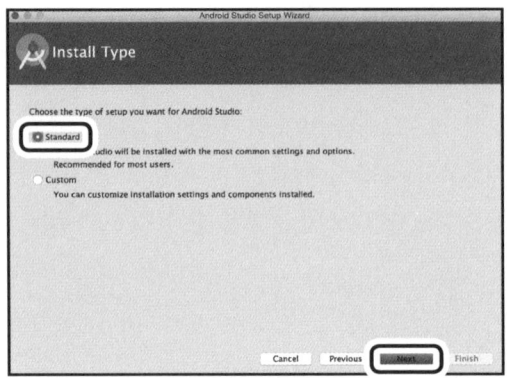
[그림 1-3] 설치 유형

설치 설정 확인 화면이 나타나면 [Finish]를 클릭합니다.

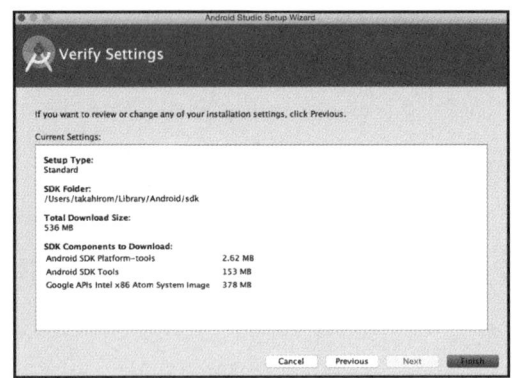
[그림 1-4] 설치 설정 확인

SDK 등의 설치가 시작됩니다. 설치가 끝나면 [Finish]를 클릭합니다.

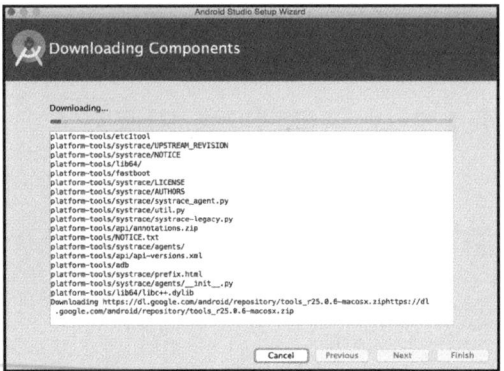
[그림 1-5] 설치 중 화면

이로써 안드로이드 스튜디오와 안드로이드 SDK 설치가 끝났습니다.

자바 설정 등은 아래 설정 가이드에 아주 자세히 설명돼 있으니 한 번 읽어보길 바랍니다.

[URL] 안드로이드 스튜디오 설정 가이드
http://keiji.github.io/the-androidstudio-book/
(*일본어)

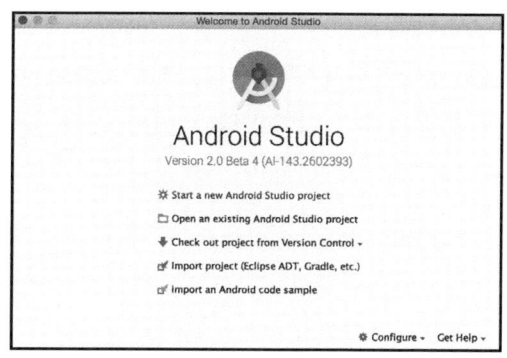

[그림 1-6] 안드로이드 스튜디오 시작 화면

새 프로젝트 만들기

곧바로 안드로이드 스튜디오를 시작해서 프로젝트를 만들어봅시다. 우선 안드로이드를 시작합니다.

이번에는 새 프로젝트로 만들 것이므로 [Start a new Android Studio project]를 선택합니다. 덧붙여, 기존 예제 프로젝트 등을 이용하고 싶은 경우에는 [Open an existing Android Studio project]를 선택하고 원하는 폴더를 선택합니다.

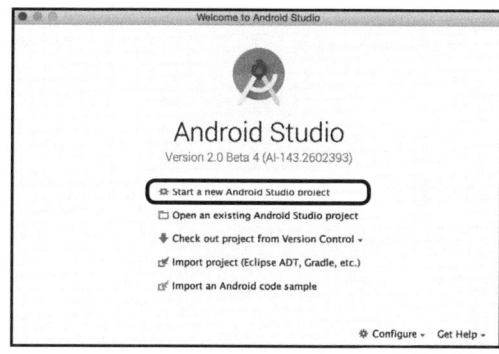

[그림 1-7] 안드로이드 스튜디오의 시작 메뉴 화면

[Application name]

앱의 이름을 입력합니다. 여기서는 'First Application'으로 했지만 마음대로 입력해도 상관없습니다.

[Company Domain]

여기서는 'advanced_android.github.com' 이라고 입력했습니다. 이 입력값에 의해 앱의

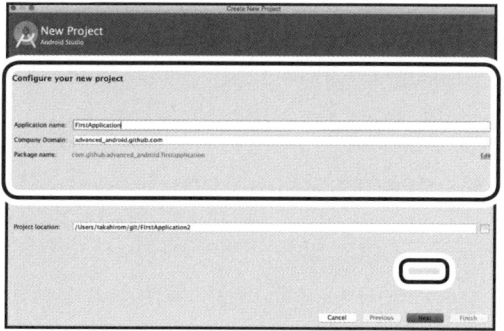

[그림 1-8] Create new project 대화창 표시

패키지 이름이 결정됩니다. 패키지 이름은 구글 플레이(Google Play) 상에서 중복이 허용되지 않으므로 구글 플레이 상에 같은 패키지 이름이 없는지 사전에 조사해 둡시다.

[Project location]

프로젝트의 위치로서 어디에 앱이 저장되는지 알 수 있습니다. 입력이 끝나면 [Next]를 클릭합니다.

'Minimum SDK' 설정을 할 수 있습니다. 이 부분은 나중에 설명하겠습니다. 선택을 마쳤으면 [Next]를 클릭합니다.

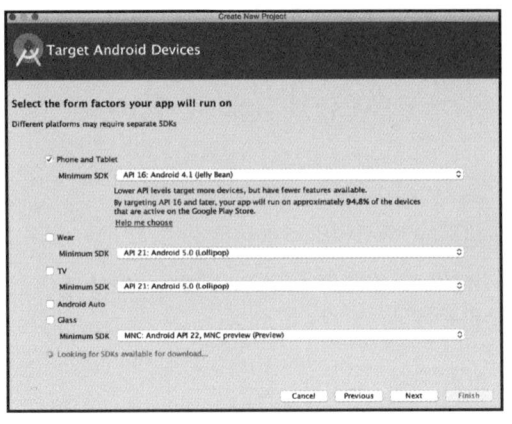

[그림 1-9] Minimum SDK 설정

[Basic Activity]

어느 정도 안드로이드에 익숙한 사람이라면 처음부터 현대적으로 만들어졌고 Design Support Library가 도입된 Basic Activity로 시작하는 것이 좋습니다. 반면 안드로이드 초보자라면 레이아웃에 처음부터 다양한 뷰가 놓인 상태는 복잡하니 'Empty Activity'를 권장합니다.

[Empty Activity]

화면 레이아웃에 TextView라는 문자 위젯만 놓여 초보자도 아주 이해하기 쉽게 구성돼 있습니다. 그 밖에도 여러 가지 구성이 있지만 만들고 싶은 앱에 가까운 구성을 선택하는 것이 좋습니다.

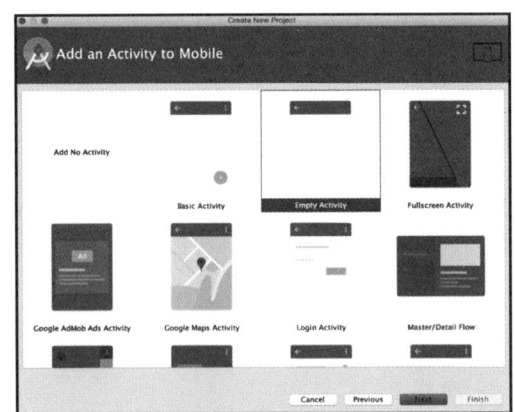

[그림 1-10] 프로젝트 기본형을 선택

Min SDK(Minimum SDK Version) 선택법

안드로이드에는 많은 버전이 있습니다. 안드로이드 1.6은 2009년 10월에 공개됐고, 안드로이드 2.3.3이 2010년 12월, 안드로이드 5.0이 2014년 10월에 공개됐습니다. 표로 정리하면 다음과 같습니다.

[표 1-1] 안드로이드의 버전 개요

코드명	버전	API Level	보급 비율 ※1	추가 기능 일부 소개	변경 API 수 ※2
Froyo	2.2	8	0.1%	앱을 SD카드 등 외부 미디어에 저장할 수 있게 됨. 데이터 백업 기능을 이용할 수 있음.	733
Gingerbread	2.3	10	2.7%	NFC 지원 등	1,111
Ice Cream Sandwitch	4.0	15	2.5%	Holo 테마 추가와 광범위한 API 추가	2,900
Jelly Bean	4.1	16	8.8%	성능 개선과 사용자 경험의 향상	1,122
Jelly Bean	4.2	17	11.7%	Daydream과 RTL Layout 등 추가	627
Jelly Bean	4.3	18	3.4%	Bluetooth Low Energy 지원 등 추가	609
KitKat	4.4	19	35.5%	Printing Framework와 Storage Access Framework 추가	1,031
Lollipop	5.0	21	17.1%	Material Design 지원	2,957
Marshmallow	6.0	23	1.2%	Runtime Permission 등 추가	1,857

※1: 2016년 2월 13일 현재 ※2: 메서드 추가, 변경, 삭제 수의 합계

또한 Google Play Developer Console에서 현 시점에서 앱이 설치된 안드로이드 OS 버전의 비율을 볼 수 있습니다. 다음 표처럼 공개 시기나 Min SDK Version에 따라 앱을 설치한 사용자의 안드로이드 OS 버전의 비율은 달라집니다.

[표 1-2] 앱의 공개 시기에 따른 운영체제 버전과 점유율

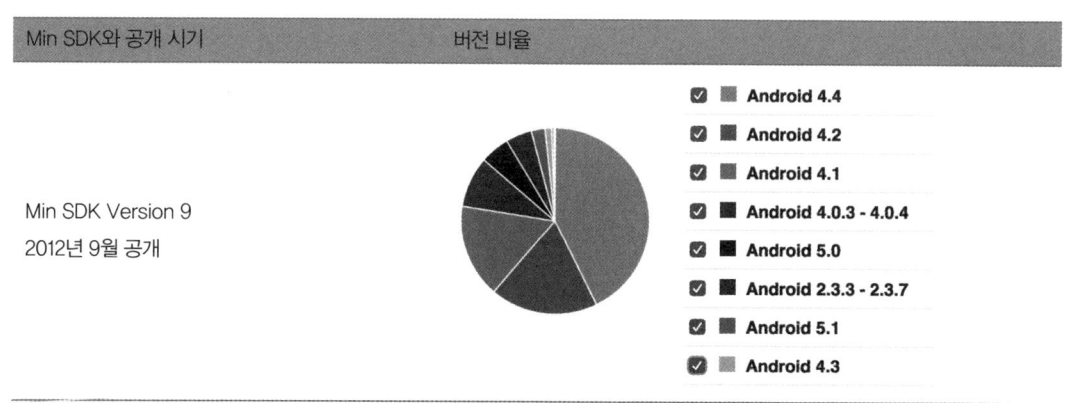

Min SDK Version 9
2012년 9월 공개

Min SDK와 공개 시기	버전 비율

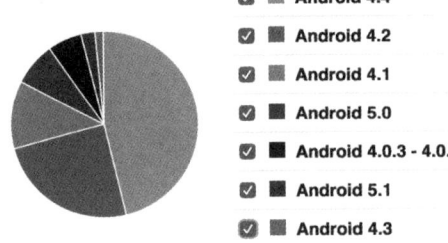

Min SDK Version14
2014년 8월 공개

'새 프로젝트 만들기(5쪽)'에서 나왔던 Min SDK에서는 [표 1-1]의 안드로이드 버전(API Level)을 설정합니다. 안드로이드 버전을 설정하면 그 버전 이하의 안드로이드 단말기에는 앱을 설치할 수 없습니다.

하지만 Min SDK의 API Level을 4(Android 1.6) 등으로 하는 것은 권장하지 않습니다. 이제 API Level 4 단말기로 검증하기가 어렵기도 하고, 이용할 수 있는 API가 지나치게 적은 등 문제가 있기 때문입니다. 그럼 구체적으로 무엇이 문제인지 살펴봅시다.

[이용할 수 있는 API가 적다]

안드로이드는 OS의 버전마다 이용할 수 있는 API가 다릅니다. 이용할 수 있는 API의 일부는 [표 1-1] 안드로이드의 버전 개요(7쪽)에 적혀있습니다. 그 밖에도 다양한 API가 있지만 변경된 API 수를 보면 대체로 어느 정도 바뀌는지 알 수 있을 것입니다. 오래된 Min SDK의 API Level을 계속 유지하면서 새 API를 이용하려면 OS별로 따로 출시하거나 라이브러리를 이용하는 등 독자적으로 구현할 필요가 있습니다.

[라이브러리의 지원 버전]

안드로이드 앱을 효율적으로 개발하는 데 이용할 수 있는 라이브러리가 몇 가지 있습니다. 예를 들면, Google Play Services라는 다양한 API가 포함된 구글 공식 라이브러리가 있는데, 안드로이드 2.3, 다시 말해 API Level 9부터 지원합니다. 사용하고 싶은 라이브러리의 Min SDK 버전은 확인해 두는 게 좋습니다.

[디버그 작업]

안드로이드는 각 OS별로 동작이 달라지므로 각 버전의 안드로이드마다 테스트하고 디버그해야 품질을 유지할 수 있습니다. 하지만 Min SDK를 낮게 설정해 단말기를 폭넓게 지원하면 수많은 단말기에서 동작을 검증해야 하므로 시간이 오래 걸립니다.

그렇다면 도대체 Min SDK는 어떻게 결정해야 할까요? 한 가지 방법으로 Dashboards와 실제 안드로이드 버전의 이용 비율을 보고 개발할 때 몇 %의 사용자를 대상으로 할지 결정하고, 그 수치를 바탕으로 Min SDK를 결정하는 방법을 권장합니다. 예를 들어, 90%의 사용자 지원을 목표로 해서 안드로이드 4.0 이상을 지원 대상으로 하다가 몇 개월이 지나 4.1이 90% 이상이 되면 4.1로 변경하는 방법입니다. 이는 사용자 점유율이나 사용하고 싶은 API 등을 고려해 상황에 맞게 결정하면 됩니다.

[URL] Dashboards

https://developer.android.com/about/dashboards/index.html

이 페이지에서 각 안드로이드 버전별 점유율을 볼 수 있습니다.

또한 앱을 공개했다면 Google Play Developer Console에서 앱을 설치한 사용자의 안드로이드 버전의 점유율을 볼 수 있습니다.

1.1.3 실제 디바이스에서 동작시켜 보자

앞에서 새 프로젝트 생성을 완료했습니다. 생성된 프로젝트를 빌드해서 단말기에서 동작시켜 봅시다. 우선 안드로이드 단말기 설정을 확인합니다.

안드로이드 4.1 이전에는 개발자 모드가 되지 않고도 USB 디버깅을 활성화할 수 있습니다. USB 케이블로 PC와 안드로이드를 연결합시다. 오른쪽과 같은 대화창이 나타나면 [확인]을 누르세요.

안드로이드 4.2부터 설정에서 빌드번호를 찾아 7번 탭하면 개발자 모드가 될 수 있습니다.

USB 디버깅을 활성화합시다. USB 디버깅을 활성화하면 안드로이드 스튜디오와 단말기가 연결됩니다.

디바이스 정보

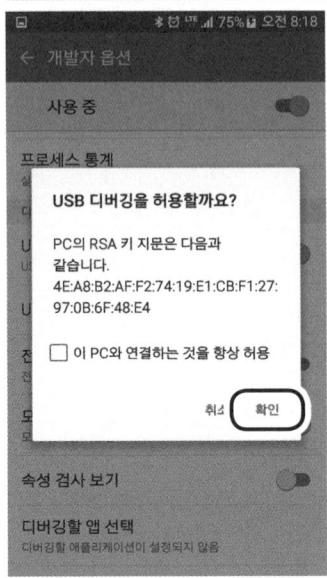
USB 디버깅 허용 대화창

[그림 1-11] 실제 디바이스에서 개발자 모드 활성화

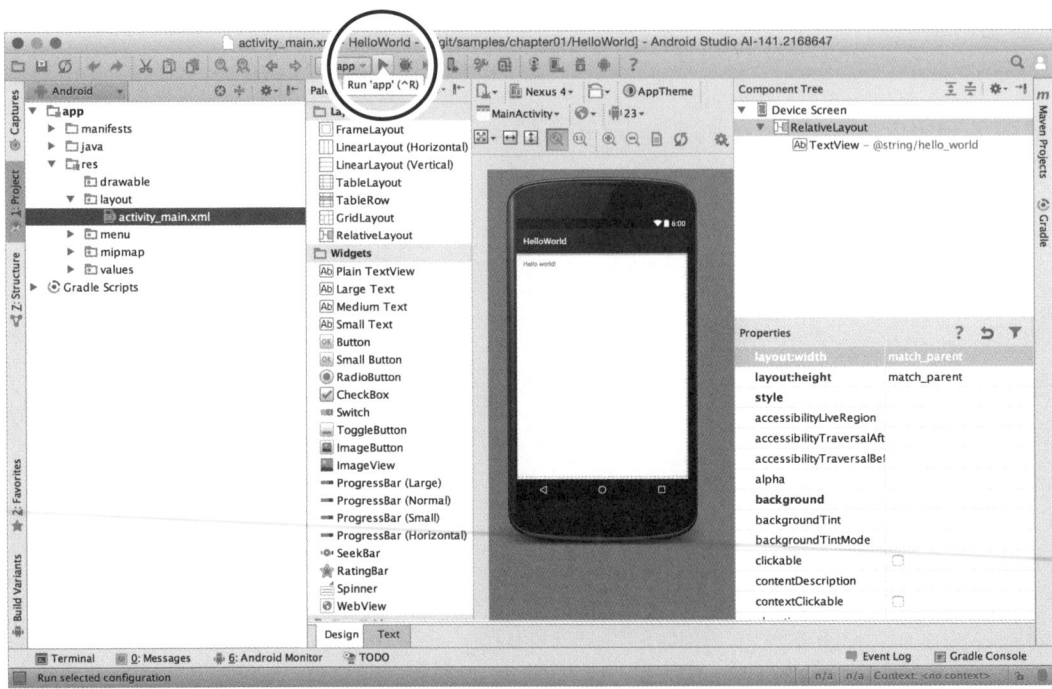

[그림 1-12] 안드로이드 스튜디오 상의 실행 버튼 위치

안드로이드 스튜디오에서 [CTRL + R](윈도우/리눅스: [SHIFT + F10]) 또는 [그림 1-12]에서 O로 표시한 실행 버튼을 누릅니다.

[그림 1-13]처럼 선택창이 나타났을 때 [OK]를 누르면 앱이 단말기에 설치되고 시작됩니다.

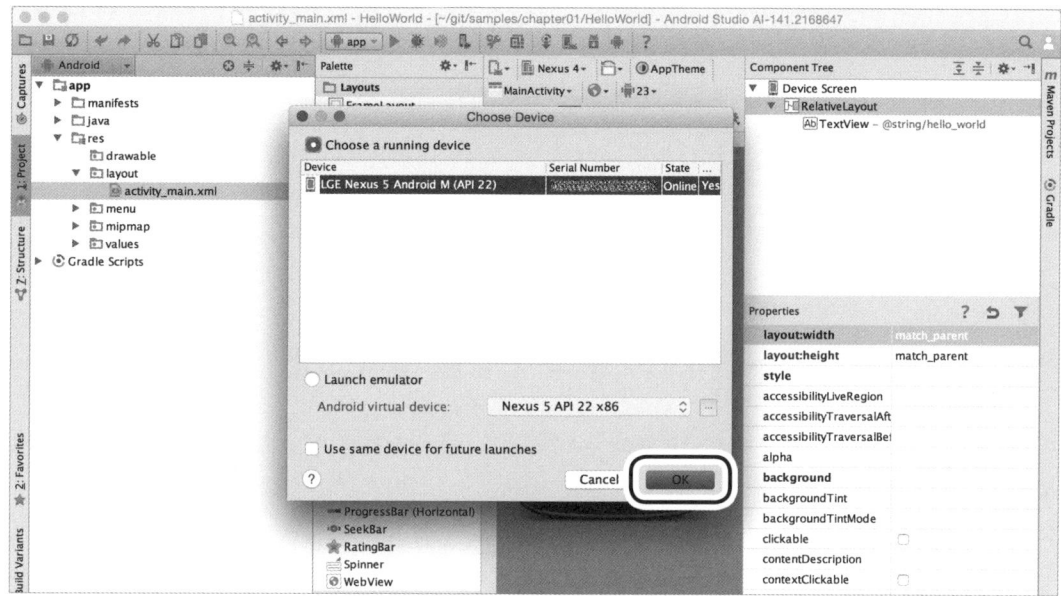

[그림 1-13] 실행 디바이스 선택창

이상으로 안드로이드 스튜디오에서 간단히 앱의 실행까지 해봤습니다.

Tip 한꺼번에 앱을 설치하고 실행한다

> 단말기를 여러 개 연결했다면 [SHIFT] 키를 누른 상태에서 설치할 단말기를 모두 선택합니다. 한 번에 여러 단말기에 앱을 설치하고 실행할 수 있습니다.

다음으로 안드로이드 스튜디오의 폴더 구성을 살펴보겠습니다.

[그림 1-14] 실제 디바이스로 실행을 확인한다

선택창에서 연결된 디바이스가 보이지 않을 경우

- USB 디버깅 설정이 활성화됐는지 확인해봅시다.
- USB 연결 설정을 미디어(MTP)에서 카메라(PTP)로 변경해봅시다.
- USB 케이블을 바꿔 시험해봅시다.

윈도우 PC에서는 USB 드라이버를 설치해야 합니다. 다음 URL에 설치 방법이 설명돼 있습니다.

[URL] Android Developers: Installing a USB Driver
http://developer.android.com/intl/ko/tools/extras/oem-usb.html#InstallingDriver

1.1.4 안드로이드 스튜디오의 폴더 구성을 살펴보자

안드로이드 앱을 개발하려면 안드로이드의 폴더 구성을 이해할 필요가 있습니다. 폴더가 어떻게 구성됐는지 모르면 어느 파일을 편집해야 하는지, 어디에 추가해서 개발해야 하는지 알 수 없기 때문입니다. 그래서 여기서는 폴더 구성을 자세히 살펴보겠습니다.

[그림 1-15]는 안드로이드 스튜디오에서 표시되는 구성(Project View)입니다. 표시를 'Android'로 설정한 경우와 'Project'로 설정한 경우 표시 내용에 차이가 있음을 알 수 있습니다. 안드로이드 스튜디오에서는 기본적으로 'Android'로 설정돼 있을 것입니다. 하지만 이 표시는 실제 폴더 구성과 다르고 안드로이드 스튜디오가 보기 쉽게 정리해 준 형태입니다. 파일을 이동하거나 이름을 바꿀 때, 실제 폴더 구성과 다르면 혼동되므로 이 책에서는 'Project'로 표시하고 설명합니다.

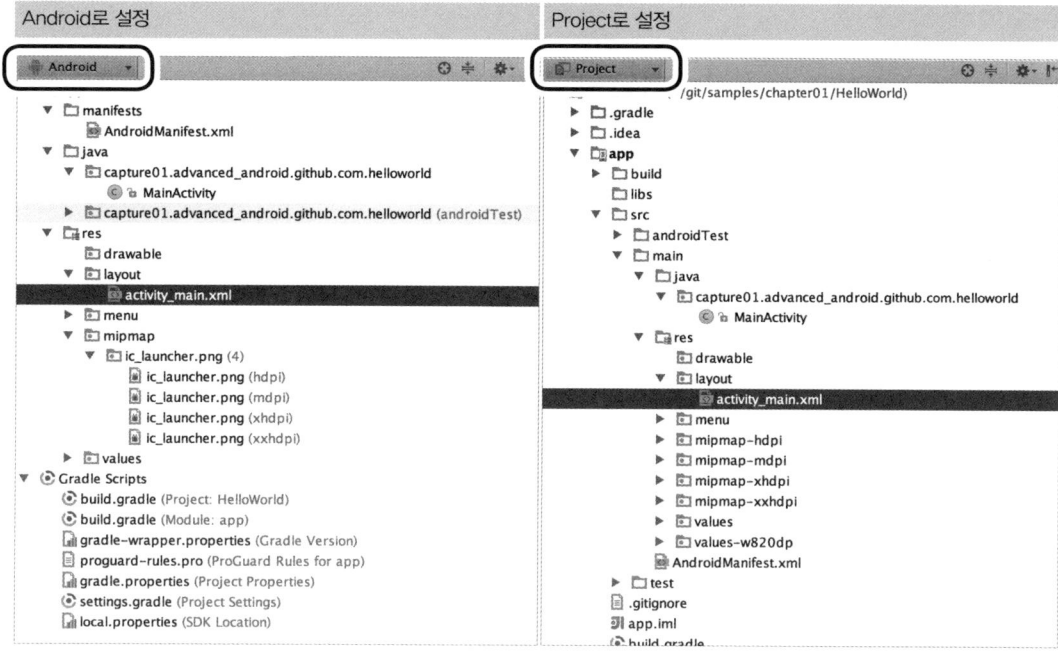

[그림 1-15] 표시되는 구성 변경

위와 같이 'Android'로 된 부분을 클릭해서 표시 방법을 변경할 수 있습니다.

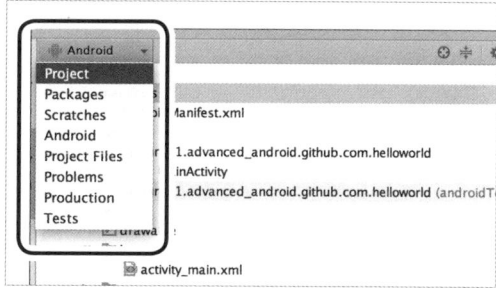

[그림 1-16] 구성 변경

프로젝트

안드로이드 스튜디오의 프로젝트는 다음과 같이 구성돼 있습니다(그림 1-17).

프로젝트 안에는 'bundle.gradle'과 'settings.gradle' 등의 설정을 기술하는 빌드 스크립트와 실제 코드가 들어 있는 모듈이 있습니다. 각 파일의 자세한 설명은 Tech06에서 하기로 하고, 여기서는 개요만 살펴보겠습니다.

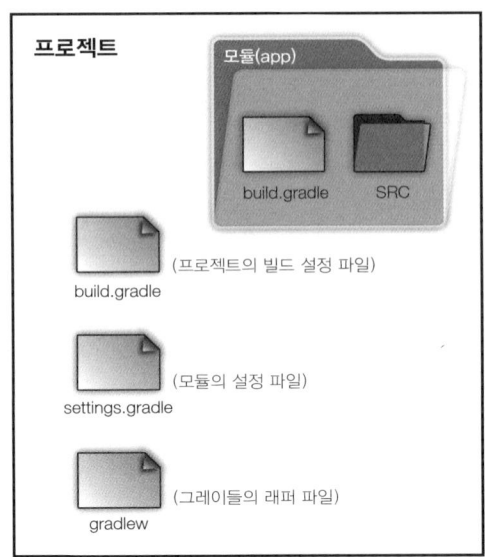

[그림 1-17] 안드로이드 스튜디오의 프로젝트 구성

[build.gradle(프로젝트 빌드 설정 파일)]

build.gradle은 그레이들이라는 빌드 시스템의 설정 파일입니다. 여기에 프로젝트의 전체 설정이 기술됩니다. 모듈 안에도 build.gradle 파일이 있는데, 모듈 안의 build.gradle에는 모듈에 대한 설정이 기술됩니다. 구체적으로는 Android Gradle Plugin의 버전과 Maven 리포지터리 설정 등이 여기에 해당합니다.

[settings.gradle(모듈의 설정 파일)]

settings.gradle에서는 어느 디렉터리가 모듈인지 정의합니다.

[gradlew(그레이들의 래퍼 파일)]

GradleWrapper라는 메커니즘이 있어서 그레이들의 버전을 지정해서 빌드할 수 있습니다. 프로젝트 팀이 같은 버전의 그레이들을 이용하고 싶은 경우에 사용할 수 있습니다.

모듈

프로젝트 안에는 모듈 단위의 디렉터리가 있고, 기본적으로 app이라는 이름의 모듈이 들어 있습니다.

[File] → [New] → [New Module]을 통해 새로운 모듈을 작성할 수 있습니다. 보통은 1개의 모듈로 앱을 개발하지만 라이브러리 모듈을 만들고 여러 앱에서 공유할 수 있습니다. 모듈 구성은 [그림 1-18]처럼 돼 있습니다. 모듈은 얼마든지 만들 수 있고 각각 의존관계를 기술할 수 있습니다.

[build.gradle(모듈의 빌드 설정 파일)]

그레이들의 모듈 설정이 기술된 파일입니다. 이 파일이 설정 파일 중에서 편집할 기회가 가장 많습니다. 여기서 앱의 버전 등 다양한 설정을 할 수 있습니다.

[build 디렉터리]

build 디렉터리에는 빌드 시 생성되는 중간 생성물과 최종 산출물이 저장됩니다. 안드로이드 애플리케이션 파일로서 최종적으로 apk 파일이 만들어지는데, 이 파일은 build 디렉터리 아래에 저장됩니다.

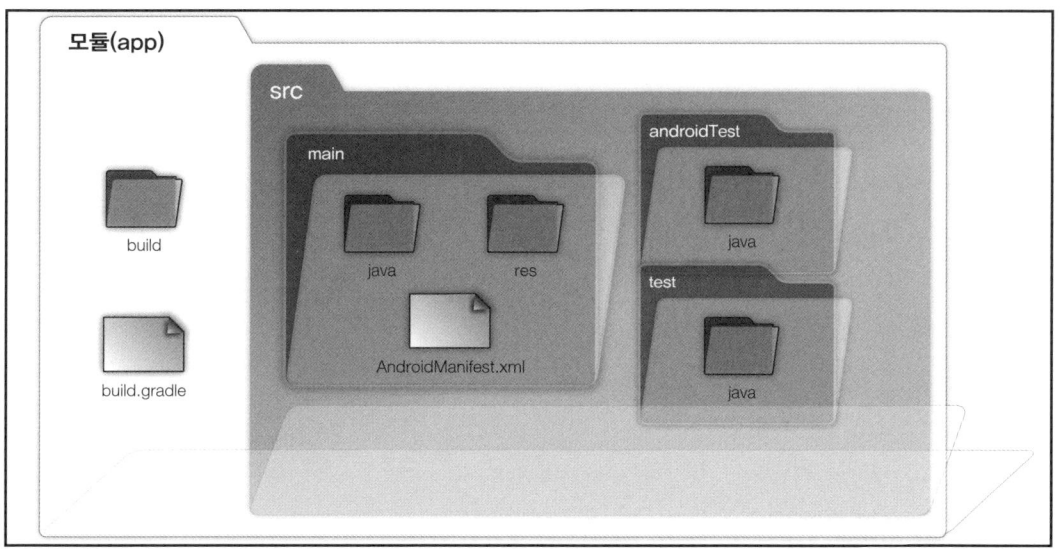

[그림 1-18] 안드로이드 모듈 구성

[src 디렉터리]

src 디렉터리에는 소스코드나 이미지 등 리소스 파일이 들어갑니다. 기본적으로 'main'과 'androidTest', 'test' 디렉터리가 만들어집니다. 기본적으로 'main' 디렉터리 안에서 파일을 추가하고 편집하면서 개발을 진행합니다. 'androidTest'와 'test' 디렉터리 안에 테스트 코드가 들어갑니다.

[main 디렉터리]

기본으로 빌드 대상이 되는 디렉터리입니다. 이 안의 내용을 편집해서 개발하는 경우가 가장 많습니다. 다음으로 main 디렉터리 안의 내용을 자세히 설명하겠습니다.

main 디렉터리 안의 내용

[java 디렉터리]

안드로이드 앱의 소스코드인 자바 파일을 이곳에 기술합니다.

[res 디렉터리]

안드로이드 앱에서 사용되는 이미지와 문자열 등의 리소스를 배치하는 곳입니다. res 디렉터리에 들어가는 대표적인 것으로 이미지 파일을 저장하는 drawable, 레이아웃의 XML 파일을 저장하는 layout, 문자열 등의 파일을 저장하는 values라는 디렉터리가 있습니다. 안드로이드의 리소스 디렉터리에는 Alternative Resource라는 것이 있어서 단말기 설정 상태에 특화된 리소스를 배치할 수 있습니다. 이를 이용해 다국어를 지원하거나 태블릿 화면을 지원하는 등 화면 밀도(dpi)별로 이미지를 준비할 수 있습니다.

[AndroidManifest.xml]

안드로이드 앱 설정을 기술하는 파일입니다. Activity와 Service 등과 같은 안드로이드 앱에서 사용되는 클래스 선언과 퍼미션 설정(사용자에게 어떤 권한을 요구할지) 등이 기술돼 있습니다.

개발을 빠르게 하는 기능을 활용하자

앞에서 설명한 것처럼 안드로이드 스튜디오는 IntelliJ IDEA라는 IDE를 기반으로 만들어졌습니다. IntelliJ IDEA에는 영리한 소스코드 완성 기능이나 리팩터링 등 놀랄 만큼 많은 기능이 있어 효율적으로 개발할 수 있습니다. 이번 절에서 설명하는 내용을 익히고 기능을 능숙하게 구사해 빠른 템포로 개발을 진행해 봅시다.

1.2.1 안드로이드 스튜디오로 실용적인 개발 환경을 구축하자

안드로이드 스튜디오를 이용할 때 설정해 두는 편이 좋은 항목이 몇 가지 있습니다. 그대로도 이용할 수는 있지만 안드로이드 스튜디오를 계속해서 이용할 생각이라면 처음에 해두는 편이 좋겠지요.

Find Action

설정에 앞서 처음에 기억해두고 싶은 커맨드는 'Find Action'입니다. [COMMAND] + [SHIFT] + [A](윈도우/리눅스: [CTRL] + [SHIFT] + [A])로 이용할 수 있습니다. 이 커맨드로 안드로이드 스튜디오의 거의 모든 기능에 접근할 수 있습니다(그림 1-19).

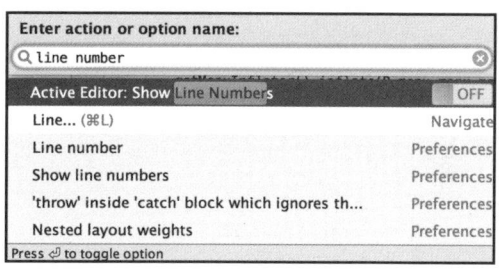

[그림 1-19] Find Action의 표시 예

예를 들어, 코드를 작성하다가 코드에 포매팅을 적용하고 싶은데 단축키를 모를 때 이를 이용해 포매팅을 적용할 수 있습니다. 그뿐 아니라 단축키의 커맨드도 표시되므로 단축키의 커맨드를 확인할 때도 이용할 수 있습니다. 이 커맨드를 기억해두고 설정 내용 등도 검색할 수 있습니다. 설정하고 싶은 항목을 찾고자 할 때 꼭 이용합시다.

코딩 환경

곧바로 소스코드를 열어봅시다. 프로젝트의 도구창에서 MainActivity를 선택하면 소스코드를 볼 수 있습니다(그림 1-20).

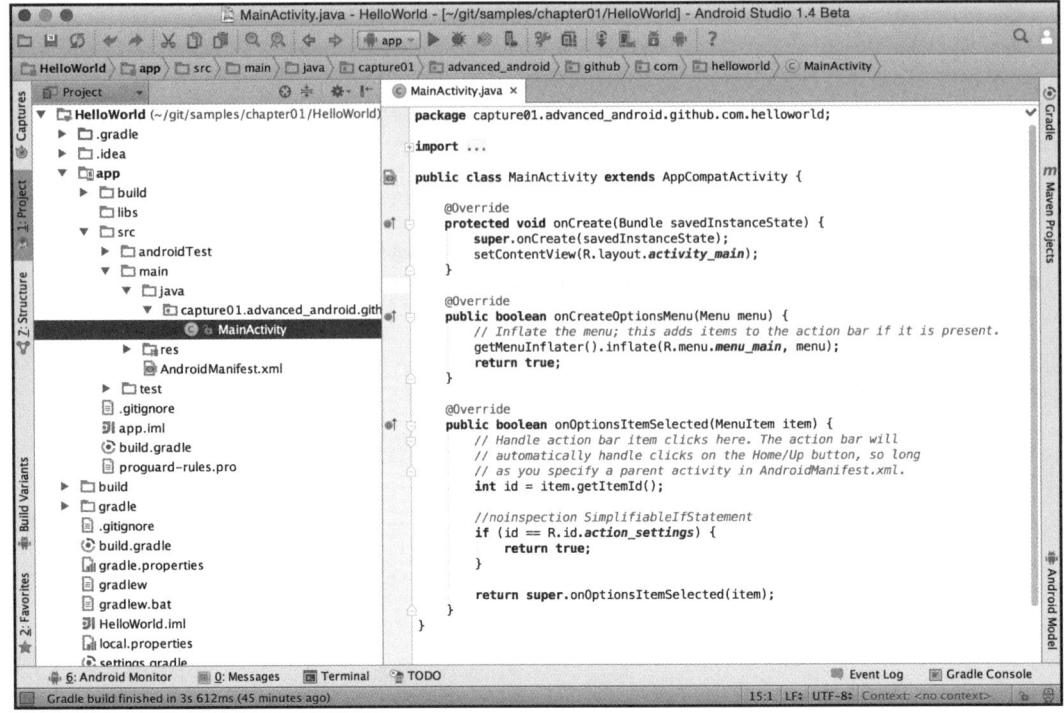

[그림 1-20] 기본 소스코드 표시

기본 표시 상태에서 개선할 수 있는 점을 몇 가지 들어보겠습니다.

- 소스코드의 라인 번호가 보이지 않는다.
- 메서드가 어디서 나뉘는지 알 수 없다.
- 탭과 스페이스를 구별할 수 없다.

예를 들어, 소스코드의 라인 번호가 보이지 않으면 앱이 예외로 충돌했을 때 라인 번호를 알 수 없어 곤란합니다. 우선 라인 번호를 설정해 봅시다.

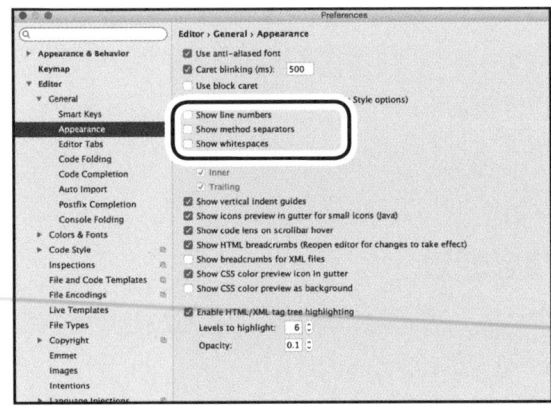

[그림 1-21] 소스코드 표시 설정

[그림 1-21]을 봐주세요. [Preferences]를 열고, [Editor] → [General] → [Appearance]를 차례로 선택하면 다음과 같은 설정 항목이 나옵니다.

- Show line numbers
- Show method separators
- Show whitespaces

각 항목을 체크합니다.

설정을 마치면 [그림 1-22]처럼 보일 것입니다.

또한 'Show whitespaces' 옵션에 의해 [그림 1-23]처럼 공백과 탭이 구분됩니다.

이러한 설정으로 소스코드를 깔끔하게 정리할 수 있습니다.

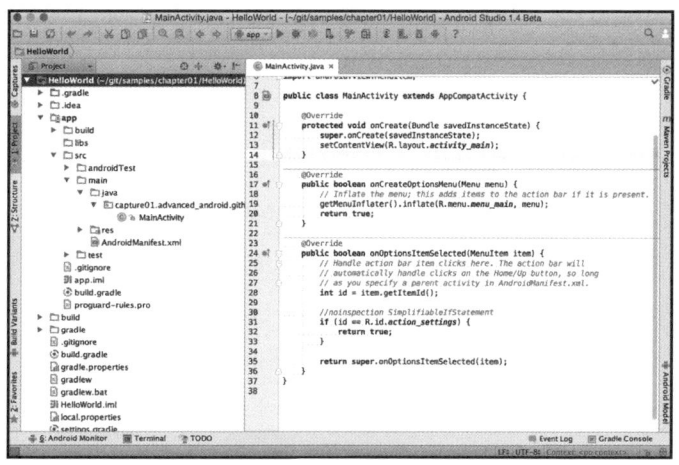

[그림 1-22] 설정을 적용한 후의 소스코드

[그림 1-23] 공백 표시

1.2.2 단축키를 이용해 코드를 빠르게 입력하자

여러분은 어떻게 코딩하고 있나요? 마우스를 써서 복사하고 붙여넣거나 다른 소스코드 파일로 옮기고 있을지도 모릅니다.

안드로이드 스튜디오의 바탕이 된 IntelliJ IDEA는 강력한 IDE입니다. 이 같은 작업을 마우스를 사용하지 않고 손끝을 움직이는 것만으로 실현할 수 있습니다. 단축키를 기억해 두고 잘 활용한다면 코드를 작성할 때 높은 생산성을 보장할 수 있을 것입니다.

이제부터 코드 자동 완성 기능을 비롯해 다양한 코드 생성 방법을 익히고 활용해 갑시다. 조금이라도 단축키를 암기하기 쉽게 암기법도 적어두겠습니다. 단축키는 macOS를 기준으로 설명합니다.

기본 자동 완성: Basic Completion

단축키	[Ctrl] + [Space](윈도우/리눅스 공통)
기억법	Completion의 CTRL

이른바 문자열을 바탕으로 예측하는 일반적인 자동 완성 기능입니다. 입력한 문자열을 보고 자동 완성 후보를 예측해서 표시해 줍니다. 커맨드를 1회 입력하면 언제나 자동 완성 기능이 표시되지만 두 번 커맨드를 입력하면 더 많은 후보를 표시합니다. 예를 들어, PreferenceManager.getDefaultSharedPreferences(Context context)라는 긴 이름의 메서드를 호출하고 싶을 때는 어떻게 어떻게 할까요? 이 기능을 이용하면 getdefsha로 입력하고 [Ctrl] + [Space]를 2회 입력하는 것만으로 올바른 메서드명을 불러낼 수 있으므로 매우 편리합니다.

[그림 1-24] getdefsha로 자동 완성 기능을 호출

맥에서는 Spotlight와 키보드 단축키가 겹치므로 변경해야 합니다. 시스템 환경설정에서 [키보드] → [단축키] → [Spotlight] → [Spotlight 검색 보기]에서 Spotlight 검색을 비활성화할 수 있습니다.

현재 위치의 자료형을 바탕으로 자동 완성: Smart Type Completion

단축키	[Ctrl] + [Shift] + [Space](윈도우/리눅스 공통)
기억법	Basic Completion + Smart의 Shift

자료형을 이용한 자동 완성 기능입니다. Basic Completion과의 차이는 자료형에 따라 자동으로 완성해준다는 점입니다. 예를 들어, 토스트 표시를 할 수 있는 Toast.makeText(Context context, CharSequence text, int duration)의 인수를 입력할 때 어떻게 하는 걸까요? 이 자동 완성을 이용하면 쉽게 자료형을 보고 인수를 입력할 수 있습니다. 또한 변환할 후보의 순서도 영리하게 보여주므로 상당히 실용성이 높은 기능입니다.

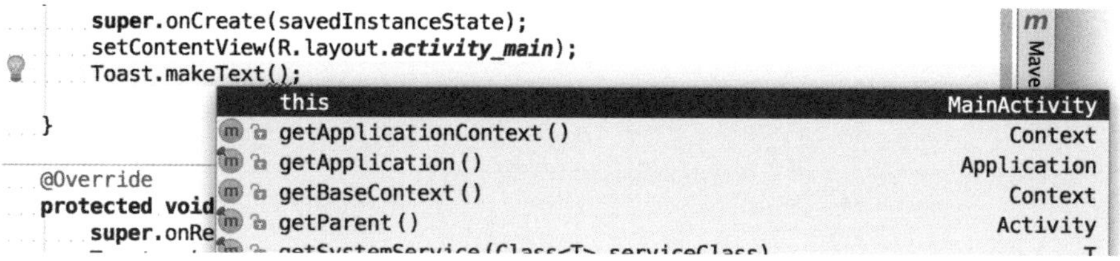

[그림 1-25] 인수 부분에서 자동 완성 기능을 호출

오류 수정: Quick Fix

단축키	[Alt] + [Enter] (윈도우/리눅스 공통)
기업법	임포트 시 팝업이 표시되므로 거기서 자연스럽게 기억할 수 있습니다.

코딩할 때 [그림 1-26]처럼 표시된 적이 없으신 가요?

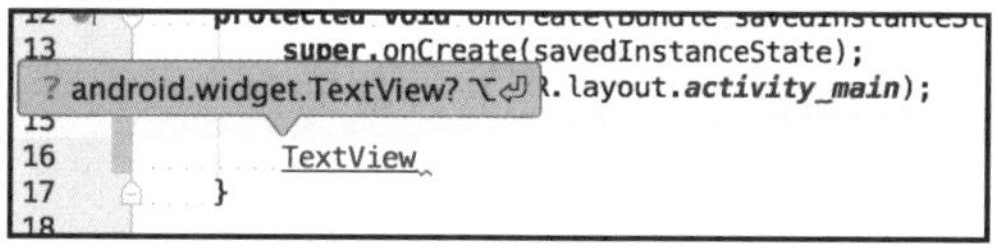

여기서 Quick Fix로 처리되는 것은 임포트지만 그 밖에도 Quick Fix를 이용해 상황에 맞는 동작을 수행할 수 있습니다. 예를 들어, 존재하지 않는 메서드를 호출하려면 오류가 표시되지만 Quick Fix를 이용하면 [그림 1-27]처럼 메서드를 만들 수 있습니다.

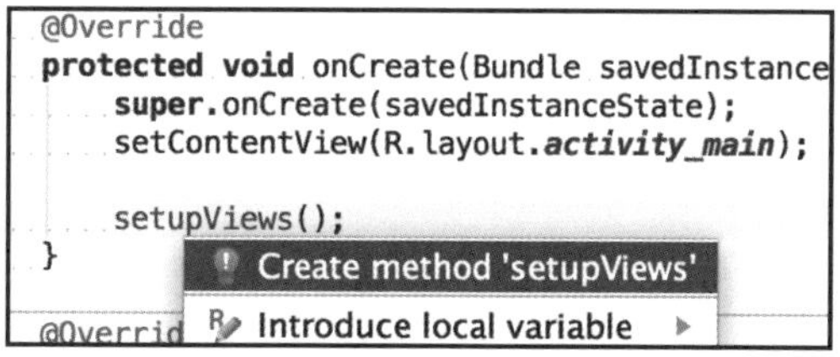

[그림 1-26] Quick Fix의 예

그 밖에도 인수를 늘렸을 때 사용하면 인수 수를 늘리기 위한 대화창이 나오는 등 적절하게 활

[그림 1-27] Quick Fix로 메서드를 만든다

용할 수 있습니다. 예를 들어, [표 1-3]처럼 setupViews()를 호출할 때 인수를 입력하고 Quick Fix를 이용하면 setupViews() 메서드에 인수가 추가됩니다.

[표 1-3] Quick Fix를 이용한 메서드 인수의 변경

추가 전	추가 후
| ```
@Override
protected void onCreate(Bundle savedInstanceState) {
    super.onCreate(savedInstanceState);
    setContentView(R.layout.activity_main);
    setupViews(savedInstanceState);
}
  ! Add 'Bundle' as 1st parameter to method 'setupViews'
  ? Create method 'setupViews'
  ? Remove redundant arguments to call 'setupViews()'
``` | ```
@Override
protected void onCreate(Bundle savedInstanceState) {
    super.onCreate(savedInstanceState);
    setContentView(R.layout.activity_main);
    setupViews(savedInstanceState);
}

private void setupViews(Bundle savedInstanceState) {
}
``` |

현재 구문 완성: Complete Current Statement

단축키	[Command] + [Shift] + [Enter](윈도우/리눅스: [Ctrl] + [Shift] + [Enter])
기억법	Complete의 Command or Ctrl + Statement의 Shift + 결정의 [Enter]

현재 구문을 완성할 수 있습니다. 어떤 점에서 편리한가 하면, 코드를 정렬하면서 세미콜론이나 { }를 입력해 주고 다음에 입력해야 하는 곳까지 이동합니다(그림 1-28, 그림 1-29). 한 번에 여러가지 일을 해주므로 편리하니 꼭 활용해 보세요.

[그림 1-28] Complete Current Statement 입력 전

[그림 1-29] Complete Current Statement 입력 후

매개변수 정보 표시: Parameter Info

단축키	[Command] + [P] (윈도우/리눅스: [Ctrl] + [P])
기억법	Parameter의 P

메서드의 매개변수 목록을 보여줍니다(그림 1-30). 이 단축키를 모르면 매개변수의 수나 자료형을 모를 때 곤란합니다. 그러니 꼭 기억해 두세요.

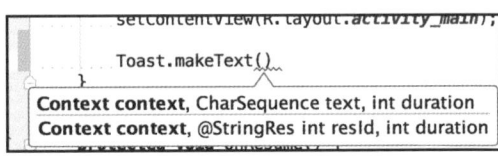

[그림 1-30] Parameter Info로 인수를 표시하는 예

코드 자동 생성: Generate

단축키	[Command] + [N] or [Ctrl] + [Enter] (윈도우/리눅스: [Alt] + [Insert])
기억법	맥에서는 New의 N으로 기억해보세요. 윈도우에서는 Insert로 새롭게 생성(Generate)해서 코드를 삽입하는 이미지로 기억합시다.

생성자나 toString 메서드, 접근자 메서드(getter)처럼 정형화된 코드를 생성합니다. 여러 개의 메서드에 접근자 메서드를 추가하려면 Shift를 누르면서 선택합니다(표 1-4).

[표 1-4] Generate로 자동 생성하는 예

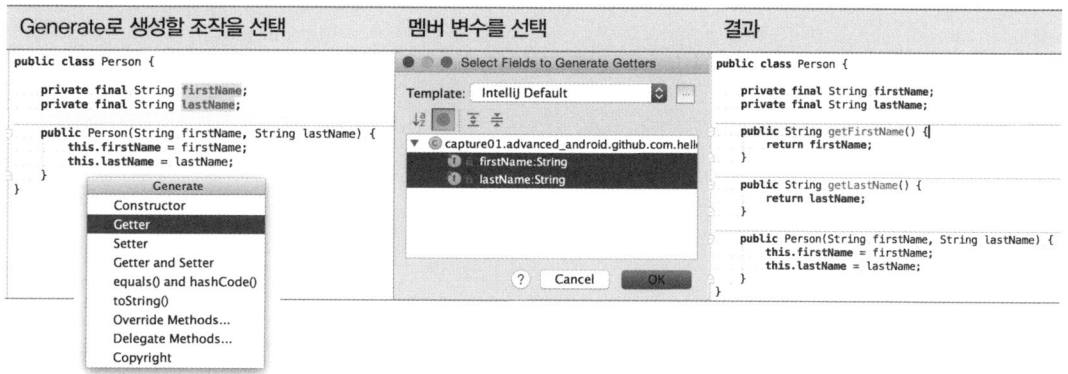

항목 추출: Extract

단축키	[Command] + [Alt] + ([V] [F] [M] [C] 등) (윈도우/리눅스: [Ctrl] + [Alt] + ([V] [F] [M] [C] 등)
기억법	Command or Ctrl + Alt만 기억하면 V는 Variable, F는 Field, M은 Method, C는 Const 등으로 기억할 수 있습니다.

이 명령을 이용하면 지금 커서가 있는 부분을 추출(Extract)할 수 있습니다. 실제로 해보겠습니다.

예를 들어, 'taro'라고 입력한 상태입니다(그림 1-31).

[그림 1-31] Extract 실행 전

여기서 [Command] + [Alt] + [V](윈도우/리눅스: [Ctrl] + [Alt] + [V])를 누르면 [그림 1-32]처럼 변수에 대입해 줍니다.

[그림 1-32] Extract로 로컬 변수에 입력한 예

여기서 [Command] + [Alt] + [F](윈도우/리눅스: [Ctrl] + [Alt] + [F])를 누르면 [그림 1-33]처럼 필드에 대입해 줍니다.

[그림 1-33] Extract로 멤버 변수에 입력한 예

그 밖에도 [M]으로 메서드로 잘라내고 [C]로 상수로서 잘라내는 등 [Command] or [Ctrl] + [Alt]만 기억하면 편리한 단축키를 몇 개나 이용할 수 있어서 매우 편리합니다.

Postfix 자동 완성

예를 들어, '변수.par'을 입력하고 [Enter]를 누르면 (변수)처럼 괄호로 에워쌉니다. 꽤 양이 많으니 몇 가지만 예로 들어 소개합니다.

[.notnull]

이처럼 [변수.notull] + [Enter]로 [표 1-5]처럼 null을 체크하는 if 문을 만들 수 있습니다.

[표 1-5] 변수.notnull을 입력한 예

boolean 변수에서 .notnull을 입력	결과
...savedInstanceState.notnull	if (savedInstanceState != null) {

[.var]

testInstance.var를 입력해 다음처럼 대입해서 로컬 변수로 만들 수 있습니다. 마찬가지로 .field를 이용하면 멤버 변수에 대입할 수도 있습니다.

```
Test test = testInstance;
```

그 밖에도 list.for로 for 문을 만들기도 하는 등 아주 편리합니다. 이 항목은 설정의 [Editor] → [General] → [Postfix Completion]에서 확인할 수 있습니다.

프로젝트 안을 자유롭게 이동

여기서는 단축키로 소스코드 사이를 자유롭게 이동하는 방법을 배웁니다.

툴윈도우 열기

단축키	[Command] + [숫자] (윈도우/리눅스: [Alt] + [숫자])
기억법	Command + 표시되는 Window Number이므로 쉽게 기억할 수 있습니다.

툴윈도우(ToolWindow)란 프로젝트의 파일 목록이나 Git 등 VCS(Version Control System)의 Local Changes 등의 윈도우입니다.

[Preferences] → [Appearance & Behavior] → [Appearance]에서 [Show tool window number]에 체크해 주세요.

[그림 1-34]처럼 Project & Structure, AndroidMonitor 등에 숫자가 할당돼 있어 [Command] + [해당 숫자]로 표시/비표시를 간편하게 전환할 수 있습니다.

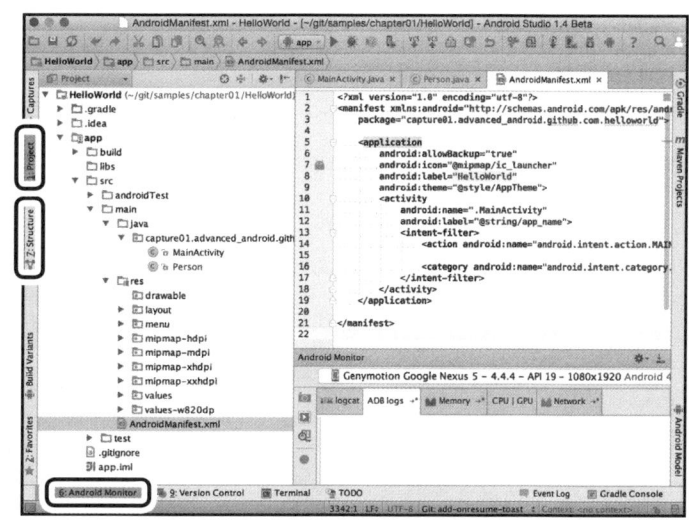

[그림 1-34] ToolWindow 표시

최근에 사용한 파일 열기: Recent Files

단축키	[Command] + [E] (윈도우/리눅스: [Ctrl] + [E])
기억법	Recent의 E(조금 억지스럽긴 해도 자주 이용하는 것이니 외워둡시다!)

최근에 사용한 파일 목록을 표시할 수 있습니다.

최근에 사용한 파일을 찾을 때 어떤 방법을 사용하시나요? 아마도 탭을 이용하는 분들이 많지 않을까 생각합니다. 하지만 탭을 이용하면 중간에 끊어지거나 찾아도 없을 때는 많은 시간을 낭비하게 됩니다.

필자는 [Preferences] → [Editor] → [General] → [Editor Tabs] → [Placement]를 'None'으로 설정해서 탭을 비표시로 하고, [COMMAND] + [E] 조합을 이용합니다. 목록으로 표시될 뿐만 아니라 최근 사용한 파일의 증

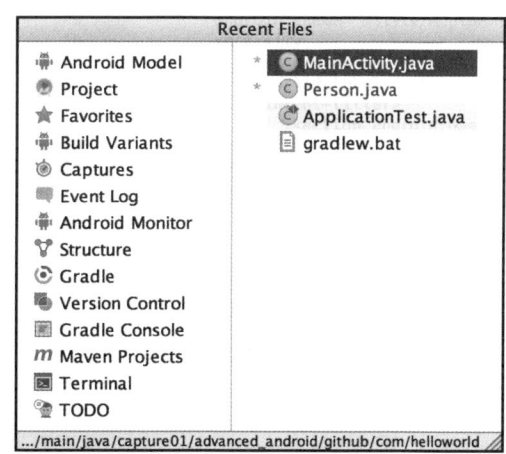

[그림 1-35] Recent Files로 최근 사용한 파일 표시

분 검색(incremental search)도 가능해 빠르게 찾을 수 있습니다(그림 1-35).

톱니바퀴 모양 버튼을 눌러 'Autoscroll from source'를 클릭하면 열린 파일을 ToolWindow 에서도 스크롤해 강조해 줍니다. 이 설정은 꼭 해둡시다(그림 1-36).

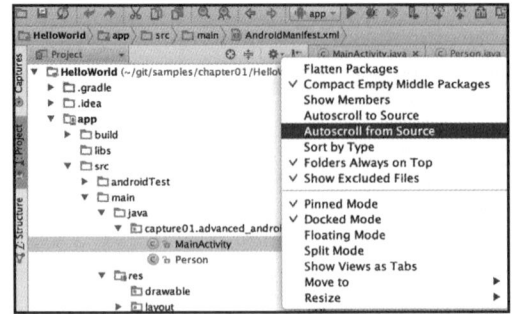

[그림 1-36] Autoscroll from source 설정 표시

파일과 심볼 검색

[통합 검색 : Search Everywhere]

단축키	[Shift] + [Shift](윈도우/리눅스: 공통)
기억법	Shift가 두 번이므로 기억하기 쉽습니다.

메서드명에서 파일명까지 모든 리소스를 대상으로 검색합니다. 단, 결과가 너무 많이 표시돼서 복잡해 보이기도 합니다(그림 1-37).

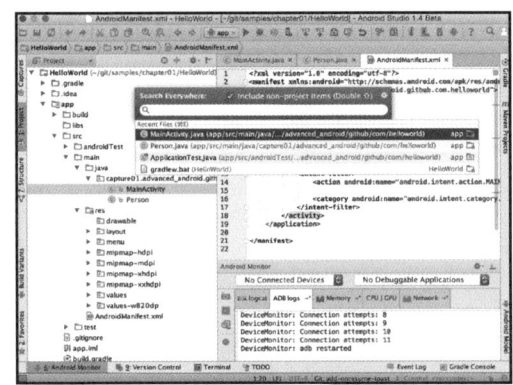

[그림 1-37] Search Everywhere를 이용하는 예

[심볼 검색: Navigate Symbol]

단축키	[Command] + [Shift] + [O] (윈도우/리눅스: [Ctrl] + [Shift] + [Alt] + [N])
기억법	심볼은 아니지만 Object의 O로 기억했습니다. 윈도우 등에서는 Navigate의 N으로 기억합시다.

심볼을 검색합니다. 이 검색에서는 메서드와 멤버 변수 등은 나오지만 XML 파일 등은 나오지 않습니다. 소스코드 내에서 필요한 요소를 찾을 때 사용합니다. 꽤 자주 쓰이는 단축키입니다.

필자는 심볼 검색을 주로 사용합니다. 통합 검색에서는 상관없는 결과가 많이 포함되기에 프로젝트가 커지면 검색에 시간이 걸리기 때문입니다.

선언부 열기: Navigate Declaration

단축키	[Command] + [B] (윈도우/리눅스: [Ctrl] + [B])
기억법	BASE를 연다에서 B

이 명령을 이용해 메서드의 선언부로 이동할 수 있습니다. 이동한 간 곳이 interface의 메서드나 abstract 메서드인 경우가 자주 있습니다. 그러한 경우 구현 내용을 보고 싶을 때는 왼쪽 녹색 동그라미를 클릭하면 구현한 클래스 목록이 표시되므로 클릭해서 구현을 확인할 수 있습니다(그림 1-38).

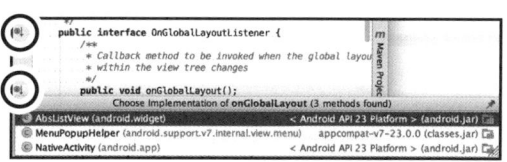

[그림 1-38] 오버라이드한 메서드를 찾는다

처리의 흐름을 추적하거나 코드를 읽을 때 필수입니다.

메서드를 호출한 곳 열기: Navigate Call Hierarchy

단축키	[Ctrl] + [Alt] + [H] (윈도우/리눅스: 공통)
기억법	Call Hierarchy → Call에서 Ctrl+Alt, Hierarchy에서 +H로 매우 기억하기 쉽습니다.

메서드 선언에서 이용하면 호출한 곳의 목록을 열 수 있습니다(그림 1-39).

이 명령도 위와 마찬가지로 코드를 읽을 때는 필수입니다.

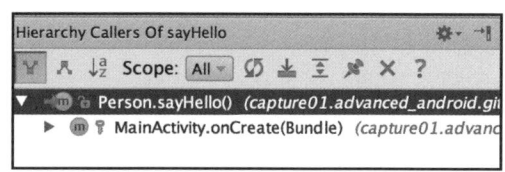

[그림 1-39] 메서드를 호출한 곳을 연다

1.2.3 편리한 플러그인을 철저히 활용하자

안드로이드 스튜디오에는 편리한 플러그인이 공개돼 있어습니다. 플러그인을 이용해 기본으로 지원하지 않는 기능을 사용할 수 있습니다. [Preferences] → [Plugins] →[Browse Repositories…]로 찾아서 'Install Plugin'을 클릭하면 플러그인을 설치할 수 있습니다.

ADB Idea

[Ctrl] + [Shift] + [A](윈도우/리눅스: [Ctrl] + [Shift] + [Alt] + [A])로 [그림 1-40]과 같은 팝업이 나타납니다(그림 1-40). ADB(Android Debug Bridge)로 앱의 데이터를 지우거나 언인스톨할 수 있습니다. 튜토리얼을 확인한 후 데이터를 지우고 싶거나 서명이 다른 apk를 넣는 등 앱을 언인스톨할 기회는 상당히 많으므로 이를 이용해 개발 효율을 높일 수 있습니다.

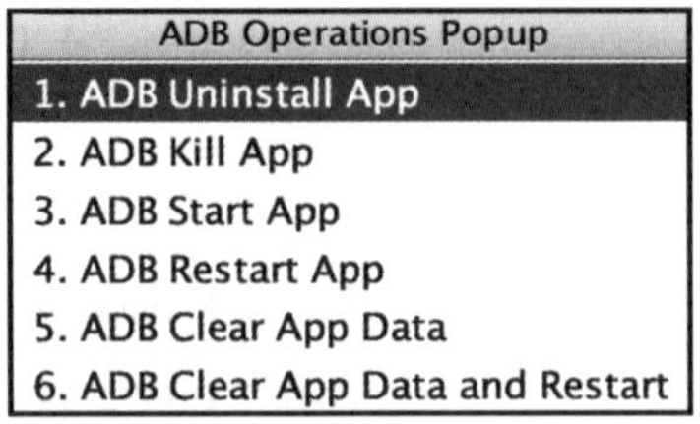

[그림 1-40] ADB Idea 표시

Save Actions

파일을 저장하기 전에 임포트 구문을 정리하거나 코드 정렬 등을 할 수 있는 플러그인입니다. 안드로이드 스튜디오의 매크로 기능으로도 같은 일을 할 수 있지만 좀 더 자세한 설정을 할 수 있어 편리합니다(그림 1-41).

※ 현재 안드로이드 스튜디오 2.2에서는 플러그인 검색으로 이 플러그인이 검색되지 않았습니다. 플러그인 쪽에서 지원해주길 기다려야 합니다.

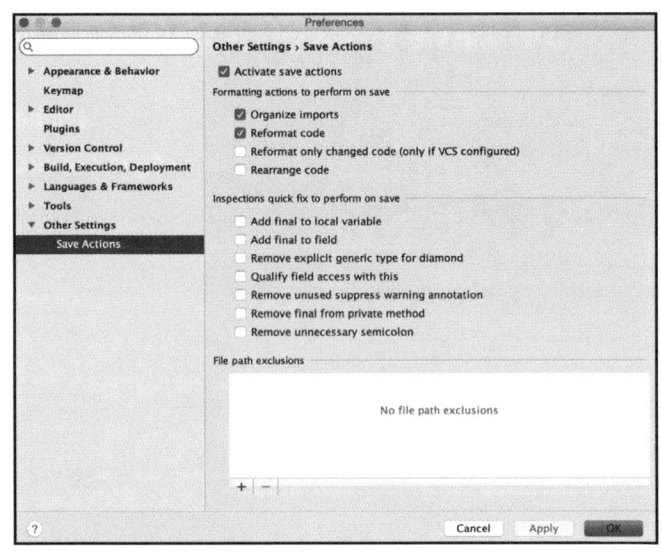

[그림 1-41] Save Actions 설정

Android Postfix Completion

24페이지에서 설명한 Postfix 자동 완성의 안드로이드에 특화된 버전입니다. 필자가 개발한 플러그인이지요. 예를 들어, i.toast로 입력하면, Toast.makeText(this, "i:" + i, Toast.LENGTH_SHORT).show();와 같은 소스코드를 생성하고, .log로 로그의 출력 코드를 생성하는 편리한 플러그인입니다.

1.2.4 편리한 디버그 기능을 활용하자

안드로이드 스튜디오의 디버그 기능은 아주 뛰어납니다. 한 줄씩 진행할 수도 있고 디버그 중에 프로그램을 실행하거나 조건부 브레이크 포인트를 만드는 등 다양한 기능을 이용할 수 있습니다. 그중 일부를 소개합니다.

우선 소스코드의 왼쪽 공간을 클릭해서 빨간 표시를 합니다. 이 빨간 표시를 브레이크 포인트라고 하며, 브레이크 포인트에서 프로그램 실행을 멈출 수 있습니다(그림 1-42).

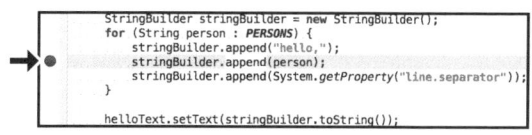

[그림 1-42] 브레이크 포인트 설정

디버그를 하려면 [그림 1-43]에 보이는 벌레 모양 버튼을 누르거나, 이미 실행 중이라면 단말기에 벌레가 붙어 있는 모양의 버튼을 눌러 실행 도중에 디버그할 수 있습니다.

[그림 1-43] 디버그에 사용하는 버튼

실행 흐름이 브레이크 포인트를 지나가면 [그림 1-44]처럼 하이라이트됩니다.

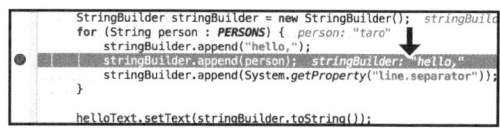

[그림 1-44] 브레이크 포인트에서 정지

[그림 1-45]를 보면 도중에 변숫값이 표시되는 것을 알 수 있습니다. 브레이크 포인트에서 한 줄 더 나아가고 싶을 때는 아래로 향하는 화살표 버튼을 클릭하면 됩니다.

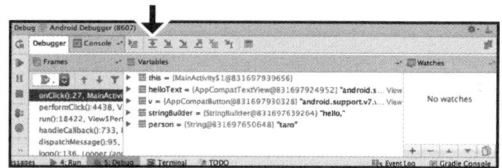

[그림 1-45] 브레이크 포인트에서 볼 수 있는 정보

디버그 중에 코드를 실행하는 방법

디버그 중에 전자계산기 모양 버튼을 누릅니다(그림 1-46).

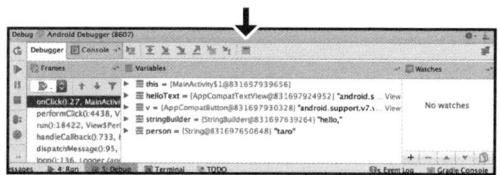

[그림 1-46] 전자계산기 모양 버튼의 위치

그리고 나면 [그림 1-47]처럼 대화창이 열립니다. 실행하고 싶은 코드를 입력하고 [Evaluate]를 클릭하면 실행할 수 있고 결과를 표시할 수 있습니다. 이 예에서는 디버그 중에 View가 표시되는 것을 확인할 수 있었습니다.

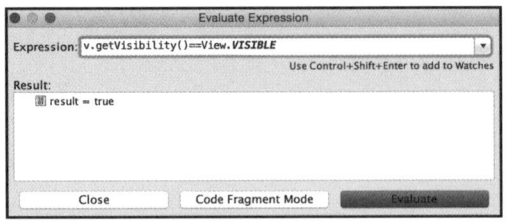

[그림 1-47] Evaluate Expression 표시

조건부 브레이크 포인트 만들기

브레이크 포인트의 빨간 동그라미를 마우스 오른쪽 버튼으로 클릭하면 Condition이라는 항목이 있는데, 여기에 조건을 입력할 수 있습니다. 그 조건에 맞을 때만 멈추는 브레이크 포인트를 만들 수 있습니다.

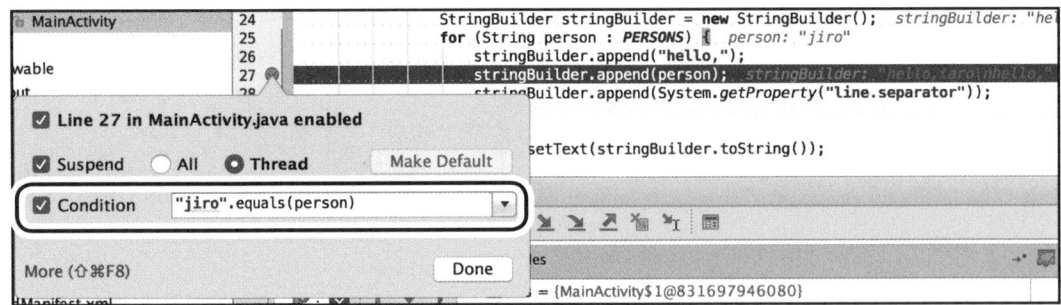

[그림 1-48] 조건부 브레이크 포인트를 설정한다

이 예에서는 person이 'jiro'일 때만 멈추는 브레이크 포인트를 만들어 봤습니다. 이처럼 for 문 등으로 여러 번 반복적으로 실행되는 처리를 디버그할 때 편리합니다.

1.3 안드로이드 스튜디오 2.0의 새로운 개발 환경

안드로이드 스튜디오 2.0이 발표된 이후, 인스턴트 런(Instant Run)과 새로운 에뮬레이터 덕분에 개발 환경이 크게 개선됐습니다. 이전에는 빌드 작업에 시간이 오래 걸렸고, 에뮬레이터의 동작 또한 매우 무거워서 실제 기기나 제니모션(GenyMotion) 같은 서드 파티 에뮬레이터로 개발하는 방식이 보편적이었습니다.

안드로이드 스튜디오 2.0부터 이용할 수 있게 된 인스턴트 런은 변경 사항을 즉석에서 컴파일해 적용할 수 있습니다. 또한 새로운 에뮬레이터는 최적화되고 아키텍처가 변경돼 극적으로 성능이 개선됐습니다.

1.3.1 인스턴트 런

인스턴트 런은 안드로이드 2.0부터 추가된 기능으로, 빠르게 변경 사항을 에뮬레이터와 실제 디바이스에 반영하는 기능입니다. 인스턴트 런은 에뮬레이터와 기기에 구현이나 리소스를 반영하는 방식을 다음 4가지로 구분해 동작합니다(표 1-6).

[표 1-6] 인스턴트 런의 동작

이름	동작
hot swap	액티비티 재시작을 필요로 하지 않고 표시 그대로 반영
warm swap	액티비티 재시작을 수반하는 반영
Cold swap	애플리케이션 재시작을 수반하는 반영
재설치	재설치에 의한 반영

메서드의 수정은 핫 스왑(hot swap)으로 반영할 수 있지만 안드로이드 매니페스트(Android Manifest)가 변경되면 재설치해야 합니다. 가능한 한 빠르게 반영할 수 있게 안드로이드 스튜디오가 자동으로 적절히 판단해 줍니다.

1.3.2 새로운 에뮬레이터를 시험해보자

예전부터 안드로이드 스튜디오를 다뤄본 사람이라면 안드로이드 스튜디오가 제공하는 기본 에뮬레이터 이용을 꺼릴지도 모릅니다. 실제로 이전까지는 에뮬레이터의 동작이 상당히 무거워 사용하기가 곤란했기 때문입니다.

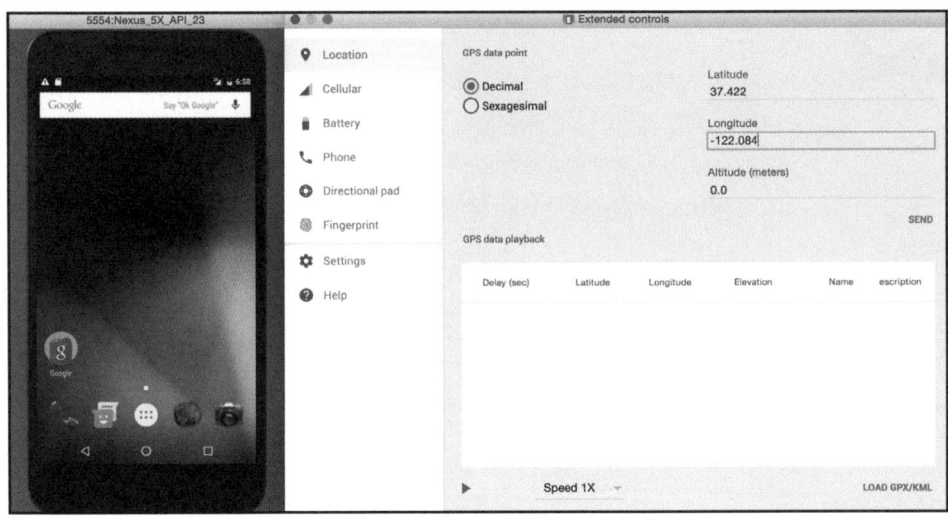

[그림 1-49] 새로운 에뮬레이터

그런데 에뮬레이터의 동작이 빨라졌고, apk 파일 설치에 걸리는 시간도 상당히 짧아졌습니다. 시험해 보시길 권장합니다. 새로운 에뮬레이터에서는 apk 파일 전송이 실제 디바이스보다 2배 이상 빠르다는 실험 결과도 있고, 멀티코어 및 GPU 등에도 최적화돼 있어 매우 빠르게 동작합니다.

정리

안드로이드 스튜디오의 기본적인 사용법부터 필자도 사용하는 실전적인 기법까지 학습했습니다. 안드로이드 스튜디오로 마우스를 쓰지 않고 코딩해 보세요. 'Find Action'을 여는 단축키는 기억나시나요? 안드로이드 스튜디오의 기능을 배우는 것은 실제로 코딩을 배우는 게 아니므로 중요하지 않게 여기기 십상입니다. 하지만 단축키나 리팩터링 기법에 숙달되면 그만큼 아이디어를 빠르게 구현하는 데 도움이 됩니다. 안드로이드 스튜디오를 능숙하게 사용해 개발을 효율적으로 진행해 보세요.

각 컴포넌트를 복습한다 ①: 액티비티와 프래그먼트 기초

CHAPTER 02

이번에는 UI 구축의 기본인 액티비티(Activity)와 프래그먼트(Fragment)를 알아봅니다. UI 요소인 뷰와 뷰의 배치를 결정하는 레이아웃의 기초를 이해하고, 직접 레이아웃과 뷰를 조합한 커스텀 뷰를 만들어 보겠습니다.

프래그먼트가 등장한 이후에는 프래그먼트를 이용해 화면을 재사용하는 형태로 구현하기 쉬워졌습니다. 프래그먼트의 기초적인 수명주기와 삽입 방법을 설명하고 중첩 프래그먼트와 UI를 가지지 않는 프래그먼트도 예를 들어보겠습니다.

2.1 액티비티를 이해하자

액티비티는 안드로이드와 떼려야 뗄 수 없을 정도로 중요한 컴포넌트입니다. 액티비티는 하나의 화면을 표현하는 컴포넌트입니다. 또한 다양한 기능에 접근할 수 있는 가이드로서의 역할을 합니다. 이번 절에서는 액티비티의 시작과 수명주기를 중심으로 설명합니다. 이번 기회에 액티비티를 확실하게 파악해 둡시다.

2.1.1 액티비티란?

액티비티라는 단어의 의미인 '활동'이 나타내는 것처럼 액티비티는 전화를 걸고, 메일을 작성하고, 사진을 찍는 등 사용자가 어떤 활동을 할 때 실행되는 애플리케이션의 컴포넌트를 가리킵니다. 액티비티에는 윈도우가 있고, 그 윈도우에 텍스트나 이미지를 표시해 사용자 조작에 반응할 수 있습니다. UI가 없는 액티비티도 있지만 기본적으로 한 액티비티가 한 화면을 표시합니다.

그림 tech02/HelloActivity 프로젝트를 안드로이드 스튜디오에서 열어 main 모듈 안에 있는 MainActivity.java를 살펴봅시다(예제 2-1).

[예제 2-1] 간단한 앱(MainActivity.java)

```java
public class MainActivity extends AppCompatActivity {
    @Override
    protected void onCreate(Bundle savedInstanceState) {
        super.onCreate(savedInstanceState);
        setContentView(R.layout.activity_main);
    }
}
```

액티비티를 만들려면 우선 액티비티를 상속한 클래스를 만들어야 합니다. 안드로이드 스튜디오의 마법사로 액티비티를 만들면 android.support.v7.app.App.AppCompatActivity를 상속한 위와 같은 클래스가 생성됩니다. AppCompatActivity는 액티비티를 상속하며, 액티비티를 상속함으로써 머티리얼 디자인(Material Design)의 가이드라인에 따른 AppCompat 라이브러리를 제대로 활용할 수 있습니다.

AppCompatActivity를 상속할 수 없을 때는 다음과 같이 android.support.v7.app.AppCompatDelegate를 이용합니다(예제 2-2).

[예제 2-2] AppCompatDelegate를 이용하는 경우(MainActivity.java)

```java
public class MainActivity extends Activity {
    AppCompatDelegate mDelegate;
    @Override
    protected void onCreate(Bundle savedInstanceState) {
        super.onCreate(savedInstanceState);
        mDelegate = new AppCompatDelegate(this);
        mDelegate.setContentView(R.layout.activity_main);
    }
}
```

2.1.2 액티비티의 수명주기를 이해하자

이제부터 수명주기를 학습하겠습니다. 액티비티에는 몇 가지 상태가 있고, 상태를 변경할 때 onCreate 등의 콜백이 안드로이드 프레임워크에서 호출됩니다(그림 2-1).

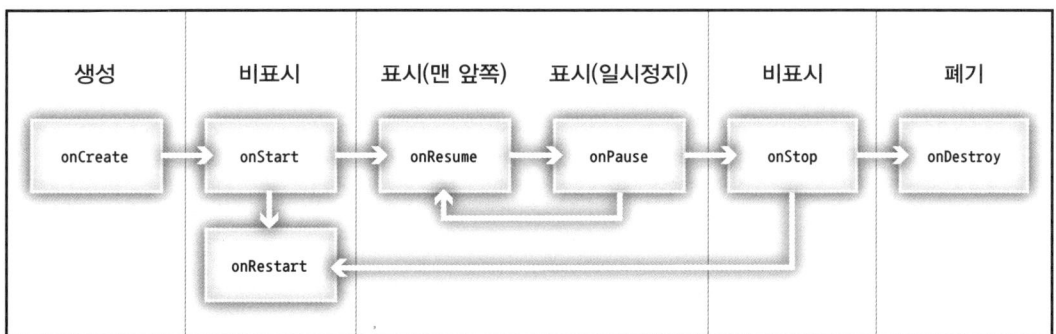

[그림 2-1] 수명주기 다이어그램

여기서는 수명주기의 종류와 흐름을 비롯해 상황에 따라 각각 무엇을 구현해야 하는지 살펴보겠습니다(표 2-1).

[표 2-1] 액티비티의 수명주기 종류

메서드명	시점	처리 예
onCreate	생성 시	초기화 처리와 뷰 생성(setContentView 호출) 등
onStart	비표시 시	통신이나 센서 처리를 시작
onRestart	표시 시(재시작만)	보통 아무것도 하지 않아도 된다.
onResume	최전면 표시	필요한 애니메이션 실행 등의 화면 갱신 처리(※)
onPause	일부 표시(일시정지) 상태	애니메이션 등 화면 갱신 처리를 정지 또는 일시정지할 때 필요 없는 리소스를 해제하거나 필요한 데이터를 영속화
onStop	비표시(정지) 상태	통신이나 센서 처리를 정지
onDestroy	폐기 시	필요 없는 리소스를 해제. 액티비티 참조는 모두 정리한다.

※ Android N부터 멀티윈도우가 도입됐습니다. 멀티윈도우를 지원하는 경우 애니메이션 실행 등 화면 갱신 처리의 정지는 onStop에서 합니다.

시스템 메모리가 모자랄 경우 시스템은 onStop, onDestroy를 콜백하지 않고 액티비티를 강제로 종료시켜 메모리를 확보할 때가 있습니다. 이러한 경우 데이터를 영속적으로 보존하려면 액티비티가 일시정지 상태로 전환되는 onPause에서 이를 처리할 필요가 있습니다. 그렇다면 수명주기에 따라 어떤 작업을 수행하는 게 좋을까요?

onCreate와 onDestroy, onStart와 onStop, onResume과 onPause를 쌍으로 해서 준비와 뒷정리, 혹은 시작과 종료(취소)하는 조합을 생각하면 어떤 시점에 어떤 작업을 처리할지 상상하기 쉬워집니다.

예를 들어, onCreate에서 뷰를 만들면 onDestroy에서 해제합니다. 뷰는 액티비티가 폐기된 다음, 가비지 콜렉션(GC; Garbage Collection)에 의해 자동으로 메모리에서 해제됩니다. 또한 onStart에서 위치 정보 취득을 시작했다면 onStop에서(만약 정보 취득을 완료하지 않았다면) 취득을 정지하는 식입니다. onRestart는 거의 사용하지 않으니 호출되는 타이밍만 알아두면 됩니다.

onDestroy에서 액티비티가 폐기되면 GC가 메모리 영역에서 해제합니다. 단, 액티비티의 인스턴스가 다른 클래스에서 참조되고 있을 때는 폐기된 후에도 메모리에 남아 결국 메모리 누수가 발생합니다. 메모리 누수를 발견하고 수정하는 방법은 Tech14에서 설명합니다.

디바이스 설정의 갱신 탐지

액티비티는 디바이스 설정에 변경이 발생하면 기본적으로 시스템에서 현재 액티비티를 폐기하고 새로 생성합니다. 예를 들어, 화면을 세로에서 가로로 돌리거나 언어 설정 변경, 단말기 SIM 교체에 따른 전화번호 변경 등 디바이스 설정이 변경된 경우입니다.

더 구체적으로 설명해 보겠습니다. 만약 언어 설정이 한국어에서 영어로 바뀐다면 액티비티에 표시되는 문자열도 영어로 변경하고 싶을 것입니다. 안드로이드에서는 액티비티가 시작될 때 단말기 상태에 맞게 리소스를 선택하는 기능이 있습니다. 영어 버전용 문자열 리소스 파일을 만들어 두면 언어 설정이 영어로 바뀌었을 때 영어 리소스 파일을 읽어옵니다(그림 2-2).

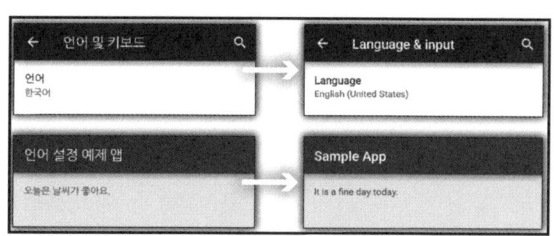

[그림 2-2] 언어 설정에 맞게 리소스를 전환한다

또한 액티비티를 재생성할 때는 현재 상태를 일시적으로 저장해서 이용하고 싶은 경우가 있습니다. 액티비티에는 onSaveInstanceState/onRestoreInstanceState라는 콜백 메서드가 있어서 일시적으로 데이터를 저장하고 복귀 시 저장한 데이터를 가져올 수 있습니다.

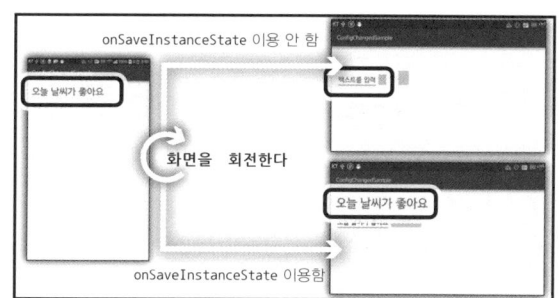

[그림 2-3] 화면을 회전하면 액티비티가 폐기되고 재생성된다

[그림 2-3]의 예제는 [결정] 버튼을 누르면 EditText에 입력한 문자열이 그 위의 TextView에 그냥 표시되는 간단한 예제입니다. 예를 들어, '오늘 날씨가 좋아요'라는 문자열을 입력했습니다.

여기서 화면을 돌리면 액티비티가 폐기되고 다시 생성되므로 액티비티의 상태가 지워집니다. 입력한 상태를 저장해 두지 않는다면 화면을 회전할 때마다 새로 입력해야 하므로 사용자를 짜증나게 할 것입니다. 그래서 onSaveInstanceState로 상태를 저장하고 onRestoreInstanceState로 상태를 복귀시키는 처리가 중요합니다.

tech02/ConfigChangedSample 프로젝트를 열어주세요. 이 예제에서는 putString으로 EditText에 표시된 문자열을 'EDIT_TEXT'라는 키 이름으로 저장하고, getString으로 저장한 문자열을 가져옵니다(예제 2-3).

[예제 2-3] 회전 시 액티비티는 재생성되므로 필요한 데이터는 저장한다(MainActivity.java)

```java
private String mText;
private EditText mEditText;
~생략~
@Override
protected void onSaveInstanceState(Bundle outState) {
    super.onSaveInstanceState(outState);
    mText = mEditText.getText().toString();
    outState.putString("EDIT_TEXT" , mText);
}

@Override
protected void onRestoreInstanceState(Bundle savedInstanceState) {
    super.onRestoreInstanceState(savedInstanceState);
    mText = savedInstanceState.getString("EDIT_TEXT");
}
```

onSaveInstanceState() 메서드로 인수로 전달되는 Bundle 형 인스턴스에 저장하고 싶은 데이터를 설정할 수 있습니다. 또한 이 데이터는 onRestoreInstanceState() 메서드로 가져올 수 있습니다. 설정할 수 있는 자료형은 int, float 등의 자바 기본형과 문자열, 또는 리스트(ArrayList)와 Parcelable 형을 구현한 인스턴스입니다.

Parcelable이란 '작은 화물'이라는 의미에 'able(가능하다)'이라는 접미사를 붙여 '짐으로서 운반할 수 있는 것'이 됩니다. onSaveInstanceState()/onRestoreInstanceState()에서는 시스템의 임시 영역을 활용하고, 프로세스 간 통신으로 데이터를 주고받습니다. 프로세스 간 통신에서는 서로의 자료형을 어떻게 주고받을지 정해 둘 필요가 있는데, 그 전달 방법이 Parcelable 인터페이스로 정의돼 있다고 이해하면 됩니다.

onSaveInstanceState()/onRestoreInstanceState()는 사용자가 [뒤로가기(Back)] 키로 액티비티를 명시적으로 폐기한 경우에는 호출되지 않습니다. 영속적으로 저장하고 싶은 데이터는 onPause 시점에서 저장해 두면 되겠지요.

2.1.3 액티비티의 백스택을 이해하자

새로운 액티비티가 시작되면 실행 중이던 액티비티는 백스택에 들어갑니다. 또한 시작한 액티비티는 태스크라는 그룹에 속합니다. 이 항목은 안드로이드 OS의 버전에 따라서도 미묘하게 동작이 달라 다 이해하기는 어렵습니다. 그러니 여기서는 아래 3가지만 알아 두세요.

- 같은 앱에서 시작된 액티비티는 같은 백스택에 쌓인다.
- taskAffinity의 속성에 따라 소속되는 태스크가 달라진다.
- launchMode에 따라 액티비티 생성의 여부, 새로운 태스크에 속하는 등 액티비티의 시작이 달라진다.

백스택에 쌓인 액티비티는 [뒤로가기] 키 등으로 액티비티를 종료하면 위에서부터 차례로 꺼내집니다. 또한 taskAffinity는 태스크 친화성이라는 의미지만, 대체로 '태스크 이름'으로 바꿔 읽는 것이 이해하기 쉽습니다. taskAffinity가 지정되지 않은 경우는 자기 앱의 패키지 이름이 태스크 이름이 됩니다. taskAffinity를 설정하지 않으면 그 앱의 taskAffinity(태스크 이름)는 모두 같아집니다.

launchMode는 4가지가 있습니다. 자주 사용하는 것은 standard, singleTop, singleTask의 3가지입니다.

singleTask는 브라우저 앱이나 게임 앱 등 여러 액티비티를 만들고 싶지 않을 때 사용합니다. singleInstance라는 것도 있지만 기본적으로 사용하지 않으므로 가볍게 내용만 알아 둡시다(표 2-2).

[표 2-2] 액티비티 launchMode의 종류

launchMode	내용
standard	매번 액티비티의 인스턴스를 새로 생성한다. 기본값이다.
singleTop	같은 액티비티가 최상위에서 실행 중이면 액티비티를 생성하지 않고, 그 대신 최상위 인스턴스의 onNewIntent()를 호출한다.
singleTask	1개의 태스크에 인스턴스가 존재한다. 이미 같은 액티비티가 실행 중이면 액티비티를 생성하지 않는다.
singleInstance	1개의 태스크에 1개의 인스턴스만 존재한다. 다른 액티비티를 태스크에 포함하지 않는다. 이미 같은 액티비티가 실행 중이면 액티비티를 생성하지 않는다.

다음과 같이 3가지 액티비티가 있는 앱을 살펴봅시다. Activity2에만 taskAffinity를 설정했습니다(예제 2-4).

[예제 2-4] Activity에 taskAffinity를 설정한다(XML)

```
<activity android:name=".Main" ...>
<activity android:name=".Activity1" ...>
<activity android:name=".Activity2"
        android:taskAffinity=":something" ...>
```

[그림 2-4]의 동작을 살펴보겠습니다.

1. MainActivity가 시작되고 백스택에 들어간다.
2. 다음으로 Activity1이 시작되고 백스택에 들어간다.
3. 다음으로 Activity2가 시작되고 백스택에 들어간다. 단, taskAffinity를 설정해서 소속되는 태스크가 다르다(※)

※ 태스크가 달라지면 오버뷰 화면(최근 사용한 태스크 목록)에도 나눠서 표시됩니다. 아울러 액티비티의 백스택은 adb로도 확인할 수 있습니다.

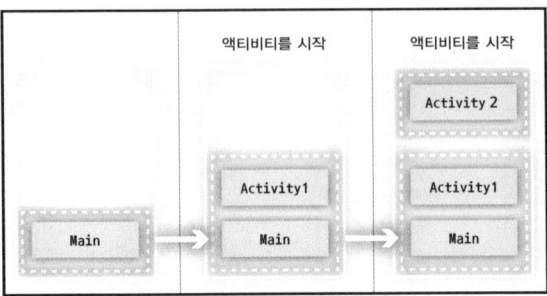

[그림 2-4] 태스크와 백스택(액티비티를 실행해간다)

[그림 2-5]의 동작을 살펴보겠습니다.

1. MainActivity, Activity1, Activity2가 실행된 상태
2. [뒤로가기] 키를 눌러, Activity2를 종료. Activity2가 꺼내진다.
3. [뒤로가기] 키를 눌러, Activity1을 종료. Activity1이 꺼내진다.

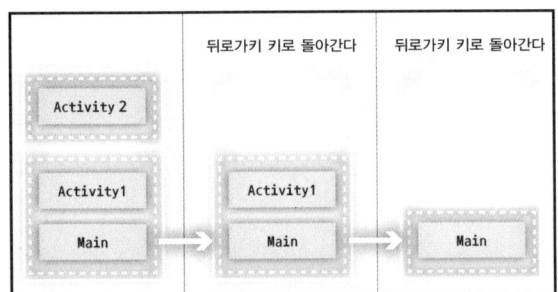

[그림 2-5] 태스크와 백스택([뒤로가기] 키로 돌아간다)

다음은 adb로 백스택을 확인하는 방법입니다(예제 2-5).

[예제 2-5] 백스택 확인

```
$ adb shell dumpsys activity activities
```

singleTask, singleInstance로 설정한 경우, startActivityForResult()를 호출해 다른 앱과 연계할 수 없습니다. 이때는 곧바로 Activity.RESULT_CANCELED가 반환되어 취소로 다루게 됩니다.

2.2 뷰와 레이아웃을 이해하자

이번 절에서는 기본적 요소인 뷰, 그리고 각 뷰를 어떻게 배치하는지 살펴봅니다. 또한 비교적 간단히 만들 수 있는 여러 개의 뷰를 조합한 '커스텀 뷰(Composite View)'도 만듭니다. 이를 통해 뷰와 레이아웃에 대해 깊이 있게 이해해 봅시다.

2.2.1 뷰를 이해하자

뷰란 UI를 구성하는 바탕이 되는 컴포넌트로서 네모난 그리기 영역을 가집니다. TextView, Button, EditText, ImageView, CheckBox 등 다양한 종류가 있습니다. 안드로이드 스튜디오의 디자인 뷰에서 목록을 볼 수 있습니다(그림 2-6).

뷰를 생성할 때는 XML로 기술하는 방법과 자바 코드로 기술하는 방법이 있습니다. 기본적으로 XML로 기술하는 것이 자바 코드보다 코드의 양도 적고 읽기에도 편해 유지 및 관리에 유리합니다.

[그림 2-6] 다양한 뷰

크기

뷰의 크기는 3가지 방법으로 지정할 수 있습니다(표 2-3). 최종적인 크기는 여백의 마진도 포함해 해당 뷰가 속한 부모 레이아웃에 따라 결정됩니다. 여기서 지정한 내용을 바탕으로 부모 레이아웃의 크기를 결정합니다. 화면 밀도에 따른 dp와 px의 비율도 아래 표에 정리했습니다(표 2-4).

[표 2-3] 크기를 지정하는 방법

크기 지정	내용
wrap_content	뷰를 표시하기 위한 크기
match_parent	부모 뷰와 같은 크기
수치 지정	지정한 수치와 같은 크기

[표 2-4] 각 화면 밀도에서의 dp와 px의 비율

밀도	dp	px
ldpi	1dp	0.75px
mdpi	1dp	1px
hdpi	1dp	1.5px
xhdpi	1dp	2px
xxhdpi	1dp	3px
xxxhdpi	1dp	4px

패딩과 마진

패딩으로 지정한 간격은 배경색으로 칠해지고, 마진으로 지정된 간격은 공백이 됩니다. 패딩은 뷰 크기에 포함되지만 마진은 포함되지 않습니다(그림 2-7). 그러므로 마진은 뷰 요소 사이의 거리를 나타낸다고 생각하면 이해하기 쉬울 것입니다.

2.2.2 레이아웃을 이해하자

레이아웃은 뷰를 어떤 위치에 어떤 크기로 표시할지 결정하는 것입니다. 여기서는 대표적인 LinearLayout을 소개합니다.

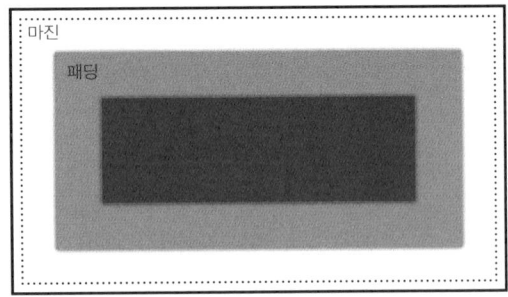

[그림 2-7] 패딩과 마진의 차이

LinearLayout

LinearLayout은 사용하기 쉬운 레이아웃입니다. LinearLayout에서 자식 뷰의 크기를 지정하는 방법을 예로 들어보겠습니다. 여기서는 LinearLayout의 orientation이 horizontal(수평 방향)으로 돼 있음을 전제로 설명합니다. vertical인 경우에는 세로 방향이 되므로 layout_width 대신 layout_height로 바꿔 읽어주세요. tech02/LinearLayoutSample에 있는 예제 앱으로 확인할 수 있습니다.

LinearLayout의 자식 뷰는 layout_width와 layout_weight 양쪽을 이용해 폭을 결정합니다. 아래 3가지 패턴의 지정 방법을 살펴봅시다.

1. layout_width를 wrap_content로 지정
2. layout_width를 wrap_content, layout_weight를 각각 1:1로 지정
3. layout_weight를 1:1이 되도록 지정(layout_width는 0dp로 지정)

TextView와 ToggleButton이 LinearLayout의 자식 뷰로 있는 레이아웃을 예로 들겠습니다 (예제 2-6).

[예제 2-6] LinearLayout의 예(XML)

```
<?xml version="1.0" encoding="utf-8"?>
<LinearLayout
~생략~
    <TextView
        android:id="@+id/textView"
        android:layout_width="wrap_content"
        android:layout_height="wrap_content"
        android:text="안녕하세요. 오늘은 날씨가 쾌청하네요."/>

    <ToggleButton
        android:id="@+id/toggleButton"
        android:layout_width="wrap_content"
        android:layout_height="wrap_content"
        android:background="@android:color/darker_gray"
        android:checked="false"
        android:text="New ToggleButton"/>
</LinearLayout>
```

위 XML의 레이아웃을 그대로 표시하면 [그림 2-8]처럼 표시됩니다. 오른쪽에 조금 여백이 있습니다.

[그림 2-8] layout_width를 지정한 경우

다음으로 layout_width는 그대로 wrap_content로 두고, android:layout_weight를 TextView, ToggleButton 모두 1로 설정합니다. 여백을 정확히 1:1로 나눠 TextView, Toggle 버튼의 폭이 각각 넓어집니다(그림 2-9).

[그림 2-9] layout_width를 wrap_content, layout_weight를 각각 1로 지정

각 버튼의 폭을 layout_weight에서 지정한 대로 만들고 싶을 때는 layout_width를 0dp로 지정해 주세요. 이는 일종의 트릭인데, LinearLayout 구현상 이처럼 돼 있습니다. 이렇게 지정하면 layout_weight를 각각 1로 지정한 경우 [그림 2-10]처럼 1:1로 표시됩니다.

[그림 2-10] layout_width를 0dp, layout_weight를 각각 1로 지정

2.2.3 커스텀 뷰를 만들자

이제부터 커스텀 뷰를 만들어봅시다. 아예 처음부터 만들어 가는 건 아니고, 기존 뷰를 조합해 커스텀 뷰를 만듭니다. 이번 절에서는 3개의 별 아이콘을 전환할 수 있는 커스텀 뷰를 예로 듭니다. 선택된 별에 노란색이 칠해져 표시됩니다(그림 2-11). tech02/CompositeCustomViewSample 프로젝트를 열어주세요.

[그림 2-11] 3개의 별이 표시되는 커스텀 뷰

기존 뷰를 조합한 커스텀 뷰 만들기는 아래 4단계로 진행됩니다.

1. 커스텀 뷰의 레이아웃을 결정한다.
2. 레이아웃 XML로 설정할 수 있는 항목을 attrs.xml에 기재한다.
3. 커스텀 뷰 클래스를 만든다.
4. 메인 앱의 레이아웃에 삽입해서 확인한다.

① 커스텀 뷰의 레이아웃을 결정한다

우선, 가장 먼저 레이아웃부터 만들어 봅시다. 이번에는 별을 3개 표시하고 싶으니 ImageView를 3개 이용합니다. 또한 ImageView를 옆으로 나열할 것이므로 LinearLayout으로 에워 쌉니다(그림 2-12).

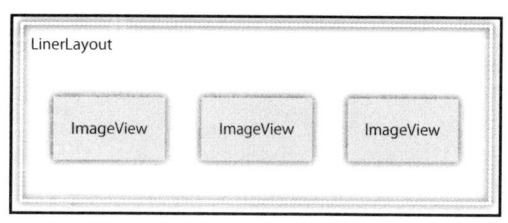

[그림 2-12] 커스텀 뷰의 구성

옆으로 나열하므로 orientation을 horizontal로 지정했습니다. 각 ImageView에서 지정한 drawable에서 star.png는 색이 칠해진 별 이미지고, star_empty.png는 테두리만 있는 별 이미지입니다. 기본으로 처음 star1의 id를 가진 ImageView가 색이 칠해진 별 이미지로 표시되게 했습니다(예제 2-7).

[예제 2-7] 레이아웃(three_stars_indicator.xml)

```xml
<?xml version="1.0" encoding="utf-8"?>
<merge xmlns:android="http://schemas.android.com/apk/res/android"
    android:layout_width="match_parent"
    android:layout_height="match_parent"
    android:orientation="horizontal">
    <ImageView
        android:id="@+id/star1"
        android:src="@drawable/star"
        android:layout_margin="4dp"
        android:layout_width="wrap_content"
        android:layout_height="wrap_content" />
    <ImageView
        android:id="@+id/star2"
        android:src="@drawable/star_empty"
        android:layout_margin="4dp"
        android:layout_width="wrap_content"
        android:layout_height="wrap_content" />
    <ImageView
        android:id="@+id/star3"
        android:src="@drawable/star_empty"
        android:layout_margin="4dp"
        android:layout_width="wrap_content"
        android:layout_height="wrap_content" />
</merge>
```

여기서 한 가지 주의할 점이 있습니다. 맨 처음 루트 태그가 LinearLayout이 아니라 merge 태그라는 점입니다. 이렇게 한 이유는 커스텀 뷰가 LinearLayout을 상속한 클래스이므로 LinearLayout의 불필요한 중첩을 피하기 위해서입니다. merge 태그를 사용하지 않고 LinearLayout 태그로 하면 [그림 2-13]처럼 불필요하게 중첩됩니다.

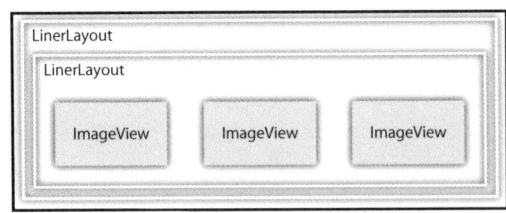

[그림 2-13] merge 태그를 이용하지 않은 경우

② 레이아웃 XML로 설정할 수 있는 항목을 attrs.xml에 기재한다

커스텀 뷰의 XML로 설정을 변경할 수 있게 준비합시다. XML로 몇 번째 별이 선택됐는지 설정할 수 있게 selected 속성을 추가했습니다. format은 형 정보로, 이번에는 수치인 integer가 됩니다(예제 2-8).

[예제 2-8] 설정할 수 있는 항목을 기재(attrs.xml)

```xml
<?xml version="1.0" encoding="utf-8"?>
<resources>
    <declare-styleable name="MyCustomView">
        <attr name="selected" format="integer" />
    </declare-styleable>
</resources>
```

③ 커스텀 뷰 클래스를 만든다

다음은 클래스를 만들 차례입니다. 커스텀 뷰를 만들 때는 View를 상속할 필요가 있습니다. 조금 전에 설명한 대로, 이번 예제에서는 LinearLayout을 상속합니다. 염두에 둘 것은 3가지입니다. ❶ 레이아웃 XML ❷ 스타일 반영 ❸ 외부 클래스로서, 예를 들어 액티비티로 조작할 할 수 있게 공개 메서드를 구현합니다.

레이아웃을 전개하는 데는 LayoutInflater.inflate()를 이용합니다(예제 2-9).

[예제 2-9] 레이아웃 전개(자바)

```
LayoutInflater.inflate(@LayoutRes int resource, @Nullable ViewGroup root)
```

두 번째 인수인 root에서는 부모가 될 ViewGroup을 지정합니다. 이번에는 자기 자신(this)을 부모로 설정합니다. inflate 시점에서 조금 전 레이아웃의 XML에서 기술한 내용이 이 LinearLayout에 추가됩니다. 선두에 merge 태그를 이용했으므로 자신의 LinearLayout에 합쳐집니다(예제 2-10).

[예제 2-10] 커스텀 뷰의 클래스(MyCustomView.java)

```java
public class MyCustomView extends LinearLayout {
    private ImageView mStar1;
    private ImageView mStar2;
    private ImageView mStar3;
    private int mSelected = 0; // 선택된 번호

    ~ 생략 ~

    public MyCustomView(Context context, AttributeSet attrs) {
        super(context, attrs);
        initializeViews(context, attrs);
    }

    /**
     * 레이아웃 초기화
     */
    private void initializeViews(Context context, AttributeSet attrs) {
        LayoutInflater inflater = (LayoutInflater) context.
            getSystemService(Context.LAYOUT_INFLATER_SERVICE);
        // ❶ 레이아웃 전개
        inflater.inflate(R.layout.three_stars_indicator, this);
        if (attrs != null) {
            //❷ attrs.xml에 정의한 스타일을 가져온다
            TypedArray a = context.obtainStyledAttributes(attrs,
             R.styleable.MyCustomView);
            mSelected = a.getInteger(0, 0);
            a.recycle(); // 이용이 끝났으면 recycle()을 호출한다
        }
    }
```

```java
/**
 * inflate가 완료되는 시점에서 콜백된다
 */
@Override
protected void onFinishInflate() {
    super.onFinishInflate();
    mStar1 = (ImageView) findViewById(R.id.star1);
    mStar2 = (ImageView) findViewById(R.id.star2);
    mStar3 = (ImageView) findViewById(R.id.star3);
    // 처음에만 XML의 지정을 반영하고자 2번째 인수인 force를 true로 한다
    setSelected(mSelected, true);
}

/**
 * 지정된 번호로 선택한다(내부용)
 *
 * @param select: 지정할 번호(0이 가장 왼쪽)
 * @param force: 지정을 강제로 반영한다
 */
private void setSelected(int select, boolean force) {
    ~ 생략 ~
}

// ❸ 외부 클래스에서 이용할 수 있는 공개 메서드 구현
/**
 * 지정된 번호로 선택한다
 *
 * @param select: 지정할 번호(0이 가장 왼쪽)
 */
public void setSelected(int select) {
    ~ 생략 ~
}
```

④ 메인 앱의 레이아웃에 삽입해서 확인한다

이번에는 다음과 같은 예제를 작성합니다. [눌러서 갱신] 버튼을 누르면 선택된 별이 바뀝니다 (그림 2-14).

작성한 커스텀 뷰를 삽입해봅시다.

〈패키지명.클래스명〉 태그를 삽입합니다. 이번에는 attrs.xml에서 정의한 몇 번째 별을 선택하는지 설정할 수 있게 selected 속성도 사용하겠습니다. app:selected가 되고 이름공간이

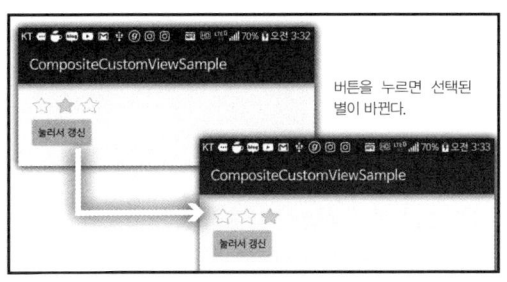

[그림 2-14] 커스텀 뷰를 이용한 예제

부여돼 있는데, attrs.xml에서 지정한 정의를 이용하기 위해 필요합니다. app이라는 이름공간은 xmlns:app="http://schemas.android.com/apk/res-auto"가 됩니다. 이 이름공간을 이용하면 자동으로 attrs.xml에서 정의한 내용을 연결할 수 있습니다(예제 2-11).

[예제 2-11] 커스텀 뷰의 삽입(activity_main.xml)

```
<RelativeLayout
    xmlns:app="http://schemas.android.com/apk/res-auto"
    ~ 생략 ~ >
    <com.advanced_android.compositecustomviewsample.MyCustomView
        android:id="@+id/indicator" app:selected="1"
        android:layout_width="wrap_content" android:layout_height="wrap_content" />
    ~ 생략 ~
</RelativeLayout>
```

다음으로 버튼을 눌렀을 때 선택한 별을 바꾸는 부분을 살펴보겠습니다. 처음에 findViewById() 를 호출해 커스텀 뷰의 인스턴스를 가져옵니다. 인스턴스를 가져올 수 있으면 나머지는 커스텀 뷰에서 정의된 public 메서드를 호출할 수 있습니다. 버튼의 onClick() 안에서 MyCustomView. setSelected()로 선택된 별을 변경합니다(예제 2-12).

[예제 2-12] 커스텀 뷰 삽입(MainActivity.java)

```java
final MyCustomView indicator = (MyCustomView) findViewById(R.id.indicator);
findViewById(R.id.button).setOnClickListener(new View.OnClickListener() {
    @Override
    public void onClick(View v) {
        int selected = indicator.getSelected();     // 선택된 별을 가져온다
        if (selected == 2) {
            selected = 0;      // 맨 오른쪽에 있을 때는 처음으로 돌아간다
        } else {
            selected++;        // 1개씩 오른쪽으로 이동한다
        }
        indicator.setSelected(selected);            // 선택 상태를 갱신한다
    }
});
```

2.3 프래그먼트로 UI를 가진 컴포넌트를 통합하자

이번 절에서는 프래그먼트(Fragment)를 살펴봅시다. 프래그먼트는 안드로이드 3.0부터 도입된 컴포넌트입니다. 뷰를 가질 수 있어 UI를 가진 컴포넌트로서 통합할 수 있습니다.

또한 액티비티와 마찬가지로 수명주기를 가지며, 개개의 수명주기에 따라 처리를 구현할 수 있다는 특징도 있습니다. 그러므로 액티비티와 유사한 형태로 이용할 수 있습니다. UI를 가지지 않는 프래그먼트인 Headless나 중첩된 프래그먼트에 관해서도 가볍게 다뤄보겠습니다.

2.3.1 프래그먼트를 이해하자

액티비티는 한 화면당 1개씩 있는 형태였지만 프래그먼트는 액티비티 1개당 여러 개 존재할 수 있습니다. 그러므로 액티비티 1개로 구현했던 것을 기능 단위로 프래그먼트로 나누어 구현할 수 있습니다.

덧붙여, 프래그먼트는 안드로이드의 프레임워크에서 구현된 것과 지원 라이브러리에서 구현된 것으로 2가지가 있습니다. 안드로이드 2.3 이상을 지원하는 경우 지원 라이브러리를 이용할 수밖에 없지만 안드로이드 4.1 이상을 지원하는 경우라도 지원 라이브러리를 이용하는 편이 좋습니다. 지원 라이브러리 쪽은 새로운 OS에서 구현된 기능이 수시로 백포트(이식)되기 때문입니다. 지원 라이브러리를 이용하면 그만큼 앱 크기가 늘어나지만 대부분 신경 쓰일 정도는 아닙니다.

그럼 단순한 프래그먼트를 가진 앱을 살펴봅시다(그림 2-15). tech02/SimpleFragmentSample 프로젝트를 열어주세요. 프래그먼트에는 버튼이 하나 있습니다. 이 버튼을 누르면 클릭 이벤트를 액티비티에 통보하고 액티비티에서 Toast를 표시하는 앱입니다.

[그림 2-15] 단순한 프래그먼트를 가진 앱

여기서는 프래그먼트를 다음 3단계로 이용합니다.

1. 프래그먼트 클래스를 만든다
2. 프래그먼트의 뷰 구축에 이용할 레이아웃 XML을 만든다
3. 액티비티로부터 작성한 프래그먼트를 이용한다

① 프래그먼트 클래스를 만든다

MyFragment라는 프래그먼트 클래스를 만듭시다. 프래그먼트 클래스를 만드는 데는 2가지 규칙이 있습니다. 첫 번째는 프래그먼트 클래스를 상속하는 것이고, 두 번째는 인수가 없는 기본 생성자를 준비하는 것입니다(예제 2-13).

[예제 2-13] 프래그먼트를 만드는 2가지 규칙(MyFragment.java)

```java
import android.support.v4.app.Fragment;
// 프래그먼트 클래스를 상속
public class MyFragment extends Fragment {
// 빈 생성자는 Fragment를 이용하는 데 필요
    public MyFragment() {   }
```

② 프래그먼트의 뷰 구축에 이용할 레이아웃 XML을 만든다

이번 예제는 버튼을 하나만 가진 프래그먼트를 만듭니다. 우선 레이아웃 XML 파일을 만듭니다(예제 2-14).

[예제 2-14] 레이아웃 XML(fragment_my.xml)

```xml
<FrameLayout ~ 생략 ~ >
    <Button
        android:id="@+id/button"
        android:layout_width="wrap_content"
        android:layout_height="wrap_content"
        android:text="PUSH！" />
</FrameLayout>
```

다음으로 MyFragment에서 이용하기 위해 레이아웃 XML을 전개하고 뷰를 생성합니다. 프래그먼트에서는 뷰를 생성하는 시점이 정해져 있어 onCreateView()에서 생성합니다. 뷰가 만들어지면 onViewCreated()가 콜백됩니다(예제 2-15).

[예제 2-15] 뷰의 작성(MyFragment.java)

```java
@Override
public View onCreateView(LayoutInflater inflater, ViewGroup container,
                Bundle savedInstanceState) {
    return inflater.inflate(R.layout.fragment_my, container, false);
}

@Override
public void onViewCreated(View view, Bundle savedInstanceState) {
    super.onViewCreated(view, savedInstanceState);
    view.findViewById(R.id.button).setOnClickListener(new View.OnClickListener() {
        @Override
        public void onClick(View v) {
            if (mListener != null) {
                mListener.onFragmentInteraction();
            }
        }
    });
}
```

onClick() 안에 mListener.onFragmentInteraction()이 갑자기 등장했으므로 보충 설명을 하겠습니다. 이것은 버튼이 눌렸을 때의 처리를 액티비티에서 하기 위해서입니다. 이 리스너는 MyFragment에서 정의합니다(예제 2-16).

[예제 2-16] 액티비티와 연계하기 위한 리스너(MyFragment.java)

```java
private OnFragmentInteractionListener mListener;

/**
 * 액티비티와 연계하기 위한 인터페이스
 */
public interface OnFragmentInteractionListener {
```

```
    void onFragmentInteraction();
}
```

그리고 이 리스너를 액티비티 쪽에서 구현합니다(예제 2-17).

[예제 2-17] 액티비티 쪽에서 리스너를 구현(MainActivity.java)

```
public class MainActivity extends AppCompatActivity
    implements MyFragment.OnFragmentInteractionListener {

    ~ 생략 ~

    @Override
    public void onFragmentInteraction() {
        Toast.makeText(getApplicationContext(), "버튼이 눌렸습니다", Toast.LENGTH_SHORT).show();
    }
```

액티비티에서 구현한 리스너와 프래그먼트의 연결은 액티비티와 프래그먼트가 연결될 때 onAttach()에서 합니다. 또한 연결을 끊기 전에 onDetach()에서 리스너에 대한 참조를 해제합니다. onAttach()에서는 OnFragmentInteractionListener가 구현되지 않았으면 RuntimeException을 던져 처리를 계속할 수 없게 했습니다.

[예제 2-18] onAttach 안에서 필드에 저장한다(MyFragment.java)

```
@Override
public void onAttach(Context context) {
    super.onAttach(context);
    // Activity 쪽에 필요한 인터페이스가 구현됐는지 확인
    if (context instanceof OnFragmentInteractionListener) {
        mListener = (OnFragmentInteractionListener) context;
    } else {
        throw new RuntimeException(context.toString()
                + " OnFragmentInteractionListener를 구현해 주세요");
    }
}
```

```java
@Override
public void onDetach() {
    super.onDetach();
    mListener = null;
}
```

이제 액티비티에서 구현한 리스너를 프래그먼트에서 가질 수 있고, 버튼이 눌린 시점을 액티비티에 알려줄 수 있게 됐습니다. 아울러 MainActivity에 대한 참조를 직접 가지지 않고 인터페이스로서 가지는 것은 특정 액티비티에 의존하지 않도록 결합을 느슨하게 만들기 위해서입니다.

③ 액티비티로부터 작성한 프래그먼트를 이용한다

이번에는 정적으로 프래그먼트를 추가합니다. 정적 프래그먼트는 레이아웃 XML 파일에 직접 프래그먼트 태그를 기술해 실현할 수 있습니다(예제 2-19).

[예제 2-19] fragment 태그를 추가(activity_main.xml)

```xml
<RelativeLayout ~ 생략 ~>
    <fragment
        android:id="@+id/myfragment"
        android:name="com.advanced_android.simplefragmentsample.MyFragment"
        android:layout_width="match_parent"
        android:layout_height="match_parent"/>
</RelativeLayout>
```

name 속성에는 Fragment 클래스 이름을 기술합니다. 이로써 activity_main.xml로 뷰를 생성할 때 프래그먼트도 생성됩니다.

2.3.2 프래그먼트 수명주기를 이해하자

프래그먼트는 액티비티와 마찬가지로 수명주기를 가집니다. 조금 전에 나온 onAttach()와 onDetach()도 수명주기의 콜백입니다. 프래그먼트의 수명주기는 액티비티처럼 onCreate() 등의 콜백을 가지며, 프래그먼트 특유의 수명주기 콜백도 있습니다. 따라서 액티비티 때보다 상당히 복잡합니다(표 2-5).

[표 2-5] 프래그먼트 생명주기

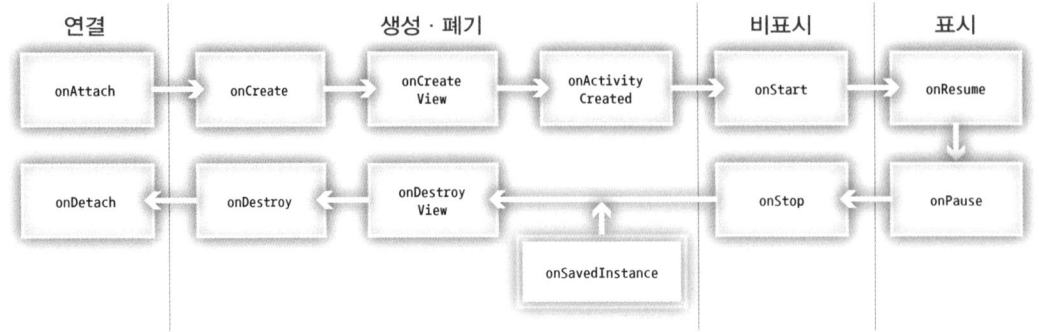

메서드명	시점	실행하는 처리의 예
onAttach	프래그먼트와 액티비티가 연결될 때	이 시점에서 getActivity 메서드는 null을 반환한다
onCreate	생성 시	초기화 처리
onCreateView	생성 시	뷰 생성
onActivityCreated	생성 시	초기화 처리, 뷰 생성(setContentView의 호출) 등
onStart	비표시 상태	표시 전 시점
onResume	표시 시	필요한 애니메이션 등 실행 화면 갱신 처리
onPause	일부 표시(일시정지) 상태	애니메이션 등 화면 갱신 처리 정지, 일시정지 시에 불필요한 리소스 해제, 필요한 데이터 영속화
onStop	비표시 상태	비표시된 시점
onDestroyView	폐기 시	필요 없는 리소스 해제
onDestroy	폐기 시	필요 없는 리소스 해제
onDetach	폐기 시	필요 없는 리소스 해제

액티비티에서 본 onSaveInstanceState()는 프래그먼트에도 있습니다. 이 메서드는 프래그먼트가 폐기되기 전에 호출되므로 필요한 정보는 이때 저장할 수 있습니다. 액티비티와는 달리 onRestoreInstanceState()는 프래그먼트에는 존재하지 않지만 onCreate() ~ onActivityCreated()의 수명주기의 메서드의 인수에는 Bundle이 포함돼 있습니다. 이런 특징을 이용해 액티비티의 onRestoreInstanceState()와 똑같이 복귀하도록 구현할 수 있습니다.

2.3.3 프래그먼트를 동적으로 추가 · 삭제하자

앞에서는 프래그먼트를 레이아웃 XML 파일 안에 직접 기술했지만 이번에는 동적으로 프래그먼트를 추가하고 삭제해봅시다. tech02/FragmentTransactionSample을 열어주세요. 앱을 실행해 [추가] [삭제] 버튼을 누르면 각각 프래그먼트가 추가되거나 삭제됩니다. 각 프래그먼트는 TextView를 하나씩 가지고, 순서를 알 수 있도록 'X번째 프래그먼트'라는 문자열을 표시합니다(그림 2-16).

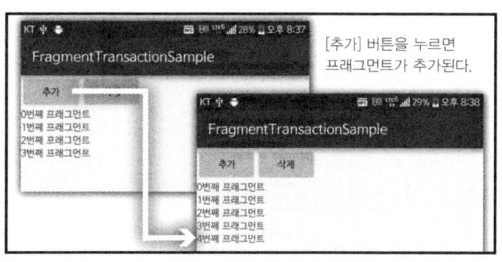

[그림 2-16] 프래그먼트를 추가 · 삭제하는 예제 앱

프래그먼트를 추가하려면 프래그먼트를 추가할 컨테이너가 될 ViewGroup이 필요합니다. 여기서는 id가 fragment_container인 LinearLayout을 컨테이너로 준비했습니다(예제 2-20).

[예제 2-20] 프래그먼트를 추가하기 위한 컨테이너(activity_main.xml)

```xml
<?xml version="1.0" encoding="utf-8"?>
<LinearLayout android:id="@+id/fragment_container"
    android:orientation="vertical"  ~ 생략 ~  >
    <LinearLayout
        android:layout_width="match_parent"
        android:layout_height="wrap_content"
        android:orientation="horizontal">
        <Button
            android:id="@+id/add_button"
            android:text="추가"
            android:layout_width="wrap_content"
            android:layout_height="wrap_content" />
        <Button
            android:id="@+id/remove_button"
            android:text="삭제"
            android:layout_width="wrap_content"
            android:layout_height="wrap_content" />
    </LinearLayout>
</LinearLayout>
```

[추가] 버튼이 눌리면 Fragment를 추가합니다. 여기서는 다음 3가지를 알아 둘 필요가 있습니다.

- 프래그먼트 추가와 삭제는 트랜잭션 단위로 한다.
- 프래그먼트 추가는 ViewGroup에 한다. 이 예에서는 LinearLayout.
- 액티비티와 마찬가지로 백스택이 있다.

아울러 이번에는 [뒤로가기] 키를 눌러 백스택에서 꺼내지 않아도 상관없습니다. [삭제] 버튼을 누르면 백스택으로부터 pop하고 한 단계 이전 상태로 돌아갑니다. 다시 말해, 추가된 프래그먼트가 삭제됩니다(예제 2-21).

[예제 2-21] 프래그먼트를 추가하고 삭제한다(MainActivity.java)

```java
findViewById(R.id.add_button).setOnClickListener(new View.OnClickListener() {
    @Override
    public void onClick(View v) {
        FragmentManager fragmentManager = getSupportFragmentManager();
        fragmentManager.beginTransaction()     // ❶ 트랜잭션 생성
                .add(R.id.fragment_container,
                    MyFragment.getInstance(mNumber))
                // ❷ 프래그먼트 생성
                .addToBackStack(null)    // ❸ 백스택에 추가
                .commit();
    }
});
findViewById(R.id.remove_button).setOnClickListener(new View.OnClickListener() {
    @Override
    public void onClick(View v) {
        if (mNumber == 0) {
            return;
        }
        FragmentManager fragmentManager = getSupportFragmentManager();
        fragmentManager.popBackStack(); // ❹ 백스택에서 꺼내서 직전 상태로 돌아간다
    }
});
```

앞에서는 프래그먼트를 MyFragment.getInstance(mNumber)와 같은 팩토리 메서드로 생성했습니다. 그런데 동적으로 추가한 프래그먼트는 화면 회전 등 액티비티가 재생성될 경우 어떻게 될까요? 사실은 액티비티와 마찬가지로 프래그먼트도 재생성됩니다. 그렇다면 프래그먼트를 재생성할 때 초깃값은 어떻게 하는지가 문제로 남습니다. 이 문제는 Fragment.setArguments(Bundle)로 초깃값을 설정함으로써 해결할 수 있습니다. 재생성 시에는 getArguments()를 호출해 설정한 값을 가져올 수 있습니다. 팩토리 메서드를 사용해 프래그먼트를 생성하는 방법은 모범 답안 중 하나이므로 관용구처럼 기억해 두면 좋습니다(예제 2-22).

[예제 2-22] 프래그먼트 생성용 팩토리 메서드를 준비한다(자바)

```java
private static final String ARG_NO = "ARG_NO";

~ 생략 ~

public static MyFragment getInstance(int no) {
    MyFragment fragment = new MyFragment();
    Bundle args = new Bundle();
    args.putInt(ARG_NO, no);
    fragment.setArguments(args); // ❶ 초깃값을 설정한 Bundle을 setArguments()로 설정
    return fragment;
}

@Override
public void onViewCreated(View view, Bundle savedInstanceState) {
    super.onViewCreated(view, savedInstanceState);
    TextView textView = (TextView) view.findViewById(R.id.text);
    // ❷ getArguments()를 통해 초깃값을 구함
    int no = getArguments().getInt(ARG_NO, 0);
    String text = "" + no + "번째 프래그먼트";
    Log.d("MyFragment", "onViewCreated " + text);
    textView.setText(text);
}
```

2.3.4 중첩 프래그먼트를 이용하자

프래그먼트 안에 프래그먼트를 넣는 중첩 프래그먼트에 관해 알아보겠습니다. 중첩 프래그먼트는 처음에는 지원되지 않았지만 지원 라이브러리 쪽에서 대응해 현재는 안드로이드 1.6 이상에서 이용할 수 있게 됐습니다. 단, 중첩 프래그먼트를 이용하면 코드가 상당히 복잡해지고 구현 난도가 높아집니다. 가능하면 커스텀 뷰로의 대체 등을 검토해보세요. 또한 중첩 프래그먼트는 레이아웃 XML로 추가할 수 없고, 항상 동적으로 추가해야 합니다. 부모 프래그먼트 쪽에서는 기본적으로 UI를 가지지 않고, 자식 프래그먼트 관리를 중심으로 하는 편이 좋겠지요. 역할을 명확히 나눔으로써 복잡성이 줄고 동작의 예측이 가능해지기 때문입니다.

그럼 예제를 살펴봅시다. tech02/NestedFragmentSample을 열어주세요. 조금 전 예와 마찬가지로 [추가] [삭제] 버튼을 눌러서 추가하고 삭제할 수 있게 합시다. 프래그먼트는 [그림 2-17]과 같이 구성돼 있습니다. 이번 예제에서는 부모인 ParentFragment에 자식인 ChildFragment가 추가돼 갑니다.

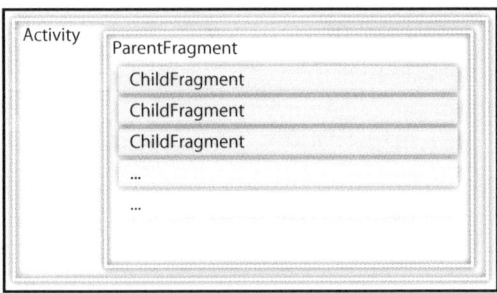

[그림 2-17] 중첩 프래그먼트의 구성

중첩 프래그먼트를 다룰 때는 getSupportFragmentManager()가 아니라 getChildFragmentManager()를 사용합니다(예제 2-23).

[예제 2-23] 중첩 프래그먼트(ParentFragment.java)

```
public void onViewCreated(View view, Bundle savedInstanceState) {
    super.onViewCreated(view, savedInstanceState);
    view.findViewById(R.id.add_button).setOnClickListener(new View.OnClickListener() {
        @Override
        public void onClick(View v) {
            FragmentManager childFragmentManager = getChildFragmentManager();
            childFragmentManager.beginTransaction()
                    .add(R.id.fragment_container, ChildFragment.getInstance(mNumber))
                    .addToBackStack(null)
                    .commit();
        }
    });
```

```
    view.findViewById(R.id.remove_button).setOnClickListener(new View.OnClickListener() {
        @Override
        public void onClick(View v) {
            if (mNumber == 0) {
                return;
            }
            FragmentManager childFragmentManager = getChildFragmentManager();
            childFragmentManager.popBackStack();
        }
    });
}
```

중첩된 프래그먼트의 백스택도 중첩되지 않은 프래그먼트처럼 사용할 수 있지만 단 한 가지 다른 점이 있습니다. 바로 [뒤로가기] 키의 처리는 해주지 않는다는 점입니다. [뒤로가기] 키가 눌렸을 때 부모 프래그먼트의 백스택을 확인합니다. 만약 백스택이 있으면 popBackStack()할 필요가 있습니다(예제 2-24).

[예제 2-24] [뒤로가기] 키가 눌렸을 때 백스택 체크(MainActivity.java)

```
@Override
public void onBackPressed() {
    FragmentManager fragmentManager = getSupportFragmentManager();
    Fragment parentFragment = fragmentManager.findFragmentByTag(TAG_PARENT);
    // 부모 프래그먼트의 백스택을 체크
    if (parentFragment != null &&
parentFragment.getChildFragmentManager().getBackStackEntryCount() > 0) {
        parentFragment.getChildFragmentManager().popBackStack();
    } else {
        super.onBackPressed();
    }
}
```

2.3.5 UI를 갖지 않는 프래그먼트를 이용하자

UI를 갖지 않는 프래그먼트를 만들 수 있습니다. 이런 프래그먼트를 헤드리스 프래그먼트라고 합니다. 기본 액티비티 클래스로서 BaseActivity를 만들고, 거기에 액티비티의 공통된 처리를 구현하는 경우가 있습니다. 그러한 공통 처리에서 UI와 연결되지 않은 부분을 헤드리스 프래그먼트로서 구현할 수 있습니다. 여기서는 네트워크 연결 확인 및 네트워크 연결 변경 감지를 프래그먼트로 구현합니다. tech02/NetworkCheckFragment를 열어주세요.

헤드리스 프래그먼트는 UI와 연결하지 않으니 화면 회전 등 설정이 변경되더라도 프래그먼트를 재생성할 필요가 없습니다. 그에 관한 설정을 해둡시다. setRetainInstance(true)를 호출해 재생성되지 않게 합니다(예제 2-25).

[예제 2-25] 화면 회전 등으로 재생성하지 않도록 설정(NetworkCheckFragment.java)

```java
@Override
public void onCreate(Bundle savedInstanceState) {
    super.onCreate(savedInstanceState);
    setRetainInstance(true);
}
```

또한 프래그먼트는 재생성되지 않지만 액티비티는 재생성됩니다. 이때 Activity.onCreate()가 다시 콜백되므로 액티비티에 맞춰 프래그먼트를 생성하지 않도록 막아 둡시다(예제 2-26).

[예제 2-26] 프래그먼트를 생성하지 않게 한다(MainActivity.java)

```java
protected void onCreate(Bundle savedInstanceState) {
    super.onCreate(savedInstanceState);
    setContentView(R.layout.activity_main);

    // NetworkCheckFragment에서 정의한 TAG(문자열)로 프래그먼트가 추가됐는지 체크
    mFragment = (NetworkCheckFragment) getSupportFragmentManager().
findFragmentByTag(NetworkCheckFragment.TAG);
    if (mFragment == null) {
        mFragment = mFragment.newInstance();
        getSupportFragmentManager().beginTransaction()
```

```
                .add(mFragment, NetworkCheckFragment.TAG)  // TAG를 지정해서 추가
                .commit();
        }
    }
```

아울러 프래그먼트를 추가할 때 UI를 갖지 않는 경우 ViewGroup의 레이아웃 ID는 지정할 필요가 없습니다. 네트워크 변경을 감지하고 통지하는 데는 Tech03에서 설명할 BroadcastReceiver와 LocalBroadcastManager를 이용했습니다(그림 2-27).

[예제 2-27] 네트워크 변경 감지(자바)

```java
public class MyReceiver extends BroadcastReceiver {
    @Override
    public void onReceive(Context context, Intent intent) {
        Intent i = new Intent(NetworkCheckFragment.ACTION_CHECK_INTERNET);
        i.putExtra(NetworkCheckFragment.KEY_CHECK_INTERNET,
                NetworkCheckFragment.isInternetConnected(context));
          // 연결 변경 알림
        LocalBroadcastManager.getInstance(context).sendBroadcast(i);
    }
}
```

네트워크 변경이 감지되면 MyReceiver에서 LocalBroadcastManager로 통지합니다. 그 통지를 NetworkCheckFragment 쪽에서 받아서 공통 처리를 구현할 수 있습니다. 이번에는 Toast를 표시하게 했습니다(예제 2-28).

[예제 2-28] 네트워크 연결 변경에 따른 공통 처리(자바)

```java
public class NetworkCheckFragment extends Fragment {

    public static final String TAG = NetworkCheckFragment.class.getSimpleName();
    public static final String ACTION_CHECK_INTERNET = "ACTION_CHECK_INTERNET";
    public static final String KEY_CHECK_INTERNET = "KEY_CHECK_INTERNET";

    ~ 생략 ~
```

```java
    private BroadcastReceiver mReceiver = new BroadcastReceiver() {
    @Override
    public void onReceive(Context context, Intent intent) {
        String action = intent.getAction();
        if (ACTION_CHECK_INTERNET.equals(action)) {
            // 네트워크 연결 변경에 따른 공통 처리
            boolean isConnected = intent.getBooleanExtra(KEY_CHECK_INTERNET, false);
            if (isConnected) {
                // 인터넷 연결이 있는 경우
                Toast.makeText(context, "인터넷 연결 있음", Toast.LENGTH_SHORT).show();
            } else {
                // 인터넷 연결이 없는 경우
                Toast.makeText(context, "인터넷 연결 없음", Toast.LENGTH_SHORT).show();
            }
        }
    }
};
```

동작을 확인하려면 네트워크 연결을 껐다 켜세요. 예를 들어, Wi-FI를 켰다가 다시 꺼보세요. 몇 초 기다리면 Toast가 표시됩니다(그림 2-18).

[그림 2-18] 네트워크 연결 확인 예제를 실행한 화면

정리

여기서는 액티비티와 프래그먼트를 복습했습니다. 안드로이드의 특징 중 하나인 인텐트(Intent)를 이용한 액티비티의 시작과 다른 앱과의 간편한 연계는 안드로이드의 뛰어난 점입니다. 자신의 앱에서 다른 앱의 기능을 이용할지, 이용하지 않을지 미리 고려할 가치가 있습니다. 꼭 검토해 보세요.

기본적인 레이아웃인 LinearLayout과 LinearLayout을 이용한 커스텀 뷰도 만들어봤습니다. 이런 기능들은 이용할 일이 많으므로 각각 특징을 머릿속에 넣어 둡시다.

프래그먼트 자체는 액티비티처럼 반드시 UI를 가질 필요는 없지만 수명주기를 가진 UI 컴포넌트로서 활용할 수 있습니다.

CHAPTER 03

각 컴포넌트를 복습한다 ②: ContentProvider, Service, BroadcastReceiver 기초

이번 장에서는 안드로이드의 대표적인 컴포넌트인 ContentProvider, Service, BroadcastReciver에서 꼭 알아야 할 내용을 학습합니다. ContentProvider는 한 번 만들어 보면 이해하기 쉬우니 '오늘의 한마디' 앱의 제작 과정을 통해 살펴보겠습니다. 또한 음악 플레이어를 만들면서 ContentProvider, Service, BroadcastReceiver에 관해 더 자세히 학습합니다.

ContentProvider로 데이터 읽기 쓰기를 구현해보자

ContentProvider는 앱 사이에서 각종 데이터를 공유할 수 있게 해주는 컴포넌트입니다. 안드로이드 표준 시스템에서는 연락처인 Contacts나 이미지나 동영상 등의 데이터를 보관하는 MediaStore 등이 ContentProvider로 공개돼 있습니다. 데이터를 검색, 추가, 갱신, 삭제할 수 있으며, 주로 SQLite 등의 관계형 데이터베이스 이용을 염두에 두고 설계됐습니다. 그러므로 관계형 데이터베이스를 다룬 경험이 있으면 비교적 이해하기 쉽습니다. 이번 절에서는 ContentProvider에 관해 더 깊이 이해해 봅시다.

3.1.1 ContentProvider로부터 데이터를 읽어오자

ContentProvider로부터 데이터를 읽어오려면 해당 ContentProvider가 어디에 있는지 알아야 합니다. 경로는 'content://스키마'를 가진 URI(Universal Resource Identifier)로 지정되고, 일반적으로 접근할 대상 앱에서 정의됩니다. 또한 이 URI는 authority로 불리며, ContentProvider를 직접 만들 때는 AndroidManifest.xml에 기술해야 합니다.

ContentResolver를 통해 데이터를 읽는다

ContentProvider가 제공하는 데이터에는 ContentResolver를 통해 접근하도록 설계돼 있고, ContentProvider 자신에 대한 참조는 필요 없습니다. ContentResolver의 인스턴스는 getContentResolver() 메서드로 가져옵니다(예제 3-1).

[예제 3-1] ContentResolver를 가져온다(자바)

```
ContentResolver cr = getContentResolver();
```

ContentResolver에 URI를 전달함으로써 ContentProvider의 데이터에 접근할 수 있습니다. 데이터는 ContentResolver.query()를 이용해 가져옵니다(예제 3-2).

[예제 3-2] ContentResolver.query 메서드(자바)

```
Cursor query(Uri uri, String[ ] projection, String selection, String[ ] selectionArgs,
String sortOrder)
```

query 메서드의 인수는 조금 복잡하므로 다음 표로 정리했습니다.

[표 3-1] query 메서드의 인수

인수	내용
uri	ContentProvider가 관리하는 uri
projection	가져오고 싶은 칼럼명(select에 해당)
selection	필터링할 칼럼명을 지정(where에 해당)
selectionArgs	selection으로 지정한 칼럼명의 조건을 설정(프리페어드 스테이트먼트에 해당)
sortOrder	정렬하고 싶은 칼럼명을 지정(order by에 해당)

query()의 반환값인 Cursor란 어떤 것일까요? Cursor란 데이터에 접근하는 포인터입니다. 2차원 표를 떠올리면 이해하기 쉽습니다. 표의 어느 행을 가리키는지 나타내는 것이 Cursor입니다(그림 3-1).

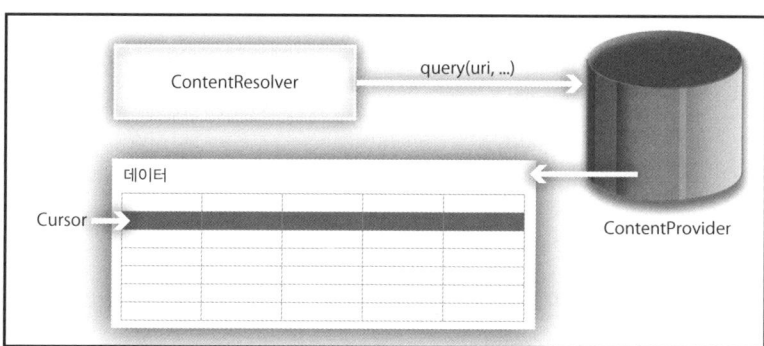

[그림 3-1] Cursor(커서) 설명

MediaStore에서 이미지를 가져온다

이번에는 '갤러리' 앱에서 이용되는 이미지를 저장하는 ContentProvider에서 이미지를 가져와 봅시다. tech03/ContentProviderSample 프로젝트를 열어주세요. 우선 MediaStore에서 이미지를 가져오는 가져오는 부분을 살펴보겠습니다(그림 3-2).

[그림 3-2] MediaStore에서 이미지를 가져오는 앱

ContentProvider에 접근할 때 기본적으로 다른 앱이 이용할 수 있도록 필요한 상수는 정의돼 있습니다. Authority를 나타내는 Uri는 보통 CONTENT_URI, EXTERNAL_CONTENT_URI 같은 상수명으로 공개됩니다. 또한 가져오고 싶은 칼럼명도 마찬가지로 정의돼 있으므로 이를 이용합시다. 우선 필요한 projection 등을 기술하고, ContentResolver.query()를 호출해 Cursor를 가져옵니다(예제 3-3, 그림 3-3).

[예제 3-3] MediaStore에서 이미지를 가져온다(자바)

```java
private Cursor getImage() {
    ContentResolver contentResolver = getContentResolver();
    Uri queryUri = Media.EXTERNAL_CONTENT_URI;
    // 가져올 칼럼명
    String[] projection = {
            ImageColumns._ID,
            ImageColumns.TITLE,
            ImageColumns.DATE_TAKEN,
    };
    // 정렬
    String sortOrder = ImageColumns.DATE_TAKEN + " DESC";
    // 1건만 가져옴
    queryUri = queryUri.buildUpon().appendQueryParameter("limit", "1").build();
    // selection, selectionArgs는 지정하지 않는다
    return contentResolver.query(queryUri, projection, null, null, sortOrder);
}
```

MediaStore는 공개된 인터페이스가 중첩돼 있어 코드가 길어지므로 여기서는 static 임포트를 이용합니다. 중첩된 내부 클래스와 인터페이스에 접근할 때 코드를 깔끔하게 만들 수 있습니다(예제 3-4).

[예제 3-4] static 임포트(자바)

```java
import static android.provider.MediaStore.Images.ImageColumns;
import static android.provider.MediaStore.Images.Media;
```

[그림 3-3] ContentResolver의 query로 데이터를 가져온다

Cursor로부터 데이터를 가져오는 방법

우선 가져온 Cursor를 통해 데이터에 접근합니다(예제 3-5).

[예제 3-5] Cursor로부터 데이터를 가져온다(자바)

```
Cursor cursor = getImage();
if (cursor.moveToFirst()) {
    // 1. 각 칼럼의 열 인덱스 취득
    int idColNum = cursor.getColumnIndexOrThrow(ImageColumns._ID);
    int titleColNum = cursor.getColumnIndexOrThrow(ImageColumns.TITLE);
    int dateTakenColNum = cursor.getColumnIndexOrThrow(ImageColumns.DATE_TAKEN);

    // 2. 인덱스를 바탕으로 데이터를 Cursor로부터 취득
    long id = cursor.getLong(idColNum);
    String title = cursor.getString(titleColNum);
    long dateTaken = cursor.getLong(dateTakenColNum);
    Uri imageUri = ContentUris.withAppendedId(Media.EXTERNAL_CONTENT_URI, id);

    // 3. 데이터를 View로 설정
    TextView textView = (TextView) findViewById(R.id.textView);
    ImageView imageView = (ImageView) findViewById(R.id.imageView);
    Calendar calendar = Calendar.getInstance();
    calendar.setTimeInMillis(dateTaken);
    String text = DateFormat.format("yyyy/MM/dd(E) kk:mm:ss", calendar).toString();
    textView.setText("촬영일시: " + text);
    imageView.setImageURI(imageUri);
}
cursor.close();
```

처음에 Cursor.moveToFirst()를 호출해 커서를 맨 앞으로 이동합니다. true가 반환된 경우에만 Cursor에서 데이터를 가져옵니다. false가 반환된 경우는 데이터는 비어있으므로 그 이후의 처리는 필요 없습니다.

Cursor로부터 데이터를 가져오려면 두 단계가 필요합니다. 우선 처음에 가져오고 싶은 칼럼의 인덱스를 얻습니다. 그리고 다음으로 Cursor.getString(int)를 호출해 데이터를 가져옵니다. 문자열인 경우는 getString(), 숫자인 경우는 getInt() 등 자료형에 따른 메서드가 준비돼 있습니다. 아울러 인수에는 가져오고 싶은 칼럼의 인덱스를 전달합니다.

Cursor의 사용이 끝나면 close()를 호출합니다. Cursor는 ContentProvider로부터 가져온 데이터에 대한 참조를 가지고 있으므로 닫아서 참조하는 데이터를 해제할 필요가 있습니다.

ContentProvider에서 데이터를 가져오는 흐름

ContentProvider에서 데이터를 가져오는 단계를 정리하면 [그림 3-4]와 같습니다.

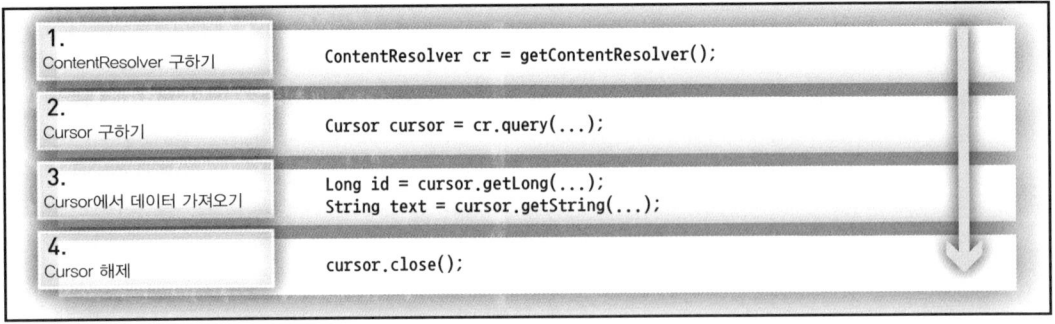

[그림 3-4] ContentProvider에서 데이터를 가져오는 흐름

3.1.2 ContentProvider를 만들자

마법사로 ContentProvider 생성

안드로이드 스튜디오에는 ContentProvider의 템플릿이 준비돼 있으므로 템플릿을 바탕으로 생성하는 것이 간단합니다. [File] → [New] → [Other] → [Content Provier] 순으로 선택합니다(그림 3-5).

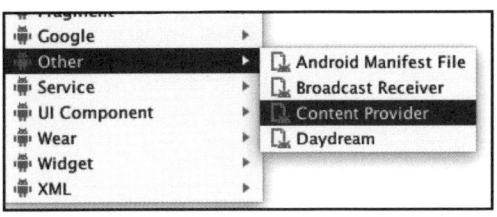

[그림 3-5] ContentProvider를 메뉴에서 선택

클래스명을 WordOfTodayProvider, authorities를 com.advanced_android.wordoftoday2로 지정합니다. authorities가 복수형이듯 여러 개 관리할 수 있지만 보통은 1개의 Provider에 1개 생성합니다. Authority 이름은 패키지명처럼 해두면 일관성을 확보할 수 있고 이해하기도 쉽겠지요. 마법사로 생성하면 AndroidManifest.xml 파일에 선언이 추가되고 코드 템플릿이 준비됩니다.

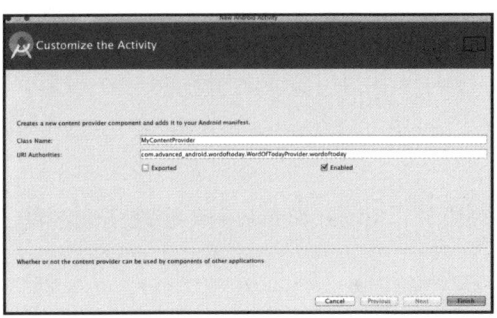

[그림 3-6] ContentProvider 마법사

이를 편집해서 개발해 갑니다. 이번 예제는 tech03/WordOfToday2에 있습니다(예제 3-6).

[예제 3-6] WordsOfTodayProvider를 추가(AndroidManifest.xml)

```
<provider
    android:name=".WordsOfTodayProvider"
    android:authorities="com.advanced_android.wordoftoday2"
    android:enabled="true"
    android:exported="true" >
</provider>
```

android:exported="true"로 지정해서 다른 앱에 대해서도 공개합니다.

구현해야 하는 추상 메서드 목록

ContentProvider를 작성할 때 구현해야 하는 추상(abstract) 메서드는 6개입니다(표 3-2).

[표 3-2] 구현해야 하는 추상 메서드

메서드	용도
onCreate()	초기화 처리
getType(…)	인수로 전달된 URI에 대응하는 MIME 타입을 반환
insert(…)	레코드 추가
query(…)	레코드 검색, 취득
update(…)	레코드 갱신
delete(…)	레코드 삭제

마법사로 작성된 코드에서는 이처럼 6개의 추상 메서드를 구현해야 합니다. 미리 준비된 것은 UnsupportedOperationException을 던지는 것뿐이니 개발자가 직접 내용을 구현해야 합니다.

[예제 3-7] ContentProvider에 필요한 구현(자바)

```java
public class ToDoContentProvider extends ContentProvider {
    public ToDoContentProvider() {
    }

    @Override
    public int delete(Uri uri, String selection, String[] selectionArgs) {
        // Implement this to handle requests to delete one or more rows.
        throw new UnsupportedOperationException("Not yet implemented");
    }

    @Override
    public String getType(Uri uri) {
        // TODO: Implement this to handle requests for the MIME type of the data
        // at the given URI.
        throw new UnsupportedOperationException("Not yet implemented");
    }

    @Override
    public Uri insert(Uri uri, ContentValues values) {
```

```java
        // TODO: Implement this to handle requests to insert a new row.
        throw new UnsupportedOperationException("Not yet implemented");
    }

    @Override
    public boolean onCreate() {
        // TODO: Implement this to initialize your content provider on startup.
        return false;
    }

    @Override
    public Cursor query(Uri uri, String[] projection, String selection,
                        String[] selectionArgs, String sortOrder) {
        // TODO: Implement this to handle query requests from clients.
        throw new UnsupportedOperationException("Not yet implemented");
    }

    @Override
    public int update(Uri uri, ContentValues values, String selection,
 String[] selectionArgs) {
        // TODO: Implement this to handle requests to update one or more rows.
        throw new UnsupportedOperationException("Not yet implemented");
    }
}
```

WordsOfToday의 데이터 구조

다음은 '오늘의 한마디' 앱의 데이터 구조입니다(표 3-3). 데이터를 저장할 때는 SQLite라는 데이터베이스를 이용합니다.

[표 3-3] '오늘의 한마디' 앱의 데이터 구조

칼럼명	자료형	내용
_id	Integer(long)	고유 ID
name	Text	작성자
words	Text	작성 내용
date	Text	작성일

이 구조로 스키마를 정의합시다. 이번에는 오늘의 한마디를 저장할 테이블을 만들겠습니다(예제 3-8).

[예제 3-8] WordsOfToday의 테이블 구조

```
CREATE TABLE WordsOfToday (
    _id INTEGER PRIMRARY KEY AUTOINCREMENT,
    name TEXT,
    words TEXT,
    date TEXT);
```

[예제 3-9] WordsOfToday의 데이터 구조(자바)

```java
public class WordsOfToday implements Parcelable {
    long _id;
    String name;
    String words;
    int date;
    ~ 생략 ~
```

또한 초깃값으로서 동작을 확인하기 위해 미리 7개의 데이터를 삽입해 두겠습니다(예제 3-10).

[예제 3-10] WordsOfToday의 초깃값 삽입(WordsOfTodayDbHelper.java)

```java
import static com.advanced_android.wordoftoday2.WordsOfTodayContract.TABLE_NAME;
import static com.advanced_android.wordoftoday2.WordsOfTodayContract.WordsOfTodayColumns.DATE;
import static com.advanced_android.wordoftoday2.WordsOfTodayContract.WordsOfTodayColumns.NAME;
import static com.advanced_android.wordoftoday2.WordsOfTodayContract.WordsOfTodayColumns.WORDS;
~ 생략 ~
private static final String[] SQL_INSERT_INITIAL_DATA = {
    String.format("INSERT INTO %s (%s, %s, %s)" + "VALUES('Taiki','날씨 참 좋다','20151001')", TABLE_NAME, NAME, WORDS, DATE),

~ 생략 ~
```

```
        String.format("INSERT INTO %s (%s, %s, %s)"+"VALUES('Taiki','아침 4시 30분에 일어났
다','20151004')",TABLE_NAME,NAME,WORDS,DATE),
    };
```

WordsOfToday의 공개용 정보를 정의

다른 앱이 필요로 하는 것은 공개용 상수가 정의된 WordsOfTodayContract라는 인터페이스로 공개합니다. '연락처' 앱에서 이용하는 ContactContract 등 기본 앱도 Contract라는 이름을 이용하므로 그에 따라 이름을 붙였습니다.

1. ContentProvider에 접근하기 위한 URI(CONTENT_URI로 정의)
2. ContentProvider에서 제공할 데이터 구조(WordsOfTodayColumns로 정의)
3. ContentProvider에서 제공할 데이터의 MIME 타입

[예제 3-11] ContentProvider에서 이용하는 데 필요한 정보를 Contract로 공개(자바)

```java
public interface WordsOfTodayContract {
    public static final String AUTHORITY = "com.advanced_android.wordoftoday2";
    public static final String TABLE_NAME = "WordsOfToday";
    public static Uri CONTENT_URI = Uri.parse(ContentResolver.SCHEME_CONTENT + "://" +
AUTHORITY + "/" + TABLE_NAME);
    public static final String MIME_TYPE_DIR = "vnd.android.cursor.dir/" + AUTHORITY +
"." + TABLE_NAME;
    public static final String MIME_TYPE_ITEM = "vnd.android.cursor.item/" + AUTHORITY +
"." + TABLE_NAME;

    public interface WordsOfTodayColumns extends BaseColumns {
        public static final String NAME = "name";
        public static final String WORDS = "words";
        public static final String DATE = "date";
    }
}
```

안드로이드에서 SQLite를 이용할 경우 보통 SQLiteHelper라는 클래스를 상속해 이용합니다.

이번에는 query() 메서드와 insert() 메서드를 살펴봅시다.

SQLiteOpenHelper.getWritableDatabase()를 호출해 가져올 수 있는 SQLiteDatabase 인스턴스에 query()나 insert() 메서드가 있습니다. 이를 이용해 구현할 수 있습니다.

query() 메서드 구현

우선 UriMatcher에 URI 패턴과 반환할 상수를 등록합니다(예제 3-12). UriMatcher는 addURI()와 match()라는 2개의 메서드를 가집니다.

[예제 3-12] UriMatcher에 URI를 등록한다(자바)

```java
private static final UriMatcher sUriMatcher;
static {
    sUriMatcher = new UriMatcher(UriMatcher.NO_MATCH);
    sUriMatcher.addURI(AUTHORITY, TABLE_NAME, ROW_DIR);
    sUriMatcher.addURI(AUTHORITY, TABLE_NAME + "/#", ROW_ITEM);
}
```

query() 메서드의 첫 번째 인수로 전달되는 uri 인스턴스를 UriMatcher로 비교합니다. 비교 결과로 ID를 지정한 1건의 매칭(ROW_ITEM)과 그 밖의 여러 건의 매칭(ROW_DIR)으로 나눕니다.

[예제 3-13] query() 메서드 구현(WordsOfTodayProvider.java)

```java
@Override
public Cursor query(Uri uri, String[] projection, String selection,
                String[] selectionArgs, String sortOrder) {
    Cursor cursor = null;
    switch (sUriMatcher.match(uri)) {
        case ROW_DIR:
            Log.d(TAG, "query(dir) uri=" + uri.toString());
            synchronized (mDbHelper) {
                SQLiteDatabase db = mDbHelper.getWritableDatabase();
                cursor = db.query(TABLE_NAME, projection, selection, selectionArgs, null, null, sortOrder);
            }
            return cursor;
```

```
            case ROW_ITEM:
                Log.d(TAG, "query(item) uri=" + uri.toString());
                synchronized (mDbHelper) {
                    long id = ContentUris.parseId(uri);
                    SQLiteDatabase db = mDbHelper.getWritableDatabase();
                    cursor = db.query(TABLE_NAME, projection, _ID, new String[] { Long.
toString(id) }, null, null, null);
                }
                break;
            default:
                throw new IllegalArgumentException("인수의 URI가 틀렸습니다.");
        }
        return cursor;
    }
```

insert() 메서드 구현

query() 메서드와 마찬가지로 SQLiteDatabase를 가져와 SQLiteDatabase.insert()를 호출합니다. 또한 미리 UriMatcher로 나눕니다. 두 번째 인수인 ContentValues는 키-값 형식의 데이터 구조입니다. 삽입 후, 데이터에 발생한 변경을 알리기 위해 ContentResolver.notifyChange()를 호출합니다.

[예제 3-14] insert() 메서드 구현(WordsOfTodayProvider.java)

```
@Override
public Uri insert(Uri uri, ContentValues values) {
    Uri resultUri = null;
    switch (sUriMatcher.match(uri)) {
        case ROW_DIR:
            synchronized (mDbHelper) {
                SQLiteDatabase db = mDbHelper.getWritableDatabase();
                long lastId = db.insert(TABLE_NAME, null, values);
                resultUri = ContentUris.withAppendedId(uri, lastId);
                Log.d(TAG, "WordsOfTodayProvider insert " + values);
                // 변경 통지
                getContext().getContentResolver().notifyChange(resultUri, null);
            }
```

```
            break;
        default:
            throw new IllegalArgumentException("인수의 URI가 틀렸습니다");
    }
    return resultUri;
}
```

ContentValues에 관해 보충하겠습니다. ContentValues는 ContentProvider에 데이터를 추가하거나 갱신 등을 할 때 다루는 데이터 구조입니다. 키-값 쌍으로 돼 있고 내부적으로 HashMap⟨String, Object⟩를 래핑한 것입니다. 덧붙여, ContentProvider는 프로세스 간 통신에서 데이터를 주고받을 수 있으므로 ContentValues는 Parcelable을 구현하고 있어 값으로 설정할 수 있는 것도 Parcelable일 필요가 있습니다.

위 예제 코드처럼 인수로 넘어온 ContentValues로 데이터를 삽입합니다. 아울러 위 코드에는 포함되지 않았지만 ContentValues로부터 값을 가져올 때는 getAsInteger(), getAsString() 등 값의 자료형에 맞게 메서드를 호출합니다. 이러한 메서드는 호출한 메서드와 실제로 가져오는 값의 자료형이 맞지 않는 경우(내부적으로 ClassCastException이 발생) 단순히 null을 반환합니다.

getType() 메서드 구현

이번에는 WordsOfToday라는 데이터 구조의 한 종류이므로 Uri와 일치하면 WordsOfTodayContract에서 정의한 MIME 타입을 반환합니다. ROW_DIR인 경우는 MIME_TYPE_DIR(vnd.android.cursor.dir/)을 반환하고, ROW_ITEM인 경우는 MIME_TYPE_ITEM(vnd.android.cursor.item/)을 반환합니다.

[예제 3-15] getType() 메서드의 구현(자바)

```java
@Override
public String getType(Uri uri) {
    switch (sUriMatcher.match(uri)) {
        case ROW_DIR:
            return MIME_TYPE_DIR;
        case ROW_ITEM:
            return MIME_TYPE_ITEM;
        default:
```

```
        return null;
    }
}
```

update()와 delete() 메서드도 예제 앱에서 구현하고 있으니 확인해 보세요.

ContentProvider의 데이터 변화를 알려주는 ContentObserver

ContentProvider의 데이터가 변경됐을 때 어떻게 그 변경을 탐지하면 좋을까요? 정기적으로 폴링해서 매번 데이터가 변경됐는지 확인하는 비효율적인 방법도 있지만 그보다는 ContentProvider 프레임워크가 제공하는 메커니즘을 이용하면 편리합니다.

[예제 3-14]를 보면 notifyChange(..)를 호출하는 곳이 있습니다. 이곳이 ContentObserver에 변경을 통지하는 부분입니다. ContentProvider를 직접 만들 때는 변경을 적절하게 통지하는 구현도 함께 합시다(예제 3-16).

[예제 3-16] ContentObserver에 데이터 변경을 통지한다(자바)

```java
getContext().getContentResolver().notifyChange(uri, null);
```

ContentObserver는 추상 클래스라서 반드시 onChange()라는 추상 메서드를 구현해야만 합니다. 생성자에서 넘겨주는 Handler가 실제로 onChange()를 호출합니다. 앱의 사양에 따라 어떻게 대응할지 달라지지만 변경된 데이터에 맞게 사용자에게 적절한 알림을 표시하거나 표시하는 UI를 갱신하고 또한 데이터를 다시 가져오는 등의 구현이 필요해집니다(예제 3-17).

아울러 이번 장에서는 Loader에 관한 설명을 생략했지만 CursorLoader를 사용하는 경우는 내부적으로 ContentObserver를 이용하므로 데이터를 가져오는 ContentProvider의 데이터가 갱신되면 다시 데이터를 가져오게 돼 있습니다.

[예제 3-17] ContentObserver로 데이터 변경 통지를 받는다(자바)

```java
mObserver = new new ContentObserver(new Handler()) {
    @Override
    public void onChange(boolean selfChange) {
        super.onChange(selfChange);
```

```
        //데이터 변경이 있었음
    }
};
```

ContentObserver의 등록 및 해제는 액티비티의 수명주기에 맞게 onStart()에서 등록하고 onStop()에서 해제합니다(예제 3-18).

[예제 3-18] ContentObserver의 등록과 해제(자바)

```
protected void onStart() {
    super.onStart();
    // 두 번째 인수가 false인 경우 첫 번째 인수의 URI와 일치할 때만
    // ContentObserver.onChange()를 호출
    // true인 경우는 URI와 부분 일치
    mContentResolver.registerContentObserver(WordsOfTodayProvider.CONTENT_URI, true, mObserver);
}

protected void onStop() {
    super.onStop();
    mContentResolver.unregisterContentObserver(mObserver);
}
```

adb로 간단히 ContentProvider에 접속

ContentProvider를 간단히 확인하고 싶은 경우에는 터미널에서 adb shell의 content 커맨드를 사용합시다. 조금 전에 만든 '오늘의 한마디'의 ContentProvider에 접근해 보세요. [예제 3-19]~[예제 3-22]는 커맨드를 실행하는 예입니다.

[예제 3-19] 전체 가져오기

```
adb shell content query --uri content://com.advanced_android.wordoftoday2/wordoftoday --projection _id:words:name
```

[예제 3-20] 하나만 가져오기(id 지정)

```
adb shell content query --uri content://com.advanced_android.wordoftoday2/wordoftoday/0
--projection _id:words:name
```

[예제 3-21] 목록 가져오기(필터링)

```
adb shell content query --uri content://com.advanced_android.wordoftoday2/wordoftoday
--projection _id:words:name --where "name='Taiki'"
```

[예제 3-22] 삽입

```
adb shell content insert --uri content://com.advanced_android.wordoftoday2/wordoftoday/
--bind name:s:Shunsuke --bind date:i:20151015 --bind words:s:'오늘은 멋진날'
```

또한 데이터베이스를 확인할 때는 adb content 커맨드를 사용해도 좋지만 페이스북에서 개발한 Stetho를 이용하면 더욱 간단히 확인할 수 있습니다(예제 3-23, 예제 3-24).

[예제 3-23] Stetho 활성화(MainActivity.java)

```java
if (BuildConfig.DEBUG) {
    Context context = getApplicationContext();
    Stetho.initializeWithDefaults(this);
}
```

[예제 3-24] Stetho 도입(build.gradle)

```
dependencies {
    ~생략~
    debugCompile 'com.facebook.stetho:stetho:1.4.1'
}
```

이 예제에서는 Stetho를 도입했습니다. Stetho로 데이터베이스를 살펴봅시다. Stetho에서는 SQL을 실행할 수 있으므로 앱 내에서 구현하기 전에 우선 여기서 시험해보고 구현하면 더 효율적으로 개발할 수 있습니다. 앱을 표시한 상태에서 단말기와 컴퓨터를 USB 케이블로 연결하고 크롬 브라우저 주소창에서 chrome://inspect/#device를 열어주세요.

[그림 3-7]에 있는 [inspect]를 누르면 'Developer Tools'가 시작됩니다. 시작된 후에는 앱 내의 데이터베이스에 접근할 수 있습니다. 여기서는 'select * from WordsOfToday'를 예로 들어 실행했습니다. [그림 3-8]은 쿼리를 실행한 결과입니다.

[URL] Stetho 프로젝트 페이지
https://facebook.gihub.io/stetho/

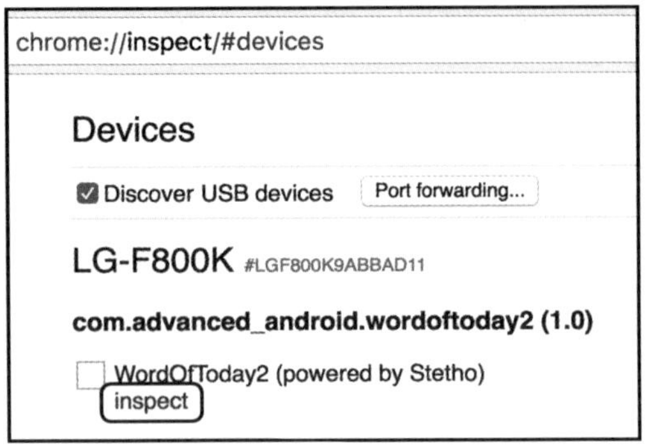

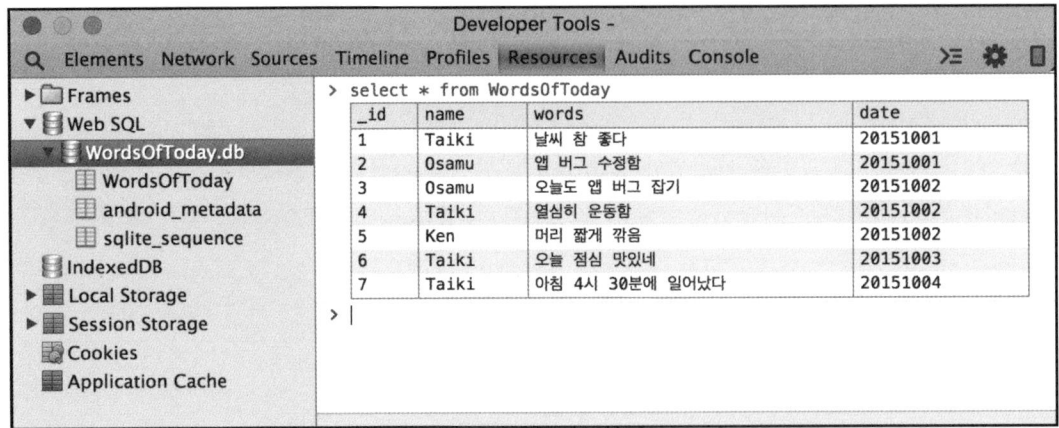

[그림 3-7] Stetho를 연다

[그림 3-8] Stetho로 데이터베이스를 참조한다

3.2 BroadcastReceiver로 브로드캐스트 이벤트를 수신하자

어떤 이벤트가 발생한 사실을 앱에 알리고 싶을 때 BroadcastReceiver에 통지합니다. 단말기 전원이 들어왔거나 디스크 용량 부족 등 시스템의 이벤트를 앱에 알리거나, 앱 간의 연계를 위해 이벤트를 알리고 싶을 때 이용합니다. 이번 절의 설명을 통해 브로드캐스트 이벤트를 수신하는 방법을 이해해 봅시다.

3.2.1 BroadcastReceiver의 기본을 이해하자

BroadcastReceiver는 브로드캐스트 Intent를 받았을 때의 처리를 onReceive에서 구현합니다(예제 3-25). 어느 브로드캐스트 Intent를 받을지는 IntentFilter로 정의합니다.

[예제 3-25] BroadcastReceiver.onReceive의 정의(자바)

```
public abstract void OnReceive(Context context, Intent intent);
```

두 번째 인수로 전달되는 Intent는 Context.sendBroadcast() 등에서 보내진 브로드캐스트 Intent의 인스턴스입니다. 이제부터 Intent.getAction()을 호출해 액션의 이름을 가져오거나 주어진 데이터가 있을 때는 Intent.getExtras()를 호출해 Bundle을 가져오고 거기서 데이터를 추출합니다. 또한 onReceive()의 처리는 메인 스레드에서 수행되므로 처리에 시간이 걸려서는 안 됩니다. onReceive() 처리에 10초 이상 걸리는 경우 ANR이 발생해 프로세스가 강제로 종료됩니다.

BroadcastReceiver 등록

BroadcastReceiver를 등록하는 방법은 2가지가 있습니다. 우선 첫 번째는 AndroidManifest.xml에 receiver 태그를 이용해 등록하는 방법입니다(예제 3-26).

[예제 3-26] BroadcastReceiver 등록(XML)

```xml
<!-- Start the Service if application on boot -->
<receiver android:name=".BootReceiver">
    <intent-filter>
        <action android:name="android.intent.action.BOOT_COMPLETED"/>
    </intent-filter>
</receiver>
```

아울러 BOOT_COMPLETED의 브로드캐스트를 받으려면 AndroidManifest.xml에 RECEIVE_BOOT_COMPLETED 퍼미션을 이용한다고 선언해야 합니다(예제 3-27).

[예제 3-27] RECEIVE_BOOT_COMPLETED 퍼미션 이용을 선언(XML)

```xml
<uses-permission android:name="android.permission.RECEIVE_BOOT_COMPLETED" />
```

두 번째는 Context.registerReceiver를 이용해 실행 시 등록하는 방법입니다. 실행 시에 등록했을 때는 해제도 직접 해줄 필요가 있습니다. 액티비티의 onResume에서 등록했다면 onPause에서 unregisterReceive()를 호출해서 해제합니다.

tech03/VolumeChangedBroadcastReceiver 프로젝트에 예제가 있습니다(예제 3-28).

[예제 3-28] 음량의 변화를 수신한다(MainActivity.java)

```java
private static final String VOLUME_CHANGED_ACTION =
    "android.media.VOLUME_CHANGED_ACTION";
BroadcastReceiver mReceiver = new BroadcastReceiver() {
    @Override
    public void onReceive(Context context, Intent intent) {
        String action = intent.getAction();
        intent.getExtras();
        if (TextUtils.equals(action, VOLUME_CHANGED_ACTION)) {
            Toast.makeText(MainActivity.this, "음량이 변화했습니다", Toast.LENGTH_SHORT).show();
        }
    }
};
```

```
    ~ 생략~

    @Override
    protected void onResume() {
        super.onResume();
        IntentFilter filterOn = new IntentFilter(VOLUME_CHANGED_ACTION);
        registerReceiver(mReceiver, filterOn);
    }

    @Override
    protected void onPause() {
        super.onPause();
        unregisterReceiver(mReceiver);
    }
}
```

3.2.2 LocalBroadcastReceiver를 이해하자

브로드캐스트는 다른 앱에 송신하는 것이 가능하지만 경우에 따라서는 다른 앱에 알릴 필요 없이 앱 내에서 완결시키고 싶을 때도 있습니다. 그럴 때는 로컬 브로드캐스트로 다른 앱에 알리지 않고 끝낼 수 있습니다. 로컬 브로드캐스트를 수신하려면 LocalBroadcastReceiver를 이용합니다.

LocalBroadcastReceiver의 장점으로는 다른 앱에 통지하지 않아 보안이 향상되고, 프로세스 간 통신을 하지 않아 성능이 향상되는 것을 들 수 있습니다.

로컬 브로드캐스트는 다음 절에서 설명할 Service와 조합해 이용하는 경우가 많습니다. Service 쪽에서 처리를 하고, 처리가 끝나면 액티비티나 프래그먼트에 로컬 브로드캐스트해 처리 완료를 알리는 식으로 사용합니다.

3.2.3 브로드캐스트를 수신해 처리할 때 주의할 점을 알아보자

안드로이드는 전력 소비를 줄이고자 사용자가 화면을 끄면 슬립 상태로 들어갑니다. 브로드캐스트를 수신해서 뭔가 시간이 오래 걸리는 처리를 한창 하는 중에 슬립되는 경우가 있습니다.

단말기의 상태

단말기는 절전을 위해 항상 화면을 켜고 있지 않습니다. 또한 화면이 꺼졌을 때도 CPU가 동작하는 상태와 동작하지 않는 상태가 있습니다. 일반적으로는 화면이 꺼지고 CPU가 동작하지 않는 상태를 슬립 상태라고 합니다. 이런 슬립 상태에서도 브로드캐스트를 받을 수 있지만 받은 후에 곧 바로 슬립하므로 시간이 걸리는 처리는 취소되어 계속할 수 없습니다.

그러므로 처리를 계속하려면 CPU를 깨울 필요가 있습니다. 이런 동작을 안드로이드 시스템 세계에서는 WakeLock을 얻는다고 합니다. Wake는 '깨운다', Lock은 '열쇠로 잠근다'는 의미인데, 잠들 수 없는 방에 CPU를 넣고 열쇠로 잠가두는 것을 상상하면 기억하기 쉽습니다. 반대로 처리가 끝나면 WakeLock을 해제합니다. 열쇠로 잠가둔 것을 열어준다는 의미입니다. 이제 CPU는 잠을 잘 수 없습니다(슬립할 수 없습니다). WakeLock의 종류와 단말기 상태 변화를 표로 정리했습니다 (표 3-4).

[표 3-4] 단말기 상태

상태	대응하는 WakeLock
화면 ON(밝다), CPU ON	FULL_WAKE_LOCK
화면 ON(약간 어둡다), CPU ON	SCREEN_DIM_WAKE_LOCK
화면 OFF, CPU ON	PARTIAL_WAKE_LOCK
화면 OFF, CPU OFF	없음

아울러 FULL_WAKE_LOCK, SCREEN_DIM_WAKE_LOCK은 현재는 폐기 예정(Deprecated) 상태라서 WindowManager.LayoutParams.FLAG_KEEP_SCREEN_ON을 대신 이용하길 권장합니다.

한 가지 주의할 점은 WakeLock 해제를 잊으면 CPU가 슬립할 수 없어 계속 동작하고 전력을 낭비하게 된다는 것입니다. 이런 실수는 앱의 신뢰성과도 연관되니 충분히 주의해야만 합니다. 다만 다행히 지원 라이브러리에 WakefulBroadcastReceiver라는 클래스가 있어서 이 클래스를 이용하면 처리 중에만 WakeLock을 얻고, 처리가 끝나면 해제하는 일련의 흐름을 실행해 줍니다.

덧붙여, WakefulBroadcastReceiver로 얻은 WakeLock은 60초로 타임아웃이 설정돼 있습니다(지원 라이브러리 23.1.0에서 확인). 따라서 처리 시간이 60초 이상 걸리면 슬립 상태로 전환됩니다. 이 점에도 주의가 필요합니다. [예제 3-28]은 WAKE_LCOK의 퍼미션 이용을 선언한 코드입니다(예제 3-29).

[예제 3-29] WAKE_LOCK의 퍼미션 이용 선언(AndroidManifest.xml)

```
<uses-permission android:name="android.permission.WAKE_LOCK" />
```

WakefulBroadcastReceiver.onReceive()에서 startWakefulService()를 호출해 WakeLock을 얻은 상태에서 IntentService를 시작하고 그 안에서 처리합니다(예제 3-30).

[예제 3-30] WakeLock을 얻고, IntentService로 처리를 수행한다(MyReceiver.java)

```java
public class MyReceiver extends WakefulBroadcastReceiver {
    public MyReceiver() {
    }

    @Override
    public void onReceive(Context context, Intent intent) {
        Intent serviceIntent = new Intent(context, MyIntentService.class);
        startWakefulService(context, serviceIntent);
    }
}
```

IntentService 쪽에서 처리가 끝나면 WakefulBroadcastReceiver.completeWakefulIntent()를 호출해 WakeLock을 해제합니다(예제 3-31). 덧붙여, IntentService는 처리를 백그라운드 스레드에서 실행해주는 Service로서 처리가 끝나면 자기 자신을 완료하는 편리한 클래스입니다. 이에 관해서는 다음 절에서 구체적으로 예를 들어보겠습니다.

[예제 3-31] WakefulBroadcastReceiver.completeWakefulIntent()를 호출(MyIntentService.java)

```java
@Override
protected void onHandleIntent(Intent intent) {
    try {
        // 이곳에 실행하고 싶은 처리 내용을 기술한다
        ~ 생략 ~
    } finally {
        WakefulBroadcastReceiver.completeWakefulIntent(intent);
    }
}
```

WakeLock의 상태는 adb를 통해 확인할 수 있습니다. 실제로 WakeLock을 얻었는지 또는 제대로 해제했는지 조사할 수 있습니다(예제 3-32).

[예제 3-32] WakeLock 획득 상태를 adb로 확인한다(WakeLock 획득 중)

```
adb shell dumpsys power
~생략~
Wake Locks: size=1
    PARTIAL_WAKE_LOCK 'wake:com.advanced_android.
wakefulbroadcastreceiversample/.MyIntentService'
~생략~
```

WakeLock이 해제됐는지는 adb shell dumpsys power 명령의 출력 결과에 포함되는 PARTIAL_WAKE_LOCK에 WakeLock을 얻은 패키지명이 없는 것으로 확인할 수 있습니다.

[예제 3-33] WakeLock 획득 상태를 adb로 확인한다(WakeLock 해제)

```
adb shell dumpsys power
~생략~
Wake Locks: size=0
~생략~
```

adb logcat으로 로그를 출력하고 있으면 CPU가 슬립할 수 없으므로 슬립 상태가 동작하는지 확인하려면 일단 USB 연결을 해제하고 단말기가 슬립 상태로 전환되기를 잠시(1분 정도) 기다려야 합니다. 그동안은 adb logcat으로 로그를 확인할 수 없습니다. 나중에 어떻게 됐는지 확인하기 위해 로그를 준비해 두면 좋겠지요.

Service로 백그라운드 처리를 구현하자

액티비티와 프래그먼트는 화면에 표시되는 동안은 생존하지만 표시되지 않게 되면 onStop이나 onDestroy가 호출되어 폐기될 가능성이 있습니다. 다른 앱의 액티비티가 최상위에 오는 경우에도 백그라운드에서 처리를 계속하고 싶을 때는 어떻게 하면 좋을까요? 백그라운드 처리를 위해 준비된 컴포넌트가 Service입니다. Service는 UI 없이 백그라운드로 처리를 수행하는 컴포넌트입니다.

3.3.1 Service의 종류와 수명주기를 이해하자

Service의 종류

Service는 크게 세 종류로 나눌 수 있습니다. 첫 번째는 Context.startService()를 호출해 시작되는 서비스입니다. 두 번째는 Context.bindService()를 호출해서 Service에 바인드하는 종류의 서비스입니다. 세 번째는 AIDL(Android Interface Definition Language; 안드로이드 인터페이스 정의 언어)을 이용하는 서비스입니다.

1. 백그라운드에서 동작하는 Service
2. Binder를 통해 바인드하는 Service
3. AIDL로 앱을 연계할 수 있는 Service

AIDL로 앱끼리 연계할 때는 각각 Service로 실행되는 스레드가 다르다는 점에 주의할 필요가 있습니다. 이 경우 구현 난도가 매우 높아집니다. 단순히 앱을 연계하고 싶을 때는 2장에서 설명한 startActivityForResult()를 이용하는 액티비티 연계로 대신할 수 없는지 검토해 보는 것이 좋습니다.

수명주기와 콜백

Service에도 수명주기가 있지만 UI가 없어서 단순합니다(그림 3-9).

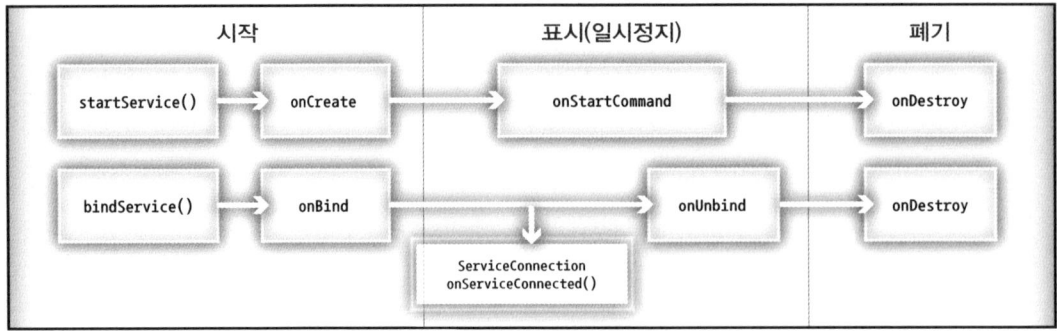

[그림 3-9] Service의 수명주기

수명주기에 관한 메서드는 다음과 같습니다(표 3-5).

[표 3-5] Service 수명주기에 따라 콜백되는 메서드

메서드명	내용
onCreate	Service가 생성된 뒤에 콜백된다.
onStartCommand	Service가 시작된 뒤에 콜백된다.
onBind	Context.bindService()를 통해 이 Service가 바인드되는 경우에 호출된다. 또한 바인드 후, 서비스에 접속할 때는 ServiceConnection.onServiceConnected가 콜백된다.
onRebind	이 Service가 언바인드된 다음, 다시 접속했을 때 콜백된다.
onUnbind	이 Service가 언바인드될 때 콜백된다.
onDestroy	Service가 폐기되기 직전에 콜백된다.

Service가 폐기되는 타이밍을 알아보겠습니다. 바인드된 경우는 바인드한 모든 클라이언트로부터 언바인드됐을 때 폐기됩니다.

Service가 바인드되지 않은 채 startService로 시작된 경우에는 명시적으로 Service.stopSelf()로 Service 자신이 스스로 종료하거나 다른 컴포넌트에서 Context.stopService()를 호출해 Service를 종료했을 때 폐기됩니다.

마지막으로, Service가 바인드되고 startService로 시작된 경우는 모든 클라이언트로부터 언바인드되고 또한 명시적으로 Service.stopSelf()로 Service 자신이 스스로 종료하거나 다른 컴포넌트에서 Context.stopService()를 호출해 Service를 종료했을 때 폐기됩니다.

3.3.2 상주 서비스를 만들자

상주하는 서비스의 예로 지금부터 '간이 음악 플레이어'를 만들겠습니다.

tech03/MusicPlayerSample 프로젝트를 열어주세요. 이번에 재생할 샘플 음원은 구현을 간단히 하고자 앱 내에 저장하기로 합니다. 음악 재생은 MediaPlayer 클래스로 합니다. 이번 예제 앱에서는 음악의 재생과 정지라는 두 가지 기능만 구현합니다. 그럼 각 구현에 관해 설명하겠습니다.

음악의 재생과 정지

MediaPlayer 인스턴스를 만들고 start()를 호출하면 음악이 재생됩니다. MediaPlayer.create()의 2번째 인수로 전달하는 R.raw.bensound_clearday는 음악 파일(mp3)입니다(예제 3-34).

[예제 3-34] 음악 재생(BackgroundMusicService.java)

```java
/**
 * 음악을 재생한다
 */
public void play() {
    mPlayer = MediaPlayer.create(this, R.raw.bensound_clearday);
    mPlayer.setLooping(true); // Set looping
    mPlayer.setVolume(100, 100);
    mPlayer.start();
}
```

음악을 정지하고 MediaPlayer가 필요 없어지면 release()를 호출해서 MediaPlayer를 해제합니다(예제 3-35).

[예제 3-35] 음악 정지(BackgroundMusicService.java)

```java
/**
 * 정지 버튼이 눌리면 호출된다. MediaPlayer를 정지하고 해제한다.
 */
public void stop() {
    if (mPlayer.isPlaying()) {
```

```
            mPlayer.stop();
            mPlayer.release();
            mPlayer = null;
        }
    }
```

서비스 만들기

액티비티가 최상위가 아니어도 백그라운드에서
재생되는 음악을 듣고 싶습니다. 이번에는 백그
라운드 재생 기능을 상주 서비스로 구현해 보겠
습니다. 플레이어는 아래와 같은 사양으로 구현
합니다. 백그라운드 서비스와 메인 액티비티의
관계는 [그림 3-10]과 같습니다.

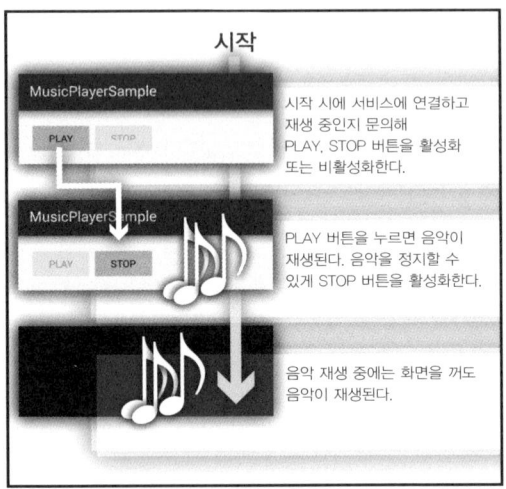

[그림 3-10] MainActivity와 BackgroundMusicService 실행 상태

- 앱이 시작되면 서비스에 바인드하고, 현재 음악이 재생 중인지 문의한다.
- 음악 정지 상태에서 액티비티가 정지한 경우는 서비스도 정지한다.
- 음악 재생 상태에서 액티비티가 정지해도 서비스는 상주한 채로 두고 계속 음악을 재생한다.

[예제 3-36]에서는 앱이 시작될 때 서비스에 바인드하고, 현재 음악이 재생 중인지 서비스에 문의하는 처리를 합니다.

[예제 3-36] 시작 시의 처리(MainActivity.java)

```java
@Override
protected void onResume() {
    Log.d(TAG, "onResume");
    super.onResume();
    if (mServiceBinder == null) {
        // 서비스에 바인드
        doBindService();
    }
```

```
        // 백그라운드에서도 음악 플레이어가 실행되도록
        // startService로 서비스를 시작한다.
        startService(new Intent(getApplicationContext(), BackgroundMusicService.class));
    }
```

실제로 바인드하면 ServiceConnection으로 구현한 콜백이 호출됩니다. 서비스에 연결하면 onServiceConnected()가 콜백됩니다. 두 번째 인수로 전달되는 IBinder(바인더 인터페이스)로부터 서비스의 인터페이스를 가져오고, 다른 메서드로부터도 참조할 수 있게 필드에 보관합니다. 서비스가 정지하거나 unbindService()를 호출해 언바인드하면 서비스에서 벗어납니다. 서비스가 비정상적으로 종료해서 서비스에서 벗어난 경우에는 onServiceDisconnected()가 호출됩니다(예제 3-37).

[예제 3-37] 서비스와의 연결 콜백(MainActivity.java)

```
// 서비스와의 연결 콜백
private ServiceConnection myConnection = new ServiceConnection() {

    public void onServiceConnected(ComponentName className, IBinder binder) {
        mServiceBinder = ((BackgroundMusicService.MyBinder) binder).getService();
        Log.d("ServiceConnection","connected");
        // [정지] 버튼, [재생] 버튼을 재생 상태에 맞게 활성화한다
        updateButtonEnabled();
    }

    public void onServiceDisconnected(ComponentName className) {
        Log.d("ServiceConnection", "disconnected");
        mServiceBinder = null;
    }
};

// 서비스에 바인드한다
public void doBindService() {
    Intent intent = null;
    intent = new Intent(this, BackgroundMusicService.class);
    bindService(intent, myConnection, Context.BIND_AUTO_CREATE);
}
```

음악 정지 상태에서 액티비티가 정지한 경우에는 서비스도 정지합니다. 또한 음악 재생 상태에서는 액티비티가 정지해도 서비스는 상주한 채로 두고 음악은 계속 재생되어 들을 수 있게 합니다(예제 3-38).

[예제 3-38] onPause 시의 처리(MainActivity.java)

```
@Override
protected void onPause() {
    Log.d(TAG, "onPause");
    super.onPause();
    if (mServiceBinder != null) {
        mIsPlaying = mServiceBinder.isPlaying();
        // 정지 중인 경우는
        // 서비스를 계속 실행할 필요가 없으므로 정지한다
        // 재생 중인 경우는 그대로 실행한 채로 둔다
        if (!mIsPlaying) {
            mServiceBinder.stopSelf();
        }
        // 액티비티가 비표시일 때는
        // 이번에는 액티비티에서만 조작하므로
        // 언바인드한다
        unbindService(myConnection);
        mServiceBinder = null;
    }
}
```

상주 서비스는 설정 화면에서 확인할 수 있습니다. 음악 재생 중에 [설정] → [앱]에서 MusicPlayerSample을 선택해 주세요(그림 3-11).

※ OS 버전에 따라 [설정] → [개발자 옵션] → [실행 중인 서비스]에서 확인할 수 있는 경우도 있습니다.

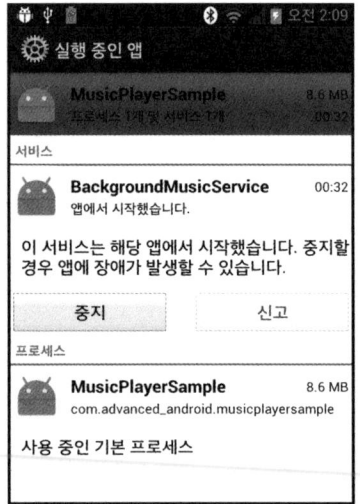

[그림 3-11] 상주 서비스는 설정 화면에서 확인할 수 있다

3.3.3 IntentService를 활용하자

액티비티와 프래그먼트 수명주기에 의존하지 않고 백그라운드에서 처리하고 싶은 경우 일반적으로 IntentService가 최적의 선택이 됩니다. 여기서는 백그라운드로 벤치마크에서도 자주 이용되는 피보나치 수열을 계산하고, 그 결과를 LocalBroadcastReceiver를 통해 액티비티에 전달해 봅시다.

IntentService를 이용하는 방법은 간단합니다. IntentService를 상속한 클래스를 만들고, AndroidManifest.xml에 등록하기만 하면 됩니다. 안드로이드 스튜디오에는 IntentService 생성용 메뉴가 있으니 그 메뉴를 이용합시다. 메뉴에서 생성하면 AndroidManifest.xml 등록은 자동으로 이뤄집니다. 메뉴에서 [File] → [New] → [Service] → [Service(IntentService)]를 선택합니다(그림 3-12).

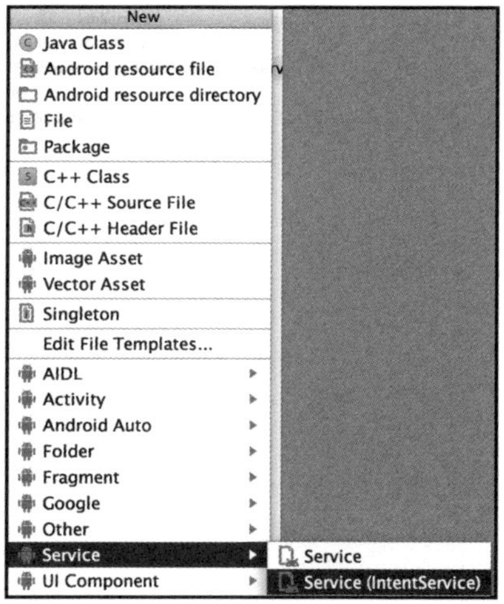

피보나치 수열을 계산하는 IntentService는 다음과 같습니다.

IntentService.onHandleIntent(Intent)는 워커 스레드로 실행되므로 이 안에서 계산을 처리합니다(예제 3-39).

[그림 3-12] IntentService 생성용 메뉴

[예제 3-39] 피보나치 수열을 계산한다(FibService.java)

```java
public class FibService extends IntentService {

    // 서비스 액션
    static final String ACTION_CALC = "ACTION_CALC";
    // 브로드캐스트 액션
    static final String ACTION_CALC_DONE = "ACTION_CALC_DONE";
    // 브로드캐스트로 계산 결과를 주고받기 위한 키
    static final String KEY_CALC_RESULT = "KEY_CALC_RESULT";
    // 브로드캐스트로 계산에 걸린 시간(초)을 주고받기 위한 키
    static final String KEY_CALC_MILLISECONDS = "KEY_CALC_MILLISECONDS";

    // 피보나치 수열 계산
```

```java
    static final int N = 40;

    public FibService() {
        super("FibService");
    }

    @Override
    protected void onHandleIntent(Intent intent) {
        if (intent != null) {
            final String action = intent.getAction();
            if (ACTION_CALC.equals(action)) {
                long start = System.nanoTime();
                int result = fib(N); // 피보나치 수열 계산
                long end = System.nanoTime();
                Intent resultIntent = new Intent(ACTION_CALC_DONE);
                // 결과를 Intent에 부여
                resultIntent.putExtra(KEY_CALC_RESULT, result);
                resultIntent.putExtra(KEY_CALC_MILLISECONDS, (end - start) / 1000 / 1000);
                LocalBroadcastManager.getInstance(getApplicationContext()).
sendBroadcast(resultIntent);
            }
        }
    }

    /** 피보나치 수열 계산 */
    private static int fib(int n) {
        return n <= 1 ? n : fib(n - 1) + fib(n - 2);
    }
}
```

IntentService에서 계산한 결과를 BroadcastReceiver로 받을 수 있게 LocalBroadcast Manager에 등록합니다(예제 3-40).

[예제 3-40] LocalBroadcastManager 등록과 해제

```java
private LocalBroadcastManager mLocalBroadcastManager;
~ 생략 ~
@Override
```

```java
    protected void onResume() {
        super.onResume();
        // Local BroadcastReceiver를 받도록 등록
        mLocalBroadcastManager.registerReceiver(mReceiver, mIntentFilter);
    }

    @Override
    protected void onPause() {
        super.onPause();
        // 등록한 Local BroadcastReceiver 해제
        mLocalBroadcastManager.unregisterReceiver(mReceiver);
    }
```

BroadcastReceiver는 인수로 받은 Intent로부터 결과를 가져와 TextView에 설정해 표시합니다(예제 3-41).

[예제 3-41] BroadcastReceiver 구현(MainActivity.java)

```java
    private BroadcastReceiver mReceiver = new BroadcastReceiver() {
        @Override
        public void onReceive(Context context, Intent intent) {
            String action = intent.getAction();
            if (FibService.ACTION_CALC_DONE.equals(action)) {
                int result = intent.getIntExtra(FibService.KEY_CALC_RESULT, -1);
                long msec = intent.getLongExtra(FibService.KEY_CALC_MILLISECONDS, -2);
                // 결과 표시
                mTextView.setText("fib(" + FibService.N  + ") = " + result + "(" + msec + ") 밀리초" );
            }
        }
    };
```

또한 IntentService는 HandlerThread, Looper, Handler를 조합해 실용적으로 구현돼 있고, 또한 코드 양도 적으므로 구현 방식을 읽어둘 가치가 있습니다. 꼭 코드를 읽어봐 주세요.

3.4 정리

이번 장에서는 안드로이드에서 주로 UI에 관여하지 않는 앱의 백엔드 컴포넌트인 ContentProvider, BroadcastReceiver, Service에 관해 살펴봤습니다. ContentProvider의 구현을 통해 SQLiteDatabase와 ContentObserver에 관해서도 이해할 수 있었을 것입니다. 또한 ContentProvider와 SQLite로 개발할 때는 content 커맨드와 Stetho와 같은 도구가 매우 도움됩니다. 꼭 사용해 보시고 개발에 활용해 보세요.

BroadcastReceiver는 메인 스레드에서 onReceiver()를 처리하므로 시간이 걸리는 처리는 워커 스레드로 위임합시다. 또한 슬립 상태에 대비하려면 WakeLock을 얻을 필요가 있습니다. Service는 액티비티와 달리 UI를 가지지 않으므로 앱의 화면 전환에 의존하지 않고 처리를 수행할 수 있습니다. 그중에서도 IntentService는 활용할 기회가 많으므로 능숙하게 사용할 수 있게 연습해 둡시다.

CHAPTER 04

개발에 도움을 주는 지원 라이브러리 활용법: RecyclerView, CardView, Pallete 활용

안드로이드에는 표준 라이브러리로 지원 라이브러리(Support Library)가 존재합니다. 지원 라이브러리에는 이전 버전의 안드로이드 OS와의 호환성을 유지하면서 앱 개발을 하기 위한 UI 위젯 등의 클래스가 있습니다. 그중에서도 RecyclerView는 리스트를 표시하는 확장성이 높은 위젯입니다. 이것들을 이용하면 한층 더 수준 높은 애플리케이션을 개발할 수 있습니다. 실제로 예제 앱을 개발하면서 학습해 봅시다.

4.1 지원 라이브러리로 호환성을 유지하면서 개발을 진행합시다

지원 라이브러리를 추가하는 방법과 종류를 알고 계시나요? '상식'이라는 분도 있지만 지원 라이브러리 자체를 잘 모르는 분들도 있는 것 같습니다. 이번 절에서는 지원 라이브러리의 기초부터 사용법까지 설명합니다. 또한 사용 시 주의할 사항 등도 정리했습니다. 꼭 읽어보세요.

4.1.1 지원 라이브러리의 기본을 이해하자

지원 라이브러리는 라이브러리 형태로 제공되는 하위 호환성을 가진 안드로이드 프레임워크 API입니다. 안드로이드는 API 레벨(안드로이드 3.0이나 안드로이드 5.0)별로 이용할 수 있는 클래스와 메서드가 다릅니다. 기본적으로 새로 추가된 클래스나 메서드는 낮은 API 레벨의 안드로이드 OS에서 이용할 수 없습니다. 하지만 지원 라이브러리를 이용하면 오래된 안드로이드 OS라도 일부에서 같은 메서드와 클래스를 이용할 수 있습니다.

예를 들어, Fragment 클래스(android.app.Fragment)는 API 레벨 11, 즉 안드로이드 3.0 이상에서만 이용할 수 있습니다. 또한 안드로이드 3.0 이상만 지원하는 경우라도 Fragment 클래스의 requestPermissions 메서드 같은 안드로이드 6.0(API 레벨 23)부터 추가된 메서드는 안드로이드 6.0 이상에서만 이용할 수 있습니다. 안드로이드 6.0 미만인 안드로이드 OS에서 이용하려고 하면 java.lang.NoSuchMethodError 등이 발생해 충돌하고 맙니다(그림 4-1).

[그림 4-1] 대응하는 라이브러리와 메서드의 개요

이 경우 v4 Support Library의 Fragment 클래스(android.support.v4.app.Fragment)를 이용해 문제를 해결할 수 있습니다.

또한 새롭게 디자인된 화면을 만드는 위젯도 지원 라이브러리로 제공됩니다. 예를 들어, CardView나 RecyclerView 같은 위젯이 여기에 해당합니다. 이러한 위젯을 이용해 모던한 UI를 가진 앱도 개발할 수 있습니다.

라이브러리 추가 방법

지원 라이브러리는 다음과 같이 추가할 수 있습니다. app/build.gradle의 dependencies{} 블록에 필요한 라이브러리를 지정해 이용합시다(예제 4-1).

[예제 4-1] 지원 라이브러리를 도입하는 dependencies 블록의 예(app/build.gradle)

```
dependencies {
    //v4
    compile 'com.android.support:support-v4:23.3.0'
    // AppComat
    compile 'com.android.support:appcompat-v7:23.3.0'
    // RecyclerView
    compile 'com.android.support:recyclerview-v7:23.3.0'
    // CardView
    compile 'com.android.support:cardview-v7:23.3.0'
    // GridLayout
    compile 'com.android.support:gridlayout-v7:23.3.0'
    // Palette
    compile 'com.android.support:palette-v7:23.3.0'
    // Design Support Library
    compile 'com.android.support:design:23.3.0'
    // Annotations
    compile 'com.android.support:support-annotations:23.3.0'
}
```

착각하기 쉽지만 v7이나 v4로 된 것은 라이브러리의 버전이 아니라 지원하는 최저 API 레벨이라는 뜻입니다. 23.3.0으로 된 부분이 지원 라이브러리의 버전입니다. compileSdkVersion이 같은 메이저 버전이 아니면 빌드할 수 없는 경우가 있으므로 주의합시다.

TIP QuickFix를 활용해 최신 버전으로 자동으로 수정한다

다음과 같이 기술하면 최신 버전 라이브러리가 들어오지만 멋대로 버전이 올라가서 앱이 동작하지 않게 돼 버리는 문제가 일어날 수 있습니다.

```
compile 'com.android.support:appcompat-v7:+'
```

이 같은 문제를 방지하려면 1장에서 소개한 QuickFix([Alt] + [Enter])를 이용해 '+' 부분을 최신 버전으로 자동으로 수정합니다. 이 방법은 기억해 두세요(그림 4-2).

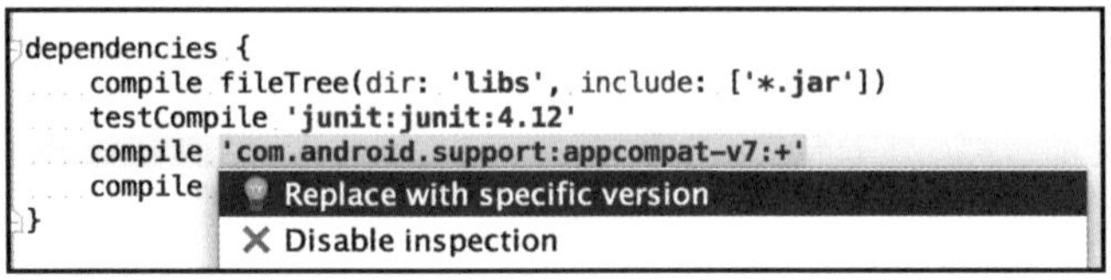

```
dependencies {
    compile fileTree(dir: 'libs', include: ['*.jar'])
    testCompile 'junit:junit:4.12'
    compile 'com.android.support:appcompat-v7:+'
    compile ⊙ Replace with specific version
}           ✗ Disable inspection
```

[그림 4-2] 라이브러리 버전을 최신 버전으로 수정한다.

주의사항

지원 라이브러리는 오래된 안드로이드 OS에서 새 기능을 모두 사용할 수 있게 해줄 만큼 만능은 아닙니다. 오래된 안드로이드 OS에서는 빈 메서드를 호출하도록 구현된 곳도 아주 많이 있습니다.

예를 들어, 지원 라이브러리에서 제공하는 ViewCompat.setScaleX와 ViewCompat.setScaleY 메서드로 imageView 크기를 2배로 키우고 싶다고 해봅시다. 이 경우 [예제 4-2]와 같은 코드는 어떻게 동작할까요?

[예제 4-2] 지원 라이브러리로 크기가 2배인 Scale 설정(자바)

```
ViewCompat.setScaleX(imageView, 2F);
ViewCompat.setScaleY(imageView, 2F);
```

[그림 4-3]처럼 안드로이드 2.3에서는 커지지 않고, 안드로이드 5.1에서는 제대로 크게 표시되는 것을 알 수 있습니다.

developer.android.com의 개발 레퍼런스를 보면 [그림 4-4]처럼 API 레벨 11보다 이전 단말기에서는 아무 일도 일어나지 않는다고 쓰여 있으므로 지원 라이브러리를 사용할 때는 지원되는지 살펴봐 두는 편이 좋을 것입니다.

[그림 4-3] 지원 라이브러리 이용 시 안드로이드 2.3과 5.1에서의 표시 차이

```
public static void setScaleX (View view, float value)

Sets the amount that the view is scaled in x around the pivot point, as a proportion of the view's unscaled width. A value of 1 means that no scaling is
applied.

Prior to API 11 this will have no effect.

Parameters
    value    The scaling factor.
```

[그림 4-4] Android Developers의 레퍼런스

4.1.2 지원 라이브러리 종류와 특징을 이해하자

지원 라이브러리는 매우 광범위한 기능을 지원합니다. 그러므로 여기서는 자주 사용되는 일부 기능에 대해서만 소개합니다.

v4 지원 라이브러리

이 라이브러리는 안드로이드 1.6(API 레벨 4) 이상에서 이용할 수 있습니다. 이 라이브러리에는 안드로이드 개발에서 없어서는 안 될 기능이 아주 많이 준비돼 있습니다. 예를 들어, Tech02에서 소개한 프래그먼트나 새로운 OS에 대응한 Notification을 표시할 수 있는 NotificationCompat 등이 있습니다. 또한 뷰를 페이징하는 ViewPager와 비동기 처리를 수행하는 Loader 등의 기능을 제공합니다.

v7 지원 라이브러리

이 라이브러리는 안드로이드 2.1(API 레벨 7) 이상에서 이용할 수 있습니다. 이 라이브러리에는 몇 가지 종류가 있습니다. 가장 메인이 되는 것이 AppCompat 라이브러리로서 머티리얼 디자인을 구현하기 위한 Theme.AppCompat과 Toolbar 클래스 등이 들어 있습니다. 그 밖에도 CardView 라이브러리와 뒤에서 설명할 RecyclerView 라이브러리 등 안드로이드 개발에서 자주 사용하는 기능이 포함됩니다.

Annotation 지원 라이브러리

이 라이브러리에서는 어노테이션으로 코드에 정보를 부가하고, 안드로이드 스튜디오에서 그 부가 정보로 소스코드가 틀렸을 때 경고를 내보내는 등의 기능을 제공합니다. 예를 들어, Activity.onCreate에서 @WorkerThread가 붙은 메서드를 호출하면 Activity.onCreate는 MainThread에서 실행되므로 경고를 표시해 줍니다.

Design 지원 라이브러리

이 라이브러리는 머티리얼 디자인을 하위호환성 있는 형태로 구현하기 위한 라이브러리로서, 다양한 위젯이 있습니다. 예를 들어, 내비게이션 드로워나 플로팅 액션 버튼, 스낵바 등이 있습니다. 이에 관해서는 Tech12에서 설명합니다.

그 밖의 지원 라이브러리

앱 내부에서 손쉽게 크롬 브라우저로 웹페이지를 표시할 수 있는 Chrome Custom Tab, 크롬캐스트에 캐스팅할 때 이용하는 MediaRouter 등이 있습니다(예제 4-3).

[예제 4-3] 그 밖의 지원 라이브러리에 의존하는 예(그루비)

```
compile 'com.android.support:customtabs:23.3.0'
compile 'com.android.support:mediarouter-v7:23.3.0'
```

4.2 지원 라이브러리 예제를 실행한다

여기서는 지원 라이브러리 중에서 사용자에게 알림을 표시하는 NotificationCompat에 초점을 맞춰 설명하겠습니다. Notification을 표시하고 싶을 때는 NotificationCompat을 이용하길 권장합니다. NotificationCompat을 이용해 각 OS에 최적화된 Notification을 표시해 보세요.

4.2.1 사용자에게 통지하는 NotificationCompat을 이해하자

안드로이드에는 사용자에게 각종 정보를 알려주는 Notification이라는 기능이 있습니다. Notification은 앱의 시작 경로로도 매우 중요한 의미가 있습니다. 새로운 OS가 공개될 때마다 Notification에는 API 추가가 많이 이뤄져 왔습니다.

지원 라이브러리의 NotificationCompat을 통해 추가된 API를 이용하면서 예전 OS에도 대처해 갈 수 있습니다. 이 책에서는 Notification의 동작을 확인할 수 있는 예제 앱이 준비돼 있습니다(그림 4-5). 이 앱을 조작해 자신의 앱에 최적인 알림 방식을 찾거나 소스코드를 확인할 수 있습니다. 예제 프로젝트인 tech04/NotificationSamples를 참조해 주세요.

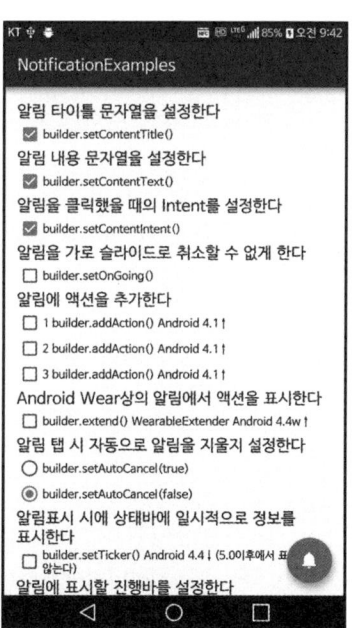

[그림 4-5] NotificationExamples를 실행한 모습

Notifiaction 표시

우선 Notification을 표시해 봅시다(그림 4-6).
Notification을 표시하려면 다음 3가지를 설정할 필요가 있습니다.

- 알림에 표시할 작은 아이콘
- 필요한 타이틀과 내용 텍스트
- 알림이 탭됐을 때 이동할 곳

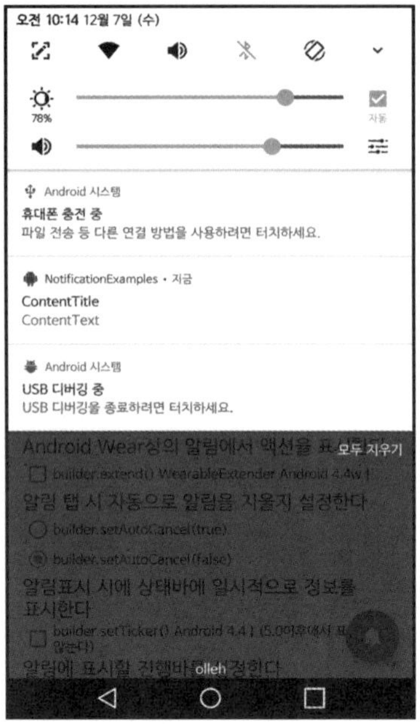

알림을 만들려면 NotificationCompat.Builder로 설정을 추가하고 NotificationManagerCompat에서 notify() 메서드를 실행합니다. notify() 메서드에서는 첫 번째 인수로 NotificationID(이번에는 1을 지정)를 전달하고, 두 번째 인수로 NotificationCompat.Builder를 build()한 Notification을 전달합니다. NotificationID를 전달하면 나중에 같은 ID를 지정함으로써 알림을 지우거나 같은 종류의 알림이라면 덮어쓸 수 있게 됩니다. 그 밖에 Builder에 대해 다음과 같은 조작을 합니다.

[그림 4-6] 일반적인 알림

- setSmallIcon()으로 이미지를 설정한다
- setContentTitle()로 타이틀을 지정한다
- setContentText()로 내용을 지정한다
- setContentIntent()로 알림을 누른 후 실행될 PendingIntent를 지정한다

Notification에서는 알림이 눌렸을 때 PendingIntent를 이용합니다. PendingIntent의 경우 우선 Intent를 생성한 다음, PendingIntent를 생성합니다.

다음 예제 코드는 액티비티 내에서 이용하는 것을 전제로 합니다(예제 4-4).

[예제 4-4] 간단한 알림 표시 프로그램의 예(자바)

```
final Intent launchIntent = new Intent(this, MainActivity.class);
final PendingIntent pendingIntent = PendingIntent.getActivity(this, 1, launchIntent,
    PendingIntent.FLAG_UPDATE_CURRENT);
final NotificationCompat.Builder builder = new NotificationCompat.Builder(this)
    .setSmallIcon(R.drawable.ic_stat_name)
    .setContentTitle("ContentTitle")
    .setContentText("ContentText")
    .setContentIntent(pendingIntent);
NotificationManagerCompat.from(this).notify(1, builder.build());
```

안드로이드 4.1부터 이용할 수 있는 액션과 스타일

안드로이드 4.1부터 이용할 수 있는 액션(Action)을 이용해 봅시다. 다음과 같이 Notification에 버튼을 추가할 수 있습니다(예제 4-5).

[예제 4-5] Notification에서 액션을 이용한다(자바)

```
final Intent launchIntent = new Intent(this, MainActivity.class);
final PendingIntent pendingIntent = PendingIntent.getActivity(this, 1, launchIntent,
 PendingIntent.FLAG_UPDATE_CURRENT);
builder.addAction(new NotificationCompat.Action(R.drawable.ic_stat_name, "ActionText",
 pendingIntent));
```

조금 전의 NotificationCompat.Builder에 위 코드를 추가합니다. 덧붙여, 마지막으로 build()하고 나서 NotificationManagerCompat에서 notify()를 호출하는 것을 잊지 마세요. 이번에도 PendingIntent로 탭했을 때의 액션을 추가합니다.

또한 액션은 3개까지 표시할 수 있으므로 용도에 맞게 addAction을 통해 추가하세요. 단, 안드로이드 4.0 이전 OS에서는 액션이 표시되지 않습니다. 이런 경우에는 어떻게 이전 OS를 지원해야 할까요?

액션으로 가능한 처리를 알림을 탭한 뒤에 표시되는 화면에서도 할 수 있게 설계함으로써 새 OS에는 더 좋은 알림을 제공하면서 이전 OS에서도 똑같이 조작할 수 있게 합시다. 또한 BigPictureStyle 등의 Style을 이용하면 다양한 표현이 가능합니다. 자세한 사항에 대해서는 예제 앱이 어떻게 구현됐는지 확인해 보십시오(그림 4-7).

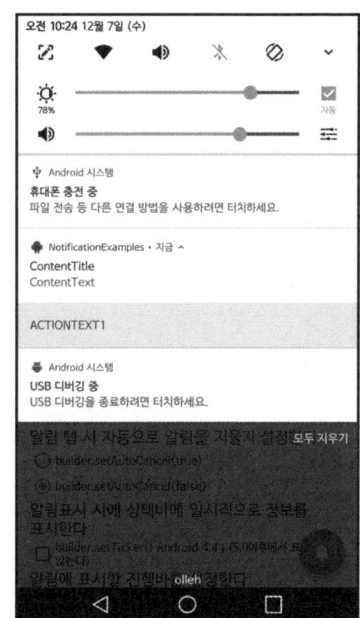

[그림 4-7] Notification Action 표시

Heads-Up Notification 표시

안드로이드 5.0부터 이용할 수 있게 된 'Heads-Up Notification'이라는 기능이 있습니다. 이 기능으로 알림이 앱 위에 표시됩니다. 특히 사용자에게 전달하고 싶은 것을 표시합니다(그림 4-8).

이 표시 방식은 매우 중요도가 높은 알림을 나타냅니다. 그러므로 다음과 같이 우선순위를 최대로 하고 또한 단말이 진동하는 경우에 표시됩니다(예제 4-6).

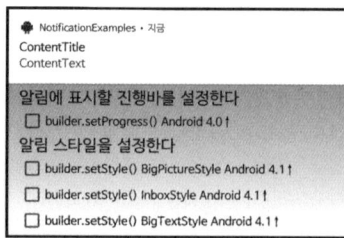

[그림 4-8] Heads-Up Notification 표시

[예제 4-6] Heads-Up Notification 표시 프로그램의 예(자바)

```
builder.setPriority(NotificationCompat.PRIORITY_MAX);
builder.setVibrate(new long[] {0, 1000, 250, 1000});
```

진동하게 할 경우 다음과 같이 매니페스트에서 퍼미션을 정의할 필요가 있습니다(예제 4-7).

[예제 4-7] VIBRATE(진동) 퍼미션 정의(XML)

```
<manifest xmlns:android="http://schemas.android.com/apk/res/android"
    package="com.github.advanced_android.notificationsamples">

    <uses-permission android:name="android.permission.VIBRATE" />
~ 생략 ~
```

Heads-Up Notification과 액션을 조합하면 [그림 4-9]처럼 표시할 수 있습니다. 예제 앱을 여러 가지로 시험해 봅시다.

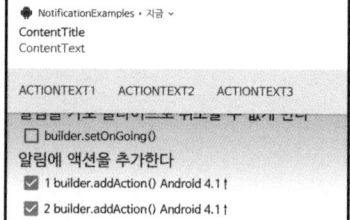

[그림 4-9] Heads-Up Notification과 액션을 조합한 예

4.3 리스트를 표시하는 RecyclerView 위젯을 이용해보자

여러분이 만드는 혹은 만들려는 앱에서 리스트를 표시하나요? RecyclerView는 리스트를 표시하는 위젯입니다. 이 위젯은 안드로이드 앱 개발에서 사용 빈도가 상당히 높습니다. 확장성이 높고 잘만 사용하면 다양한 일을 할 수 있습니다. 이번 절에서는 RecyclerView의 구조부터 사용법까지 학습합니다.

4.3.1 RecyclerView의 특징을 이해하자

지원 라이브러리 중에는 RecyclerView라는 위젯이 있습니다. 안드로이드로 개발을 하다 보면 목록을 표시하고 싶은 경우가 굉장히 많습니다. RecyclerView는 많은 데이터를 한정된 View를 재사용해서 표시합니다. 그래서 스크롤 등의 성능이 좋습니다. 안드로이드에는 원래 ListView와 GridView라는 위젯이 있었습니다. 구현할 것은 많아지지만 더 많은 옵션을 제공하며 확장성이 높아 레이아웃 변경이나 풍부한 조작이나 애니메이션 등의 기능을 이용할 수 있습니다.

RecyclerView는 몇 가지 부품으로 구성됩니다. RecyclerView를 이용하려면 최소한 Adapter와 ViewHolder를 만들 필요가 있습니다. LayoutManager라는 레이아웃을 관리하는 클래스는 기본으로 몇 가지 준비돼 있으므로 보통은 그 클래스를 이용합니다.

[RecyclerView.Adapter]

RecyclerView.Adapter를 상속하는 클래스를 만들어 이용합니다. View를 만들고, 표시되는 View와 데이터를 연결합니다.

[RecyclerView.ViewHolder]

일반적으로 Adapter 내에서 RecyclerView.ViewHolder를 상속하는 클래스를 만듭니다. ViewHolder는 View에 대한 참조를 유지합니다. Adapter의 onCreateViewHolder() 메서드로 ViewHolder의 인스턴스를 생성해서 반환합니다. 그리고 onBindViewHolder() 메서드로 ViewHolder에 설정한 View에 데이터를 설정합니다. ViewHolder의 멤버 변수에 View를 저장해 둠으로써 findViewById()를 매번 실행할 필요가 없어지고 성능이 향상됩니다.

[RecyclerView.LayoutManager]

레이아웃 매니저는 RecyclerView에서 View의 위치와 크기를 결정하고 View의 재사용 규칙을 관리합니다. RecyclerView에는 다음과 같은 3가지 레이아웃 매니저가 있습니다. 기본으로 아이템을 한 줄로 나열하는 LinearLayoutManager, 아이템을 격자(Grid) 형태로 나열하는 GridLayoutManager, 크기가 일정하지 않은 아이템을 격자 형태로 나타내는 StaggeredGridLayoutManager가 있습니다.

우선, RecyclerView 레이아웃을 만드는 흐름을 설명하겠습니다. ViewGroup 구조로 RecyclerView에서 onLayout() 메서드를 호출해 LayoutManager에 처리를 맡깁니다. LayoutManager는 필요해진 아이템의 ViewHolder를 Adapter로부터 가져오고, Adapter에서 ViewHolder에 데이터를 설정하게 합니다(그림 4-10).

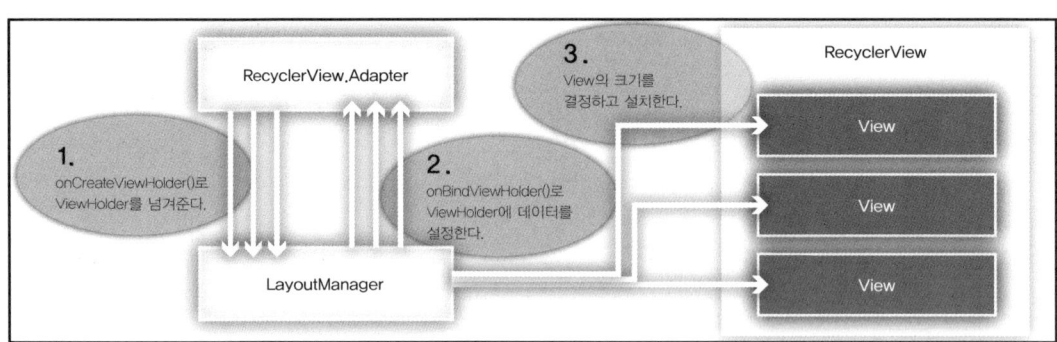

[그림 4-10] RecyclerView의 초기 표시

그림 뷰가 어떻게 재사용되는지 [그림 4-11]을 살펴봅시다. RecyclerView에서는 View를 목록으로 표시합니다. RecyclerView에서는 스크롤해서 필요 없어진 View를 ViewHolder로서 Scrap 리스트에 추가합니다. 그리고 스크롤로 ViewHolder를 Scrap 리스트에서 꺼냅니다. ViewHolder 안의 View에 Adapter로 데이터를 설정하고, 다음으로 필요해진 View를 꺼내 표시합니다.

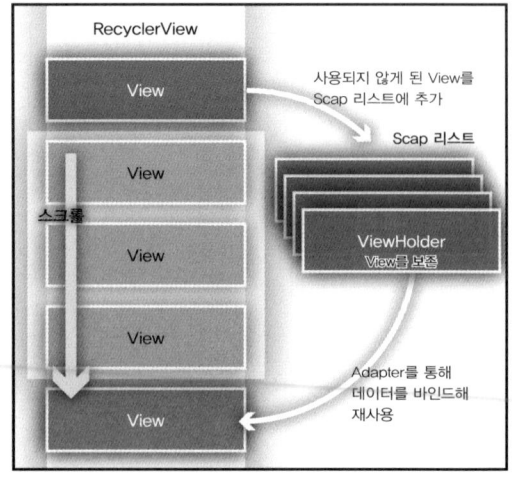

[그림 4-11] RecyclerView에서 View의 재사용

이번 장에서는 예제를 따라 설명합니다. 예제 프로젝트인 tech04/RecyclerViewSamples를 참조하세요(그림 4-12).

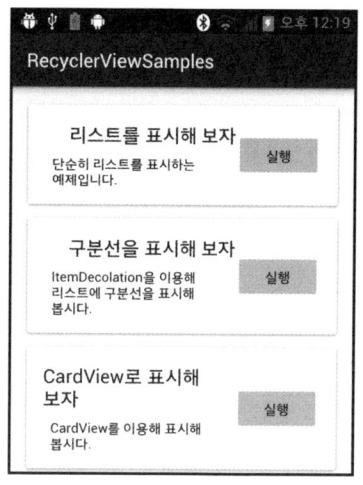

[그림 4-12] 예제 앱을 실행한 모습

4.3.2 RecyclerView로 리스트를 표시하자

RecyclerView로 리스트를 표시해 봅시다. 우선 처음에는 의존관계를 기술합니다. app/build.gradle에 다음과 같이 기술합니다(예제 4-8).

[예제 4-8] RecyclerView에 대한 의존관계를 기술한다(build.gradle)

```
dependencies {
    // RecyclerView
    compile 'com.android.support:recyclerview-v7:23.3.0'
}
```

그리고 다음과 같이 RecyclerView 자체의 레이아웃을 정의합니다(예제 4-9).

[예제 4-9] RecyclerView의 레이아웃(activity_simple_recycler_view.xml)

```
<?xml version="1.0" encoding="utf-8"?>
<android.support.v7.widget.RecyclerView
    xmlns:android="http://schemas.android.com/apk/res/android"
    xmlns:app="http://schemas.android.com/apk/res-auto"
    android:id="@+id/simple_recycler_view"
```

```
        android:layout_width="match_parent"
        android:layout_height="match_parent"
        app:layoutManager="android.support.v7.widget.LinearLayoutManager" />
```

여기서 주목할 곳은 이 부분입니다.

```
app:layoutManager="android.support.v7.widget.LinearLayoutManager"
```

LayoutManager를 LinearLayoutManager로 설정하고 있습니다(이것은 프로그램에서도 할 수 있습니다). 이 설정을 통해 일렬로 나란히 표시됩니다. 각 행별 레이아웃인 layout/simple_row.xml을 다음처럼 정의합니다(예제 4-10). 이 레이아웃이 RecyclerView 안에 채워지는 이미지입니다.

[예제 4-10] 각 행별 레이아웃(simple_row.xml)

```xml
<?xml version="1.0" encoding="utf-8"?>
<LinearLayout xmlns:android="http://schemas.android.com/apk/res/android"
    android:layout_width="match_parent"
    android:layout_height="64dp"
    android:orientation="vertical"
    android:padding="8dp">

    <TextView
        android:id="@+id/simple_text_view"
        android:layout_width="wrap_content"
        android:layout_height="wrap_content"
        android:textAppearance="@style/TextAppearance.AppCompat.Medium" />

</LinearLayout>
```

[예제 4-11]처럼 액티비티 내에서 RecyclerView의 초기화 처리를 합니다. RecyclerView의 크기가 변하지 않는 경우에는 setHasFixedSize 옵션으로 성능을 개선할 수 있으므로 꼭 설정합시다. 또한 여기서는 Adapter를 설정합니다. 이 코드는 액티비티의 onCreate 등에서 실행됩니다.

[예제 4-11] RecyclerView의 초기화 처리(RecyclerViewActivity.java)

```java
private void setupRecyclerView() {
    recyclerView = (RecyclerView) findViewById(R.id.simple_recycler_view);

    // RecyclerView 자체의 크기가 변하지 않는 것을 알고 있을 때
    // 이 옵션을 설정하면 성능이 개선됩니다
    recyclerView.setHasFixedSize(true);

    // Adapter를 설정합니다
    simpleStringAdapter = new SimpleStringAdapter(DummyDataGenerator.generateStringListData());
    simpleStringAdapter.setOnItemViewClickListener(new View.OnClickListener(){

        @Override
        public void onClick(View v) {
            // item이 클릭되면 호출됩니다
            Toast.makeText(v.getContext(), "Position:" + recyclerView.getChildAdapterPosition(v) + "가 클릭됐습니다", Toast.LENGTH_LONG).show();
        }
    });

    recyclerView.setAdapter(simpleStringAdapter);
}
```

RecyclerView.Adapter 클래스를 다음처럼 작성합니다(예제 4-12). 여기서 RecyclerView에 표시되는 아이템 수, View의 Inflate와 ViewHolder 작성, View와 데이터의 연결을 합니다. 구체적으로는 각각 다음과 같은 메서드를 구현합니다.

onCreateViewHolder 메서드

View의 Inflate(레이아웃 XML로부터의 View 인스턴스의 생성)와 ViewHolder를 작성합니다.

onBindViewHolder 메서드

ViewHolder에 데이터를 설정합니다.

getItemCount 메서드

RecyclerView에서 표시할 아이템 수를 반환합니다.

[예제 4-12] RecyclerView의 Adapter(SimpleStringAdapter.java)

```java
public class SimpleStringAdapter extends RecyclerView.Adapter<SimpleStringAdapter.ViewHolder> {
    protected List<String> dataset;
    private View.OnClickListener onItemViewClickListener;

    public static class ViewHolder extends RecyclerView.ViewHolder {
        public final TextView textView;

        public ViewHolder(View v) {
            super(v);
            textView = (TextView) v.findViewById(R.id.simple_text_view);
        }
    }

    // 이번에는 생성자로 데이터를 넘겨준다
    public SimpleStringAdapter(List<String> myDataset) {
        dataset = myDataset;
    }

    public void setOnItemViewClickListener(View.OnClickListener onItemViewClickListener) {
        this.onItemViewClickListener = onItemViewClickListener;
    }

    // 새로운 ViewHolder를 작성한다(LayoutManager에서 호출한다)
    @Override
    public SimpleStringAdapter.ViewHolder onCreateViewHolder(ViewGroup parent,
                                                              int viewType) {
        // 새로 View를 만든다
        View v = LayoutInflater.from(parent.getContext())
                .inflate(R.layout.simple_row, parent, false);
        // View에 클릭 리스너를 붙인다
        if (onItemViewClickListener != null) {
            v.setOnClickListener(onItemViewClickListener);
        }
```

```
        // 데이터와 관련이 없는 레이아웃 조정은 여기서 한다(여기서 만든 레이아웃을 돌려쓰기 위해)
        ViewHolder vh = new ViewHolder(v);
        return vh;
    }

    // View 안의 데이터를 변경한다(LayoutManager에서 호출한다)
    @Override
    public void onBindViewHolder(ViewHolder holder, int position) {
        // 설정할 데이터를 가져온다
        String text = dataset.get(position);
        // ViewHolder의 View 안의 데이터를 변경한다
        holder.textView.setText(text);
    }

    // 데이터 수를 반환한다(LayoutManager에서 호출한다)
    @Override
    public int getItemCount() {
        return dataset.size();
    }

}
```

이제 [그림 4-13]처럼 표시할 수 있습니다.

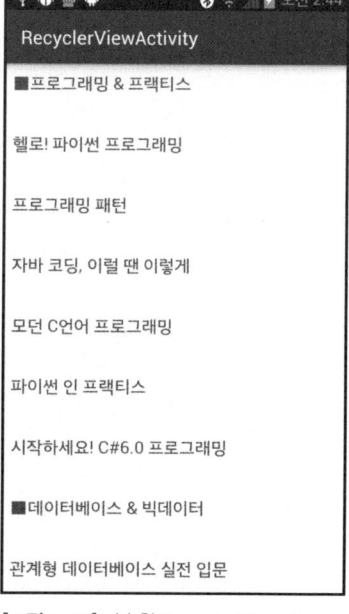

[그림 4-13] 단순한 RecyclerView 표시 화면

4.3.3 RecyclerView를 커스터마이징하자

RecyclerView를 커스터마이징해서 표시하는 방법을 소개하겠습니다. 여기서는 주로 구분선을 표시하거나 격자(Grid) 형태로 표시하는 방법을 설명합니다.

구분선을 표시한다

앞서 소개한 방법에서는 구분선이 표시되지 않았습니다. RecyclerView에서는 구분선을 넣는 방법으로 RecyclerView.ItemDecoration 클래스를 상속해 onDraw() 메서드를 오버라이딩해 구현합니다. 즉, 이 클래스를 이용하면 RecyclerView를 꾸밀 수 있습니다. 구체적으로 말하자면 이번에는 getItemOffsets() 메서드로 각 아이템에 대한 Offset(빈 영역)을 설정하고 onDraw() 메서드로 실제로 구분선을 그립니다.

[예제 4-13] 구분선을 표시하는 ItemDecoration 클래스(자바)

```java
public class DividerItemDecoration extends RecyclerView.ItemDecoration {

    private final int dividerHeight;
    private Drawable divider;

    public DividerItemDecoration(Context context) {
        // 기본인 ListView 구분선의 Drawable을 얻는다(구분선을 커스터마이징하고 싶을 때는
여기서 Drawable을 가져온다)
        final TypedArray a = context.obtainStyledAttributes(new int[]{android.R.attr.listDivider});
        divider = a.getDrawable(0);

        // 표시할 때마다 높이를 가져오지 않아도 되도록 여기서 구해 둔다
        dividerHeight = divider.getIntrinsicHeight();
        a.recycle();
    }

    // View의 아이템보다 위에 그리고 싶을 때는 이 메서드를 사용한다
    // @Override
    // public void onDrawOver(Canvas c, RecyclerView parent, RecyclerView.State state) {
    //     super.onDrawOver(c, parent, state);
    // }
```

```java
// View의 아이템보다 아래에 그리고 싶을 때는 이 메서드를 사용한다
// 여기서는 RecyclerView의 아이템마다 아래에 선을 그린다
@Override
public void onDraw(Canvas c, RecyclerView parent, RecyclerView.State state) {
    super.onDraw(c, parent, state);
    // 좌우의 padding으로 선의 right와 left를 설정
    final int lineLeft = parent.getPaddingLeft();
    final int lineRight = parent.getWidth() - parent.getPaddingRight();

    final int childCount = parent.getChildCount();
    for (int i = 0; i < childCount; i++) {
        final View child = parent.getChildAt(i);
        final RecyclerView.LayoutParams params = (RecyclerView.LayoutParams) child.getLayoutParams();

        // 애니메이션 등의 상황에서 제대로 이동하기 위해
        int childTransitionY = Math.round(ViewCompat.getTranslationY(child));
        final int top = child.getBottom() + params.bottomMargin + childTransitionY;
        final int bottom = top + dividerHeight;

        // View 아래에 선을 그린다
        divider.setBounds(lineLeft, top, lineRight, bottom);
        divider.draw(c);
    }
}

@Override
public void getItemOffsets(Rect outRect, View view, RecyclerView parent, RecyclerView.State state) {
    // View 아래에 선이 들어가므로 아래에 Offset을 넣는다
    outRect.set(0, 0, 0, dividerHeight);
}
}
```

여기서 만든 DividerItemDecoration을 유효하게 만들기 위해 다음과 같이 addItemDecoration()을 호출합니다(예제 4-14).

[예제 4-14] ItemDecoration 유효화(자바)

```
recyclerView.addItemDecoration(new DividerItemDecoration(this));
```

이렇게 해서 구분선을 표시할 수 있게 됐습니다(그림 4-14).

[URL] DeveloperItemDecoration 클래스의 구현(Android Open Source Project 내 예제)
https://android.googlesource.com/platform/development.git/+/cc33d7ec0fce726b93d4a1c82731f64cebbb3bcb/samples/Support7Demos/src/com/example/android/supportv7/widget/decorator/DividerItemDecoration.java

그 밖에도 구분선을 이용하지 않고 CardView를 이용해 [그림 4-15]처럼 표시할 수 있습니다.

[그림 4-14] 구분선 표시

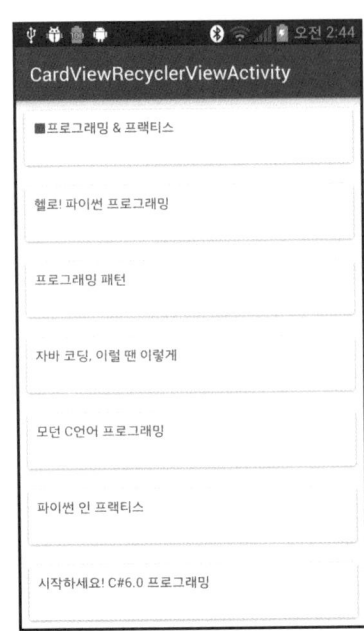

[그림 4-15] CardView 표시

GridLayoutManager를 이용해 풍부하게 표시한다

RecyclerView에는 GridLayoutManager라는 격자 형태로 레이아웃을 표시하는 Layout Manager가 있습니다. [그림 4-16]과 같은 레이아웃은 어떻게 구현하는지 코드를 쫓아가 봅시다. 예제의 GridRecyclerViewActivity를 열어주세요.

우선 GridLayoutManager의 생성자에 열의 개수로 3을 지정해서 인스턴스를 만듭니다. 그다음에 GridLayoutManager.SpanSizeLookup을 구현합니다.

GridLayoutManager.SpanSizeLookup에서는 getSpanSize() 메서드가 호출되므로 독점하고 싶은 열의 개수를 반환합니다. 헤더 요소에서는 3열을 모두 차지하고 콘텐츠 요소에서는 1열을 차지하게 합니다. 이때 헤더 요소인지 아닌지는 Adapter.getItemViewType() 메서드를 이용합니다. 이 메서드가 헤더 요소인지 판단할 수 있는 값을 반환하므로 그 값을 이용해 헤더 요소를 판단할 수 있습니다. 헤더 요소라면 getSpanSize()의 반환값으로서 이번에 독점하고 싶은 열의 수인 3을 반환합니다.

단, 이번에는 나중에 열의 수가 바뀔 것을 고려해 전체 열의 수인 3을 얻을 수 있는 GridLayoutManager.getSpanCount() 메서드를 이용합니다. 헤더가 아닐 때는 콘텐츠 요소이므로 1열을 차지하게 되므로 1을 반환합니다.

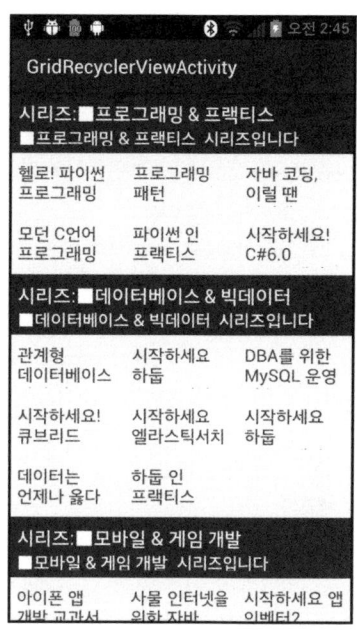

[그림 4-16] GridLayoutManager로 표시

SpanSizeLookup 인스턴스를 위에서 생성했으면 GridLayoutManager에 SpanSizeLookup을 설정하고, RecyclerView에 GridLayoutManager를 설정합니다(예제 4-15).

[예제 4-15] Adapter와 GridLayoutManager 설정(GridRecyclerViewActivity.java)

```
private void setupRecyclerView() {
    recyclerView = (RecyclerView) findViewById(R.id.simple_recycler_view);
    // RecyclerView 자체의 크기가 변하지 않는 것을 알고 있을 때
    // 이 옵션을 지정하면 성능이 개선된다
    recyclerView.setHasFixedSize(true);

    // Adapter를 설정한다
    // 최초의 리스트 표시에서 만든 것을 이용
    final RichAdapter adapter = new RichAdapter(DummyDataGenerator.generateStringListData());
    recyclerView.setAdapter(adapter);
```

```java
        // 열의 수를 3으로 설정한 GridLayoutManager의 인스턴스를 생성하고 설정
        final GridLayoutManager gridLayoutManager = new GridLayoutManager(this, 3);
        // SpanSizeLookup으로 위치별로 차지할 폭을 결정한다
        GridLayoutManager.SpanSizeLookup spanSizeLookup = new GridLayoutManager.SpanSizeLookup() {
            @Override
            public int getSpanSize(int position) {
                if (adapter.getItemViewType(position) == RichAdapter.HEADER_VIEW_TYPE) {
                    // 헤더는 3열을 차지해서 표시한다(표시되는 것은 1열)
                    return gridLayoutManager.getSpanCount();
                }
                // 나머지는 1열을 사용한다(표시되는 것은 3열)
                return 1;
            }
        };
        gridLayoutManager.setSpanSizeLookup(spanSizeLookup);
        recyclerView.setLayoutManager(gridLayoutManager);
    }
```

예제 RichAdapter를 열어 getItemViewType() 메서드 부분을 봐주세요. 이번 예에서는 헤더가 될 데이터에 ■로 시작하는 문자열이 들어갑니다. 그러므로 ■로 시작하는 문자열인 경우 HEADER_VIEW_TYPE을 반환합니다. 그리고 콘텐츠라면 ITEM_VIEW_TYPE을 반환합니다.

[예제 4-16] RichAdapter 처리(RichAdapter.java)

```java
public class RichAdapter extends RecyclerView.Adapter<RecyclerView.ViewHolder> {

    public static final int ITEM_VIEW_TYPE = 0;
    public static final int HEADER_VIEW_TYPE = 1;
    private List<String> dataset;

    @Override
    public int getItemViewType(int position) {
        // ■부터 시작되면 헤더로 판정
        if (dataset.get(position).startsWith("■")) {
            return HEADER_VIEW_TYPE;
        }
```

```java
        return ITEM_VIEW_TYPE;
    }

    // 이번에는 생성자로 데이터를 넘겨준다
    public RichAdapter(List<String> myDataset) {
        dataset = myDataset;
    }
```

ViewHolder 클래스를 헤더용과 아이템용으로 각각 준비합니다. 요소별 onCreateViewHolder()의 인수로 getItemViewType()으로 결정된 ViewType이 전달됩니다.

ViewType에 따라 inflate할 레이아웃 파일을 헤더용과 콘텐츠용으로 변경합니다. 여기서 header_row.xml은 TextView가 2개인 레이아웃으로 돼 있어 헤더용 ViewHolder에서는 title과 detail의 TextView를 둘 다 갖게 돼 있습니다.

[예제 4-17] ViewHolder 생성(RichAdapter.java)

```java
// 아이템용 ViewHolder
public static class ItemViewHolder extends RecyclerView.ViewHolder {
    public final TextView textView;

    public ItemViewHolder(View v) {
        super(v);
        textView = (TextView) v.findViewById(R.id.simple_text_view);
    }
}

// 헤더용 ViewHolder
public static class HeaderViewHolder extends RecyclerView.ViewHolder {
    public final TextView titleTextView;
    public final TextView detailTextView;

    public HeaderViewHolder(View v) {
        super(v);
        titleTextView = (TextView) v.findViewById(R.id.title_text_view);
        detailTextView = (TextView) v.findViewById(R.id.detail_text_view);
    }
}
```

```java
// 새로운 ViewHolder를 만든다(LayoutManager에서 호출한다)
@Override
public RecyclerView.ViewHolder onCreateViewHolder(ViewGroup parent,
                                                  int viewType) {
    View view;
    // 새로 View를 만든다
    switch (viewType) {
        // 콘텐츠용 ViewHolder 생성
        case ITEM_VIEW_TYPE: {
            view = LayoutInflater.from(parent.getContext())
                    .inflate(R.layout.simple_row, parent, false);
            return new ItemViewHolder(view);
        }
        // 헤더용 ViewHolder 생성
        case HEADER_VIEW_TYPE: {
            view = LayoutInflater.from(parent.getContext())
                    .inflate(R.layout.header_row, parent, false);
            return new HeaderViewHolder(view);
        }
        default:
            throw new RuntimeException("예측되지 않는 ViewType입니다");
    }
}
```

onBindViewHolder() 메서드로 만든 ViewHolder의 View에 데이터를 바인딩합니다. ViewType에 따라 설정할 ViewHolder가 바뀌므로 이렇게 나누어 설정합니다.

[예제 4-18] View에 데이터를 바인드한다(RichAdapter.java)

```java
// View 안의 데이터를 변경한다(LayoutManager에서 호출한다)
@Override
public void onBindViewHolder(RecyclerView.ViewHolder holder, int position) {
    // 설정할 데이터를 가져온다
    String text = dataset.get(position);
    // ViewHolder의 View 안의 데이터를 변경한다
    switch (holder.getItemViewType()) {
        case ITEM_VIEW_TYPE: {
            // 아이템용으로 그대로 문자열을 설정한다
```

```
                ItemViewHolder itemViewHolder = (ItemViewHolder) holder;
                itemViewHolder.textView.setText(text);
                break;
            }
            case HEADER_VIEW_TYPE: {
                // 헤더라면 타이틀용 문자열을 설정한다
                HeaderViewHolder headerViewHolder = (HeaderViewHolder) holder;
                headerViewHolder.titleTextView.setText("시리즈:" + text);
                headerViewHolder.detailTextView.setText(text + " 시리즈입니다");
                break;
            }
        }
    }
```

아이템을 추가하거나 풍부한 조작을 한다

RecyclerView에는 아이템을 추가하고 삭제할 수 있을뿐더러 그때 애니메이션을 할 수 있습니다. 또한 드래그 앤드 드롭이나 스와이프 등 풍부한 조작을 할 수 있습니다.

아이템을 추가하고 삭제한다

우선 RecyclerView의 Adapter 클래스에 [예제 4-19]에서 지정한 메서드를 추가합니다. 이러한 메서드를 호출함으로써 데이터를 삭제하고 추가할 수 있습니다. 실제로 Adapter에서 이용하는 데이터를 변경하고 나서 RecyclerView.Adapter 클래스의 notifyItemInserted(position) 메서드와 notifyItemRemoved(position) 메서드 등을 호출해 RecyclerView에 변경을 알려줄 수 있고, 애니메이션이 실행됩니다.

[예제 4-19] RecyclerView의 아이템을 조작하는 메서드 준비(ManipulationSimpleStringAdapter.java)

```
// 데이터를 삽입한다
public void addAtPosition(int position, String text) {
    if (position > dataset.size()) {
        // 현재 존재하는 아이템의 수보다 많은 위치를 지정하므로 마지막 위치에 추가
        position = dataset.size();
    }
    // 데이터를 추가한다
```

```
        dataset.add(position, text);
        // 삽입했다고 Adapter에 알린다
        notifyItemInserted(position);
}

// 데이터를 삭제한다
public void removeAtPosition(int position) {
    if (position < dataset.size()) {
        // 데이터를 삭제한다
        dataset.remove(position);
        // 삭제했다고 Adapter에 알린다
        notifyItemRemoved(position);
    }
}

// 데이터를 이동한다
public void move(int fromPosition, int toPosition) {
    final String text = dataset.get(fromPosition);
    dataset.remove(fromPosition);
    dataset.add(toPosition, text);
    notifyItemMoved(fromPosition, toPosition);
}
```

[그림 4-17] 새 아이템을 추가한 예

버튼을 만들어 아이템을 추가하거나 삭제할 수 있게 해 봅시다(그림 4-17). 여기서는 [추가] 버튼과 [삭제] 버튼을 달고, [추가] 버튼이 눌리면 addAtPostion() 메서드를 호출하고, [삭제] 버튼이 눌리면 removeAtPosition() 메서드를 호출합니다(예제 4-20).

[예제 4-20] RecyclerView(ManipulationActivity.java)

```
findViewById(R.id.add_button).setOnClickListener(new View.OnClickListener() {
    @Override
    public void onClick(View v) {
        simpleStringAdapter.addAtPosition(3, "새 아이템");
    }
});
findViewById(R.id.remove_button).setOnClickListener(new View.OnClickListener() {
    @Override
```

```
        public void onClick(View v) {
            simpleStringAdapter.removeAtPosition(3);
        }
    });
```

풍부한 조작을 구현한다

RecyclerView 초기화 처리에서 ItemTouchHelper 클래스를 이용하면 밀어서 삭제하거나 데이터를 이동할 수 있습니다. 이 클래스를 구현함으로써 드래그 앤드 드롭이나 스와이프 삭제가 가능해집니다(그림 4-18).

구현은 매우 간단해서 ItemTouchHelper의 생성자로 ItemTouchHelper.SimpleCallback을 구현한 인스턴스를 전달하기만 하면 됩니다. 첫 번째 인수로는 onMove()에서 이용할 방향(드래그하는 방향)을 전달하고, 두 번째 인수로는 onSwiped()에서 이용할 방향(스와이프하는 방향)을 전달합니다. 그리고 ItemTouchHelper.SimpleCallback의 구현 내용에는 onMove() 메서드로 드래그 앤드 드롭했을 때의 처리 내용과 onSwiped() 메서드로 아이템을 스와이프했을 때의 처리 내용을 기술합니다. 기본적으로는 조금 전에 정의한 Adapter의 메서드를 호출하는 것만으로 쉽게 구현할 수 있습니다(예제 4-21).

[예제 4-21] 드래그 앤드 드롭과 스와이프 구현(자바)

```
// ItemTouchHelper 클래스를 구현한다
// 이에 따라 드래그 앤드 드롭이나 스와이프로 삭제 등을 할 수 있게 된다.
new ItemTouchHelper(new ItemTouchHelper.SimpleCallback(ItemTouchHelper.UP |
ItemTouchHelper.DOWN, ItemTouchHelper.RIGHT) {
    @Override
    public boolean onMove(RecyclerView recyclerView, RecyclerView.ViewHolder viewHolder,
RecyclerView.ViewHolder target) {
        // 드래그 앤드 드롭 시
        simpleStringAdapter.move(viewHolder.getAdapterPosition(), target.
getAdapterPosition());
        return true;
    }

    @Override
    public void onSwiped(RecyclerView.ViewHolder viewHolder, int direction) {
```

```
            // 아이템 스와이프 시
            simpleStringAdapter.removeAtPosition(viewHolder.getAdapterPosition());
    }
}).attachToRecyclerView(recyclerView);
```

[그림 4-18] 드래그 앤드 드롭과 스와이프에서의 삭제 표시 예

4.4 정리

지원 라이브러리에는 많은 위젯과 기능이 있습니다. 이번 장에서는 우선 지원 라이브러리 자체에 관해 알아봤고, 다음으로 NotificationCompat을 예로 들어 설명했습니다. 그리고 마지막으로 리스트 표시에 이용하는 RecyclerView에 초점을 맞춰 설명했습니다.

지원 라이브러리를 이용하면 사용자가 직접 호환성이 있는지 확인할 필요가 없어지고 간결하게 코드를 기술할 수 있습니다.

CHAPTER 05

변경에 강하게 설계한다:
MVVM 설계 기법의 이해와 라이브러리 활용

안드로이드의 액티비티 클래스는 하나의 화면을 대표하는 클래스입니다. 액티비티에는 화면을 표현하기 위한 비즈니스 로직이나 View 이벤트 수신, View에 데이터를 반영하는 등 다양한 역할을 갖게 할 수 있습니다. 그러다 보니 액티비티 클래스에 이것저것 많은 처리 내용을 기술하게 되고, 결국에는 변경에 취약하고 관리하기 힘든 '스파게티 코드'가 되기 십상입니다.

현재 설계 기법으로서 MVP(Model View Presenter)라고 하는 설계가 주목받고 있습니다. 이 기법을 이용하면 역할에 따라 코드를 분리할 수 있어 변경에 강한 코드를 기술할 수 있습니다. 또한 View와 결합하는 부분의 코드를 줄일 수 있는 'Data Binding' 기술이 등장했습니다. Data Binding을 전제로 한 설계 기법인 'MVVM'을 활용하면 코드의 생산성과 관리 효율을 높일 수 있습니다. 이번 장에서 설명할 '변경에 강한 설계'를 도입해 실제로 개발해가면서 설계 기법을 익혀봅시다.

5.1 다양한 설계 기법을 이해하자

안드로이드 앱을 개발할 때 여러분은 어떻게 설계를 하시나요? 액티비티에 계속해서 처리 내용을 기술하다가 그만 거대한 액티비티를 만들어 버린 경험이 없으신가요? 액티비티가 너무 커지면 다음과 같은 문제가 발생합니다.

- 역할별로 처리가 나뉘지 않아 코드를 읽기가 어렵다
- 다양한 구현이 저마다 멤버 변수를 수정하면 수정했을 때의 영향을 예측하기 어렵다.

현재 이러한 문제점에 대처할 수 있는 MVP나 MVVM 등과 같은 설계 기법이 주목받고 있습니다. 이번 절에서는 이러한 설계 기법을 배우겠습니다.

5.1.1 MVP를 이해하자

MVP(Model View Presenter)는 사용자 인터페이스를 구축할 때 이용하는 설계 기법입니다. MVP는 Model View Presenter의 머리글자로, 이 구현에 따라 모델(Model)과 뷰(View)와 프레젠터(Presenter)라는 세 가지 역할로 처리를 나눌 수 있습니다(그림 5-1).

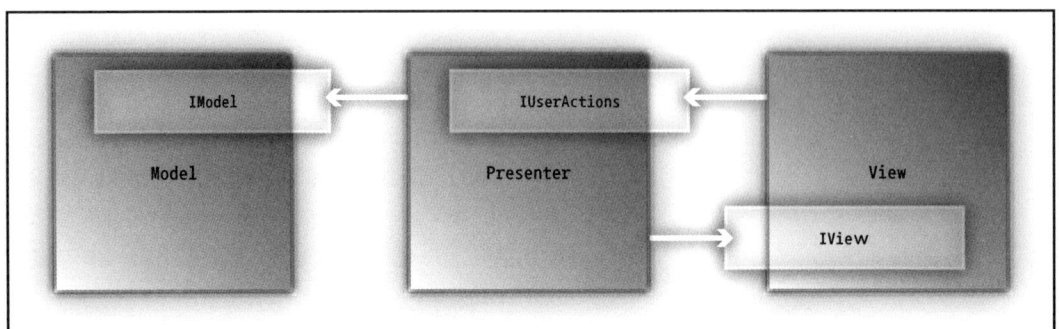

[그림 5-1] MVP 개요

모델에는 데이터와 비즈니스 로직이 들어 있고, 이곳에서는 UI에 관한 로직은 가지지 않습니다. 데이터베이스나 API 접근에 관한 처리는 여기에 들어갑니다. 뷰(안드로이드의 뷰가 아닙니다)는 데이터를 표시합니다. 또한 사용자의 탭 등 액션은 뷰에서 처리하지 않고 프레젠터에 위임합니다.

프레젠터는 모델과 뷰 사이에서 서로 통신합니다. 뷰에서 발생한 이벤트가 프레젠터에 알려지면 프레젠터는 그 이벤트에 대응하는 처리, 예를 들어 모델에 접근하거나 합니다.

뷰가 직접 모델에 접근하거나 반대로 모델이 뷰에 직접 접근하는 일 없이, 뷰와 모델 사이에는 항상 프레젠터가 들어갑니다. 모델이나 뷰의 실체인 인스턴스를 프레젠터로부터 직접 참조하게 하지 않고, 인터페이스 등을 이용해 접근할 수 있게 합니다. 이렇게 하면 테스트 시에 목 객체(Mock Object)로 대체할 수 있어 테스트하기가 쉬워집니다.

MVP 설계의 장점

모델, 뷰, 프레젠터로 역할을 명확히 나누므로 어느 처리 내용이 어디에 있는지 명확해지고 코드의 관리 효율이 높아집니다. MPV 패턴으로 설계하면 필연적으로 역할을 나눠야 하기에 액티비티에 구현을 채워넣을 수는 없게 됩니다. 결과적으로 처리를 나눌 수 있어 액티비티를 작게 만들 수 있습니다. 또한 뷰와 모델 사이에 프레젠터가 들어가므로 뷰와 모델의 의존관계가 없어집니다.

> [URL] MVP 설계 기법 참고 사례(출처: 구글 Codelabs)
> https://codelabs.developers.google.com/codelabs/android-testing/index.html

MVP 설계의 단점

프레젠터는 인터페이스를 통해 뷰와 모델에 접근하므로 그것들의 위치를 인터페이스로서 정의할 필요가 있습니다. 이 부분이 길어지기 쉽습니다. 또한 모델에서 가져온 데이터를 뷰에 표시하는 것을 개발자가 직접할 구현해야 합니다. 안드로이드에는 기본적으로 MVP 패턴을 지원하는 프레임워크가 없어서 어떻게 UI 로직을 프레젠터로 분리하는가 하는 설계상의 난도가 높다는 것도 단점으로 들 수 있습니다.

5.1.2 MVVM을 이해하자

안드로이드 그레이들 플러그인(Android Gradle Plugin)을 통해 데이터 바인딩(DataBinding)이 지원됩니다(데이터 바인딩에 관해서는 '5.4.1 데이터 바인딩을 사용해보자(152쪽)'에서 설명합니다. 처음 접하는 분들은 이곳을 먼저 보세요).

데이터 바인딩은 사용자 인터페이스와 데이터를 연결하는(바인딩하는) 메커니즘입니다. 데이터 바인딩을 활용한 설계 기법으로 MVVM(Model View ViewModel)이 있습니다. MVVM은 MVP 등과 같이 UI 로직을 분리할 수 있습니다(그림 5-2).

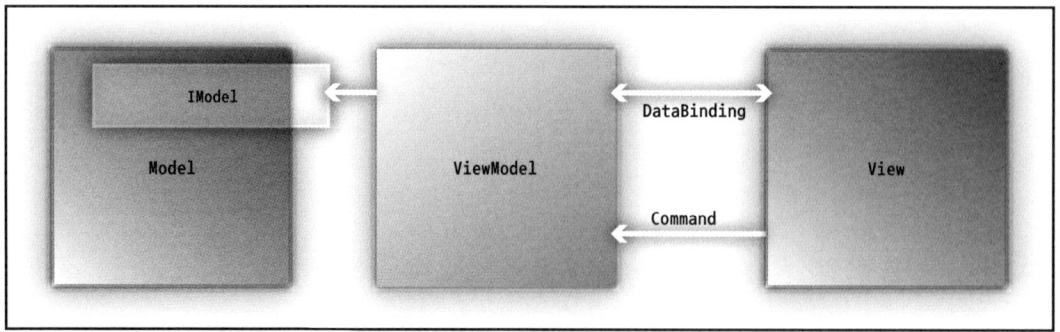

[그림 5-2] MVVM의 개요

모델에는 MVP의 모델처럼 데이터와 비즈니스 로직이 들어갑니다.

뷰는 데이터를 표시합니다. MVP와 달리 ViewModel이 모델에서 가져온 데이터를 반영해서 표시합니다. ViewModel이 가진 값이 데이터 바인딩으로 자동적으로 뷰에 반영되므로 뷰 부분에서 반영하는 구현을 할 필요가 없어집니다.

하지만 안드로이드에서는 애니메이션이나 액티비티 전환 등 ViewModel에서 구현하기 어려운 항목이 있습니다. 그런 부분은 뷰에서 구현할 필요가 있습니다. 기본적으로 ViewModel은 뷰의 상태와 UI에 관한 로직을 구현하고, 데이터 바인딩을 통해 ViewModel의 상태가 뷰에 반영됩니다. 또한 뷰 클릭 등의 이벤트를 ViewModel이 받고 모델과 데이터를 주고받아 데이터 바인딩으로 뷰의 상태를 갱신합니다.

MVVM 설계의 장점

MVP 패턴처럼 역할을 분리할 수 있으므로 액티비티를 작게 만들 수 있습니다. 또한 데이터 바인딩으로 MVP일 때 기술하는 모델에서 가져온 데이터를 뷰에 반영하는 로직도 작성할 필요가 없으므로 액티비티의 코드를 많이 줄일 수 있습니다. 프레젠터와 마찬가지로 뷰에 의존하는 코드가 없어 테스트하기가 쉽습니다.

MVVM 설계의 단점

바인딩에 대한 처리는 자동으로 생성되므로 데이터 바인딩 처리는 블랙박스화돼 있습니다. 자동으로 생성된 코드는 일반적으로 가독성이 낮고 디버그하기가 어렵습니다.

액티비티 클래스에 플랫하게 구현해보자

실제로 안드로이드 앱을 구현하면서 학습해보겠습니다. 처음에는 간단한 앱을 구현하는 예제를 살펴봅시다. 플랫한 구현은 기본적으로 액티비티 클래스에 다양한 처리 내용을 기술하는 형태가 됩니다. 이번 절에서는 이러한 플랫한 구현을 어떻게 변경해서 설계할지 생각해 봅시다.

5.2.1 어떤 앱을 만들지 생각하자

이번에는 깃허브(GitHub)라는 소프트웨어 프로젝트를 위한 웹서비스의 API로 앱을 만들어봅시다. 깃허브에는 새로 만들어진 주목받는 오픈소스 프로젝트가 있습니다. 이러한 프로젝트의 리포지토리를 추출하는 앱을 만들어보겠습니다(그림 5-1).

[표 5-1] 예제 앱을 실행한 모습

읽는 중(리포지토리 목록 화면)	읽은 후(리포지토리 목록 화면)	항목을 탭(상세 화면)
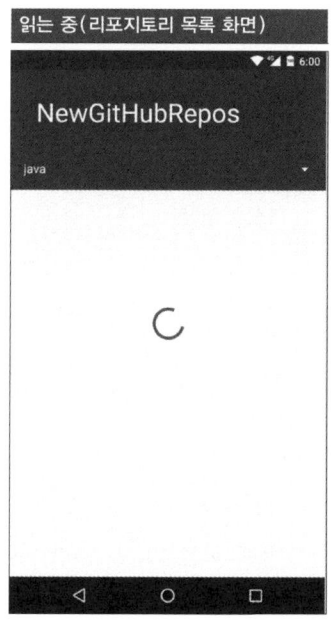	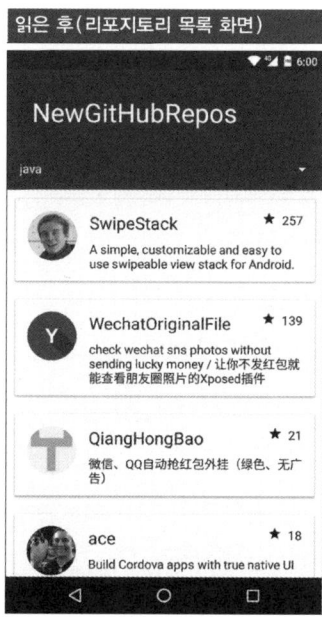	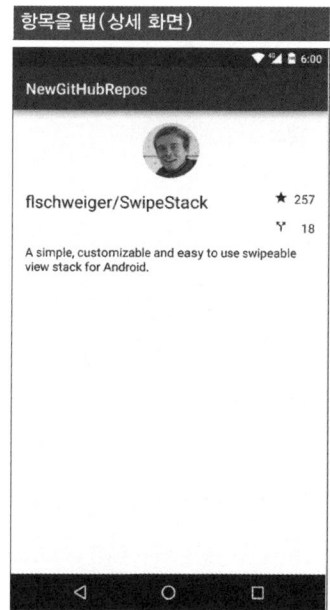

5.2.2 앱에 사용할 화면과 기능을 이해하자

각 화면의 기능을 살펴봅시다.

리포지토리 목록 화면

리포지토리 목록 화면에는 다음과 같은 기능이 있습니다.

- 깃허브의 API에 접근해 지정된 프로그래밍 언어의 프로젝트 리포지토리 목록을 가져온다
- 프로그래밍 언어는 변경할 수 있고, 변경되면 목록을 갱신한다
- 리포지토리 목록의 각 항목을 탭하면 상세 화면으로 이동한다

상세 화면

상세 화면은 리포지토리 목록 화면에서 선택된 리포지토리의 데이터를 API로 가져와서 표시합니다.

5.2.3 구현 방법을 확인하자

우선 처음에는 MVP, MVVM의 설계 기법을 이용하지 않고 플랫하게 구현해 분위기를 파악해 봅시다.

tech05/NewGitHubRepo 프로젝트를 열어주세요. 실행할 때는 안드로이드 스튜디오의 도구 표시줄에 있는 모듈을 선택하는 부분에서 app-original을 선택해서 실행하세요(그림 5-3).

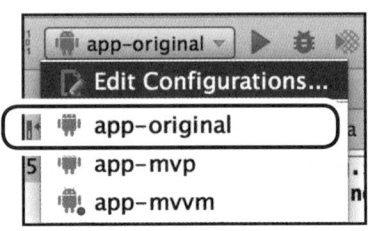

[그림 5-3] 실행할 모듈을 선택한다

이번에는 다음의 오픈소스 라이브러리의 의존관계를 app-original/build.gradle에 기술합니다. 오픈소스 라이브러리를 이용함으로써 간단히 처리할 수 있습니다. 각 라이브러리는 백포트 라이브러리인 지원 라이브러리, 이미지 로딩에 Glide, API 접근에 Retrofit, 비동기 처리에 부분적으로 RxJava를 이용합니다(예제 5-1).

5.2 _ 액티비티 클래스에 플랫하게 구현해보자

[예제 5-1] 이번에 이용할 의존관계(build.gradle)

```
dependencies {
    compile fileTree(dir: 'libs', include: ['*.jar'])
    testCompile 'junit:junit:4.12'
    // Support Library
    compile 'com.android.support:appcompat-v7:23.3.0'
    compile 'com.android.support:cardview-v7:23.3.0'
    compile 'com.android.support:design:23.3.0'

    // HTTP로 이미지를 로딩하는 라이브러리
    compile 'com.github.bumptech.glide:glide:3.6.1'

    // API 접근
    compile 'com.squareup.retrofit2:retrofit:2.0.0'
    compile 'com.squareup.retrofit2:converter-gson:2.0.0'
    compile 'com.squareup.retrofit2:adapter-rxjava:2.0.0'
    compile 'com.squareup.okhttp3:logging-interceptor:3.0.1'

    // RxJava
    compile 'io.reactivex:rxjava:1.0.17'
    compile 'io.reactivex:rxandroid:1.1.0'
}
```

[URL] Glide 프로젝트 페이지
https://github.com/bumptech/glide

[URL] Retrofit 프로젝트 페이지
https://square.github.io/retrofit/

[URL] RxJava 프로젝트 페이지
https://github.com/ReactiveX/RxJava

5.2.4 패키지 구분법을 확인하자

이번에는 플랫하게 패키지를 나누어 예제를 만듭니다. 액티비티는 RepositoryListActivity와 DetailActivity로 2개가 있습니다. RepositoryListActivity는 상세 화면을 표시하는 Activity입니다.

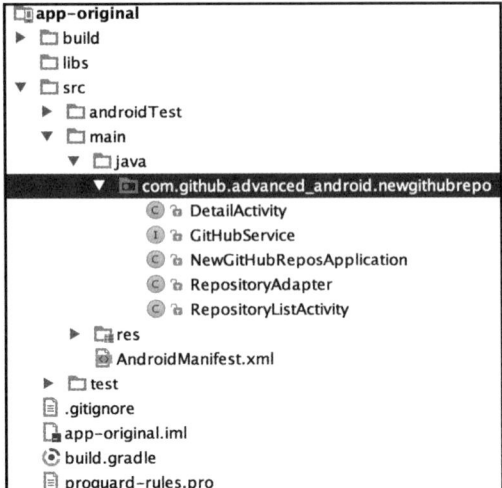

[그림 5-4] 플랫한 구현의 패키지 구성

5.2.5 리포지토리 화면을 이해하자

우선은 구조를 살펴보겠습니다. 기본적인 흐름으로는 ❶과 ❷에서 API에 접근해 데이터를 수신하고, ❸과 ❹에서 RepositoryAdapter를 이용해 데이터를 표시합니다(그림 5-5). 플랫한 구현에서는 다음과 같은 흐름으로 처리가 이뤄집니다.

1. 시작할 액티비티의 onCreate() 메서드에서 setupViews() 메서드를 호출한다. setupViews() 메서드 안에서 각 뷰의 초기 설정을 한다. 이때 액티비티는 리포지토리의 클릭 이벤트를 받을 수 있게 RepositoryAdapter.OnRepositoryItemClickListener를 구현한다(예제 5-2).

    ↓
2. ❶과 ❷에서 API에 접근해서 액티비티가 데이터를 수신한다.

    ↓
3. ❸과 ❹에서 RepositoryAdapter를 이용해 데이터를 표시한다.

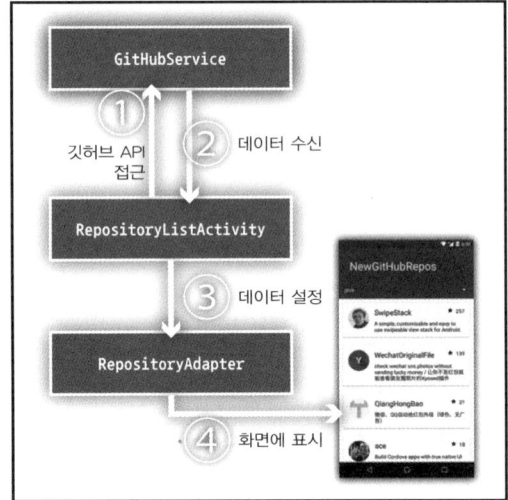

[그림 5-5] 플랫한 구현의 구성

[예제 5-2] 리포지토리 목록 화면의 Activity(RepositoryListActivity.java)

```java
/**
 * 리포지토리 목록을 표시하는 Activity
 */
public class RepositoryListActivity extends AppCompatActivity implements
RepositoryAdapter.OnRepositoryItemClickListener {

  private Spinner languageSpinner;
  private ProgressBar progressBar;
  private CoordinatorLayout coordinatorLayout;

  private RepositoryAdapter repositoryAdapter;

  @Override
  protected void onCreate(Bundle savedInstanceState) {
    super.onCreate(savedInstanceState);
    setContentView(R.layout.activity_repository_list);

    // View를 설정한다
    setupViews();
  }
```

다음으로 뷰를 설정하는 setupViews 메서드의 예제를 살펴봅시다. 이 메서드에서는 RecyclerView의 초기화와 Spinner에 대한 클릭 리스너를 설정합니다. Spinner에서는 [그림 5-6]처럼 프로그래밍 언어를 선택할 수 있습니다. 선택된 프로그래밍 언어의 리포지토리 목록은 loadRepositories() 메서드에서 읽어옵니다(예제 5-3).

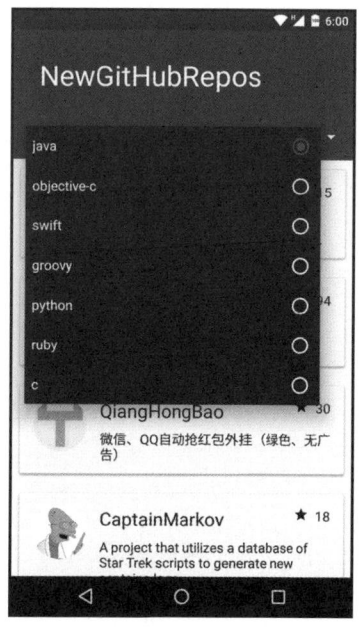

[그림 5-6] Spinner 위젯

[예제 5-3] 뷰의 설정(RepositoryListAdapter.java)

```java
/**
 * 리포지토리 화면을 설정한다
 */
private void setupViews() {

    ~생략~

    RecyclerView recyclerView = (RecyclerView) findViewById(R.id.recycler_repos);
    recyclerView.setLayoutManager(new LinearLayoutManager(this));
    repositoryAdapter = new RepositoryAdapter((Context) this, (RepositoryAdapter.
OnRepositoryItemClickListener) this);
    recyclerView.setAdapter(repositoryAdapter);

    ~생략~
    // Spinner
    languageSpinner = (Spinner) findViewById(R.id.language_spinner);
    ArrayAdapter<String> adapter = new ArrayAdapter<>(this, android.R.layout.simple_
spinner_item);
    adapter.addAll("java", "objective-c", "swift", "groovy", "python", "ruby", "c");
    adapter.setDropDownViewResource(android.R.layout.simple_spinner_dropdown_item);
    languageSpinner.setAdapter(adapter);
    languageSpinner.setOnItemSelectedListener(new AdapterView.OnItemSelectedListener() {
        @Override
        public void onItemSelected(AdapterView<?> parent, View view, int position, long id) {
            // 선택할 때뿐만 아니라 처음에도 호출된다
            String language = (String) languageSpinner.getItemAtPosition(position);
            loadRepositories(language);
        }

        @Override
        public void onNothingSelected(AdapterView<?> parent) {

        }
    });
}
```

loadRepositories() 메서드로 API에 접근하고, 리포지토리 목록 데이터를 가져옵니다(예제 5-4, 예제 5-5). 여기가 가장 핵심적인 로직입니다. 처리 흐름은 다음과 같습니다.

1. 진행표시줄을 표시한다.
2. 1주일 전 날짜를 구한다.
3. 1주일 전 날짜와 Spinner로 선택한 프로그래밍 언어를 바탕으로 통신 라이브러리인 Retrofit으로 API에 접근한다.
4. API의 응답이 onNext()로 온다.
5. 진행표시줄을 표시하지 않는다.
6. 데이터를 설정하고 RecyclerView를 갱신한다.

[예제 5-4] API에 접근해서 리포지토리 목록을 로드한다(RepositoryListActivity.java)

```java
/**
 * 지난 1주일간 만들어진 라이브러리를 인기순으로 가져온다
 * @param language 가져올 프로그래밍 언어
 */
private void loadRepositories(String language) {
    // 로딩 중이므로 진행표시줄을 표시한다
    progressBar.setVisibility(View.VISIBLE);

    // 일주일전 날짜의 문자열. 지금이 2016-10-27이면 2016-10-20이라는 문자열을 얻는다
    final Calendar calendar = Calendar.getInstance();
    calendar.add(Calendar.DAY_OF_MONTH, -7);
    String text = DateFormat.format("yyyy-MM-dd", calendar).toString();

    // Retrofit를 이용해 서버에 접근한다
    final NewGitHubReposApplication application = (NewGitHubReposApplication) getApplication();
    // 지난 일주일간 만들어지고 언어가 language인 것을 요청으로 전달한다
    Observable<GitHubService.Repositories> observable = application.getGitHubService().listRepos("language:" + language + " " + "created:>" + text);
    // 입출력(IO)용 스레드로 통신하고, 메인 스레드에서 결과를 수신하게 한다
    observable.subscribeOn(Schedulers.io()).observeOn(AndroidSchedulers.mainThread()).subscribe(new Subscriber<GitHubService.Repositories>() {
        @Override
        public void onNext(GitHubService.Repositories repositories) {
            // 로딩이 끝났으므로 진행표시줄을 표시하지 않는다
            progressBar.setVisibility(View.GONE);
```

```java
            // 가져온 아이템을 표시하고자 RecyclerView에 아이템을 설정하고 갱신한다
            repositoryAdapter.setItemsAndRefresh(repositories.items);
        }

        @Override
        public void onError(Throwable e) {
            // 통신 실패 시에 호출된다
            // 여기서는 스낵바를 표시한다(아래에 표시되는 바)
            Snackbar.make(coordinatorLayout, "읽어올 수 없습니다.", Snackbar.LENGTH_LONG)
                    .setAction("Action", null).show();
        }

        @Override
        public void onCompleted() {
            // 아무것도 하지 않는다
        }
    });
}

/**
 * 상세 화면을 표시한다
 * @see RepositoryAdapter.OnRepositoryItemClickListener#onRepositoryItemClickListener
 */
@Override
public void onRepositoryItemClick(GitHubService.RepositoryItem item) {
    DetailActivity.start(this, item.full_name);
}
}
```

[예제 5-5] API 접근에 이용하는 인터페이스(GitHubService.java)

```java
/**
 * 깃허브의 리포지토리 검색 결과를 가져온다
 * https://developer.github.com/v3/search/
 * @param query GitHub API로 검색할 내용
 * @return API 접근 결과를 가져온 후 콜백으로서 SearchResponse를 가져올 수 있는 RxJava의
 *   Observable로 반환한다
 */
@GET("search/repositories?sort=stars&order=desc")
Observable<Repositories> listRepos(@Query("q") String query);
```

listRepos() 메서드로 가져온 Observable의 인스턴스에 subscribe하면 API 접근이 수행됩니다. 이는 Retrofit의 기능입니다. API 접근이 완료되면 RxJava의 메커니즘으로 onNext() 메서드가 호출됩니다. onNext() 메서드에서는 진행표시줄(ProgressBar)이 표시되지 않게 하고, RecyclerView의 Adapter에 API로 가져온 객체를 설정합니다.

다음으로 리포지토리 표시를 위한 RecyclerView.Adapter 클래스를 설명하겠습니다. 이 클래스에서는 RecyclerView의 리스트 아이템의 뷰를 생성하고 데이터를 설정합니다. 또한 onRepositoryItemClickListener가 넘어와 아이템이 클릭되면 액티비티의 onRepositoryItemClick()을 호출해 콜백하도록 구현돼 있습니다(예제 5-6).

[예제 5-6] RecyclerView로 리포지토리 목록을 표시하기 위한 Adapter 클래스(RepositoryAdapter.java)

```java
/**
 * RecyclerView에서 리포지토리의 목록을 표시하기 위한 Adapter 클래스
 * 이 클래스로 RecyclerView의 아이템의 뷰를 생성하고, 뷰에 데이터를 넣는다
 */
public class RepositoryAdapter extends RecyclerView.Adapter<RepositoryAdapter.RepoViewHolder> {
  private final OnRepositoryItemClickListener onRepositoryItemClickListener;
  private final Context context;
  private List<GitHubService.RepositoryItem> items;

  public RepositoryAdapter(Context context, OnRepositoryItemClickListener onRepositoryItemClickListener) {
    this.context = context;
    this.onRepositoryItemClickListener = onRepositoryItemClickListener;
  }

~ 생략 ~

  /**
   * RecyclerView의 아이템 뷰 생성과 뷰를 유지할 ViewHolder를 생성
   */
  @Override
  public RepoViewHolder onCreateViewHolder(ViewGroup parent, int viewType) {
    final View view = LayoutInflater.from(context).inflate(R.layout.repo_item, parent, false);
    return new RepoViewHolder(view);
  }
```

```
/**
 * onCreateViewHolder로 만든 ViewHolder의 뷰에
 * setItemsAndRefresh(items)으로 설정된 데이터를 넣는다
 */
@Override
public void onBindViewHolder(final RepoViewHolder holder, final int position) {
  final GitHubService.RepositoryItem item = getItemAt(position);

  // 뷰가 클릭되면 클릭된 아이템을 Listener에게 알린다
  holder.itemView.setOnClickListener(new View.OnClickListener() {
    @Override
    public void onClick(View v) {
      onRepositoryItemClickListener.onRepositoryItemClick(item);
    }
  });

}

    ~ 생략 ~

interface OnRepositoryItemClickListener {
  /**
   * 리포지토리의 아이템이 탭되면 호출된다
   */
  void onRepositoryItemClick(GitHubService.RepositoryItem item);
}

    ~ 생략 ~
}
```

5.2.6 고찰과 깨달음

현재 코드로는 RepositoryListActivity의 구현이 100줄 정도이므로 그렇게까지 문제가 있어 보이지 않을 것입니다. 실제로 이 정도 크기라면 이렇게 설계하는 것도 선택지로서 충분히 고려할 수 있습니다. 하지만 이 방침을 그대로 계속 유지하면 액티비티가 비대해질 가능성이 있습니다. UI 로직과 View 조작이 함께 있는 상태이므로 현재 상태로도 전망이 좋지 않은 코드라고 말할 수 있습니다.

MVP를 사용하자

그럼 곧바로 MVP를 사용해 봅시다. MVP를 이용하면 플랫한 구현은 어떻게 변화할까요? 액티비티를 작게 할 수는 있을까요? 그럼, 어떻게 변화하는지 살펴봅시다.

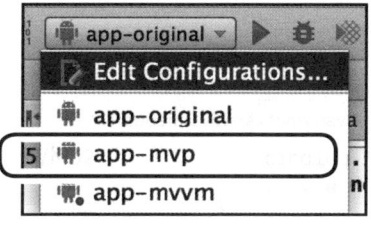

[그림 5-7] 실행할 모듈을 선택

실행할 때는 안드로이드 스튜디오의 도구 표시줄에 있는 모듈 선택 부분에서 app-mvp를 선택하고 실행해 주세요(그림 5-7).

덧붙여, MVP에서 이용되는 예제가 저장된 디렉터리는 tech05/NewGitHubRepo/app-mvp 안입니다.

5.3.1 패키지가 나뉜 것을 확인하자

이번에는 패키지를 다음처럼 나눴습니다.

MVP에는 model, view, presenter와 contract라는 패키지가 있습니다. contract는 계약, 약속이라는 의미가 있고, 뷰와 프레젠터가 구현해야 할 인터페이스가 정의돼 있습니다. 구조는 [그림 5-8], [그림 5-9]처럼 돼 있습니다.

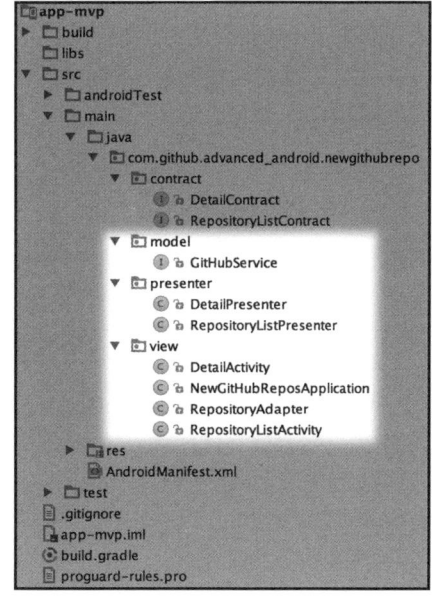

[그림 5-8] MVP 앱의 패키지 구성

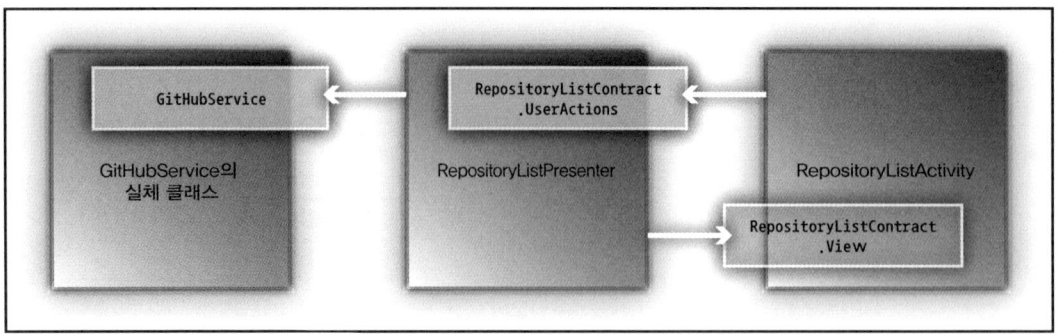

[그림 5-9] MVP 앱의 개요

기본적으로 뷰에서 Spinner(선택할 수 있는 안드로이드 위젯)로 선택하는 등의 이벤트가 프레젠터로 통지됩니다.

다음으로 그 선택에 따라 프레젠터가 모델에 접근해서 데이터를 가져오거나 가져온 데이터를 뷰에 반영합니다. 프레젠터와의 통신은 contract 패키지에서 정의한 인터페이스로 이뤄집니다.

5.3.2 MVP로 안드로이드 프로젝트를 구현하자

마찬가지로 액티비티를 살펴봅시다. 조금 전 플랫한 구현을 했던 예제와는 달리, 프레젠터에 대한 인터페이스로서 RepositoryListContract.View를 구현했습니다. 이것으로 프레젠터가 뷰에 접근할 때는 액티비티 자체가 아니라 이 인터페이스를 통해 조작할 수 있습니다(예제 5-7).

[예제 5-7] 리포지토리 목록 화면의 액티비티 선언(RepositoryListActivity.java)

```
/**
 * 리포지토리 목록을 표시하는 Activity
 * MVP의 View 역할을 가진다
 */
public class RepositoryListActivity extends AppCompatActivity implements
RepositoryAdapter.OnRepositoryItemClickListener,
    RepositoryListContract.View {
```

RepositoryListContract.View는 다음과 같이 돼 있습니다. 프레젠터가 뷰를 조작하는 데 필요한 메서드가 정의돼 있습니다(예제 5-8).

[예제 5-8] Contract(계약)를 정의하는 인터페이스(RepositoryListContract.java)

```java
/**
 * 각자의 역할이 가진 Contract(계약)를 정의해 둘 인터페이스
 */
public interface RepositoryListContract {

  /**
   * MVP의 View가 구현할 인터페이스
   * Presenter가 View를 조작할 때 이용한다
   */
  interface View {
    String getSelectedLanguage();
    void showProgress();
    void hideProgress();
    void showRepositories(GitHubService.Repositories repositories);
    void showError();
    void startDetailActivity(String fullRepositoryName);
  }
  ~ 생략 ~
}
```

RepositoryListActivity를 계속해서 읽어보겠습니다. [예제 5-9]를 봐주세요. 뷰와 프레젠터의 협조 처리에 주안점을 두고 있습니다.

❶에서 onCreate()로 프레젠터의 인스턴스를 생성합니다. 다음으로 ❷에서는 Spinner로 선택됐을 때 프레젠터에 선택됐음을 전달하기 위해 selectLanguage() 메서드를 호출합니다. 여기서 프레젠터는 선택된 프로그래밍 언어의 리포지토리 목록을 모델에서 가져옵니다. 목록을 가져온 후, ❸에서 프레젠터가 뷰의 showRepositories() 메서드를 호출하고, 인수로 전달된 데이터를 Adapter에 설정하면 데이터가 표시됩니다.

[예제 5-9] 리포지토리 목록 화면 구현(RepositoryListActivity.java)

```java
private RepositoryListContract.UserActions repositoryListPresenter;

  @Override
  protected void onCreate(Bundle savedInstanceState) {
    super.onCreate(savedInstanceState);
    setContentView(R.layout.activity_repository_list);

    // View를 설정
    setupViews();

    // ❶ Presenter의 인스턴스를 생성
    final GitHubService gitHubService = ((NewGitHubReposApplication) getApplication()).
getGitHubService();
    repositoryListPresenter = new RepositoryListPresenter((RepositoryListContract.View)
this, gitHubService);
  }

  /**
   * 목록 등의 화면 요소를 만든다
   */
  private void setupViews() {

    ~ 생략 ~

    // Spinner
    languageSpinner = (Spinner) findViewById(R.id.language_spinner);
    ArrayAdapter<String> adapter = new ArrayAdapter<>(this, android.R.layout.simple_
spinner_item);
    adapter.addAll("java", "objective-c", "swift", "groovy", "python", "ruby", "c");
    adapter.setDropDownViewResource(android.R.layout.simple_spinner_dropdown_item);
    languageSpinner.setAdapter(adapter);
    languageSpinner.setOnItemSelectedListener(new AdapterView.OnItemSelectedListener() {
      @Override
      public void onItemSelected(AdapterView<?> parent, View view, int position, long id)
{
        // 스피너의 선택 내용이 바뀌면 호출된다
        String language = (String) languageSpinner.getItemAtPosition(position);
```

```java
        // ❷ Presenter에 프로그래밍 언어를 선택했다고 알린다
        repositoryListPresenter.selectLanguage(language);
    }

    @Override
    public void onNothingSelected(AdapterView<?> parent) {

    }

  });
}

/**
 * RecyclerView에서 클릭됐다
 * @see RepositoryAdapter.OnRepositoryItemClickListener#onRepositoryItemClickListener
 */
@Override
public void onRepositoryItemClick(GitHubService.RepositoryItem item) {
  repositoryListPresenter.selectRepositoryItem(item);
}


// ====RepositoryListContract.View 구현====
// 이곳에서 Presenter로부터 지시를 받아 View의 변경 등을 한다

  ~ 생략 ~

@Override
public void showProgress() {
  progressBar.setVisibility(View.VISIBLE);
}

@Override
public void hideProgress() {
  progressBar.setVisibility(View.GONE);
}

@Override
public void showRepositories(GitHubService.Repositories repositories) {
```

```
    // ❸ 리포지토리 목록을 Adapter에 설정한다
    repositoryAdapter.setItemsAndRefresh(repositories.items);
  }

  @Override
  public void showError() {
    Snackbar.make(coordinatorLayout, "읽을 수 없습니다.", Snackbar.LENGTH_LONG)
        .setAction("Action", null).show();
  }

}
```

이 액티비티는 뷰 표시와 프레젠터 접근만 하고 있다는 것을 알아차렸나요? API 접근 구현도 액티비티 안에서 없어졌습니다. 이렇게 액티비티는 뷰로서의 표시에 전념할 수 있습니다.

다음으로 RepositoryListPresenter의 구현을 읽어보겠습니다. RepositoryListPresenter는 뷰가 통지하는 이벤트를 받기 위해 RepositoryListContract.UserActions를 구현합니다(예제 5-11, 예제 5-12).

[예제 5-10] 리포지토리 화면의 프레젠터 클래스 선언(RepositoryListPresenter.java)

```
/**
 * MVP의 Presenter 역할을 하는 클래스
 */
public class RepositoryListPresenter implements RepositoryListContract.UserActions {
```

[예제 5-11] 프레젠터가 구현하는 인터페이스(RepositoryListContract.java)

```
public interface RepositoryListContract {

  ~ 생략 ~

  /**
   * MVP의 Presenter가 구현할 인터페이스
   * View를 클릭했을 때 등 View가 Presenter에 알릴 때 이용한다
   */
```

```
interface UserActions {
  void selectLanguage(String language);
  void selectRepositoryItem(GitHubService.RepositoryItem item);
}
```

[예제 5-12]의 ❶에서는 RepositoryListContract.View 자료형으로 멤버 변수에 저장합니다. 이 인스턴스의 실체 클래스는 RepositoryListActivity입니다. RepositoryListActivity 자료형으로가 아니라 RepositoryListContract.View 자료형으로서 받는 이유는 교환할 수 있게 하기 위해서입니다. 그래서 테스트 시에는 테스트용 구현으로 치환할 수도 있게 됩니다.

❷에서는 뷰로부터 selectLanguage() 메서드가 호출되면 프레젠터는 loadRepositories() 메서드를 호출합니다. 데이터를 가져오는 중일 때는 뷰에 showProsgress() 메서드를 호출해 진행 표시줄이 표시되게 합니다.

❸에서 모델로부터 데이터를 가져옵니다. model 패키지 아래에 있는 Retrofit을 이용해 API에 접근합니다. 덧붙여, 프레젠터인 RepositoryListPresenter는 모델에 접근합니다.

❹에서 API로 데이터를 가져왔으면 hideProgress() 메서드를 호출해 뷰에 진행표시줄을 표시하지 않습니다. 그런 다음, 뷰에 showRepositories() 메서드를 호출해 데이터를 표시합니다.

[예제 5-12] 리포지토리 목록 화면의 프레젠터 구현(RepositoryListPresenter.java)

```
private final RepositoryListContract.View repositoryListView;
private final GitHubService gitHubService;

public RepositoryListPresenter(RepositoryListContract.View repositoryListView,
GitHubService gitHubService) {
  // ❶ RepositoryListContract.View로서 멤버 변수에 저장한다
  this.repositoryListView = repositoryListView;
  this.gitHubService = gitHubService;
}

@Override
public void selectLanguage(String language) {
  loadRepositories();
}
```

```java
@Override
public void selectRepositoryItem(GitHubService.RepositoryItem item) {
  repositoryListView.startDetailActivity(item.full_name);
}

/**
 * 지난 일주일간 만들어진 라이브러리를 인기순으로 가져온다
 */
private void loadRepositories() {
  // ❷ 로딩 중이므로 진행표시줄을 표시한다
  repositoryListView.showProgress();

  // 일주일 전 날짜 문자열. 지금이 2016-10-27이면 2016-10-20이라는 문자열을 얻는다
  final Calendar calendar = Calendar.getInstance();
  calendar.add(Calendar.DAY_OF_MONTH, -7);
  String text = DateFormat.format("yyyy-MM-dd", calendar).toString();

  // ❸ Retrofit을 이용해 서버에 접근한다

  // 지난 일주일간 만들어지고 언어가 language인 것을 쿼리로 전달한다
  Observable<GitHubService.Repositories> observable = gitHubService.listRepos("language:"
+ repositoryListView.getSelectedLanguage() + " " + "created:>" + text);
  // 입출력(IO)용 스레드로 통신해 메인 스레드로 결과를 받아오게 한다
  observable.subscribeOn(Schedulers.io()).observeOn(AndroidSchedulers.mainThread()).
subscribe(new Subscriber<GitHubService.Repositories>() {
    @Override
    public void onNext(GitHubService.Repositories repositories) {
      // ❹ 로딩을 마쳤으므로 진행표시줄을 표시하지 않는다
      repositoryListView.hideProgress();
      // 가져온 아이템을 표시하기 위해, RecyclerView에 아이템을 설정하고 갱신한다
      repositoryListView.showRepositories(repositories);
    }

    @Override
    public void onError(Throwable e) {
      // 통신에 실패하면 호출된다
      // 여기서는 스낵바를 표시한다(아래에 표시되는 바)
      repositoryListView.showError();
    }
```

```
      @Override
      public void onCompleted() {
        // 아무것도 하지 않는다
      }
    });
}
```

프레젠터는 뷰의 구현에 대해 자세한 내용을 알 필요 없이 자신의 역할인 사용자의 액션을 처리하고 모델에 접근하는 데만 전념할 수 있습니다. 또한 뷰도 마찬가지로 자신의 역할인 표시에 전념할 수 있습니다.

5.3.3 고찰과 깨달음

이로써 액티비티에 구현을 가득 채우지 않고, 뷰와 프레젠터의 역할을 나눌 수 있었습니다. 또한 인터페이스를 통해 서로 접근할 수 있게 했으므로 구현이 교환 가능해지고 테스트하기 쉬워졌습니다. 하지만 이번 구현에서는 데이터와 상태를 뷰에 반영하는 부분에서 한 줄로 구현된 메서드를 많이 만들어야 해서 복잡했습니다. MVVM에서는 이런 부분을 어떻게 구현하게 될까요? 다음 절에서 함께 살펴봅시다.

5.4 MVVM을 사용하자

MVP에서는 뷰와 프레젠터의 역할을 분리했습니다. MVVM에서는 모델, 뷰, 뷰모델로 분리합니다. 이번 절에서는 뷰와 프레젠터를 비교하고 뷰와 뷰모델이 어떻게 구현되는지 학습하겠습니다.

5.4.1 데이터 바인딩을 사용해보자

MVVM를 사용하려면 데이터 바인딩을 이해할 필요가 있습니다. MVVM을 보기 전에 데이터 바인딩을 사용해봅시다. 데이터 바인딩으로 안드로이드의 레이아웃과 데이터를 연결할 수 있습니다. [그림 5-10]과 같은 간단한 앱을 만들면서 데이터 바인딩을 이해해 봅시다.

이 앱에서는 프로필이 표시되고 버튼을 누르면 'LIKE' 수가 증가합니다. 그럼 차례대로 살펴보겠습니다.

[그림 5-10] 데이터 바인딩 예제 화면(DataBindingSample 프로젝트)

build.gradle에서 데이터 바인딩을 활성화한다

데이터 바인딩을 활성화하는 방법은 아주 간단합니다. app/build.gradle에서 다음과 같이 기술하기만 하면 됩니다. 안드로이드 2.1 이상부터 이용할 수 있으므로 현재 거의 모든 안드로이드 단말기에서 이용할 수 있습니다.

[예제 5-13] 데이터 바인딩 이용(build.gradle)

```
android {
    ~ 생략 ~
    dataBinding {
        enabled = true
    }

}
```

레이아웃 파일을 기술한다

데이터 바인딩의 레이아웃 파일은 XML 파일의 루트에 layout 태그부터 기술해야 합니다. 또한 layout 태그 안에서는 data 태그를 쓸 수 있습니다. 여기에 바인딩할 클래스를 적을 수 있습니다.

바인딩할 클래스의 데이터를 레이아웃 안에서 이용할 수 있습니다. 레이아웃은 다음과 같이 작성합니다(예제 5-14).

[예제 5-14] 바인딩할 클래스를 지정한다(activity_main.xml)

```xml
<?xml version="1.0" encoding="utf-8"?>
<layout
    xmlns:android="http://schemas.android.com/apk/res/android"
    ~ 생략 ~

    <data>
        <!-- User 클래스에 바인딩한다 -->
        <variable
            name="user"
            type="com.github.advanced_android.databindingsample.User"/>
    </data>

    <LinearLayout ~ 생략 ~ >
```

레이아웃을 계속해서 살펴보겠습니다. android:text="@{user.name}"이라고 적힌 부분이 있습니다. User 클래스의 멤버 변수인 name 값이 여기에 들어갑니다(예제 5-15).

[예제 5-15] 프로필 화면 구성 1(activity_main.xml)

```xml
<!-- 시간을 표시한다 -->
<TextView
    android:id="@+id/text_time"
    ~ 생략 ~    />

<!-- 프로필 -->
<TextView
    android:text="프로필"
    ~ 생략 ~    />

<TextView
    android:text="이름:"
    ~ 생략 ~    />

<TextView
    android:text="@{user.name}"
    ~ 생략 ~    />
```

또한 클릭 등의 이벤트가 일어났을 때 호출되는 곳도 정의할 수 있습니다. 예를 들어, android:onClick="@{user::onClickLike}"로 ImageButton을 클릭할 때 User 클래스의 onClickLike()가 호출됩니다(예제 5-16).

[예제 5-16] 프로필 화면 구성 2(activity_main.xml)

```xml
<LinearLayout ~ 생략 ~ >
<TextView
      android:text="LIKE:"
      ~ 생략 ~    />
   <TextView
      android:text="@{String.valueOf(user.likes)}"
      ~ 생략 ~    />

   <ImageButton
      android:onClick="@{user::onClickLike}"
      android:src="@drawable/ic_thumb_up_black_36dp"
      />
</LinearLayout>
```

데이터 바인딩에서 이용할 수 있는 클래스 구현

레이아웃에서 바인딩할 클래스로서 지정한 User 클래스를 만듭니다. User 클래스의 멤버 변수에 ObservableField와 ObservableInt가 있습니다. ObservableField를 사용해 값이 변경된 경우에 대응하는 레이아웃을 변경해 줍니다(그림 5-11).

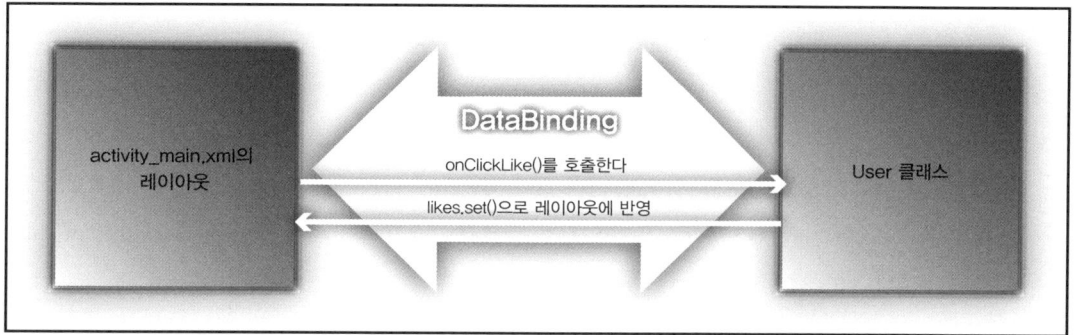

[그림 5-11] 레이아웃과 클래스의 바인딩

레이아웃에서 android:onClick="@{user::onClickLike}"처럼 클릭 시 onClickLike를 지정했습니다. ImageButton을 클릭할 때 onClickLike()가 호출됩니다.

onClickLike() 메서드에서는 ObservableInt.set()을 호출해 likes 멤버 변수를 증가시킵니다. ObservableInt.set()이 호출되면 레이아웃에 변경 사항이 반영됩니다. 다시 말해, 데이터 바인딩을 이용함으로써 직접 TextView.setText() 등의 메서드를 호출하거나 View.setOnClickListener()로 리스너를 설정할 필요가 없어졌습니다(예제 5-17).

[예제 5-17] 프로필 화면의 데이터 표시에 이용하는 클래스(User.java)

```java
public class User {
    public ObservableField<String> name = new ObservableField<>();
    public ObservableInt  age = new ObservableInt();
    public ObservableInt likes = new ObservableInt();

    public User(String nameString, int ageInt) {
        name.set(nameString);
        age.set(ageInt);
        likes.set(0);
    }
```

```java
    public void onClickLike(View view){
        likes.set(likes.get() + 1);
    }
}
```

User 클래스의 인스턴스와 레이아웃을 실제로 연결하는 부분을 살펴봅시다. DataBindingUtil. setContentView()라는 메서드로 Binding 객체를 가져옵니다. 레이아웃별로 Activity MainBinding과 같은 클래스가 자동으로 생성됩니다. ActivityMainBinding에 User의 인스턴스를 설정하고 데이터를 바인딩할 수 있습니다. 또한 ActivityMainBinding.textTime으로 대응하는 뷰를 가져올 수 있습니다. 이는 레이아웃 파일에서 정의한 android:id="@+id/text_time"과 연결돼 있습니다(예제 5-18).

[예제 5-18] onCreate() 내에서 User 클래스와 레이아웃을 연결한다(MainActivity.java)

```java
// Binding 객체를 얻는다
ActivityMainBinding binding = DataBindingUtil.setContentView(this, R.layout.activity_main);
// Binding 객체에 User를 설정한다
binding.setUser(new User("kim", 25));

String date = (String) DateFormat.format("yyyy/MM/dd kk:mm:ss", Calendar.getInstance());
binding.textTime.setText(date);
//뷰에 id가 지정돼 있으면 Binding 객체로부터 뷰에 대한 참조를 얻을 수 있다
```

5.4.2 데이터 바인딩으로 MVVM을 사용해보자

지금까지 설명한 내용으로 데이터 바인딩에 관해서는 이해할 수 있을 것입니다. 다음으로 이 데이터 바인딩을 이용한 설계인 MVVM을 살펴보겠습니다. 실행할 때는 안드로이드 스튜디오의 도구바에 있는 모듈 선택 부분에서 app-mvvm을 선택해서 실행해 주세요(그림 5-12).

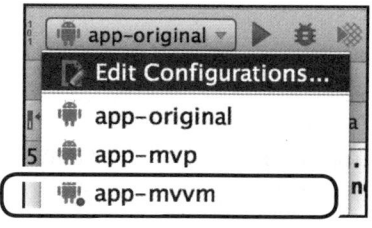

[그림 5-12] 실행할 모듈을 선택한다

5.4.3 패키지 구조를 확인하자

이번에는 패키지를 다음처럼 나눴습니다.

MVVM은 model, view, viewmodel, contract라는 패키지가 있습니다. contract에는 뷰와 프레젠터가 구현할 인터페이스가 구현돼 있습니다. 구조는 [그림 5-13]처럼 돼 있습니다.

MVP와 마찬가지로 각 처리의 역할을 구현하고 있습니다. 프레젠터의 위치에 뷰모델이 있고, 뷰모델에서는 데이터 바인딩을 활용합니다.

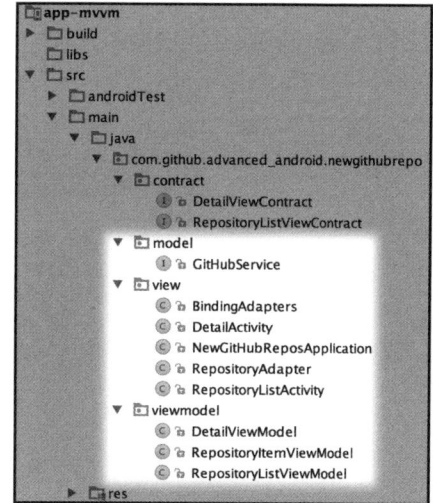

[그림 5-13] MVVM의 앱 패키지 구성

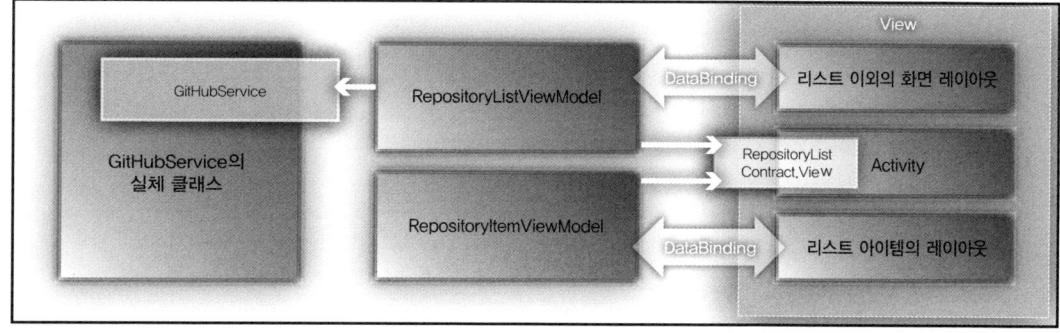

[그림 5-14] MVVM 설계의 개요

5.4.4 리포지토리 화면을 이해하자

데이터 바인딩을 설명했을 때처럼 레이아웃에서부터 설명해 갑니다. RepositoryListViewModel을 뷰모델로서 바인딩합니다. 또한 뷰모델의 데이터를 통해 Spinner 선택이나 ProgressBar의 Visibility를 변경합니다(예제 5-19).

[예제 5-19] 리포지토리 목록 화면 레이아웃(activity_repository_list.xml)

```xml
<?xml version="1.0" encoding="utf-8"?>
<layout
    xmlns:android="http://schemas.android.com/apk/res/android"
    ~ 생략 ~
    <data>
        <!-- RepositoryListViewModel에 바인딩한다 -->
        <variable
            name="viewModel"
            type="com.github.advanced_android.newgithubrepo.viewmodel.RepositoryListViewModel"/>
    </data>

    <android.support.design.widget.CoordinatorLayout ~ 생략 ~ >

<!-- ViewModel의 onLanguageSpinnerItemSelected()를 onItemSelectedListener로 이용한다 -->
        <Spinner
            android:id="@+id/language_spinner"
            android:onItemSelected="@{viewModel::onLanguageSpinnerItemSelected}"
            ~ 생략 ~
            />
    ~ 생략 ~
<!-- ViewModel의 progressBarVisibility를 View의 visibility(View 표시 여부)로 이용한다 -->
        <ProgressBar
            android:visibility="@{viewModel.progressBarVisibility}"
            ~ 생략 ~
            />
    </android.support.design.widget.CoordinatorLayout>
</layout>
```

RepositoryListViewMdoel과 레이아웃을 보면서 어떻게 데이터 바인딩하는지 확인해 가겠습니다. 우선 다음 부분을 살펴봅시다.

```
android:onItemSelected="@{viewModel::onLanguageSpinnerItemSelected}"
```

이렇게 지정함으로써 스피너를 선택했을 때 onLanguageSpinnerItemSelected() 메서드가 호출됩니다.

다음은 리포지토리 목록 화면의 뷰모델 클래스입니다(예제 5-20).

[예제 5-20] 리포지토리 목록 화면의 뷰모델(RepositoryListViewModel.java)

```java
/**
 * MVVM의 ViewModel 역할을 하는 클래스
 */
public class RepositoryListViewModel {
  public final ObservableInt progressBarVisibility = new ObservableInt(View.VISIBLE);
  private final RepositoryListViewContract repositoryListView;
  private final GitHubService gitHubService;

  public RepositoryListViewModel(RepositoryListViewContract repositoryListView,
GitHubService gitHubService) {
    this.repositoryListView = repositoryListView;
    this.gitHubService = gitHubService;
  }

  public void onLanguageSpinnerItemSelected(AdapterView<?> parent, View view, int
position, long id) {
    // 스피너의 선택 내용이 바뀌면 호출된다
    loadRepositories((String) parent.getItemAtPosition(position));
  }
```

loadRepositories()에서는 progressBarVisibility.set()으로 VISIBLE을 설정하고 진행표시줄을 표시합니다(그런 다음 API 접근이 끝나면 GONE으로 설정하고 진행표시줄을 표시하지 않습니다). 마지막으로 repositoryListView.showRepositories()를 호출하고, 리포지토리 목록의 데이터를 가져와 뷰에 넘겨줍니다. 이런 흐름은 MVP 패턴일 때의 구현과 같습니다(예제 5-21).

[예제 5-21] loadRepositories의 구현(RepositoryListViewModel.java)

```java
/**
 * 지난 일주일간 만들어진 라이브러리를 인기순으로 가져온다
 */
private void loadRepositories(String langugae) {
    // 로딩 중이므로 진행표시줄을 표시한다
    progressBarVisibility.set(View.VISIBLE);

    // 일주일 전 날짜 문자열 지금이 2016-10-27이라면 2016-10-20이라는 문자열을 얻는다
    final Calendar calendar = Calendar.getInstance();
    calendar.add(Calendar.DAY_OF_MONTH, -7);
    String text = DateFormat.format("yyyy-MM-dd", calendar).toString();

    // Retrofit을 이용해 서버에 접근한다

    // 지난 일주일간 만들어졌고 언어가 language인 것을 쿼리로 전달한다
    Observable<GitHubService.Repositories> observable = gitHubService.listRepos("language:"
        + langugae + " " + "created:>" + text);
    // 입출력(IO)용 스레드로 통신하고, 메인 스레드로 결과를 받게 한다
    observable.subscribeOn(Schedulers.io()).observeOn(AndroidSchedulers.mainThread()).
    subscribe(new Subscriber<GitHubService.Repositories>() {
        @Override
        public void onNext(GitHubService.Repositories repositories) {
            // 로딩이 끝났으므로 진행표시줄을 표시하지 않는다
            progressBarVisibility.set(View.GONE);
            // 가져온 아이템을 표시하고자 RecyclerView에 아이템을 설정해 갱신한다
            repositoryListView.showRepositories(repositories);
        }
```

다음으로 뷰의 구현을 살펴봅시다. 데이터 바인딩의 바인딩 객체에 뷰모델을 설정합니다. 이로써 데이터 바인딩이 동작하게 됩니다(예제 5-22).

[예제 5-22] 데이터 바인딩 설정과 RepositoryListViewContract 구현(RepositoryListActivity.java)

```java
public class RepositoryListActivity extends AppCompatActivity implements
RepositoryListViewContract {
```

```java
    private Spinner languageSpinner;
    private CoordinatorLayout coordinatorLayout;
    private RepositoryAdapter repositoryAdapter;

    @Override
    protected void onCreate(Bundle savedInstanceState) {
      super.onCreate(savedInstanceState);
      ActivityRepositoryListBinding binding = DataBindingUtil.setContentView(this,
R.layout.activity_repository_list);
      final GitHubService gitHubService = ((NewGitHubReposApplication) getApplication()).
getGitHubService();
      binding.setViewModel(new RepositoryListViewModel((RepositoryListViewContract) this,
gitHubService));

      // 뷰를 셋업
      setupViews();
    }

    /**
     * 목록 등 화면 요소를 만든다
     */
    private void setupViews() {
    ~ 생략 ~
    }

    // ====RepositoryListViewContract 구현====
    // 여기서 Presenter로부터 지시를 받아 뷰의 변경 등을 한다

    @Override
    public void startDetailActivity(String full_name) {
      DetailActivity.start(this, full_name);
    }

    @Override
    public void showRepositories(GitHubService.Repositories repositories) {
      repositoryAdapter.setItemsAndRefresh(repositories.items);
    }

    @Override
```

```java
    public void showError() {
        Snackbar.make(coordinatorLayout, "읽을 수 없습니다", Snackbar.LENGTH_LONG)
                .setAction("Action", null).show();
    }

}
```

뷰모델에서 호출되는 showRepositories()에서 RecyclerView의 Adapter에 데이터를 넘겨줍니다. MVP의 액티비티와 비교하면 데이터 바인딩을 이용해 구현하는 메서드 수를 줄일 수 있었습니다.

여기까지 해서 리포지토리 목록 표시 이외의 MVVM 설명이 거의 끝났습니다. 다음으로 어떻게 리포지토리 목록을 표시하는지 살펴보겠습니다(예제 5-23). 우선은 하나하나의 리스트 아이템을 보겠습니다. 여기서는 아래 3가지에 주목하세요.

1. CardView 클릭 시 뷰모델 클래스의 onItemClick()을 호출한다
2. TextView에서는 RepositoryItemViewModel.repoName과 바인딩하고, 리포지토리 이름이 들어가게 한다.
3. ImageView에서는 bind:imageUrl="@{viewModel.repoImageUrl}"을 지정해 바인딩한다.

[예제 5-23] 상세 화면의 바인딩 설정(repo_item.xml)

```xml
<?xml version="1.0" encoding="utf-8"?>
<layout xmlns:android="http://schemas.android.com/apk/res/android"
    xmlns:app="http://schemas.android.com/apk/res-auto"
    ~ 생략 ~
    >
    <data>
        <variable
            name="viewModel"
            type="com.github.advanced_android.newgithubrepo.viewmodel.RepositoryItemViewModel" />
    </data>

    <android.support.v7.widget.CardView
        android:onClick="@{viewModel::onItemClick}"
        ~ 생략 ~   >
        <RelativeLayout
```

```xml
    ~ 생략 ~
        <ImageView
            bind:imageUrl="@{viewModel.repoImageUrl}"
        ~ 생략 ~    />
        <TextView
            android:text="@{viewModel.repoName}"
        ~ 생략 ~    />
    ~ 생략 ~
    </RelativeLayout>
</android.support.v7.widget.CardView>
</layout>
```

repoImageUrl이 설정되면 대응하는 BindingAdapter 애노테이션이 붙은 메서드가 호출됩니다. 이번 예에서는 @BindingAdapter({"imageUrl"})로 지정된 loadImage() 메서드가 호출됩니다. 그리고 이 메서드에는 ImageView의 인스턴스와 바인딩된 RepositoryItemViewModel.repoImageUrl이 인수로서 넘어옵니다. 넘어온 리포지토리 이미지의 URL은 Glide를 사용해 가져오고, 둥글게 오려서 imageView에 설정합니다.

[예제 5-24] @BindingAdapter로 loadImage()와 연결한다(BindingAdapters.java)

```java
public class BindingAdapters {

  @BindingAdapter({"imageUrl"})
  public static void loadImage(final ImageView imageView, final String imageUrl) {
    // 이미지는 Glide라는 라이브러리를 사용해 데이터를 설정한다
    Glide.with(imageView.getContext())
        .load(imageUrl)
        .asBitmap().centerCrop().into(new BitmapImageViewTarget(imageView) {
      @Override
      protected void setResource(Bitmap resource) {
        // 이미지를 동그랗게 오려낸다
        RoundedBitmapDrawable circularBitmapDrawable = RoundedBitmapDrawableFactory.create(imageView.getResources(), resource);
        circularBitmapDrawable.setCircular(true);
        imageView.setImageDrawable(circularBitmapDrawable);
      }
    });
  }
}
```

목록 아이템의 뷰모델 클래스를 준비합니다. LoadItem() 메서드가 호출되고 repoName에 리포지토리 이름이 들어가면 목록 아이템 중의 레이아웃에 리포지토리 이름이 반영됩니다. 또한 레이아웃을 클릭했을 때는 onItemClick() 메서드가 호출되도록 레이아웃 파일에 기술했습니다. onItemClick() 메서드가 호출되면 RepositoryLisViewContract의 startDetailActivity()를 호출합니다. 이로써 상세 화면이 표시됩니다(예제 5-25).

[예제 5-25] 리포지토리 목록 아이템의 뷰모델(RepositoryItemViewModel.java)

```java
/**
 * ViewModel 클래스
 */
public class RepositoryItemViewModel {
    public ObservableField<String> repoName = new ObservableField<>();
    public ObservableField<String> repoDetail = new ObservableField<>();
    public ObservableField<String> repoStar = new ObservableField<>();
    public ObservableField<String> repoImageUrl = new ObservableField<>();

    RepositoryListViewContract view;
    private String fullName;

    public RepositoryItemViewModel(RepositoryListViewContract view) {
        this.view = view;
    }

    public void loadItem(GitHubService.RepositoryItem item) {
        fullName = item.full_name;
        repoDetail.set(item.description);
        repoName.set(item.name);
        repoStar.set(item.stargazers_count);
        repoImageUrl.set(item.owner.avatar_url);
    }

    public void onItemClick(View itemView) {
        view.startDetailActivity(fullName);
    }
}
```

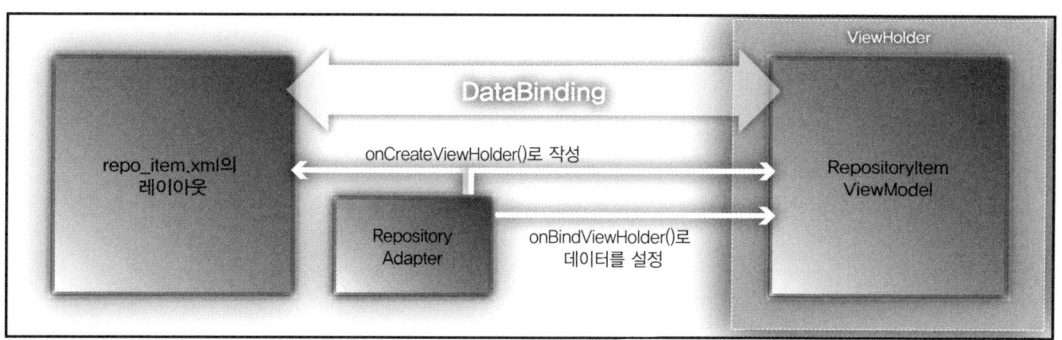

[그림 5-15] RecyclerView 표시의 개요

지금까지 레이아웃과 뷰모델까지 설명했습니다. 이제부터는 1개의 뷰가 아니라 리스트로서 어떻게 표시하는지 설명하겠습니다. RecyclerView 표시의 개요를 [그림 5-15]에 나타냈습니다. 이 처리는 RecyclerView의 Adapter 클래스에서 합니다. onCreateViewHolder() 메서드에서는 아래와 같은 일을 합니다(예제 5-26).

1. DataBindingUtil.inflate() 메서드로 레이아웃을 생성(안드로이드의 View를 생성)하고, Binding 객체를 얻는다
2. 뷰모델도 생성해서 Binding 객체에 설정한다(여기서 데이터 바인딩 효과가 발생한다)
3. 뷰홀더의 생성자의 인수로서 레이아웃과 뷰모델을 가져와서 넘긴다

[예제 5-26] 레이아웃 생성과 뷰모델과 뷰홀더의 연계(RepositoryAdapter.java)

```java
/**
 * RecyclerView의 아이템의 뷰 작성과 뷰를 보존할 ViewHolder를 생성
 */
@Override
public RepoViewHolder onCreateViewHolder(ViewGroup parent, int viewType) {
  RepoItemBinding binding = DataBindingUtil.inflate(LayoutInflater.from(context),
R.layout.repo_item, parent, false);
  binding.setViewModel(new RepositoryItemViewModel(view));
  return new RepoViewHolder(binding.getRoot(), binding.getViewModel());
}
```

onBindViewHolder()에서는 실제로 데이터를 설정합니다. 지정된 position에 해당하는 리포지토리의 데이터를 가져와 RepoViewHolder.loadItem()을 호출함으로써 데이터를 로드합니다(예제 5-27).

[예제 5-27] 데이터를 뷰홀더에 로드한다(RepositoryAdapter.java)

```java
@Override
public void onBindViewHolder(final RepoViewHolder holder, final int position) {
  final GitHubService.RepositoryItem item = getItemAt(position);
  holder.loadItem(item);
}
```

RepoViewHolder는 RepositoryItemViewModel만 가지고, RepoViewHolder.loadItem() 이 호출되면 RepositoryItemViewModel.loadItem()을 호출해 데이터를 반영합니다(예제 5-28).

[예제 5-28] 데이터를 뷰모델에 읽어들인다(RepositoryAdapter.java)

```java
/**
 * 뷰를 보존해 두는 클래스
 * 여기서는 ViewModel을 가진다
 */
static class RepoViewHolder extends RecyclerView.ViewHolder {
  private final RepositoryItemViewModel viewModel;

  public RepoViewHolder(View itemView, RepositoryItemViewModel viewModel) {
    super(itemView);
    this.viewModel = viewModel;
  }

  public void loadItem(GitHubService.RepositoryItem item) {
    viewModel.loadItem(item);
  }
}
```

이것으로 리포지토리 데이터가 데이터 바인딩으로 표시됐습니다.

5.4.5 고찰과 깨달음

데이터 바인딩을 이용하는 앱은 자동으로 생성된 소스코드를 이용하게 됩니다. 그런 소스코드는 기본적으로 추적하기가 힘듭니다. 또한 Spinner로 선택 시 리스너에서 아이템 정보를 가져오므로 뷰에 의존하는 코드를 작성해 버린 부분도 있었습니다. 다만 데이터 바인딩을 사용함으로써 뷰에서 뷰모델을 분리할 뿐만 아니라 뷰모델에서 뷰에 반영하는 부분이나 뷰의 이벤트를 뷰모델에 반영하는 코드를 줄일 수 있어 구현을 단순하게 만들 수 있습니다.

5.5 정리

지금까지 설계 기법에 관해 실제로 코드를 보면서 설명했습니다. MVP와 MVVM 구현의 분위기는 파악할 수 있었을 것입니다.

이번 장에서는 우선 플랫하게 구현한 뒤 MVP로 구현하고, 다음으로 MVVM으로 구현해 봄으로써 각 설계가 실제로 어떻게 되는지 살펴봤습니다. 이들 설계 기법을 이용해 액티비티의 로직을 분할하고 액티비티의 비대화를 억제할 수 있게 됩니다.

소프트웨어 설계에 정답은 없으므로 플랫폼이나 만드는 대상, 규모 등에 따라 유연하게 선택할 필요가 있습니다. MVP와 MVVM 등의 설계 기법을 알고 있으면 상황에 맞게 거대한 액티비티가 되는 것을 막거나 소프트웨어 테스트를 작성할 수 있습니다. 꼭 이런 설계 기법의 도입을 검토해 보세요.

CHAPTER 06
빌드 시스템을 이해하고 커스터마이징한다: 그레이들의 이해

개발 환경이 안드로이드 스튜디오가 되면서 빌드 시스템이 그레이들(Gradle)로 바뀌었습니다. 안드로이드 스튜디오에서 Android Gradle 플러그인을 이용하면 빌드 타입(build Types)과 프로덕트 플레이버(Product Flavors)를 이용할 수 있어 빌드에 따라 변경 사항을 추가하는 등 유연성이 높아지고 커스터마이징 가능성이 커집니다. 그레이들에서는 그루비(Groovy)라는 단순한 스크립트 언어를 이용하고, 빌드 중에 동작하는 프로그램을 기술할 수 있으므로 한 층 더 유연성이 높아졌습니다. 이번 장에서는 빌드 시스템에 관해 실제 예를 보면서 설명하겠습니다.

6.1 그레이들의 기본을 이해하자

그레이들은 안드로이드뿐 아니라 다양한 빌드에 사용할 수 있는 빌드 시스템입니다. 그레이들로 안드로이드 애플리케이션 파일(apk 파일) 빌드는 물론이고, 빌드 스크립트로 라이브러리 등의 의존관계나 설정을 관리할 수 있습니다. 또한 소스코드를 체크하는 등 다양한 일을 할 수 있습니다. 그뿐만 아니라 그레이들의 빌드 스크립트는 그루비라는 스크립트 언어로 빌드를 커스터마이징할 수 있습니다. 이번 절에서는 이처럼 다양한 장점을 가진 그레이들의 개요를 이해해 봅시다.

6.1.1 그레이들의 특징을 파악하자

스크립트로 기술할 수 있다

그레이들의 빌드 스크립트는 자바와 아주 가까운 문법으로 된 그루비라는 스크립트 언어로 기술할 수 있습니다. 그루비에서는 자바처럼 다음과 같은 코드를 실행할 수 있습니다(예제 6-1).

[예제 6-1] 자바처럼 기술하는 그루비 코드의 예(그루비)

```
public class Sample {
    public static void main(String[] args) {
        System.out.println("Hello");
    }
}
```

그루비는 위 코드를 실행할 수 있지만 다음과 같이 더 간결하게 기술할 수도 있습니다(예제 6-2).

[예제 6-2] 간결하게 기술한 그루비 코드의 예(그루비)

```
println 'Hello'
```

어느 쪽을 실행하든 'Hello'라고 출력되므로 그루비 문법을 몰라도 자바와 같은 방식으로 그레이들의 빌드 스크립트를 다룰 수 있습니다. 또한 더 간결하게 기술할 수 있다는 것도 그루비의 장점입니다.

그레이들의 장점을 다음과 같이 정리했습니다.

다른 환경에서 똑같이 실행할 수 있다

GradleWrapper라는 메커니즘이 있어 사용 시 설정된 버전으로 자동으로 셋업할 수 있습니다. 그러므로 프로젝트팀 간이나 서버에서 같은 버전의 그레이들로 빌드를 실행할 수 있습니다.

의존관계를 기술할 수 있다

그레이들의 빌드 스크립트 안에서는 한 줄만 써도 라이브러리 등을 추가할 수 있습니다. 예를 들어, Design Support Library를 추가하고 싶은 경우, app(모듈명)/build.gradle의 dependencies 블록 안에 다음과 같이 기술해 의존관계를 추가할 수 있습니다(예제 6-3).

[예제 6-3] 의존관계를 기술한 예(Groovy)

```
dependencies {
    compile 'com.android.support:design:23.1.1'
}
```

안드로이드 프로젝트에서는 위와 같은 그레이들의 장점 외에도 안드로이드 특유의 뛰어난 기능을 이용할 수 있습니다. 안드로이드 스튜디오에서 만들어지는 프로젝트는 Android Gradle 플러그인으로 안드로이드 애플리케이션 파일(apk 파일)을 빌드합니다. Android Gradle 플러그인의 특징은 다음과 같습니다.

6.1.2 Android Gradle 플러그인의 특징을 이해하자

앱에 특화된 설정

앱의 버전을 기술하거나 빌드에 이용할 툴의 버전을 지정할 수 있습니다. 그 밖에도 빌드 변형(Build Variant) 기능으로 제품 특성에 따른 앱을 만들 수 있습니다. 예를 들어, 무료 버전과 유료 버전으로 앱을 만들거나 디버그 버전과 릴리스 버전에 따라 서로 다르게 동작하게 할 때 이용할 수 있습니다. 매번 코드를 변경할 필요가 없으므로 효율적으로 개발할 수 있습니다.

안드로이드 스튜디오와의 결합

일반적으로 안드로이드 스튜디오로 빌드하고 단말기에서 앱을 테스트하면서 개발하게 됩니다. 이때 안드로이드 스튜디오는 그레이들로 앱을 빌드합니다. 또한 CI 서버 등에서 빌드하는 경우도 같은 그레이들로 빌드하므로 같은 설정을 이용할 수 있어 효율적으로 운영할 수 있습니다.

이번 장을 통해 이 같은 특징이 있는 그레이들과 Android Gradle 플러그인을 능숙하게 사용할 수 있게 된다면 앱 개발을 매우 효율적으로 진행할 수 있을 것입니다.

6.1.3 안드로이드의 빌드 파일을 살펴보자

안드로이드 스튜디오의 기본 프로젝트 표시에서 [그림 6-1]과 같은 표시를 볼 수 있습니다. 덧붙여, 표시를 'Android'로 설정할 필요가 있습니다. 이에 관한 자세한 내용은 '1.1.4 안드로이드 스튜디오의 폴더 구성을 살펴보자(12쪽)'에서 설명했습니다.

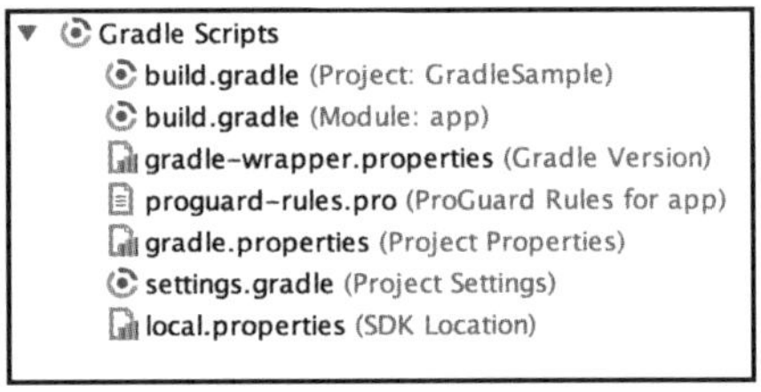

그럼 각 그레이들 관련 파일에 관해 설명하겠습니다.

```
▼ Gradle Scripts
    build.gradle (Project: GradleSample)
    build.gradle (Module: app)
    gradle-wrapper.properties (Gradle Version)
    proguard-rules.pro (ProGuard Rules for app)
    gradle.properties (Project Properties)
    settings.gradle (Project Settings)
    local.properties (SDK Location)
```

[그림 6-1] 그레이들 관련 파일 목록

구성을 대략적으로 설명하면 루트 프로젝트 안에 app 모듈이 있습니다. 모듈도 그레이들의 개념으로서는 프로젝트고, 프로젝트는 build.gradle을 가집니다. 그러므로 루프 프로젝트와 app 프로젝트에는 기본적으로 2개의 build.gradle이 있습니다.

루트 프로젝트의 build.gradle이 build.gradle(Project GradleSample)로 표시돼 있고, app 모듈의 build.gradle이 build.gradle(Module: app)로 표시돼 있습니다. 이제부터 각각에 대해 설명하겠습니다.

프로젝트의 build.gradle(/build.gradle)

모듈의 build.gradle은 편집할 일이 많지만 프로젝트의 build.gradle은 보통은 손댈 일이 적을 것으로 생각합니다.

그레이들 파일에서 중괄호로 에워싸인 부분을 가리켜 '블록'이라고 부릅니다. 우선, buildscript 블록 안을 살펴봅시다. 이곳에서는 빌드 시 Android gradle 플러그인을 이용하기 위한 설정이 들어갑니다(예제 6-4).

❶ repository 블록에서 Android Gradle 플러그인은 jcenter의 리포지토리에 있으므로 jcenter를 리포지토리로서 지정합니다.

❷ dependencies 블록에서 실제로 Android Gradle 플러그인을 의존관계로서 기술합니다. 또한 모든 프로젝트에서 jcenter의 리포지토리를 볼 수 있게 하고자 ❸에서 allprojects 블록에서 jcenter를 리포지토리로서 추가합니다.

[예제 6-4] 프로젝트의 build.gradle(/build.gradle)

```
buildscript {
// ❶ 리포지토리 지정
    repositories {
        jcenter()
    }
// ❷ 빌드 시 의존관계 지정
    dependencies {
        classpath 'com.android.tools.build:gradle:2.2.2'

        // NOTE: Do not place your application dependencies here; they belong
        // in the individual module build.gradle files
    }
}

allprojects {
❸ 각 프로젝트의 리포지토리 지정
    repositories {
        jcenter()
    }
}
```

6.1.4 모듈의 build.gradle을 이해하자

모듈의 build.gradle은 빌드에 필요한 앱의 설정 등을 기술하는 빌드 스크립트입니다. 이 파일은 수정할 일이 아주 많으므로 자세히 설명하겠습니다. 모듈의 build.gradle은 다음과 같이 돼 있습니다(예제 6-5).

[예제 6-5] 모듈의 build.gradle(/app/build.gradle)

```
// ❶ Android Gradle 플러그인 적용
apply plugin: 'com.android.application'

// ❷ Android Gradle 플러그인에서 이용되는 Android 블록
android {
    compileSdkVersion 23
    buildToolsVersion "23.0.3"
    // ❸ 앱 자체의 설정
    defaultConfig {
        applicationId "com.github.advanced_android.gradle_sample"
        minSdkVersion 9
        targetSdkVersion 23
        versionCode 1
        versionName "1.0"
    }
    buildTypes {
        release {
            minifyEnabled false
            proguardFiles getDefaultProguardFile('proguard-android.txt'), 'proguard-rules.pro'
        }
    }
}

dependencies {
    compile fileTree(dir: 'libs', include: ['*.jar'])
    // ❹ libs 디렉터리에 있는 jar 파일을 읽어온다
testCompile 'junit:junit:4.12'
    // ❺ 의존관계
    compile 'com.android.support:appcompat-v7:23.3.0'
    compile 'com.android.support:design:23.3.0'
}
```

프로젝트의 build.gradle에서 Android Gradle 플러그인은 의존관계에는 들어 있었지만 실제로 적용은 하지 않았습니다. ❶처럼 기술함으로써 그레이들 플러그인으로서 Android Gradle 플러그인을 이용할 수 있습니다.

다음으로 ❷ Android 블록을 살펴봅시다. ❷에는 빌드 시 이용할 설정이 기술돼 있습니다.

❸ defaultConfig 블록에는 앱의 설정에 관한 사항이 기술돼 있습니다. ❷❸에 관한 자세한 사항은 다음 절에서 설명하겠습니다.

❹와 ❺에서는 의존하는 라이브러리를 기술하고 있습니다.

❹는 fileTree에서 인수로 libs와 *.jar를 지정함으로써 libs 디렉터리에 있는 jar 확장자 파일을 가져와 의존관계로서 기술합니다.

❺는 이용할 라이브러리를 Maven 리포지토리에서 가져와 이용합니다. 그 밖에도 라이브러리를 늘리고 싶을 때는 이곳에 추가해서 이용할 수 있습니다.

프로젝트의 settings.gradle (/settings.gradle)

그레이들에는 일반적으로 settings.gradle 파일이 있어야 합니다. 이 파일에는 어떤 모듈이 있는지 기술합니다(예제 6-6).

[예제 6-6] 프로젝트의 settings.gradle(/settings.gradle)

```
include ':app'
```

처음에는 위와 같이 1개지만 모듈이 늘어날 경우에는 다음처럼 추가해 갑니다(예제 6-7).

[예제 6-7] 프로젝트의 settings.gradle에서 여러 개의 모듈을 사용한다(/settings.gradle)

```
include ':app', ':lib'
```

지금까지 설명한 3개의 파일이 가장 자주 이용되지만 나머지도 알아두면 편리하므로 계속해서 설명하겠습니다.

Gradle Wrapper 설정(/gradle/wrapper/gradle-wrapper.properties)

그레이들에는 Gradle Wrapper라는 메커니즘이 있습니다. Gradle Wrapper는 앱을 빌드할 때 필요한 그레이들이 설치돼 있지 않아도 그레이들 바이너리를 다운로드해서 설정합니다. 이로써 서버 상에 그레이들이 설치돼 있지 않아도 실행할 수 있고, 팀으로 개발할 때 모두 같은 환경에서 빌드할 수 있습니다(예제 6-6).

[예제 6-8] Gradle Wrapper 설정(/gradle/wrapper/gradle-wrapper.properties)

```
distributionBase=GRADLE_USER_HOME
distributionPath=wrapper/dists
zipStoreBase=GRADLE_USER_HOME
zipStorePath=wrapper/dists
distributionUrl=https\://services.gradle.org/distributions/gradle-2.14.1-all.zip
```

distributionUrl에서 다운로드할 그레이들의 URL 설정 등을 할 수 있지만 기본값으로 설정돼 있으니 기본적으로 편집할 필요는 없습니다.

프로가드 설정 파일(/app/proguard-rules.pro)

프로가드는 빌드 시 코드를 난독화하거나 최적화하는 도구입니다. 또한 빌드 시 사용하지 않는 메서드를 지워줍니다. 코드를 난독화하면 디컴파일해 apk로부터 소스코드를 쉽게 읽어내는 행위를 막을 수 있습니다. 프로가드를 활성화하는 방법은 '6.2.1 Android Gradle 플러그인의 설정을 이해하자(180쪽)'에서 소개합니다.

안드로이드에서는 한 앱에서 메서드 수가 65,536개를 넘으면 Multidex라는 특수한 기능을 이용해야 하지만 그것도 프로가드를 이용하면 대개는 관련 오류를 피할 수 있습니다. 기본값은 주석뿐이고 아무것도 쓰여 있지 않지만 이곳에 프로가드로 난독화하지 않을 클래스 등을 지정할 수 있습니다(예제 6-9).

[예제 6-9] 프로가드 설정 파일(/app/proguard-rules.pro)

```
-keepclassmembers class 패키지명.클래스명 {
    public *;
}
```

그 밖에도 라이브러리를 설치할 때 '프로가드 설정에 추가하세요'와 같은 내용이 있을 경우에 이 파일에 설정할 필요가 있습니다. 또한 디버그할 때는 잘 동작했는데 릴리스 빌드일 때 빌드할 수 없거나 메서드를 찾을 수 없는 등의 충돌이 있을 때는 프로가드 설정을 의심해보세요.

그레이들 표준 프로퍼티 파일(/gradle.properties)

gradle.properties에 기술하면 build.gradle에서 참조할 수 있게 됩니다. gradle.properties에 다음처럼 기술해 봅시다(예제 6-10).

[예제 6-10] 그레이들 표준 프로퍼티 파일(/gradle.properties)

```
test=this is a test
```

build.gradle 파일에 다음과 같이 기술합니다.

```
println test
```

안드로이드 스튜디오의 앱을 빌드할 때 [그림 6-2]처럼 표시되는 것을 알 수 있습니다.

빌드 스크립트 내에서 변수로서 이용할 수 있으므로 이 파일에 설정을 적어둘 수 있습니다.

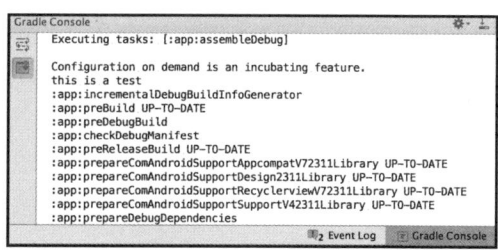

[그림 6-2] 프로퍼티에서 build.gradle의 변수명이 들어간다

SDK 위치를 지정하는 프로퍼티 파일(/local.properties)

이 파일에 SDK 위치가 적혀있지만 이 설정보다도 안드로이드 스튜디오의 설정을 우선합니다. 그래서 SDK 디렉터리를 변경하고 싶을 때는 안드로이드 스튜디오의 설정에서 [Appearance & Behavior] → [System Settings] → [Android SDK]를 열어 변경합시다. 또한 이 파일은 개발자마다 다르므로 Git 등의 VCS(Version Control System)에는 포함하지 않도록 합시다. 아래는 설정 예입니다(예제 6-11).

[예제 6-11] SDK 위치를 지정하는 프로퍼티 파일(/local.properties)

```
sdk.dir=/User/kim/Library/Android/sdk
```

6.1.5 그레이들의 태스크를 이해하자

그레이들이 빌드할 때는 '태스크'가 빌드 처리를 수행합니다. 안드로이드 스튜디오는 실행 버튼을 눌러 앱을 실행할 때 Android Gradle 플러그인이 정의하는 assembleDebug라는 태스크를 실행합니다. 그럼 assembleDebug는 어떻게 정의돼 있을까요?

태스크에 관해 더 깊이 이해할 수 있게 여기서는 태스크를 정의하는 방법을 살펴봅시다. 예를 들어, 다음과 같은 내용을 build.gradle에 기술함으로써 build 태스크가 만들어집니다(예제 6-12). ./gradlew build로 '실행'이 출력됩니다.

[예제 6-12] 태스크를 정의하는 예(Groovy)

```
task build << {
    println '실행'
}
```

또한 태스크끼리의 의존관계를 정의할 수 있습니다. Build 태스크를 실행하기 전에 configure 태스크를 실행하고 싶은 경우는 다음처럼 정의할 수 있습니다(예제 6-13).

[예제 6-13] 태스크끼리 의존관계를 정의하는 예(그루비)

```
task configure << {
    println '설정'
}

task build << {
    println '실행'
}

// build 태스크는 configure 태스크에 의존한다
build.dependsOn(configure);
```

./gradlew build의 출력 결과로서 다음과 같이 '실행' 전에 '설정'이 출력됩니다.

```
$ ./gradlew build
:configure
설정
:build
실행

BUILD SUCCESSFUL
```

시각화하면 [그림 6-3]처럼 되며, build 태스크가 configure 태스크에 의존한다는 것을 알 수 있습니다.

의존관계의 정의는 안드로이드 앱 빌드에서도 이용됩니다. 안드로이드 앱 빌드에서는 assembleDebug에 의존하는 태스크가 차례대로 실행됩니다.

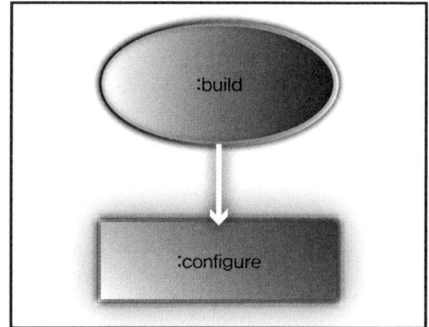

[그림 6-3] 의존관계의 시각화

6.2 Android Gradle 플러그인을 활용해 개발 효율을 높이자

안드로이드 앱을 빌드할 경우 Android Gradle 플러그인은 꼭 필요합니다. 여기서 앱의 버전과 패키지명 등을 설정하고 빌드해 갑니다. 여기서 설정하는 항목은 앱 개발에 중요하게 작용합니다. 그럼 하나씩 살펴보면서 이해해 봅시다.

6.2.1 Android Gradle 플러그인의 설정을 이해하자

Android Gradle 플러그인에는 다양한 기능이 있어서 이러한 기능을 잘 활용하면 효율적으로 개발할 수 있습니다. 유료 버전과 무료 버전으로 앱을 만들 때 앱을 갱신할 때마다 유료 버전과 무료 버전을 따로 수정하는 것은 매우 번거로운 일입니다. 또한 디버그 빌드를 할 때는 Web API 참조를 테스트용 환경으로 하고 싶은 경우가 자주 있을 것입니다. 이럴 때 Android Gradle 플러그인의 설정을 이용하면 개발 효율이 비약적으로 올라갑니다.

그리고 안드로이드에는 빌드 타깃이나 컴파일 시 이용하는 SDK 등을 설정할 수 있습니다. 이러한 설정을 바르게 이해해 두면 안드로이드 앱 개발에 도움되는 상황이 많습니다.

그레이들에서 설정하는 안드로이드 앱 설정

Android Gradle 플러그인에서는 안드로이드 앱의 빌드 시 설정이나 앱 자체의 설정을 할 수 있습니다. 안드로이드의 버전을 이해하면 버전 변경 시 등으로 고민할 때 도움되는 일이 많으므로 꼭 이해해 둡시다. 다음은 그레이들에서 설정하는 안드로이드 앱 설정의 예입니다(예제 6-14).

[예제 6-14] 그레이들에서 설정하는 안드로이드 앱 설정(app/build.gradle)

```
android {
    // ❶ 컴파일 시 이용할 SDK의 버전 설정
    compileSdkVersion 24
    // ❷ 빌드 툴의 버전
    buildToolsVersion "23.0.3"
    // ❸ 서명 설정
    signingConfigs {
        release {
```

```
            storeFile file("release.keystore")
            storePassword "xxxxxxxx"
            keyAlias "androidreleasekey"
            keyPassword " xxxxxxxx"
        }
    }

    defaultConfig {
        // ❹ 앱의 패키지명
        applicationId "kr.study.myapplication"
        // ❺ 최소 SDK 버전 설정
        minSdkVersion 15
        // ❻ 타깃이 될 SDK 버전
        targetSdkVersion 24
        // ❼ 버전 설정
        versionCode 1
        versionName "1.0"
        testInstrumentationRunner "android.support.test.runner.AndroidJUnitRunner"
    }
    buildTypes {
        release {
            minifyEnabled false
            proguardFiles getDefaultProguardFile('proguard-android.txt'), 'proguard-rules.pro'
        }
    }
}
```

❶ 컴파일 시에 이용하는 SDK 버전: compileSdkVersion

❶과 ❷의 compileSdkVersion과 buildToolsVersion은 컴파일 시에 이용됩니다.

다음으로 [그림 6-4]를 봐주세요. assembleDebug 태스크를 실행하기까지 많은 태스크가 실행되는 것은 '6.1.5 그레이들의 태스크를 이해하자(178쪽)'에서 소개했습니다. 그중에서 안드로이드 앱의 소스코드인 자바 파일을 컴파일해서 class 파일로 만들 때 함께 이용되는 것이 ❶의 compileSdkVersion입니다.

예를 들어, API Level 21(안드로이드 5.0)부터 추가된 메서드를 이용하고, compileSdkVersion을 19로 지정한 경우에는 메서드가 존재하지 않는다는 오류가 나서 빌드할 수 없습니다.

또한 지원 라이브러리도 마찬가지로 compileSdkVersion에 의존하므로 지원 라이브러리가 23.x 계열이면 compileSdkVersion도 23으로 설정할 필요가 있습니다. 빌드만 통과하면 기본적으로 실행 시에는 관계 없는 것으로 생각해도 좋습니다.

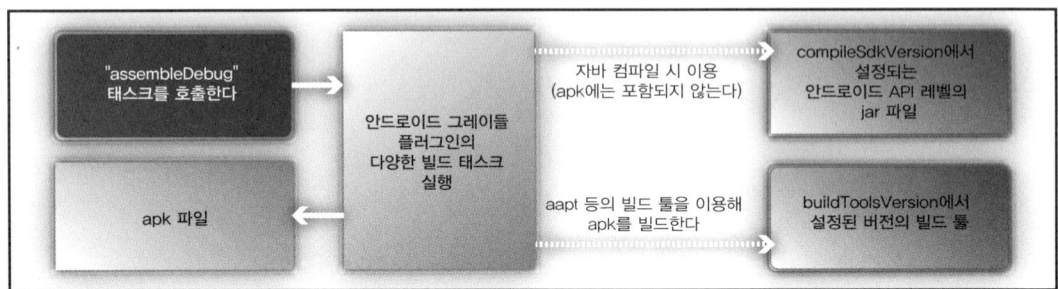

[그림 6-4] compileSdkVersion을 이용하는 곳

❷ 빌드 툴 버전: buildToolsVersion

Android Gradle 플러그인은 안드로이드의 각종 빌드 툴을 이용해 apk 파일을 만듭니다. 어느 빌드 툴 버전을 이용할지를 buildToolsVersion에서 설정합니다. 이 버전을 변경해서 문제가 되는 일은 거의 없으니 최신 버전으로 해 두는 편이 좋겠지요.

❸ 서명을 설정한다: signingConfigs

signingConfigs에 keystore 파일의 경로와 패스워드 등을 설정합니다. Keystore 파일에는 디지털 서명에 필요한 인증서가 저장돼 있습니다.

❹ 앱의 패키지명: applicationId

applicationId는 defaultConfig 블록 안에서 정의합니다. defaultConfig 블록 자체는 '6.2.3 빌드 변형을 이해하자(192쪽)'에서 설명합니다. 안드로이드에는 앱마다 패키지명이 있습니다. 이 applicationId를 설정함으로써 앱의 패키지명을 설정할 수 있습니다.

❺ 최소 SDK 버전: minSdkVersion

이 앱을 설치할 수 있는 최소 API 레벨을 지정합니다.

❻ 타깃이 될 SDK 버전: targetSdkVersion

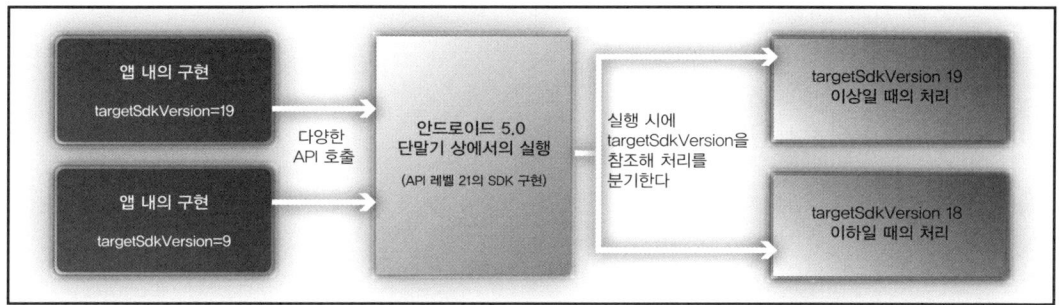

[그림 6-5] targetSdkVersion에 따라 처리를 나누는 예

[그림 6-5]를 보세요. targetSdkVersion은 실행 시 이용되는 설정입니다. 실제 안드로이드 단말기 상에 존재하는 안드로이드 API의 구현 안에는 targetSdkVersion을 보고 처리를 나누는 부분이 많이 있습니다. 예를 들어, targetSdkVersion을 19로 지정하고 단말기가 안드로이드 5.0인 경우에는 다음과 같은 판정에서 if 문 처리가 수행됩니다(예제 6-15).

[예제 6-15] 단말기 상의 구현 예(자바)

```
if(targetSdkVersion이 19 이상인 경우) {
    // targetSdkVersion이 19 이상일 때의 처리
} else {
    // targetSdkVersion이 19 미만일 때의 처리
}
```

결국 targetSdkVersion이 바뀌면 앱의 동작이 달라지므로 주의가 필요합니다. 왜 이런 일을 하는 걸까요? OS가 바뀌어 동작이 변했을 때 앱이 동작하지 않게 되는 것을 방지하기 위해서입니다.

예를 들어, RuntimePermission은 안드로이드 6.0부터 추가된 기능인데, 이 기능은 앱 쪽에서 특별한 처리를 할 필요가 있습니다. targetSdkVersion을 21(안드로이드 5.0) 등으로 해두면 예전처럼 동작하도록 만들어집니다.

반면 targetSdkVersion을 23으로 지정하면 RuntimePermission에 대응할 필요가 있습니다. buildTypes 블록에 관해서는 '6.2.2 상황에 맞게 프로젝트를 커스터마이징하자(185쪽)'에서 설명합니다.

❼ 버전 설정

안드로이드 앱은 버전 코드와 버전 네임을 지정해서 앱의 버전을 설정합니다. 버전 코드는 숫자로 기술하고 버전 네임은 문자열로 기술합니다(예제 6-16).

[예제 6-16] build.gradle의 버전 설정(app/build.gradle)

```
versionCode 1
versionName "1.0"
```

안드로이드 앱을 업데이트하기 위해서는 버전 코드를 변경할 필요가 있습니다. 다음처럼 메이저 버전 등을 정의해서 버전 코드와 버전 네임을 한 곳에서 관리하는 방법이 있습니다. 도입을 검토해 봐도 좋겠지요(예제 6-17).

[예제 6-17] 버전을 효율적으로 관리한다

```
def versionMajor = 1
def versionMinor = 0
def versionPatch = 0
def versionBuild = 0
android {
    defaultConfig {
        versionCode versionMajor * 10000 + versionMinor * 1000 + versionPatch * 100 + versionBuild
        versionName "${versionMajor}.${versionMinor}.${versionPatch}"
```

제이크 와튼(Jake Wharton)이 공개한 오픈소스 예제 앱(라이선스는 Apache 2.0)에 포함된 build.gradle에서 인용했습니다.

[URL] u2020의 프로젝트 페이지
https://github.com/jakeWharton/u2020

6.2.2 상황에 맞게 프로젝트를 커스터마이징하자

앞에서도 설명했지만 유료 버전과 무료 버전으로 앱을 만들 경우 앱을 갱신할 때마다 각각 코드와 문자열을 수정하려면 시간이 많이 걸립니다. 또한 디버그 빌드일 때는 Web API의 참조를 테스트용 환경으로 사용하고 싶은 경우도 자주 있을 것입니다. 지금 설명하는 내용은 테스트의 목 등에도 이용할 수 있습니다.

우선 이번에는 빌드 타입과 프로덕트 플레이버로 할 수 있는 것을 학습하겠습니다.

빌드 타입

그레이들에는 빌드별로 설정할 수 있는 '빌드 타입'이라는 것이 있습니다. 가장 많이 이용되는 빌드 타입으로 debug와 release가 있습니다. 보통 debug에서는 apk에 디버그 서명이 돼 있고, release에서는 릴리스 서명이 돼 있습니다. 일반적으로 디버그 서명으로 디버그하고, 릴리스 서명으로 Google Play에 릴리스합니다. 빌드를 하다 보면 debug와 release에 따라 처리를 달리하고 싶을 때가 있을 것입니다. 예를 들어, API 접근으로 디버그 시에는 테스트용 서버로 참조할 곳을 바꾸는 것 등입니다. 안드로이드 블록 안에는 [예제 6-18]처럼 적혀 있던 것을 기억하시나요? Release 빌드 시에만 프로가드 설정을 하고 있습니다. 기본값으로 release와 debug 빌드 타입을 이용할 수 있습니다.

[예제 6-18] 기본 build.gradle(app/build.gradle)

```
android {
    buildTypes {
        release {
            minifyEnabled false
            proguardFiles getDefaultProguardFile('proguard-android.txt'), 'proguard-rules.pro'
        }
    }
}
```

minifyEnabled false를 minifyEnabled true로 지정함으로써 프로가드 옵션을 활성화할 수 있습니다. 그럼 빌드 타입을 설정하는 예를 살펴봅시다(예제 6-19).

[예제 6-19] 빌드 타입을 설정한 예(app/build.gradle)

```
android {
    buildTypes {
        release {
            // ❶ 서명 설정
            singningConfig signingConfigs.release
            // ❷ 프로가드 활성화
            minifyEnabled true
            // 프로가드 설정 파일 지정
            proguardFiles getDefaultProguardFile('proguard-android.txt'), 'proguard-rules.pro'
        }
        debug {
            // ❸ 패키지 이름 끝에 .debug를 추가한다
            applicationIdSuffix ".debug"
            // ❹ 버전 이름 끝에 -debug를 붙인다
            vsersionNameSuffix  "-debug"
        }
        Stage {
            // ❺ debug 설정을 이용해 stage 빌드 타입을 만든다
            initWith(buildTypes.debug)
            // ❻ 패키지 이름 끝에 .stage를 추가한다
            applicationIdSuffix ".stage"
        }
    }
}
```

릴리스 버전에서는 서명이 필요하므로 ❶에서 apk 서명을 설정합니다.

❷의 release 블록 안에서 프로가드를 활성화합니다. 릴리스할 때는 최적화와 난독화를 해두기를 권장합니다. 디버그 빌드 시에만 versionNameSuffix와 applicationIdSuffix를 이용하도록 debug 블록의 ❸과 ❹에서 설정하고 있습니다.

❸의 applicationIdSuffix는 디버그 시에만 패키지 이름 끝에 .debug를 붙입니다.

❹의 versionNameSuffix는 디버그 시에만 버전 이름 끝에 1.0.0-debug처럼 '-debug'를 추가합니다.

❺는 stage 빌드 타입을 새로 만듭니다. initWith()로 debug 빌드 타입 설정을 이어받은 빌드 타입을 생성합니다.

❻은 ❸과 마찬가지로 패키지 이름을 설정합니다. 이에 따라 stage 빌드 타입은 버전 이름 끝에 '-debug'가 붙고, 패키지 이름 끝에 .stage가 들어간 apk를 만들 수 있습니다.

빌드 타입은 각각 안드로이드 스튜디오 메뉴의 [View] → [Tool Windows] → [Build Variants]에서 선택해 실행할 수 있습니다(그림 6-6).

이용할 수 있는 프로퍼티를 뽑아서 정리해봤습니다(표 6-1).

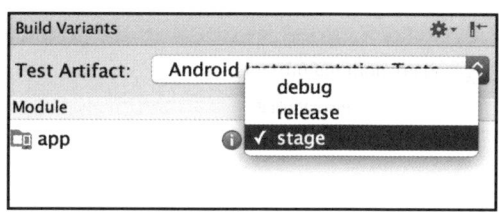

[그림 6-6] 빌드 타입 선택

[표 6-1] 이용 가능한 프로퍼티

프로퍼티	상세 내용
applicationIdSuffix	애플리케이션ID에 접미사 추가
debuggable	디버그 가능 여부
jniDebuggable	네이티브 코드의 디버그 가능 여부
manifestPlaceholders	안드로이드 매니페스트 내에서 플레이스홀더를 설정(※)
minifyEnabled	프로가드 활성화 설정
multiDexEnabled	메서드 수의 한계를 넘을 때 이용하는 Multi-Dex 활성화 선언
proguardFiles	프로가드 설정 파일 경로를 설정
shrinkResources	사용하지 않는 리소스를 삭제하는 기능. 단, 문자열로 리소스 이름을 만들어서 참조 등을 하면 전부 삭제할 수는 없으므로 주의가 필요하다
signingConfig	빌드 시에 이용할 서명 설정
versionNameSuffiix	버전 이름에 접미사를 추가

※ 여기서는 설명을 생략하지만 알아두면 편리하므로 좀 더 자세히 조사해 보세요.

또한 이러한 설정을 변경할 수 있을 뿐 아니라 stage일 때만 앱 내에서 이용하는 URL을 테스트용 서버로 바꾸는 처리를 할 수 있습니다. 예를 들어, API의 URL을 리소스에 썼다고 하겠습니다.

app/src/main/res/values/strings.xml에 다음과 같이 api_url 요소를 추가해 주세요. 이것으로 문자열이 선언됐습니다(예제 6-20).

[예제 6-20] main의 strings.xml 설정(strings.xml)

```xml
<resources>
    <string name="app_name">GradleSample</string>
    <string name="action_settings">Settings</string>
    <string name="api_url">http://example.com/production.json</string>
</resources>
```

프로젝트에서 /app/src/stage/res/values 디렉터리를 만들고, strings.xml 파일을 [그림 6-7]처럼 만들어 주세요. 파일의 내용은 [예제 6-21]과 같습니다.

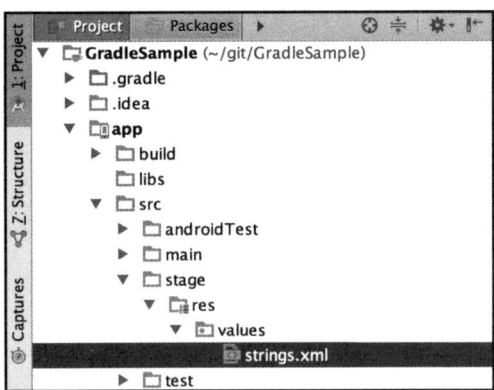

[그림 6-7] stage 빌드 타입

[예제 6-21] 빌드 타입이 stage인 strings.xml 설정(strings.xml)

```xml
<resources>
    <string name="api_url">http://example.com/stage.json</string>
</resources>
```

이렇게 해서 이 URL을 이용하고 싶은 곳에서 context.getString(R.id.api_url)로 API의 URL을 얻을 수 있습니다. 또한 빌드 타입이 stage일 때만 URL을 http://example.com/stage.json으로 변경할 수 있습니다.

프로덕트 플레이버

빌드 타입과 비슷한 기능으로 프로덕트 플레이버가 있습니다. 디버그 등의 빌드 타입이 아니라 구현 자체를 바꾸거나 별도의 apk를 만들고 싶을 때 이용합니다. 예를 들어, 무료 버전과 유료 버전의 앱을 만들 때 등입니다.

그럼 실제로 만들어 봅시다. 우선 만드는 순서는 플레이버 선언, 무료 버전 클래스 생성, 유료 버전 클래스 생성, 그리고 구현에서 각각을 호출하는 순입니다.

프로덕트 플레이버 선언

프로덕트 플레이버 선언에서는 빌드 타입처럼 다음과 같은 항목을 사용할 수 있습니다(표 6-2).

[표 6-2] 이용 가능한 프로퍼티

프로퍼티	상세 내용
applicationId	애플리케이션ID(패키지 이름)
Dimension	플레이버는 dimension이라는 빌드 단위에 속할 수 있고, 하나의 dimension에 대해 빌드하면 한 번에 여러 프로덕트 플레이버의 apk 파일을 만들 수 있다
generatedDensities	Vector Drawable에서 생성되는 png 이미지의 화면 밀도 지정
manifestPlaceholders	안드로이드 매니페스트 내에서 플레이스홀더를 설정(※)
multiDexEnabled	메서드 수의 한계를 넘을 때 이용하는 Multi-Dex 활성화 선언
proguardFiles	프로가드 설정 파일 경로를 설정
signingConfig	빌드 시 이용할 서명 설정
testApplicationId	테스트용 애플리케이션ID
versionCode	버전 코드
versionName	버전 이름

유료 버전과 무료 버전 등 제품 특성에 따라 처리를 나누고 싶을 경우 프로덕트 플레이버 설정을 다음과 같이 합니다(예제 6-22). 이번에는 프로덕트 플레이버 정의만 있고 프로퍼티를 사용하지 않아서 비어 있습니다.

[예제 6-22] 유료 버전과 무료 버전으로 처리를 나누는 프로덕트 플레이버 설정

```
android {
    productFlavors {
```

```
            pro {
            }
            free {
            }
        }
    }
}
```

프로덕트 플레이버를 이용해 처리를 나누어봅시다. GreatFeature라는 클래스를 만들고, 이 클래스를 무료 버전에서는 '무료 버전에서는 사용할 수 없습니다', 유료 버전에서는 'Great'라고 토스트가 표시되게 구현해 보겠습니다.

무료 버전 클래스 만들기

[그림 6-8]의 경로(app/src/free/java/com/advanced_android/gradleSamples/)에 자바 파일(GreatFeature.java)을 만들고 다음과 같이 구현해 봅시다. 간단히 토스트를 표시하는 기능입니다.

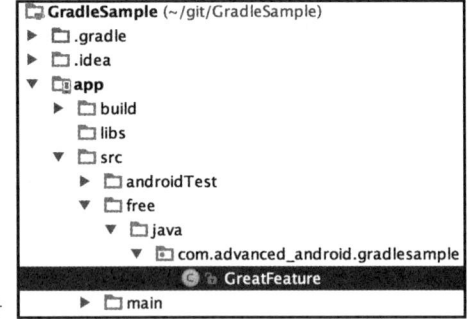

[그림 6-8] free 프로덕트 플레이버에 소스코드를 추가한다

[예제 6-23] 무료 버전 구현(GreatFeature.java)

```
package com.advanced_android.gradlesample;

import android.content.Context;
import android.widget.Toast;

public class GreatFeature {
    public void doIt(Context context) {
        android.widget.Toast.makeText(context, "무료 버전에선 사용할 수 없습니다.", Toast.LENGTH_SHORT).show();
    }
}
```

유료 버전 클래스 만들기

다음은 무료 버전과 똑같이 해당 경로(app/src/pro/java/com/advanced_android/gradlesample/)에 자바 파일(GreatFeature.java)을 만들고 다음과 같이 구현해 봅시다(그림 6-9). 'Great'라고 토스트를 표시하는 기능입니다(예제 6-24).

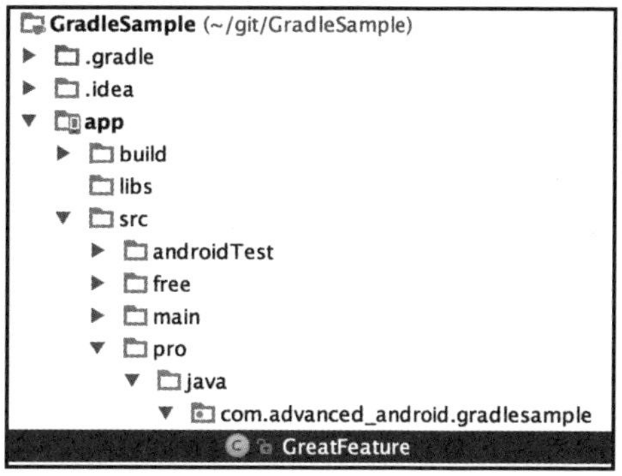

[그림 6-9] pro 프로덕트 플레이버에 소스코드를 추가한다

[예제 6-24] 유료 버전 구현(GreatFeature.java)

```java
package com.advanced_android.gradlesample;

import android.content.Context;
import android.widget.Toast;

public class GreatFeature {
    public void doIt(Context context) {
        Toast.makeText(context, "Great", Toast.LENGTH_SHORT).show();
    }
}
```

호출하는 구현

'(프로젝트)/app/src/main/'에 있는 액티비티의 onCreate() 등에서 다음과 같이 호출해 봅시다(예제 6-25).

[예제 6-25] GreatFeature 클래스의 메서드 호출(자바)

```java
new GreatFeature().doIt(context);
```

실행한다

이렇게 free와 pro 플레이버를 구현할 수 있었습니다. 이제 무료 버전과 유료 버전의 apk를 실행할 수 있습니다.

빌드 타입을 선택할 때처럼 안드로이드 스튜디오 메뉴에서 [View] → [Tool Windows] → [Build Variants]로부터 선택하고 실행 버튼을 눌러보세요(그림 6-10).

유료 버전에서 'Great', 무료 버전에서 '무료 버전에서는 사용할 수 없습니다.'가 표시되면 성공입니다.

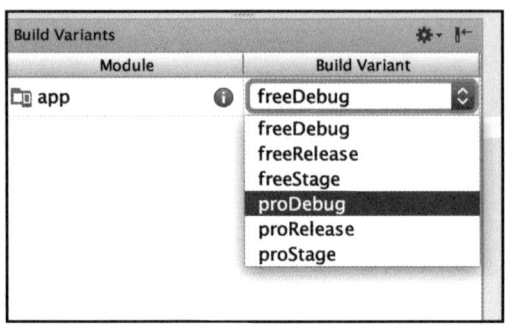

[그림 6-10] 프로덕트 플레이버 선택

6.2.3 빌드 변형을 이해하자

안드로이드 스튜디오에서 플레이버를 선택할 때 'Build Variants'라는 표시가 돼 있었습니다. 이 표시는 빌드 타입과 프로덕트 플레이버를 조합한 것입니다. 이번 장에서 빌드 타입으로서 release와 debug, stage를 만들고, 프로덕트 플레이버로서 free와 pro를 만들었습니다. 이것들은 다음 표처럼 조합해 동시에 이용할 수 있습니다. 예를 들어, freeStage에서는 플레이버로서 free를 이용하고, 빌드 타입은 stage를 이용합니다.

[표 6-3] 빌드 변형

	release	debug	stage
free	freeRelease	freeDebug	freeStage
pro	proRelease	proDebug	proStage

또한 build.gradle에 있는 defaultConfig 블록에는 기본 설정을 기술하지만 덮어쓸 수 있습니다. 예를 들어, 플레이버에서 applicationId를 설정해 defaultConfig에 설정된 applicationId를 덮어쓸 수 있습니다.

6.3 커맨드라인으로 실행하자

안드로이드 스튜디오에서도 물론 빌드할 수 있지만 그레이들은 커맨드라인에서 간단히 빌드 등의 조작을 할 수 있습니다. 여기서는 커맨드라인에서 실행하는 장점을 이해한 후, 실제로 어떻게 빌드하는지 학습합니다.

6.3.1 커맨드라인에서 실행하는 장점

그레이들에서는 커맨드라인에서 조작할 수 있게 되므로 다음과 같은 장점이 있습니다.

[서버 상에서 빌드할 수 있게 된다]

커맨드라인에서 실행할 수 있으므로 CI 서버 등의 서버 상에서 빌드를 실행할 수 있습니다.

[상세한 정보를 볼 수 있다]

프로젝트에 포함되는 모듈의 정보 목록 확인이나 의존관계 확인 등 다양한 정보를 볼 수 있습니다. 이는 개발에 반드시 도움이 됩니다.

[빌드 중에 발생한 문제를 파악할 수 있게 된다]

안드로이드 스튜디오로 개발할 때 빌드가 되지 않는 경험이 있을 것입니다. 그럴 때 커맨드라인에서 빌드할 수 있으면 더 상세한 디버그 로그가 출력되어 해결의 실마리를 찾을 수 있습니다.

6.3.2 빌드

터미널로 이동한 상태에서 다음 커맨드를 입력하세요(예제 6-26).

[예제 6-26] 터미널에서 빌드한다

```
./gradlew assembleDebug
```

다음과 같이 빌드 로그가 출력될 것입니다(예제 6-27).

[예제 6-27] 빌드 로그 출력 예

```
./gradlew assembleDebug
:app:prebuild UP-TO-DATE
:app:preDebugBuild UP-TO-DATE
:app:checkDebugManifest
~ 생략 ~
:app:packageDebug
:app:zipalignDebug
:app:assembleDebug

BUILD SUCCESSFUL

Total time: 16.869 secs
```

assembleDebug 태스크가 실행되고 빌드할 수 있었습니다.

'프로젝트/app/build' 폴더 아래에 apk 파일이 생성된 것을 알 수 있을 것입니다. 또한 릴리스 빌드를 할 경우에는 다음 커맨드로 빌드할 수 있습니다(예제 6-28).

[예제 6-28] 터미널에서 릴리스 빌드하기

```
./gradlew assembleRelease
```

6.3.3 응용 조작을 마스터하자

여기서는 기억해 둘 만한 도움이 되는 팁 등을 소개합니다.

그레이들 설정

그레이들에는 편리한 설정이 있습니다. 여기서는 두 가지 편리한 설정을 소개합니다.

BuildConfig 클래스에 필드를 추가

빌드 시 앱에서 사용할 수 있는 플래그 등의 설정을 추가하고 싶을 때도 있을 것입니다. 디버그 툴로 디버그할 때만 사용하는 플래그를 만들고 싶은 경우에는 다음과 같이 buildConfigField를 이용합니다. 다음 코드에서 BuildConfig.ENABLE_DEBUG_TOOLS를 정의합니다(예제 6-29).

[예제 6-29] BuildConfig.ENABLE_DEBUG_TOOLS를 false로 추가한다(app/build.gradle:Grooby)

```
android {
    defaultConfig {
        buildConfigField "boolean", "ENABLE_DEBUG_TOOLS", "false"
        ~생략~
    }
}
```

빌드 타입을 이용해 디버그할 때만 ENABLE_DEBUG_TOOLS를 true로 하도록 전환할 수도 있습니다(예제 6-30).

[예제 6-30] 디버그할 때만 ENABLE_DEBUG_TOOLS를 true로 한다(app/build.gradle)

```
buildTypes {
    debug {
        debuggable true
        minifyEnabled false
        signingConfig signingConfigs.debug
        buildConfigField "boolean", "ENABLE_DEBUG_TOOLS", "true"
      ~ 생략 ~
```

버전 설정 등의 설정 항목을 모아 기술한다

버전 코드를 공통화해서 기술하고 싶을 때가 있습니다.

(프로젝트)/gradle.properties에 다음과 같이 기술합니다(예제 6-31).

[예제 6-31] 프로퍼티 파일에 버전 코드를 기술한다(gradle.properties)

```
Google_play_services_client_library_version = 23.1.1
```

그레이들은 ${}으로 문자열 리터럴 안에서 변수에 접근할 수 있습니다(예제 6-32).

[예제 6-32] 프로퍼티 값으로 build.gradle에 의존관계를 기술한다(app/build.gradle)

```
dependencies {
    compile "com.google.android.gms:play-service-analytics:${google_play_services_client_library_version}"
}
```

커맨드라인

다음으로 그레이들의 태스크를 생략하고 실행하는 등 커맨드라인에서 이용할 때 편리한 이용법을 설명하겠습니다.

빌드를 디버그한다

안드로이드 스튜디오에서 빌드할 수 없을 때는 커맨드라인에서 시도해보세요. 상세한 로그 출력과 직접적인 빌드 실패 이유가 출력되므로 참고가 됩니다(예제 6-33).

[예제 6-33] 디버그 로그도 출력하도록 지정하고 빌드한다

```
$ ./gradlew assembleDebug --debug --stacktrace
```

파라미터를 전달한다

또한 커맨드라인에서 인수를 넘겨 build.gradle에서 이용하는 변수로 만들 수도 있습니다. 이런 기능은 CI 서버에서 인수를 넘겨 빌드할 때 등에 도움이 됩니다. hasProperty()로 판단해서 변수가 없는 경우는 처리하지 않게 하는 것도 가능합니다(예제 6-34). [예제 6-35]는 파라미터를 지정해 실행한 예입니다.

[예제 6-34] 커맨드라인에서 넘어온 파라미터를 그레이들에서 이용한다

```
if(hasProperty("myparameter")) {
    println "My Prameter: "+myparameter
}
```

[예제 6-35] 파라미터 전달의 예

```
$ ./gradlew assembleDebug -Pmyparameter=test
My Parameter:test
:app:prebuild UP-TO-DATE
~생략~
```

모듈의 의존관계를 확인한다

자신이 어느 라이브러리를 사용하는지 등 의존관계를 확인할 수 있습니다. 이 기능으로 오픈소스 라이브러리에서 무엇을 사용하는지 확인할 수 있고, 각 라이브러리가 이용하는 버전을 확인할 수 있습니다(예제 6-36).

[예제 6-36] 의존관계를 확인하는 표시 결과

```
$ ./gradlew androidDependencies

:app:androidDependencies
freeDebug
+--- com.android.support:appcompat-v7:23.1.1
\--- com.android.support:support-v4:23.1.1
\--- LOCAL: internal_impl-23.1.1.jar
+--- com.android.support:cardview-v7:23.1.1
```

```
\--- com.android.support:design:23.1.1
+--- com.android.support:appcompat-v7:23.1.1
|    \--- com.android.support:support-v4:23.1.1
|         \--- LOCAL: internal_impl-23.1.1.jar
+--- com.android.support:recyclerview-v7:23.1.1
~ 생략 ~
```

짧게 줄여 태스크를 실행한다

태스크 실행을 짧게 줄여 쓸 수 있습니다. 이를 이용하면 커맨드라인에서 실행할 때 시간이 절약되므로 재빠르게 실행할 수 있습니다(예제 6-37).

[예제 6-37] 짧게 줄여 태스크를 실행한다

```
$ ./gradlew assDeb
```

6.4 정리

이번 장에서는 안드로이드 앱을 빌드할 때 빼놓을 수 없는 그레이들에 관해 폭넓게 설명했습니다. build.gradle은 그루비 문법으로 기술할 수 있으므로 프로그램 파일이란 점을 이해하면 자유롭게 빌드 파일을 확장할 수 있습니다. 또한 안드로이드에 특화된 설정으로 유료 버전과 무료 버전에 따라 동작을 바꾸는 등 일반적으로는 어려운 처리를 간단히 할 수 있다는 장점도 있습니다. 끝으로 실용적인 기법들을 설명했습니다. 이런 기법들을 꼭 활용해 효율적으로 개발해 보세요.

단위 테스트를 이해하자: 단위 테스트 작성

CHAPTER 07

충돌이 거의 일어나지 않고, 잘못된 값을 표시하거나 저장하지 않는 것을 이제는 앱에 요구되는 품질로서 당연하게 여깁니다. 앱의 품질에 대한 높아진 기대에 부응하려면 테스트가 특히 중요합니다. 앱뿐만 아니라 소프트웨어 전반에 걸쳐 테스트 대상 영역과 종류, 수동 실행인지 자동 실행인지 등 다양한 관점에서 테스트에 관한 논의가 이뤄졌습니다.

이번 장에서는 안드로이드 환경에서 필요한 테스트 관련 지식을 정리하고, 단위 테스트 구현의 핵심과 어떤 방침으로 테스트를 도입해야 하는지 설명합니다.

7.1 테스트의 의의와 종류를 이해하자

이번 절에서는 테스트를 이해하는 데 필요한 지식을 정리합니다. 테스트가 필요한 이유와 자동인지 수동인지와 같은 관점에서 테스트의 종류를 파악합니다. 그리고 그러한 지식에 입각해 안드로이드 테스트를 바라보고 계층화한 후 각 테스트 계층에 관한 개요를 설명합니다.

7.1.1 테스트를 이해하자

앱 개발을 마쳤다고 해서 아무런 테스트도 하지 않고 공개하는 개발자는 아마 없을 것입니다. 세부적인 방식에는 차이가 있겠지만 '반드시'라고 해도 좋을 만큼 테스트는 당연한 과정이 됐습니다. 그런데 테스트의 목적은 과연 무엇일까요? 생각해 보면, 아마 다음처럼 몇 가지를 들 수 있겠지요.

- 필요한 조건을 만족하는지 확인한다
- 오류를 발견한다
- 앱의 사용성을 확인한다

또한 테스트에는 매니저나 사외 관계자 등을 위해 대외적으로 '개발팀의 움직임'이나 '사양 확인(가능한 것, 불가능한 것을 시각화)' 같은 사항을 정량화하고 시각화하는 효과도 있겠지요.

자동 테스트와 수동 테스트

테스트를 수동 테스트와 자동 테스트로 크게 둘로 나누는 방법이 있습니다. 수동 테스트는 코딩 작업이 끝난 상태에서 apk를 만들고, 체크리스트로 작성한 테스트 케이스를 차례대로 실행하는 형태로 이뤄지는 경우가 많습니다. 반면 자동 테스트는 단위 테스트나 UI 테스트로 불리는 테스트 코드를 만들어 테스트 코드를 실행함으로써 앱이 바르게 동작하는지 확인합니다.

그럼 각 테스트의 특징을 생각해 봅시다. 우선 자동 테스트의 특성입니다.

- 반복 실행이 가능하다
- 테스트 실행 상황을 시각화할 수 있다
- 클래스와 메서드 등 사용자 조작으로 확인하기 어려운 단위의 동작을 확인할 수 있다

다음은 수동 테스트의 특성입니다.

- 최종 사용자와 완전히 똑같이 동작을 확인할 수 있다
- 사용성이나 쾌적함 등 정성적인 면에서 평가할 수 있다

이런 특성이 있으므로 기본적으로는 자동 테스트로 동작에 대체로 이상이 없다는 것을 확인한 다음, 수동 테스트를 통해 공개 전 최종 확인 및 사용자 경험을 최적화하는 식으로 구분해서 생각합니다. 이 책에서는 주로 자동 테스트에 초점을 맞춰 설명합니다.

7.1.2 테스트의 종류를 정리하고 이해하자

공정과 요구하는 품질, 실행 방법, 기법 등 다양한 관점에 따라 테스트에는 수많은 종류가 있습니다. 예를 들어, 'V모델'에서는 단위 테스트, 통합 테스트, 시스템 테스트, 인수 테스트 같은 공정별 테스트를 볼 수 있습니다. 또한 그 밖에도 화이트박스 테스트, 블랙박스 테스트, 부하 테스트나 성능 테스트 같은 말도 들어 본 적이 있을 것입니다.

[URL] V 모델의 정의(버전 V-Modell XT)
http://www.cio.bund.de/Web/DE/Architekturen-und-Standards/V-Modell-XT/vmodell_xt_node.html

이처럼 테스트는 매우 깊이 있는 분야지만 이 책에서는 간추린 형태로 테스트를 요약해서 설명하겠습니다. 우선 다음 [그림 7-1]을 보십시오. 이 그림은 안드로이드에서 테스트 계층을 나타낸 그림으로, Android Dev Summit 2015에서도 같은 그림이 사용됐습니다.

기본적으로는 테스트 케이스의 수나 실행 횟수(실행 타이밍)는 '단위 테스트'가 가장 많고, '그 밖의 테스트'가 가장 적습니다. 아래로 갈수록 많아지므로 이런 그림으로 정리할 수 있습니다.

각 계층을 간단히 살펴봅시다. 최하층에 해당하는 단위 테스트는 클래스나 메서드처럼 아주 작

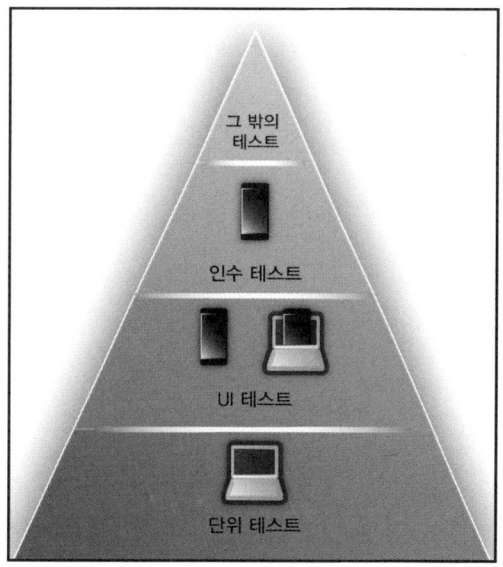

[그림 7-1] 안드로이드 앱의 테스트 계층

은 단위를 검증하기 위해 실행되는 테스트입니다. 단위 테스트는 가장 작은 단위로 검증이나 실행이 이뤄지므로 실행 시간도 아주 짧습니다. 그러므로 일반적으로 통신이나 IO 처리와 같은 외부 리소스와의 통신을 무효로 하고, 단말이나 환경에 의존하지 않는 상태로 테스트할 필요가 있습니다. 단위 테스트에 관해서는 조만간 자세히 설명합니다.

다음 계층에 있는 UI 테스트는 실제 동작 환경을 중요시하므로 일반적으로는 실제 기기나 에뮬레이터 상에서 실행됩니다. UI 테스트라는 이름 그대로 단말의 표시를 바탕으로 확인해 갑니다. 또한 통신이나 IO 처리 등 외부 리소스를 이용해 테스트하는 경우도 있습니다. 이 계층의 테스트는 다음 Tech08에서 자세히 다룹니다.

나머지 2계층인 인수 계층과 그 밖의 테스트에서는 사양을 만족하는지, 사용성에 문제는 없는지와 같은 정성적인 사항을 포함한 확인이 이뤄집니다. 기타 테스트의 일부로서 성능 테스트나 보안 테스트를 들 수 있습니다. 이 책에서는 개발 중 구현해 가는 테스트에 주안점을 두고자 수동으로 이뤄지는 경우가 많은 이 2계층에 관한 설명은 생략하지만 앱의 최종적인 완성도를 높이는 데 있어 매우 중요하니 꼭 학습해 두십시오.

7.2 단위 테스트를 작성해 보자

단위 테스트는 클래스나 메서드 등 소스코드 자체의 타당성이나 품질을 확인하는 테스트입니다. 구현 로직을 많이 고려해야 하므로 보통은 소스코드를 기술하는 프로그래머가 직접 단위 테스트를 작성하는 것이 바람직합니다. 단위 테스트로 로직의 사양을 언제나 자세히 검증할 수 있으므로 품질 특히 유지보수성 향상 등에 도움이 됩니다. 이번 절에서는 안드로이드 환경에서의 단위 테스트 환경 구축과 구현 방법을 설명합니다.

※ 안드로이드 공식 문서에서는 JavaVM 상에서 동작하는 테스트를 'Local Unit Test', 단말 혹은 에뮬레이터 상에서 동작하는 테스트를 'Instrumented Unit Test'로 부릅니다. 이 책에서는 주로 공정을 의식한 형태로 설명하기 위해 기본적으로는 JavaVM 상에서의 테스트를 '단위 테스트', 단말 혹은 에뮬레이터 상에서 동작하는 테스트를 '결합 테스트' 혹은 'UI 테스트'로 부르기로 합니다.

7.2.1 단위 테스트의 사전준비를 하자

안드로이드의 단위 테스트에는 JUnit이라는 프레임워크가 사용됩니다. JUnit의 사용법과 테스트에 필요한 지식이 되는 '목'에 관한 개요를 정리하고, 단위 테스트 환경을 준비해 갑시다.

JUnit 기초

JUnit은 자바에서 사실상의 표준이 되는 단위 테스트 프레임워크입니다. 자주 쓰이는 것으로서 버전 3과 버전 4로 두 가지 메이저 버전이 있지만, 안드로이드에서는 버전 4를 사용해 단위 테스트를 수행합니다. 버전 3과 버전 4의 큰 차이 중 하나로서 테스트 코드에 어노테이션이 이용되는 점을 들 수 있습니다.

그림, 실제 테스트 코드를 살펴봅시다. 우선 간단한 테스트 예제 코드를 확인해 갑니다.

[URL] JUnit의 Getting Start 페이지
https://github.com/junit-team/junit/wiki/Getting-started

Calculator 클래스를 준비했습니다. 계산기를 나타내는 클래스입니다. 여기서 evaluate 메서드는 '1+2'처럼 +를 포함한 식을 계산해서 int 값으로 반환합니다(예제 7-1).

[예제 7-1] Calculator 클래스(Calculator.java)

```java
/* 테스트 대상이 될 클래스 */
public class Calculator {
    public int evaluate(String expression) {
        int sum = 0;
        for (String summand: expression.split("\\+"))
            sum += Integer.valueOf(summand);
        return sum;
    }
}
```

다음으로 Calculator 클래스에 대한 테스트 클래스인 CalculatorTest 클래스를 살펴보겠습니다.

이 클래스처럼 테스트 클래스는 '테스트대상의 클래스 이름' + 'Test' 같은 형태로 선언되는 것이 일반적입니다.

@Test라는 어노테이션이 붙은 evaluatesExpression() 메서드가 테스트 케이스가 됩니다. 여기서는 '1+2+3'이라는 문자열을 evaluate() 메서드에 전달해 6이라는 결과가 반환되는지 확인하고 있습니다(예제 7-2).

[예제 7-2] Calculator에 대한 테스트(CalculatorTest.java)

```java
/* 테스트 코드 */
public class CalculatorTest {
    @Test
    public void evaluatesExpression() {
        Calculator calculator = new Calculator();
        int sum = calculator.evaluate("1+2+3");
        assertEquals(6, sum);
    }
}
```

이것으로 Calculator에 대한 테스트 케이스가 준비됐습니다. CalculatorTest를 실행하면 테스트가 실행되어 성공인지 실패인지 시각화할 수 있습니다(안드로이드에서 테스트를 실행하는 방법은 나중에 '단위 테스트 환경 설정(207쪽)에서 자세히 확인할 수 있습니다).

Mockito를 이용한 객체의 목화

앞에서 설명한 단순한 테스트는 누구나 바로 구현할 수 있을 것입니다. 하지만 실제 코드에서는 클래스 간의 의존도 많아서 이렇게 간단히 테스트를 작성할 수 있는 경우는 적습니다.

또한 단위 테스트에서는 IO 처리 등과 같은 외부의 영향을 받지 않게 테스트를 작성해야 합니다. 예를 들어, HTTP 통신을 하는 경우를 생각해 봅시다. 테스트할 때 HTTP 통신을 실제로 하는 테스트를 작성해 버리면 단말 설정이나 서버 상황에 따라 테스트 결과가 달라집니다. 그런 상황에서는 테스트에 실패해도 코드에 문제가 있는지, 그렇지 않으면 설정 등 주변 환경에 문제가 있는지 판단할 수 없기에 신뢰할 수 있는 테스트라고 할 수 없습니다.

이런 사태를 피하고자 테스트할 때는 의존하는 처리를 위장할 필요가 생깁니다. HTTP 통신의 예에서 위장이란 어떤 테스트에서는 성공 응답을 반드시 반환하고, 반대로 다른 테스트에서는 반드시 실패 응답을 반환하는 게 되겠지요. 추상적으로 말하면 위장이란 '실제 처리는 하지 않고 원하는 값을 반환하거나 처리를 실행시키는 것'이라고 할 수 있습니다. 위장한 객체를 잘 사용하면 언제 어떤 때라도 동작이 항상 일정한 테스트를 작성할 수 있게 됩니다.

이런 위장을 간편하게 구현할 때 사용하는 것이 '목 객체'입니다(목 라이브러리를 사용하지 않아도 테스트할 때 클래스를 상속하는 방식 등으로 위장을 실현할 수 있지만 구현할 게 너무 많아지므로 목 라이브러리를 사용하는 경우가 많습니다).

이 책에서는 목 라이브러리로서 Mockito를 사용합니다. Mockito는 자바의 목 라이브러리 중 하나로서 구글이 공개하는 예제 앱에도 포함되는 등 매우 많은 안드로이드 앱에서 사용되고 있습니다.

[URL] **Mockito 페이지**

https://mockito.org/

Mockito의 간단한 소스코드를 확인해 봅시다. 처음은 객체의 반환값을 고정하는 예제입니다. 다음 예제에서 mockedList 객체는 get(0)이라는 메서드를 호출하면 그 값으로 first를 반환합니다(예제 7-3).

[예제 7-3] Mockito로 메서드의 반환값을 고정하는 예(자바)

```
import static org.mockito.Mockito.*;

// 목 객체 생성
LinkedList mockedList = mock(LinkedList.class);
```

```
// mockedList.get(0)이 반환할 값을 'first'로 설정

When(mockedList.get(0)).thenResturn("first");

// first를 출력
System.out.println(mockedList.get(0));

// get(999)는 반환값이 지정되지 않았으므로 null이 출력된다
System.out.println(mockedList.get(999));
```

또한 Mockito로 생성한 목 객체는 '메서드가 호출됐는가'를 검증할 수도 있습니다. 다음 예에서는 mockedList 객체의 add 메서드와 clear 메서드가 호출된 사실을 검증하고 있습니다(예제 7-4).

[예제 7-4] Mockito로 메서드 호출을 검증하는 예(자바)

```
import static org.mockito.Mockito.*;

// 목 객체 생성
LinkedList mockedList = mock(LinkedList.class);

// 메서드를 호출(단, 반환값이나 동작을 설정하지 않아서 아무 일도 일어나지 않는다)
mockedList.add("one");
mockedList.clear();

// and와 clear 메서드가 1회씩 호출됐다는 것을 검증
verify(mockedList, times(1)).add("one");
verify(mockedList, times(1)).clear();
```

이 밖에 객체의 일부 메서드만 교체하는 @Spy나 spy(), DI(Dependency injection; 의존성 주입)를 하는 @InjectMocks 등도 있습니다. 자세한 사항은 도큐먼트를 참조하세요.

Mockito 등을 사용해 처리를 위장함으로써 항상 일정한 결과를 얻을 수 있는 테스트를 작성할 수 있습니다. 또한 처리의 위장은 적절히 목 라이브러리를 사용해 손쉽게 구현할 수 있습니다. 테스트 코드도 제품 코드와 마찬가지로 지속해서 관리해야 합니다. Mockito를 이용하면 가독성이 높고 간결한 테스트 코드를 작성할 수 있으므로 유지보수성이 비약적으로 향상됩니다.

단위 테스트 환경 설정

그럼 안드로이드 테스트 환경을 설정해 보겠습니다. 이제부터는 예제 앱인 tech07/LocalUnit Test로 설명합니다. 여기서 testCompile은 단위 테스트 시에 의존하는 패키지라는 것을 나타냅니다(예제 7-5). 표준 설정이라면 다음 의존 설정으로 안드로이드 프로젝트의 단위 테스트 준비는 끝납니다. 예제인 LocalUnitTests로 이 설정을 마쳤음을 확인할 수 있습니다.

[예제 7-5] 단위 테스트에 필요한 의존관계(build.gradle)

```
dependencies {
    testCompile 'junit:junit:4.12'
    testCompile "org.mockito:mockito-core:1.+"
}
```

이로써 프로젝트 구성을 확인할 수 있었으므로 테스트를 실행해 봅시다. 안드로이드 스튜디오에서 테스트를 실행하려면 우선 [그림 7-2]처럼 Build Variants의 Test Artifacts를 Unit Tests로 설정해야 합니다(※ 2016년 1월에 공개된 안드로이드 스튜디오 2.0 프리뷰 5 이후에는 이 'Test Artifact' 설정이 필요 없어졌습니다).

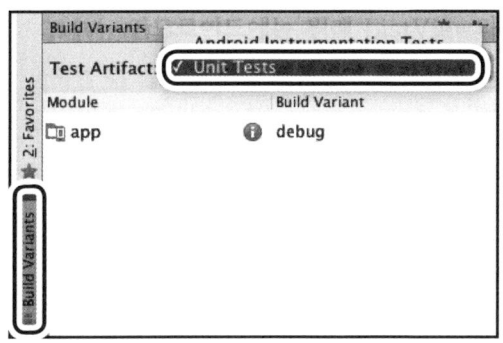

[그림 7-2] 안드로이드 스튜디오의 Build Variants 화면

테스트는 다음 [그림 7-3]처럼 패키지 혹은 클래스에 마우스 오른쪽 버튼을 클릭해 실행할 수 있습니다. 패키지라면 패키지 아래의 모든 테스트를, 클래스라면 클래스 내의 테스트를 실행합니다.

테스트 결과는 Run 윈도우에서 확인할 수 있습니다. 모든 테스트에 성공한 경우는 다음 [그림 7-4]처럼 윈도우 상단에 녹색 바가 표시됩니다.

반면 하나라도 테스트에 실패했을 때는 [그림 7-5]처럼 윈도우 상단에 붉은색 바가 표시됩니다. 이때 성공, 실패 외에도 메모리 사용 상황이나 실행 시간 등 테스트에 관한 퍼포먼스 정보도 확인할 수 있으니 참고로 하면 좋겠지요.

커맨드라인에서 단위 테스트를 하는 방법은 [예제 7-6]처럼 아주 간단합니다. Test 태스크를 실행해 모든 빌드 변형에서 테스트를 실행합니다.

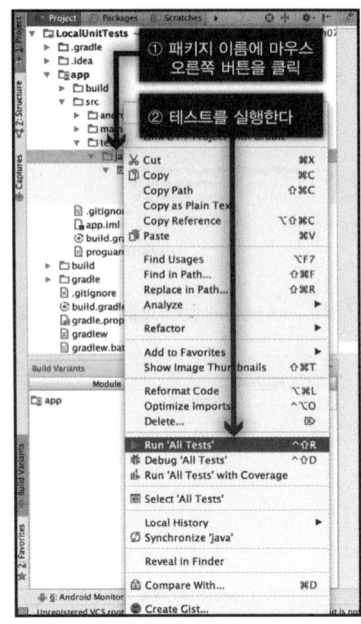

[그림 7-3] 단위 테스트 실행

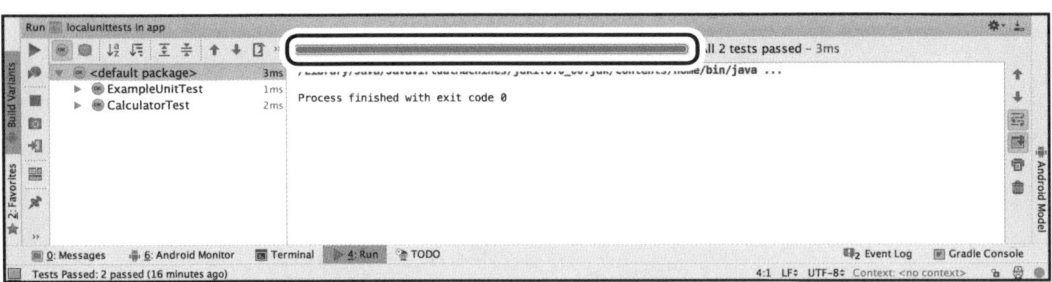

[그림 7-4] 테스트 결과 화면(모든 테스트를 통과했다)

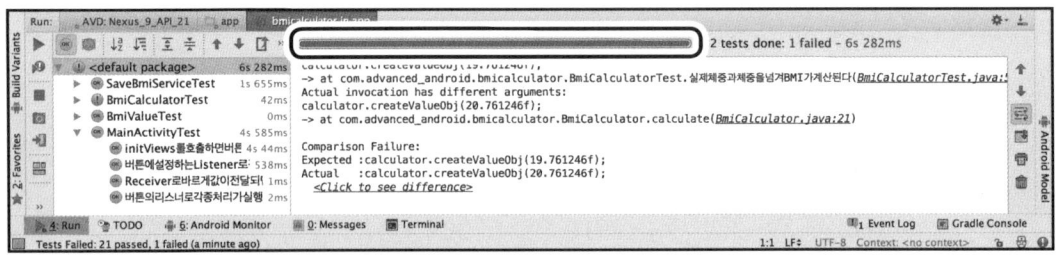

[그림 7-5] 테스트 결과 화면(몇 가지 테스트에 통과하지 못했다)

[예제 7-6] 커맨드라인에서 단위 테스트를 실행한다

```
$ ./gradlew test
```

7.2.2 테스트를 구현하자

그럼 예제 앱으로 단위 테스트 구현 방법을 자세히 확인해 보겠습니다. 이번 예제 앱에서는 간단한 BMI 계산을 합니다. BMI란 키와 몸무게로 산출할 수 있는 지수로서 건강지표 중 하나입니다. 예제 프로젝트는 tech07/BmiCalculator를 참조해주세요. [그림 7-6]은 예제 앱의 실행 화면입니다.

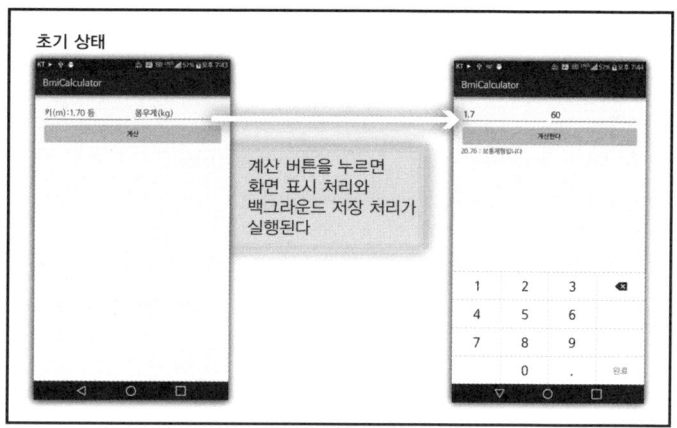

[그림 7-6] BMI 앱의 화면

다음은 앱의 사양입니다.

- 화면에 키와 몸무게 입력을 요구하는 텍스트와 BMI를 계산하는 버튼이 설치된다.
- 버튼을 누르면 BMI 값이 계산되고, 백그라운드에서 저장 처리를 시작한다(저장 처리 중에는 버튼이 비활성화된다).
- 저장 처리를 마치면 버튼이 다시 활성화된다.

이 앱의 대략적인 클래스 설계를 정리해 두겠습니다. 주요 클래스 사이의 연결을 [그림 7-7]에 나타냅니다. 우선 키와 몸무게를 입력하고 BMI 값을 출력하는 화면은 MainActivity 클래스가 담당합니다. 다음으로 BmiCalculator 클래스에서는 BMI 값이 계산됩니다.

남은 BmiSaveService는 백그라운드에서 BMI 값을 저장합니다. BMI 값의 저장을 마치면 저장 처리가 끝났다는 것을 LocalBroadcast합니다. 이들 클래스는 다음과 같은 순서로 처리됩니다.

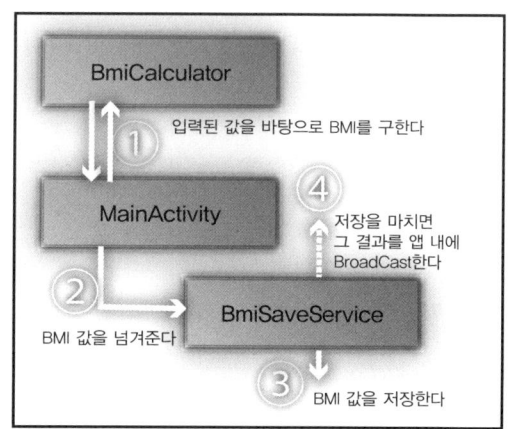

[그림 7-7] BMI 앱의 주요 클래스와 그 동작

1. MainActivity는 사용자로부터 입력된 키와 몸무게를 BmiCalculator에 넘겨주고 BMI 값을 얻는다
2. MainActivity는 BMI 값을 얻은 후, BmiSaveService를 시작한다
3. BmiSaveService는 BMI 값의 저장 처리를 한다
4. BmiSaveService는 저장 처리가 끝났다고 LocalBroadcast하고 MainActivity는 그 알림을 받아 UI 표시를 갱신한다.

예제 앱 안에 많은 테스트가 구현됐지만 그중 특징적인 BmiCalculator와 SaveBmiService라는 두 클래스의 테스트 코드를 확인해 보겠습니다.

우선 BMI를 계산하는 BmiCalculator를 살펴봅시다. BmiCalculator에서 calculate() 메서드를 호출하면 BMI 값을 나타내는 BmiValue 형 객체가 반환됩니다. 또한 BMI 값을 생성하는 처리로서 테스트를 위해 가시성(visibility)이 완화된 createValueObject 메서드가 선언돼 있습니다(예제 7-7).

[예제 7-7] BMI 계산 클래스(BmiCalculator.java)

```java
public class BmiCalculator {
    /**
     * BMI 값을 계산해서 반환한다
     * @param heightInMeter BMI 계산에 사용할 신장
     * @param weightInKg BMI 계산에 사용할 체중
     * @return BMI 값
     */
    public BmiValue calculate(float heightInMeter, float weightInKg) {
        if (heightInMeter < 0 || weightInKg < 0) {
            throw new RuntimeException("키와 몸무게는 양수로 지정해주세요");
        }
        float bmiValue = weightInKg / (heightInMeter * heightInMeter);
        return createValueObj(bmiValue);
    }

    @VisibleForTesting
    BmiValue createValueObj(float bmiValue) {
        return new BmiValue(bmiValue);
    }
}
```

다음으로 이 BmiCalculator에 대한 테스트인 BmiCalculatorTest라는 클래스를 확인합니다. 시작 부분에는 테스트 실행의 사전 준비로서 다음과 같이 기술돼 있습니다(예제 7-8).

[예제 7-8] 테스트 초기화 부분(BmiCalculatorTest.java)

```java
public class BmiCalculatorTest {

    @Spy
    private BmiCalculator calculator = new BmiCalculator();

    @Before
    public void setup() {
        MockitoAnnotations.initMocks(this);
    }
```

@Spy는 Mockito의 어노테이션 중 하나로 '기본적으로는 일반 객체지만 일부 메서드만 교체하거나 호출해서 확인할 수 있는 객체'라는 것입니다.

MockitoAnnotations.initMocks(this);가 호출된 시점에서 이런 객체(스파이 객체)로서 행동할 수 있게 됩니다.

setup() 메서드에는 @Before라는 JUnit의 어노테이션이 붙어 있습니다. 이 어노테이션이 붙은 메서드는 테스트 케이스(@Test가 붙은 메서드)를 실행하기 전에 매번 호출됩니다. 이렇게 기술하면 클래스 내의 모든 테스트 전에 스파이 객체가 준비됩니다.

테스트 준비를 확인했으니 정상적으로 처리가 진행될 경우의 테스트를 살펴보겠습니다. BmiCalculator의 calculate() 메서드 안에서는 BMI를 계산했습니다. 이에 대한 테스트는 다음과 같이 작성돼 있습니다(예제 7-9).

[예제 7-9] 정상 처리 테스트(BmiCalculatorTest.java)

```java
@Test
public void 단순한값을넘겨서BMI가계산된다() {
    BmiValue result = calculator.calculate(1, 1);
    assertNotNull(result);
    verify(calculator, times(1)).createValueObj(1f);
}
```

```
@Test
public void 실제몸무게와키를넘겨BMI가계산된다() {
    BmiValue result = calculator.calculate(1.70f, 60f);
    assertNotNull(result);
    // 수동으로 계산한 BMI 값(20.761246f)을 기댓값으로 한다
    verify(calculator, times(1)).createValueObj(20.761246f);
}
```

우선 익숙하지 않은 메서드명이지요? 한글로 돼 있습니다. 자바의 식별자(클래스명, 메서드명, 변수명 등)는 기본적으로 유니코드 문자열이라고만 정해져 있으므로 문법적으로 위와 같이 써도 특별히 문제는 없습니다. 이 책은 독자가 코드를 읽고 곧바로 이해할 수 있도록 각 테스트 케이스에서 한글 메서드명을 사용했습니다(반드시 한글 메서드명이 좋은 것은 아닙니다. 실제 개발 현장에서는 관련 멤버나 앱의 설치 환경을 고려해 결정합시다).

이 테스트에서는 메서드 중 verify(정적 임포트돼 있지만 실제로는 Mockito.verify)가 중요합니다. verify는 Mockito로 작성한 목 객체와 스파이 객체에서 메서드가 예상대로 호출되는지 확인하는 메서드입니다. verify(calculator, times(1)).createValueObj(20.761246f);는 calculator의 createValueObj에 키 170cm, 몸무게 60kg인 사람의 BMI 값인 20.761246f라는 인수를 넘긴 호출이 1회(times(1)) 이뤄진 것을 확인하고 있습니다.

지금까지 BmiCalculator에 대한 테스트를 살펴봤습니다. 다음으로 BMI 값을 계산한 후에 실행되어 HTTP를 거쳐 저장 처리를 하는 SaveBmiService의 테스트를 확인하겠습니다. 우선은 SaveBmiService 클래스를 아래에 나타냈습니다(그림 7-10).

[예제 7-10] 백그라운드로 BMI 값을 저장하는 서비스(SaveBmiService.java)

```
public class SaveBmiService extends IntentService {

    ~ 생략 ~

    @Override
    protected void onHandleIntent(Intent intent) {

        ~ 생략 ~

        BmiValue bmiValue = (BmiValue)extra;
```

```
        boolean result = saveToRemoteServer(bmiValue);
        sendLocalBroadcast(result);
    }

    @VisibleForTesting
    boolean saveToRemoteServer(BmiValue bmiValue) {

    //--------------
    //사실은 여기에 서버에 저장하는 처리를 한다
    //--------------

        return new Random().nextBoolean();
    }

    @VisibleForTesting
    void sendLocalBroadcast(boolean result) {
        Intent resultIntent = new Intent(ACTION_RESULT);
        resultIntent.putExtra(PARAM_RESULT, result);
        mLocalBroadcastManager.sendBroadcast(resultIntent);
    }

    ~ 생략 ~
}
```

이 클래스에 대한 테스트를 살펴보기 전에 사전 지식으로서 정리해 두고 싶은 것은 단위 테스트는 로컬 PC 상의 JavaVM에서 실행하므로 실제 안드로이드의 독자적인 클래스를 그대로 사용할 수 없다는 점입니다. 예를 들어, 다음과 같은 테스트 코드를 작성해서 실행해 보면 예외가 발생합니다.

[예제 7-11] 단위 테스트 안에서 Intent를 생성하는 예(자바)

```
@Test
public void Intent생성() {
    Intent intent = new Intent();
    intent.setAction("hoge");
    assertEquals("hoge", intent.getAction());
}
```

발생하는 예외는 다음과 같습니다. setAction() 메서드의 호출 시점에서 'Intent not mocked.' 등의 메시지를 포함한 RuntimeException이 던져집니다(예제 7-12). 이 예외는 JavaVM 상에서 테스트를 실행할 때는 모든 메서드가 예외를 던지는 안드로이드 라이브러리(테스트용으로 준비된 android.jar)를 사용하기 때문입니다.

[예제 7-12] Intent 생성 시 출력되는 예외

```
java.lang.RuntimeException: Method setAction in android.content.Intent not mocked. See
http://g.co/androidstudio/not-mocked for details.
    at android.content.Intent.setAction(Intent.java)
    at com.advanced_android.bmicalculator.SampleTest.Intent생성
    (SampleTest.java:17)
```

이런 상황에 대처하고자 Gradle Android 플러그인의 testOptions을 설정합니다. 다음과 같은 설정입니다(예제 7-12).

[예제 7-13] 메서드가 예외를 던지지 않도록 하기 위한 testOptions 설정(app/build.gradle)

```
android {
    testOptions {
        unitTests.returnDefaultValues = true
    }
}
```

이 설정을 추가함으로써 안드로이드의 각 클래스에서 '모든 메서드가 예외를 던진다'라는 동작에서 '반환값이 있으면 기본값을 반환하고, 반환값이 없으면 아무것도 하지 않는다'라는 동작으로 변경됩니다. 이 설정으로 조금 전까지는 테스트 중에 예외가 발생했던 Intent.setAction() 메서드 호출에서 예외가 발생하지 않게 됩니다. 이 설정을 추가한 다음, 다시 한번 조금 전 Intent 테스트를 실행해 봅시다. 메시지가 다음과 같이 바뀌는 것을 확인할 수 있습니다(예제 7-14).

[예제 7-14] testOptions 설정 후에 다시 테스트를 실행한 결과

```
java.lang.AssertionError:
    Expected :hoge
    Actual   :null
```

이 결과는 setAction에서는 아무 일도 일어나지 않은 채 getAction에서는 String의 기본값인 null이 반환돼서 발생한 오류입니다. 이처럼 안드로이드의 각 클래스에 관련된 테스트를 할 때는 기본적으로 실제 처리는 전혀 이뤄지지 않는다는 것을 의식할 필요가 있습니다. 이에 대해 적절히 Mockito 등을 사용해 반환값이나 처리를 위장하거나 Robolectric으로 안드로이드 SDK 구현을 에뮬레이트해서 테스트를 진행할 필요가 있습니다. 이 책에서는 Mockito를 이용해 진행합니다.

[URL] Robolectric 페이지
https://robolectric.org

서두가 조금 길어졌지만 JavaVM 상에서의 테스트 특성을 이해한 후 SaveBmiService의 테스트를 확인합시다. [예제 7-15]를 살펴보겠습니다.

[예제 7-15] 서비스 처리 테스트(SaveBmiServiceTest.java)

```
@Test
public void onHandleIntent에바르게데이터가들어간Intent를전달하면데이터저장과Broadcast가이뤄진다() {
    //❶ 준비 : SaveBmiService에 전달할 Intent를 준비
    BmiValue bmiValue = mock(BmiValue.class);
    Intent intent = mock(Intent.class);
    when(intent.getSerializableExtra(SaveBmiService.PARAM_KEY_BMI_VALUE)).thenReturn(bmiValue);

    //❷ 준비 : SaveBmiService의 각 메서드는 아무것도 하지 않게 한다
    SaveBmiService service = spy(new SaveBmiService());
    doReturn(false).when(service).saveToRemoteServer((BmiValue)any());
    doNothing().when(service).sendLocalBroadcast(anyBoolean());

    //❸ 테스트와 메서드 호출 확인
    service.onHandleIntent(intent);
    verify(service, times(1)).sendLocalBroadcast(anyBoolean());
    verify(service, times(1)).saveToRemoteServer((BmiValue)any());
}
```

테스트 'onHandleIntent에바르게데이터가들어간Intent를전달하면데이터저장과Broadcast가이뤄진다'에서는 IntentService.onHandleIntent를 호출했을 때의 로직을 테스트합니다. 실제 앱 동작 환경에서는 startService됐을 때 등에 실행되는 곳입니다.

우선 ❶에서 서비스에 넘겨줄 Intent를 mock(Intent.class)로 준비하고 값을 설정합니다. 조금 전에도 언급했듯이 Robolectric 같은 테스팅 프레임워크를 사용하지 않는 한, JavaVM 상에서는 안드로이드 SDK의 각 클래스 구현은 없으므로 Intent를 new Intent()로 생성할 수 없습니다. 주의하세요.

다음으로 ❷에서는 SaveBmiService의 각 메서드에 Mockito의 'doReturn'과 'doNothing' 으로 메서드로부터 특정값을 반환하거나 메서드를 호출해도 아무것도 하지 않도록 설정했습니다. 이 부분은 이번 테스트에서는 onHandleIntent의 로직 테스트에 초점을 맞추고 있기에 이 메서드가 호출한 각 메서드의 구현에 의존하는 테스트가 되지 않게 하려는 조치입니다. 예를 들어, doReturn(false).when(service).saveToRemoteServer((BmiValue)any());라는 설정이 없으면 단위 테스트를 실행할 때 SaveBmiService 본래의 saveToRemoteServer 메서드가 호출돼 HTTP 통신이 이뤄져 버립니다.

여기까지 해서 테스트 준비를 마쳤으면 ❸에서 onHandleIntent 메서드를 호출해 각 메서드가 호출되는지 확인합니다. 그럼 Service의 마지막 테스트로서 Broadcast를 송신하는 테스트를 확인해 봅시다(예제 7-16).

[예제 7-16] Broadcast를 송신하는 처리의 테스트(SaveBmiServiceTest.java)

```
@Test
public void Broadcast를날린다() {
    // 테스트를 위해 LocalBroadcastManager를 교체
    LocalBroadcastManager manager = mock(LocalBroadcastManager.class);
    SaveBmiService service = new SaveBmiService();
    service.setLocalBroadcastManager(manager);

    // Broadcast 송신
    service.sendLocalBroadcast(true);

    // LocalBroadcast로 Broadcast가 실행되고 있는지 확인
    verify(manager, times(1)).sendBroadcast((Intent)any());
}
```

여기서 특징적인 것은 setLocalBroadcastManager로 Service가 이용하는 LocalBroadcastManager를 바꾸는 부분입니다. SaveBmiService의 setLocalBroadcastManager 메서드를 보면 @VisibleForTesting 어노테이션이 붙어 있습니다(예제 7-17).

@VisibleForTesting은 구현이 없고 이름만 있는 마커 어노테이션 중 하나입니다. 메서드와 필드를 테스트용으로 공개했지만 원래는 더 좁은 스코프라는 의도를 분명히 보여줄 수 있습니다. 다시 말해, setLocalBroadcastManager는 '테스트용으로 공개된 것'이라는 말이니, 제품에서 이 메서드를 이용할 때는 신중해집시다.

[예제 7-17] LocalBroadcastManager의 세터 메서드(SaveBmiService.setLocalBroadcastManager)

```
@VisibleForTesting
void setLocalBroadcastManager(LocalBroadcastManager manager) {
    mLocalBroadcastManager = manager;
}
```

이번에는 객체 변경을 위해 원시적인 세터 메서드를 사용했지만 Factory 메서드와 Mockito의 @InjectMock, DI 컨테이너를 사용하는 등 객체를 변경하는 방법은 여러 가지로 생각해 볼 수 있습니다. 이 책에서 자세한 설명은 생략하지만 객체 생성 시점과 변경을 어디까지 규격화할지 제품의 코드 등을 고려해 상황에 맞게 선택할 수 있도록 각각의 방법을 알아둡시다.

테스트 도입 전략을 세우자

여러분의 프로젝트에는 실제로 테스트 코드가 들어 있나요? 테스트의 중요성과 필요성은 인식하지만 테스트를 거의 도입하지 않은 프로젝트도 많이 있을 것입니다. 만약 테스트가 전혀 없는 프로젝트에 테스트를 도입하려면 어떻게 상대해야 좋을까요. 이번 절에서는 단위 테스트 도입을 위한 전략을 함께 생각해 봅시다.

7.3.1 테스트 도입을 향한 첫걸음

실제로 단위 테스트를 도입하려 했을 때 작업 방침은 몇 가지로 생각할 수 있습니다. 테스트를 도입할 때 필자가 권하고 싶은 방침은 '코드를 새로 작성한다.' 혹은 '기존 코드를 편집할 때는 반드시 테스트를 준비한다.'입니다. 이런 작업 방침이라면 기능 추가나 오류 수정처럼 사용자에게 가치를 전달하는 일과 테스트 코드로 앱의 품질을 유지하는 일을 양립시킬 수 있습니다.

테스트를 기술할 대상이 한정된 범위로 끝나므로 작업량이 많이 늘어나는 경우도 비교적 적겠지요. 또한 TDD(Test Driven Development) 같은 테스트 주도 개발 기법에 대응하기도 쉬워집니다.

테스트 도입 방침과 작업 방침이 정해졌으니 이제 테스트 코드를 작성해 갑니다. 실제 테스트 코드를 작성할 때 '반드시'라고 해도 좋을 만큼 직면하게 되는 것이 '테스트 코드가 없는 상태로 기술된 코드의 테스트는 매우 어렵다, 또는 불가능하다'는 사실입니다. 특히 테스트 코드 작성을 어렵게 하는 원인은 패키지나 객체, 메서드 호출 등의 의존관계입니다. 이 의존관계가 매우 강력(밀결합)하면 테스트 코드에서 기대하는 값 등을 변경할 수 없어 제대로 된 단위 테스트를 작성할 수 없습니다. 그러므로 그런 상태의 코드에서 어떻게 사양을 변경하지 않고(동작을 파괴하지 않고) 테스트를 작성해 갈 수 있는지 예를 들어 살펴보겠습니다.

7.3.2 메서드가 지나치게 길지만 테스트는 작성하고 싶다

여기에 DataHandler라는 클래스가 있습니다. DataHandler 클래스에는 handle()이라는 메서드가 있고, Data 객체를 받아 1,000라인에 이르는 방대한 처리를 합니다. 이 handle 메서드에 처리를 추가할 경우에는 어떻게 대처하면 좋을까요?

[예제 7-18] 기능 추가 전의 구현(DataHandler.java)

```java
// 기능 추가 전
class DataHandler {
    void handle(Data data) {
        // 1000줄의 코드
    }
}
```

대처 방법의 하나는 추가할 처리를 다른 메서드로 선언해 버리는 것과 기존 구현도 별도의 메서드로 이식해 버리는 것입니다. 구체적으로는 [예제 7-19]처럼 원래 handle 메서드에 있던 처리를 doHandle 메서드로, 추가되는 메서드를 newHandle 메서드에 기술합니다(실제로는 newHandle이라는 이름은 적절하지 않으므로 처리 내용을 표현하는 메서드 이름으로 지정합시다).

[예제 7-19] 기능 추가 후의 구현(DataHandler.java)

```java
// 기능 추가 후
class DataHandler {
    void handle(Data data) {
        doHandle(data);
        newHandle(data); // 새 기능
    }

    @VisibleForTesting
    void doHandle(Data data) {
        // 1000줄의 코드!
    }

    @VisibleForTesting
    void newHandle(Data data) {
        // 몇 줄 정도의 단순한 처리
    }
}
```

이처럼 DataHandler 클래스를 작성하면 새로 작성한 코드에 대한 테스트는 매우 쉽게 할 수 있습니다. 테스트의 예로서 DataHandleTest 클래스를 나타냈습니다(예제 7-20).

[예제 7-20] DataHandler 테스트(DataHandlerTest.java)

```
// 테스트
class DataHandlerTest {
    @Test
    public void handle를호출하면newHandle처리가실행된다() {
        DataHandler handler = spy(new DataHandler());
        doNothing().when(handler).doHandle();
        handler.handle();
        verify(handler, times(1)).newHandle();
    }
    @Test
    public void newHandle메서드로적절히처리가실행된다() {
        DataHandler hander = spy(new DataHandler());
        handler.newHandle();

        // 여기서 newHandler의 결과를 verify한다
    }
}
```

우선 'handle를호출하면newHandle처리가실행된다'에서는 원래 1,000줄에 달하는 처리(doHandle)를 doNothing 메서드로 대담하게 무효화하고 있습니다. 이로써 단위 테스트를 할 때 실행되면 안 되는 1,000줄 안에 섞여 있을 구현(IO 처리나 의존 객체의 상태 등)을 무시하고, 추가된 처리가 호출되는지만 테스트할 수 있게 됐습니다.

다음으로 'newHandle메서드로적절히처리가실행된다'에서는 newHandle 유닛을 테스트합니다. 새로운 처리는 작고 단순한 메서드일 것이므로 간단히 테스트할 수 있겠지요. 이렇게 처리가 새로 추가하는 부분을 완전히 별개의 조작으로서 다루는 메서드를 스프라우트 메서드(Sprout Method), 처리를 감싸고 있는 handle과 같은 메서드를 랩 메서드(Wrap Method)로 부르므로 함께 알아둡시다(참고: 『레거시 코드 활용 전략(Working Effectively with Legacy Code)』, 마이클 C 페더즈, 2008년 에이콘 출판).

아무리 긴 메서드도 이처럼 처리를 나눔으로써 테스트 가능한 영역이 늘어나게 됩니다. 테스트 가능한 영역이 늘어나면 테스트로 보호된 상태에서 리팩터링이나 버그 수정을 할 수 있는 등, 품질에도 좋은 영향이 서서히 드러나기 시작하겠지요. 티끌 모아 태산이라는 속담은 테스트에도 아주 잘 들어맞습니다. 조금씩이라도 좋으니 꼭 테스트를 시작해 봅시다.

7.3.3 리팩터링 기능 활용

조금 전 예에서는 새로 추가되는 처리의 메서드를 나눠서 테스트 코드를 작성하는 방법을 소개했습니다. 그런데 추가된 코드에 대한 테스트는 작성할 수 있었지만 원래 있던 '1,000줄의 코드'에 대한 테스트는 전혀 준비되지 않았습니다. 이런 부분에는 어떻게 테스트를 도입해가는 게 좋을까요?

여러 가지 방법을 생각해 볼 수 있지만 쉽고 안전하게 실천할 방법의 하나로서 안드로이드 스튜디오의 리팩터링 기능을 활용하는 방법이 있습니다. 리팩터링이란 기존 동작을 변화시키지 않은 채 코드의 구현을 변경하는 것입니다. 안드로이드 스튜디오와 같은 IDE는 대부분 이런 변경을 자동으로 해주는 기능을 갖추고 있습니다.

리팩터링에는 설계를 개선할 수 있다는 장점과 함께 테스트를 작성할 수 있게 하는 효과도 있습니다. 이번 절을 시작할 때 테스트를 어렵게 하는 원인 중 하나로서 객체 간의 밀접한 의존관계가 있다고 설명했습니다. 리팩터링을 수행함으로써 이러한 의존관계를 '긴밀한 결합'에서 '느슨한 결합'으로 만들고, 객체를 교체할 수 있는 상태로 만들어 갈 수 있습니다.

우선 안드로이드 스튜디오의 리팩터링 기능을 살펴보겠습니다. [그림 7-8]은 소스코드에 오른쪽 버튼을 클릭했을 때 표시되는 리팩터링 메뉴입니다.

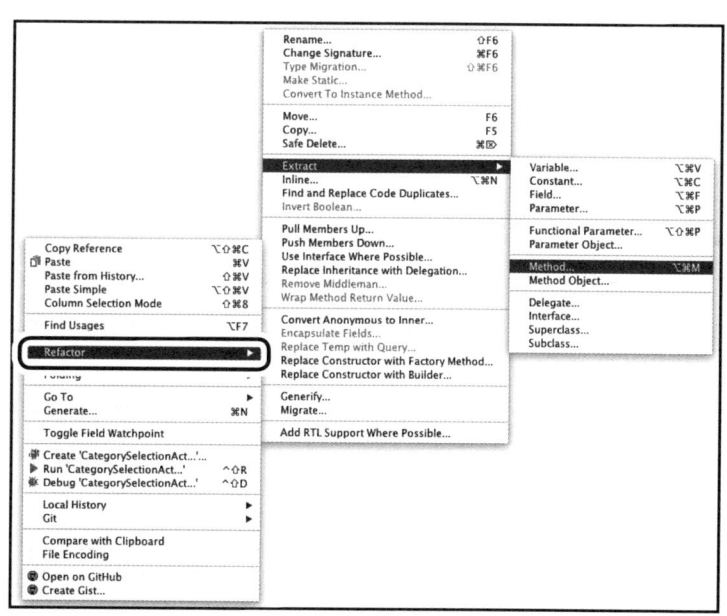

[그림 7-8] 안드로이드 스튜디오의 리팩터링 메뉴

메뉴 안에는 클래스명과 객체명의 변경, 인라인화, 멤버 변수로 올리기 등 수많은 기능이 나열돼 있습니다. 여기서는 몇 가지 기능으로 좁혀 설명하지만 기본적으로는 어떤 종류의 리팩터링이라도 테스트에 유용할 때가 많습니다. 실제 코드를 작성해 가는 중에는 유연하게 대응하면서 리팩터링을 진행해 갑시다.

우선은 일부 구현을 메서드로 잘라내는 '메서드 추출(Extract Method)'부터 살펴보겠습니다. 예를 생각해 봅시다. 여기에 Storage 클래스가 있습니다. 이 Storage 클래스는 여러 개의 Item을 가지고 있고, 기한이 지난 Item을 버릴 수 있는 scrapExpiredItems 메서드를 정의하고 있습니다.

[예제 7-21] 여러 개의 Item을 가진 Storage 클래스(자바)

```java
public class Storage {

    private List<Item> mItemList = new ArrayList<>();

    public void scrapExpiredItems() {
        Date now = new Date();
        for (Item item : mItemList) {
            // DB를 읽거나 HTTP 통신을 해서
            // 기한을 확인할 가능성이 있다
            if (item.isExpiredIn(now)) {
                item.scrap();
            }
        }
    }
}
```

scrapExpiredItems를 테스트하려고 할 때 문제가 되는 것이 Item 클래스의 isExpiredIn 메서드입니다. 이 메서드에서는 유효기한을 확인하기 위해 DB를 조회하거나 HTTP 통신을 할 가능성도 부정할 수 없습니다. 그러니 이 부분을 메서드로 추출합시다. 메서드를 추출하면 다음과 같은 코드가 됩니다(예제 7-22).

[예제 7-22] 메서드 추출을 한 결과로 변화된 Storage 클래스(자바)

```java
public class Storage {

    private List<Item> mItemList = new ArrayList<>();

    public void scrapExpiredItems() {
        Date now = new Date();
        for (Item item : mItemList) {
            scrapIfExpired(now, item);
        }
    }

    // scrapExpiredItems 메서드 테스트인 경우
    // 이 메서드를 위장하면 Item을 실제로 처리하지 않는다

    void scrapIfExpired(Date now, Item item) {
        if (item.isExpiredIn(now)) {
            item.scrap();
        }
    }
}
```

Item의 기한이 지났는지 판단해 기한이 다 됐으면 버리는 처리를 scrapIfExpired 메서드에 이식했습니다. 이 상태로 scrapIfExpired 메서드를 위장하면 Item의 실제 처리가 일어나지 않습니다. 또한 scrapExpiredItems 메서드에만 주목해도 Item 객체를 메서드의 인수로서 넘겨줄 수 있으므로 일부 메서드를 교체한 Item을 넘겨주면 쉽게 테스트할 수 있을 것입니다.

메서드 추출과 매우 가까운 기능으로서 '클래스 추출(Extract Method Object)'이라는 기능이 있습니다. 이 기능은 특정 처리를 메서드가 아니라 통째로 다른 클래스로 추출해 버리는 것입니다. 함께 확인해 둡시다.

다음으로 '객체의 인수화(Parameter Object)'입니다. 이는 아주 단순한 기능으로 메서드 내부에서 new 키워드 등으로 객체를 가져오는 부분을 메서드의 인수로 만드는 기능입니다. 다음과 같은 예를 생각해 봅시다(예제 7-23).

[예제 7-23] DB에서 사용자 목록을 읽어와 표시하는 showAllUser 메서드(자바)

```java
public void showAllUser() {
    DbManager dbManager = DbManager.getInstance();
    ArrayList<User> users = dbManager.findAllUser();

    // 사용자 목록 표시 처리
    ~ 생략 ~
}
```

showAllUser 메서드를 호출하면 내부적으로 DB를 읽고 데이터를 표시합니다. 이때 문제가 되는 것이 DbManager.getInstance()를 실행하는 부분입니다. 이 설계대로라면 DbManager 객체를 교체할 수 없어 항상 데이터베이스에 접속해야 합니다. 이래서는 안정된 테스트 결과를 얻을 수 없겠지요. 그런 이유에서 객체를 인수로 만들어 보겠습니다(예제 7-24).

[예제 7-24] 객체를 인수화한 showAllUser 메서드(자바)

```java
public void showAllUser(DbManager dbManager) {
    ArrayList<User> users = dbManager.findAllUser();

    // 사용자 목록 표시 처리
    ~ 생략 ~
}
```

조금 전엔 메서드 내부에서 생성했던 DbManager 객체를 showAllUser 메서드의 인수로서 받을 수 있게 됐습니다. 아주 사소한 차이지만 객체를 교체할 수 있다는 점에서 크게 앞서 나갔습니다. 이 상태라면, 예를 들어 테스트 코드에서 mock(DbManager.class)으로 한 객체를 showAllUser 메서드에 전달함으로써 DB에 의존하지 않는 테스트를 실행할 수 있게 됩니다.

지금까지 메서드를 추출하고 객체를 인수화했습니다. 마지막으로 살펴볼 것은 단순한 '코드 이동(Move)'입니다. 리팩터링을 착실하게 실천해 가다 보면, 예를 들어 단순한 목록 조사 처리가 View를 담당하는 클래스에 있는 등 코드가 있어야 할 장소가 다른 장면이 자주 나타납니다. 그럴 때는 '코드 이동' 기능으로 원래 있어야 할 곳으로 코드를 이동합시다. 이때의 주안점은 어디까지나 인터페이스 정리에 있지만 의존관계가 정리된다는 점에서는 테스트를 간편하게 작성하는 데도 좋은 영향을 미칩니다. 코드가 있는 장소가 어색하다면 코드 이동을 검토해 보세요.

이상으로 몇 가지 리팩터링 기능을 설명했습니다. 안드로이드 스튜디오의 강력한 리팩터링 기능을 이용하면 코드를 테스트할 수 있는 상태로 정리할 수 있다는 사실을 충분히 알 수 있겠지요. 덧붙여, 이번에는 안드로이드 스튜디오의 리팩터링 기능을 사용했으므로 행동에는 바뀐 게 없다는 사실이 (거의) 보증됩니다.

그럼 반대로 수동으로 리팩터링하는 경우에 어떻게 대처하면 좋을까요? 아무래도 수동으로 리팩터링하는 경우에는 전달하는 인수나 반환값에 관한 실수가 자주 일어납니다. 테스트를 위해 코드를 바꿨는데 새로운 버그를 만들어 내버린다면 본전도 못 찾는 것이겠지요. 그에 대한 한 가지 해결책으로는 수동으로 리팩터링할 때 '변경으로 행동이 달라지지 않는다는 것을 보증하는 테스트 코드'를 작성하면서 작업을 진행하는 방법이 있습니다. 리팩터링 기능 등을 사용해 테스트에 익숙해지면 수동으로 코드를 변경하면서 테스트를 진행해 가는 방법에도 도전해 봅시다.

정리

이번 장에서는 안드로이드의 단위 테스트 준비와 구현 방법, 실제 코드에서 어떻게 단위 테스트를 작성하는지 학습했습니다. 이처럼 단위 테스트를 준비하면 여러분의 소스코드가 예상한 로직대로 동작하는지 언제라도 재빠르게 알 수 있게 됩니다. 단위 테스트는 코드를 수정해도 원래 사양을 파괴하지 않는지 확인하는 수단(회귀 테스트)으로서도 많은 도움이 됩니다.

이처럼 단위 테스트를 운영한다면 앱을 유지보수하는 데 많은 장점을 얻을 수 있습니다. 꼭, 여러분의 프로젝트에서도 일상적으로 단위 테스트를 작성할 수 있도록 해보세요.

CHAPTER 08

UI 테스트를 이해하고 실천한다: UI 테스트 작성

7장에서는 단위 테스트로 로직이나 객체 간의 협조 동작에 문제가 없는지 확인했습니다. 하지만 단위 테스트만으로 감당할 수 있는 영역에는 한계가 있고, 품질이나 유지보수성을 높이는 데 반드시 충분하지만은 않은 경우가 있습니다.

그래서 이번 장에서는 실제 안드로이드 디바이스 상에서 실행하는 UI 테스트 등에 초점을 맞추고 그 개요와 실제 구현 방법을 살펴보겠습니다. 덧붙여, 이번 장에서 '실제 디바이스'라고 말하는 곳은 모두 에뮬레이터로도 대신할 수 있습니다.

8.1 UI 테스트를 이해하자

이번 장에서 다룰 UI 테스트란 어떤 것일까요? 학습을 진행하기 전에 우선은 안드로이드의 테스트 계층을 다시 정리하고, 7장에서 다룬 단위 테스트와의 차이점이나 UI 테스트의 대상 영역 및 목적을 정리하겠습니다.

8.1.1 단위 테스트와의 차이를 이해하자

7장에서는 [그림 8-1]처럼 안드로이드의 테스트를 분류했습니다. 이번에는 단위 테스트(맨 아래층)와 UI 테스트(아래서 2번째 층)의 차이를 정리해 봅시다.

눈에 띄는 차이점으로서 단위 테스트와 UI 테스트는 실행 환경이 다릅니다. 단위 테스트는 로컬의 JavaVM 상에서, UI 테스트는 실제 안드로이드 디바이스에서 합니다. 실제로는 단위 테스트를 안드로이드 디바이스 상에서 실행해도 전혀 상관없지만 왜 이런 차이가 생기는 걸까요?

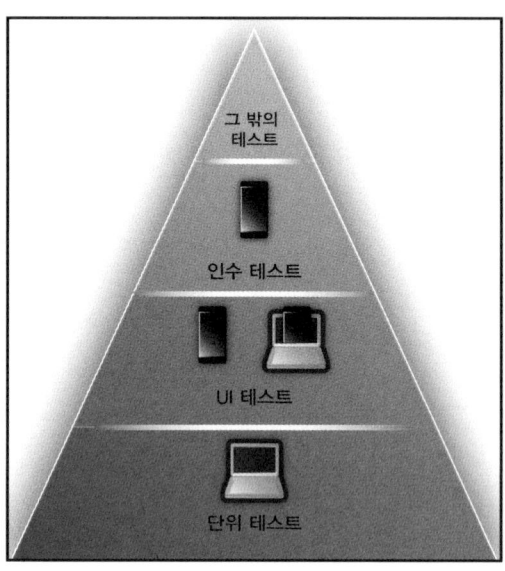

[그림 8-1] 안드로이드 앱의 테스트 계층

[표 8-1] 단위 테스트와 UI 테스트의 특징

특징	단위 테스트	UI 테스트
실행 환경	로컬 PC의 JavaVM	안드로이드 디바이스
실행 속도	빠르다	비교적 느리다
안드로이드 플랫폼에 의존한 테스트	기본적으로는 할 수 없다	할 수 있다.

단위 테스트가 로컬 PC 상에서 실행되는 이유 중 하나로서 단위 테스트는 환경에 의존하지 않고 언제라도 빠르게 실행돼야만 한다는 점을 들 수 있습니다. 구체적으로는 '다른 객체나 메서드와의 의존성을 제거해 단독으로 실행할 수 있을 것'과 '수 밀리초 이하라는 짧은 시간에 언제라도 실행할 수

있을 것' 등입니다. 역설적이긴 하지만 로컬 PC의 JavaVM 상에서 실행되는 테스트인 경우 테스트 실행 환경이 안드로이드가 아니므로 안드로이드 플랫폼(안드로이드 자체의 클래스 구현)을 이용한 테스트는 기본적으로 작성할 수 없습니다. 그래서 의존성 제거를 반쯤 강제적으로 실현할 수 있습니다. 또한 로컬 PC의 JavaVM 상에서의 테스트라면 테스트 실행까지의 절차는 단순히 컴파일과 실행뿐입니다. 이런 이유에서 단위 테스트는 기본적으로 로컬 PC의 JavaVM 상에서 실행됩니다.

반면 UI 테스트는 안드로이드 디바이스 상에서 실행됩니다. 이러한 테스트는 UI에 대한 입출력이나 DB · 통신 등 안드로이드 플랫폼에 의존한 기능과 연계해 확인할 필요가 있습니다. 이런 기능을 로컬 PC의 JavaVM에서는 환경이 달라 확인하기가 매우 곤란합니다. 그래서 거의 필연적으로 안드로이드 디바이스에서 실행됩니다.

8.1.2 UI 테스트의 실제

앱 개발이나 공개 전 테스트는 어떤 식으로 확인하시나요? 대부분 실제 앱 화면을 열어 수동으로 동작을 확인할 것입니다. 이런 화면 조작을 코드화해 자동으로 실행할 수 있는 형태로 만든 것이 UI 테스트입니다. UI 테스트로 액티비티, 프래그먼트, 뷰처럼 표시에 관련된 컴포넌트를 시작으로 하는 동작을 테스트할 수 있습니다.

우선 UI 테스트의 실제 예로서 Android Dev Summit 2015에서 발표된 샘플 노트 앱에서는 어떠한 테스트를 하는지 확인해 봅시다. 이 앱은 [그림 8-2]처럼 노트 목록 화면, 노트 추가 화면, 노트 상세 화면의 3개 화면으로 이뤄진 매우 단순한 구성입니다.

이 앱에서는 다음과 같은 테스트 케이스가 준비돼 있습니다.

- 노트 목록 화면의 Floating Action Button을 탭 하면 노트 추가 화면이 열릴 것
- 노트 추가 화면에서 노트를 추가하면 노트 목록 화면에서 해당 노트가 표시될 것

이 예제에 관해 더 자세히 알고 싶은 분은 다음 URL을 참조하세요.

[URL] 구글이 공개한 UI 테스트 자료(Google Codelabs)
https://codelabs.developers.google.com/codelabs/android-testing/index.html#6

UI 테스트에서는 이처럼 화면을 따라 입력이나 화면 전환, 표시 항목을 확인해 갑니다. 이런 테스트를 준비해 둠으로써 수동으로 UI를 조작할 필요가 없어지고, 테스트 절차가 줄어들길 기대할 수

있습니다. 또한 테스트 코드를 보면 화면이 어떤 사양인지 파악할 수 있는 등 문서로서의 가치도 있습니다. UI 테스트는 새 기능을 개발할 때뿐만 아니라 오류를 제거하거나 수정할 때도 회귀 테스트(regression test; 수정으로 새로운 오류가 생기지 않았는지 확인하는 테스트)로 이용할 수도 있습니다.

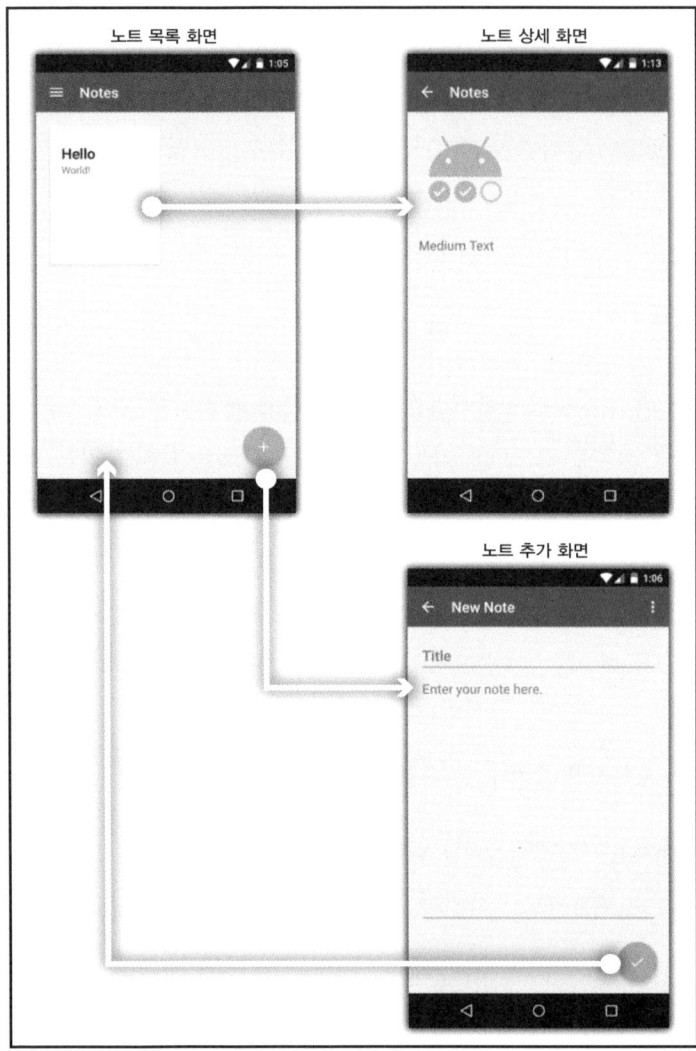

[그림 8-2] UI 테스트 대상이 되는 예제 코드 앱의 사양

UI 테스트를 구현하자

UI 테스트를 구현해 봅시다. 안드로이드의 UI 테스트는 보통 에스프레소(Espresso)라는 프레임워크로 구현합니다. 이번 절에서는 에스프레소 환경 준비부터 자세한 사용법까지 알아보겠습니다.

8.2.1 UI 테스트 프레임워크 에스프레소를 활용하자

에스프레소는 구글이 제공하는 UI 테스트를 위한 프레임워크로서 다양한 사용자 조작을 재현해 앱을 동작시킬 수 있습니다. 에스프레소의 특징으로는 UI 조작에 대기 시간이 고려되는 점을 들 수 있습니다. 구체적으로는 메인 스레드가 idle 상태가 됐을 때만 UI에 입력 조작을 할 수 있습니다. 예를 들어, 다른 조작이 완료되기 전까지 슬립하는 등의 번거로운 UI 관련 구현으로부터 개발자가 해방됩니다.

에스프레소에서는 다음과 같은 코드로 UI 테스트를 구현합니다(예제 8-1).

[예제 8-1] 에스프레소에 의한 UI 테스트 예제 코드(자바)

```java
@Test
public void greeterSaysHello() {
    onView(withId(R.id.name_field)).perform(typeText("홍길동")); // ❶
    onView(withId(R.id.greet_button)).perform(click());  // ❷
    onView(withText("Hello 홍길동!")).check(matches(isDisplayed()));
    // ❸
}
```

예제 코드를 간단히 설명하겠습니다. ❶에서 id로서 name_field를 가진 View에 홍길동이라는 문자열을 입력했습니다. 다음으로 ❷에서 id로서 greet_button을 가진 View를 클릭합니다. 마지막으로 ❸에서 화면에 'Hello 홍길동!'으로 표시되는지 검증합니다.

비록 간단한 예긴 하지만 에스프레소에서는 텍스트 입력, 클릭, 화면 표시 상태 확인과 같은 구현을 매우 손쉽게 할 수 있음을 알 수 있습니다.

8.2.2 에스프레소 사용 환경을 준비하자

실제로 프로젝트에 에스프레소를 이용해 간단한 테스트 코드를 작성해봅시다. 에스프레소는 안드로이드 2.2(API Level 8) 이상에서 사용할 수 있습니다. 또한 2014년 말에 버전 2로 되고부터는 Android Testing Support Library에도 포함되어 프로젝트에 도입하기도 간단해졌습니다. 이번에 사용할 예제 프로젝트는 tech08/BasicEspressoTest입니다.

우선은 빌드 스크립트에 의존관계 등 기본적인 사항을 설정합니다. 다음처럼 build.gradle에 에스프레소의 의존관계와 Runner를 설정합니다(예제 8-2).

[예제 8-2] 에스프레소 사용에 필요한 설정(app/build.gradle)

```
android {
    defaultConfig {
        testInstrumentationRunner "android.support.test.runner.AndroidJUnitRunner"
    }
}

dependencies {
    compile 'com.android.support:design:23.1.1'
    // JUnit4를 사용하기 위해 필요합니다
    androidTestCompile('com.android.support.test:runner:0.4') {
        exclude module: 'support-annotations'
    }
    // JUnit4의 Rule을 사용하기 위해 필요합니다
    androidTestCompile('com.android.support.test:rules:0.4') {
        exclude module: 'support-annotations'
    }
     // Espresso
    androidTestCompile('com.android.support.test.espresso:espresso-core:2.2.1') {
        exclude module: 'support-annotations'
    }
}
```

dependencies의 androidTestCompile에 기술한 라이브러리는 실제 디바이스에서 테스트하는 용도입니다. 덧붙여, 7장에서는 testCompile을 사용했지만 이쪽은 JavaVM 상에서의 테스트용 의존관계가 되므로 혼동하지 않게 주의합시다.

이 androidTestCompile에서는 테스트 관련 라이브러리가 3개 설정돼 있고, 에스프레소에서는 이 라이브러리를 사용합니다.

이때 exclude 설정으로 각 라이브러리가 참조할 support-annotations를 의존관계에서 제외하는 것을 알 수 있습니다. 이 부분은 이번에 설정한 3개의 라이브러리와는 다른 라이브러리에서 충돌이 생겨 오류가 일어나는 경우에 필요합니다. 이번 예에서는 디자인 지원 라이브러리에서도 support-annotations에 의존이 있고, 또한 참조하는 버전이 다르므로 필요합니다.

다음으로 간단한 테스트 코드를 준비해 실행해 봅시다(예제 8-3). 실제 디바이스에서 실행할 테스트는 MODULE_NAME/src/androidTest에 작성합니다. 이번에 테스트 대상으로 한 앱은 화면에 텍스트와 FAB(Floating Action Button)가 표시되고 FAB를 탭하면 텍스트가 바뀌는 단순한 앱입니다.

※Tech07과 마찬가지로 이번 장에서도 메서드 이름 일부를 한글로 해서 설명합니다.

[예제 8-3] 메인 화면에 대한 UI 테스트(MainScreenTest.java)

```java
@RunWith(AndroidJUnit4.class)
public class MainScreenTest {

    //fab를 클릭한 뒤에 표시되는 메시지
    final String MESSAGE = MainActivity.DONE_MESSAGE;

    @Rule
    public ActivityTestRule<MainActivity> mMainActivityTestRule =
            new ActivityTestRule<>(MainActivity.class);

    @Test
    public void 화면에FAB관련문자열이표시되지않는다() {
        onView(withText(MESSAGE)).check(doesNotExist()); //메시지가 표시되지 않았다
    }

    @Test
    public void FAB를클릭하면FAB관련메시지가표시된다() {
        onView(withId(R.id.fab)).perform(click()); //FAB를릭
        onView(withText(MESSAGE)).check(matches(isDisplayed())); //메시지가 표시돼 있다
    }

}
```

우선 이번에는 액티비티 테스트를 위해 Activity TestRule 클래스를 사용합니다(Activity TestRule은 에스프레소 2.1 이상부터 사용할 수 있습니다).

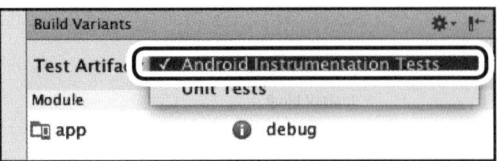

[그림 8-3] 실제 디바이스 테스트 시 Test Artifacts 설정

ActivityTestRule에 테스트할 액티비티의 클래스 객체를 넘기고, 그 필드에 @Rule을 붙이면 준비가 끝납니다. 실행할 테스트는 @Test가 붙은 메서드 2개입니다. 구체적으로는 '처음 화면을 표시할 때는 클릭 후에 표시되는 메시지가 존재하지 않는다'는 것과 'FAB를 클릭한 후에는 표시되는 메시지가 있다'는 테스트가 됩니다.

준비를 마쳤으면 테스트를 실행해 봅시다. 테스트는 실제 디바이스 상에서 실행되므로 단말을 연결해 두는 것을 잊지 마세요. 안드로이드 스튜디오와 그레이들 커맨드를 사용할 경우 각각에 대해 실행 방법을 확인하겠습니다. 먼저 안드로이드 스튜디오에서 실행하는 경우입니다. 처음에 Build Variants의 Test Artifacts를 'Instrumentation Test'로 설정합니다(그림 8-3).

[그림 8-4] 실제 디바이스 테스트 실행

※ 2016년 1월에 공개된 안드로이드 스튜디오 2.0 Preview 5 이후에는 Test Artifacts 설정이 필요없어졌습니다.

이제 테스트를 실행할 수 있게 됩니다. 테스트를 실행하고 싶은 파일이나 패키지 등을 마우스 오른쪽 버튼으로 클릭해 테스트 실행 메뉴를 선택합니다(그림 8-4).

실행 결과는 Run 윈도우에 표시됩니다. JavaVM에서와 같은 방법으로 확인할 수 있습니다(그림 8-5).

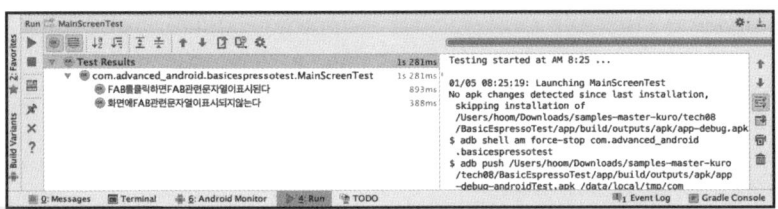

[그림 8-5] 실제 디바이스에서 테스트를 실행한 결과

그레이들을 이용한 실행 방법은 [예제 8-4]처럼 아주 간단합니다.

[예제 8-4] 커맨드라인에서 테스트를 실행한다

```
$ ./gradlew connectedAndroidTest
```

테스트에 성공하면 'BUILD SUCCESSFUL'이라고 표시됩니다.

8.2.3 에스프레소를 이해하자

에스프레소에 관해 지금까지 간단한 예제를 살펴봤습니다. 이제부터는 좀 더 자세히 설명해 보겠습니다. 우선 구글이 제공하는 에스프레소의 치트 시트(Cheat Sheet)를 확인해 봅시다.

[URL] 에스프레소의 치트 시트
https://google.github.io/android-testing-support-library/docs/espresso/cheatsheet/

치트 시트에는 다음 4가지 메서드가 기재돼 있습니다(그림 8-6). 에스프레소에서는 주로 이 메서드를 기반으로 테스트를 구현합니다.

- Espresso.onView
- Espresso.onData
- Intents.intended
- intents.intending

이제부터는 다음 메서드를 사용한 테스트 구현을 살펴봅시다. 우선 Espresso.onView와 Espresso.onData의 실제 예로서 구글이 공개한 퀴즈 앱 'Topeka'를 확인하겠습니다.

Topeka는 다음 페이지의 URL로 배포되므로 로컬에서 동작을 확인하고 싶을 때는 다운로드해야 합니다. 또한 이 앱에는 UI 테스트뿐 아니라 다양한 테스트가 함께 들어 있어 테스트 구현 방침이나 자세한 작성 방법을 참고할 수 있습니다.

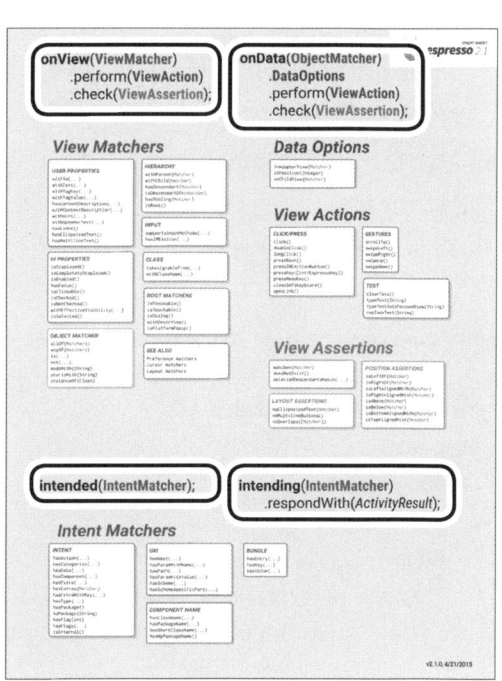

[그림 8-6] 에스프레소 치트 시트

[URL] Topeka 앱(구글이 공개한 예제 앱)
https://github.com/googlesamples/android-topeka/tree/13102015

Topeka의 화면 구성은 [그림 8-7]과 같습니다. 사용자 이름과 아바타 이미지를 입력해 로그인한 후, 카테고리별 퀴즈에 응답하는 구성입니다.

3개의 화면 각각에 대해 UI 테스트가 구현되지만 여기서는 로그인 화면 테스트를 살펴봅시다. 로그인 화면 테스트는 SignInActivityTest에 구현돼 있습니다(예제 8-5).

[그림 8-7] Topeka 앱의 개요도

우선 테스트의 설정인 '액티비티 테스트를 위한 Rule 정의'를 살펴보겠습니다. 여기서는 SignInActivity를 사용하도록 정의돼 있고, beforeActivityLaunched 메서드 또한 오버라이드돼 있습니다. 그 이름대로 '테스트에서 액티비티가 시작하기 전 처리'를 정의할 수 있는 메서드입니다. 로그인 화면 테스트에서는 반드시 로그인 화면을 표시할 필요가 있으므로 이 메서드를 이용해 로그아웃 처리를 수행합니다.

[예제 8-5] 테스트의 사전 준비(SignActivityTest.java)

```java
@RunWith(AndroidJUnit4.class)
@LargeTest
public class SignInActivityTest {

    @Rule
    public ActivityTestRule<SignInActivity> mActivityRule =
            new ActivityTestRule<SignInActivity>(SignInActivity.class) {
                @Override
                protected void beforeActivityLaunched() {
                    PreferencesHelper.signOut(InstrumentationRegistry.getTargetContext());
                }
            };
```

다음으로 FAB 표시를 확인합니다(예제 8-6). 이 코드는 매우 단순해서 초기 상태에서는 FAB가 비표시 상태임을 확인합니다. 비표시 상태임을 확인하고자 부정형을 나타내는 not()과 표시를 나타내는 isDisplayed()를 조합한 not(isDisplayed())를 Matcher로 사용합니다.

Matcher란 객체의 상태를 나타내는 것으로서 여기서는 표시되지 않은 상태를 표현합니다.

[예제 8-6] FAB의 초기 표시를 확인(SignInActivityTest.java)

```
@Test
public void checkFab_initiallyNotDisplayed() {
    onView(withId(R.id.done)).check(matches(not(isDisplayed())));
}
```

다음으로 텍스트 상태를 확인합니다(예제 8-7). 화면 내에 2개의 EditText가 존재하므로 테스트 케이스를 2개 준비합니다. 확인할 내용은 거의 같아서 editTextIsEmpty라는 메서드로 공통화해 텍스트가 비었는지 확인합니다. 이 '텍스트가 비었다'는 것을 나타내는 Matcher는 withText(isEmptyOrNullString())입니다.

[예제 8-7] 텍스트 초기 표시를 확인(SignInActivityTest.java)

```
@Test
public void firstName_isInitiallyEmpty() {
    editTextIsEmpty(R.id.first_name);
}

@Test
public void lastInitial_isInitiallyEmpty() {
    editTextIsEmpty(R.id.last_initial);
}

private void editTextIsEmpty(int id) {
    onView(withId(id)).check(matches(withText(isEmptyOrNullString())));
}
```

마지막으로 아바타를 확인합니다(예제 8-8). 로그인 화면은 이름 입력 외에 GridView에 표시된 아바타 중에서 사용자가 선택하는 사양으로 돼 있습니다. 이번 예제 코드에서는 초기 상태에서 '모든 아바타 표시' '모든 아바타 비선택' 등의 테스트가 이뤄져 사양을 확인하게 됩니다. 조금 구현이 복잡하니 자세히 살펴봅시다.

[예제 8-8] 아바타의 초기 표시 확인(SignInActivityTest.java)

```
@Test
public void avatar_allDisplayed() {
    checkOnAvatar(isDisplayed());
}

@Test
public void avatar_noneChecked() {
    checkOnAvatar(not(isChecked()));
}
```

우선은 아바타를 나타내는 아바타 클래스입니다. 앱 쪽(app/src/main/java 이하)에서 enum 형으로 정의돼 있습니다(예제 8-9).

[예제 8-9] 아바타 클래스(Avatar.java)

```
public enum Avatar {
    ONE(R.drawable.avatar_1),
    TWO(R.drawable.avatar_2),
    THREE(R.drawable.avatar_3),
    FOUR(R.drawable.avatar_4),
    FIVE(R.drawable.avatar_5),
    ~생략~
}
```

여기서 테스트 코드로 돌아가면 아바타 관련 확인은 checkOnAvatar 메서드가 핵심이 된다는 것을 알 수 있습니다.

아바타 클래스를 확인한 다음, checkOnAvatar 메서드를 자세히 살펴봅시다(예제 8-10).

[예제 8-10] 아바타 표시 상태를 확인하는 checkOnAvatar(SignActivityTest.java)

```java
private void checkOnAvatar(Matcher<View> matcher) {
    //❶Avatar의 인스턴스 수만큼 반복 처리
    for (int i = 0; i < Avatar.values().length; i++) {
    //❷AdapterView 안에 있는 데이터로서 avatar를 반환하는 View를 찾는다
        onData(equalTo(Avatar.values()[i]))
            .inAdapterView(withId(R.id.avatars)) //❸
            .check(matches(matcher)); //❹ 인수로 받은 matcher를 적용해 확인 처리
    }
}
```

❷에서 onData라는 메서드가 등장합니다. 이 메서드를 이용하면 ListView나 GridView 같은 AdapterView에서 View를 지정할 수 있습니다. View 지정에 사용하는 객체를 '데이터'라 부르고, AdapterView에 설정하는 BaseAdapter의 getItem이 반환하는 객체와 일치하는 데이터를 가진 View를 지정할 수 있습니다. 구체적으로는 ❶에서 선언한 avatar 객체를 onData 메서드의 '데이터'로서 사용해 이 avatar 객체를 표시하는 데 사용하는 View를 지정합니다.

다음은 ❸의 inAdapterView 메서드로 어느 AdapterView에서 View를 찾아낼지 지정합니다(이번 예제에서는 화면 안에 AdapterView가 하나뿐이므로 생략할 수도 있습니다). 여기까지의 구현으로 View를 지정할 수 있으면 ❹에서 onView를 사용할 때처럼 perform 메서드와 check 메서드를 호출할 수 있습니다.

onView와 onData라는 2가지 메서드를 소개했는데, 다시 정리해 보면 [그림 8-8]과 같습니다. 결국 onView는 View 자체의 텍스트와 표시 상태로 View를 지정하고, onData는 데이터를 바탕으로 View를 지정하는 메서드입니다. 이러한 메서드로 View를 지정한 다음, perform으로 뭔가 UI 조작을 가하거나 check로 표시 상태 등을 확인할 수 있습니다.

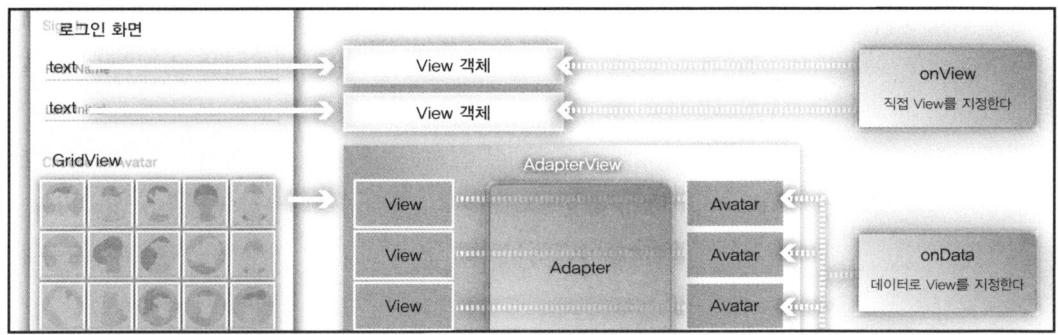

[그림 8-8] View를 특정하기 위한 onView와 onData

여기까지 해서 UI의 초기 상태를 확인했습니다. 다음으로 UI를 조작(텍스트 입력, 버튼 탭)하는 테스트를 살펴봅시다(예제 8-11). 6개 테스트가 정의돼 있지만 UI 조작이라는 의미에서 핵심이 되는 것은 private으로 선언된 typeAndHideKeyboard와 clickAvatar의 2가지입니다(각 테스트에서는 inputData 메서드를 통해 호출됩니다).

[예제 8-11] 로그인 화면의 UI 조작 테스트(SignInActivityTest.java)

```java
@Test
public void signIn_withAllPlayerPreferencesSuccessfully() {
    inputData(TEST_FIRST_NAME, TEST_LAST_INITIAL, TEST_AVATAR);
    onView(withId(R.id.done)).check(matches(isDisplayed()));
}


@Test
public void signIn_performSignIn() {
    inputData(TEST_FIRST_NAME, TEST_LAST_INITIAL, TEST_AVATAR);
    onView(withId(R.id.done)).perform(click());
    assertTrue(PreferencesHelper.isSignedIn(InstrumentationRegistry.getTargetContext()));
}


private void inputData(String firstName, String lastInitial, Avatar avatar) {
    if (firstName != null) typeAndHideKeyboard(R.id.first_name, firstName);
    if (lastInitial != null) typeAndHideKeyboard(R.id.last_initial, lastInitial);
    if (avatar != null) clickAvatar(avatar);
}


private void typeAndHideKeyboard(int targetViewId, String text) {
    onView(withId(targetViewId)).perform(typeText(text), closeSoftKeyboard());
}


private void clickAvatar(Avatar avatar) {
    onData(equalTo(avatar))
            .inAdapterView(withId(R.id.avatars))
            .perform(click());
}
```

typeAndHideKeyboard에서는 텍스트 입력과 키보드 닫기가 이뤄집니다. 구체적으로 말하자면 typeText(…)로 텍스트를 입력하고 closeSoftKeyborad()로 키보드를 닫습니다. perform 메서드는 [예제 8-12]처럼 ViewAction을 가변길이 인수(Variable-length arguments)로 받는 메서드로 돼 있어 실행시키고 싶은 동작을 여러 개 전달할 수 있습니다. 이 ViewAction은 인수로서 전달된 순서대로 실행됩니다.

[예제 8-12] ViewInteraction.perform 메서드 선언(자바)

```
public ViewInteraction perform(final ViewAction… viewActions)
```

clickAvatar 메서드는 조금 전에도 등장한 onData 메서드로 View를 지정한 다음, 클릭 동작을 해서 아바타를 선택합니다.

예제 앱으로 onView와 onData, UI 조작을 살펴봤으니, 다음으로 남은 intended와 intending을 확인해 봅시다. 이 2개의 메서드는 발행되는 Intent의 확인과 교체에 사용합니다.

우선 intended는 UI를 조작한 결과, 예상한 Intent가 발행됐는지 확인하는 메서드입니다. 예를 들어, 아래 테스트 코드에서는 View를 클릭한 후에 브라우저를 시작하기 위한 Intent가 발행되는지 확인합니다(예제 8-13).

[예제 8-13] intended로 발행되는 Intent를 확인하는 예(자바)

```
@Test
public void 브라우저시작Intent가발행되는가() {
    // 버튼을 클릭
    onView(withId(R.id.launchBrowserButton)).perform(click());

    //발행되는 Intent를 확인
    intented(toPackage("com.android.browser"));
}
```

또한 여러 개의 값을 확인하고 싶을 때는 allOf()로 여러 Matcher를 조합해 확인할 수 있습니다(예제 8-14).

[예제 8-14] intended 안에서 allOf를 사용해 Intent를 확인하는 예(자바)

```java
@Test
public void 브라우저시작Intent가발행되는가_복수값확인() {
    // 버튼을 클릭
    onView(withId(R.id.launchBrowserButton)).perform(click());

    //발행되는 Intent를 확인
    intented(allOf(
        hasAction(equalTo(Intent.ACTION_VIEW)),
        hasCategories(hasItem(equalTo(Intent.CATEGORY_BROWSABLE))),
        hasData(hasHost(equalTo("www.google.com"))),
        hasExtras(allOf(
            hasEntry(equalTo("key1"), equalTo("value1")),
            hasEntry(equalTo("key2"), equalTo("value2")))),
        toPackage("com.android.browser")));
}
```

다음으로 intending에 관해 살펴보겠습니다. intending은 Activity.startActivityForResult로 호출한 Activity로부터 반환되는 Intent를 교체하는 메서드입니다. 간단한 앱을 대상으로 테스트를 준비해 봅시다.

이번에 준비한 것은 pickButton을 클릭하면 주소록 앱(com.android.contacts)으로부터 연락처를 받아와 표시하는 앱입니다. 이때 intending을 사용하면 받아올 연락처를 테스트용 연락처로 바꿀 수 있습니다.

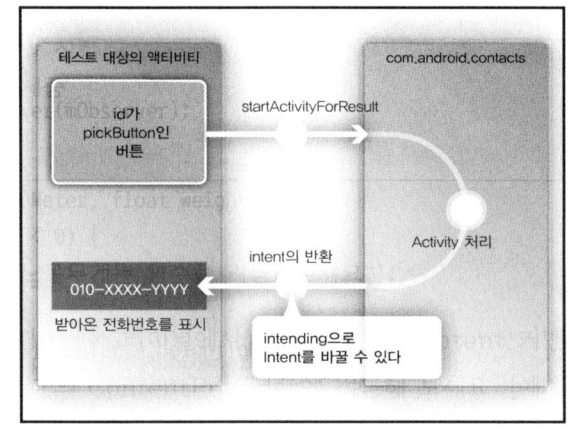

[그림 8-9] intending을 사용한 테스트

[예제 8-15]에는 intending을 사용한 테스트 코드를, [그림 8-9]에는 테스트의 흐름을 나타냈습니다. 여기서는 ❶에서 반환될 Intent를 미리 작성해 두고, ❷에서 그 Intent가 반환되게 설정합니다. 다음으로 ❸에서 버튼 클릭이 일어나고, ❹에서는 표시 상태를 확인합니다. 이때 ❸에서

startActivityForResult를 수행하지만 그 결과로 호출되는 onActivityResult 메서드의 3번째 인수로 전달되는 Intent는 ❶에서 생성한 Intent가 됩니다.

[예제 8-15] intending으로 주소록에서 반환되는 Intent를 교체한다(자바)

```
@Test
public void 주소록앱에서반환되는전화번호를표시할수있다() {
    // ❶ 반환될 Intent를 작성해 둔다
    Intent resultData = new Intent();
    String phoneNumber = "123-345-6789";
    resultData.putExtra("phone", "phoneNumber");
    ActivityResult = new ActivityResult(Activity.RESULT_OK, resultData);

    // ❷ com.android.contacts(주소록앱)에서 반환되는 Intent를 ❶에서 준비한 것으로 한다(교체)
    intending(toPackage("com.android.contacts")).respondWith(result);

    // ❸ 주소록 앱의 연계 버튼을 클릭
    onView(withId(R.id.pickButton)).perform(click());

    // ❹ 주소록 앱에서 반환된 전화번호를 표시할 수 있다는 것을 확인
    onView(withId(R.id.phoneNumber)).check(matches(withText(phoneNumber)));
}
```

이 테스트 코드처럼 Intent를 교체함으로써 대상 액티비티에 의존하지 않게 됩니다. 다른 액티비티에 의존하는 상태로 테스트를 작성하면 통신 상황이나 데이터 저장 상황 등에 의존해 버려서 환경이나 시점에 따라서는 실패하는 테스트가 되는 일도 있겠지요. 테스트는 언제 어떤 상황에서 실행해도 성공하는 게 바람직하므로 intending 등으로 적절히 의존관계를 분리하도록 연구해 갑시다.

지금까지 설명한 내용에서도 알 수 있겠지만 에스프레소는 간결한 표현으로 실로 다채로운 UI 테스트를 실행할 수 있습니다. 여기서 다루지 않은 Matcher 표현, ViewAction 표현도 많이 있으므로 한 번 확인해 보세요.

8.3 테스트를 더 깊이 이해하고 활용하자

지금까지 안드로이드의 UI 테스트를 학습했습니다. 이제부터는 좀 더 상위 계층의 자동 테스트 진행과 테스트 전략에 대해 생각해 봅시다.

8.3.1 다른 앱과의 연계와 홈 화면에서의 동작을 테스트하자

지금까지 설명한 테스트는 기본적으로 개발 중인 앱(테스트 apk와 앱 apk 서명이 같은 것)이 대상이었습니다. 하지만 사양으로서 다른 앱과의 연계나 홈 화면에서의 동작 등을 테스트하고 싶을 경우도 있지 않을까요? 그런 경우에 사용하는 것이 UI Automator입니다(덧붙여, UI Automator를 사용하려면 안드로이드 4.3 이상이 필요합니다).

UI Automator는 단말에 대해 기본적으로는 모든 UI 조작을 할 수 있는 테스트 프레임워크입니다. 화면 내 조작뿐 아니라 단말에 장착된 홈 버튼이나 뒤로 가기 버튼의 클릭, 화면 회전, 스크린샷 촬영 등도 구현할 수 있습니다.

그럼 곧바로 UI Automator 예제 구현을 살펴봅시다(예제 8-16).

[예제 8-16] UI Automator를 사용하기 위한 설정(app/build.gradle)

```
android {
    defaultConfig {
        minSdkVersion 18   // 주의: 기본적으로는 18 이상
        testInstrumentationRunner "android.support.test.runner.AndroidJUnitRunner"
    }
}

dependencies {
    androidTestCompile 'com.android.support.test:runner:0.4.1'
    androidTestCompile 'com.android.support.test:rules:0.4.1'
    androidTestCompile 'com.android.support.test.uiautomator:uiautomator-v18:2.1.1'
    // UI Automator 도입
}
```

다음으로 테스트 코드를 살펴봅시다. 여기서는 Google Play를 시작해서 검색바를 눌렀을 때의 동작을 확인합니다(예제 8-17).

[예제 8-17] Google Play을 시작해 검색바를 누르는 테스트(UiAutomatorSampleTest.java)

```java
@RunWith(AndroidJUnit4.class)
public class UiAutomatorSampleTest {

    private static final String GOOGLE_PLAY_PACKAGE = "com.android.vending";
    private static final int LAUNCH_TIMEOUT = 5000;
    private UiDevice mDevice;

    @Before
    public void startMainActivityFromHomeScreen() {
        // UiDevice를 초기화하고 홈 버튼을 누른다
        mDevice = UiDevice.getInstance(InstrumentationRegistry.getInstrumentation());
        mDevice.pressHome();

        // 런처 앱의 시작을 기다린다
        final String launcherPackage = mDevice.getLauncherPackageName();
        assertThat(launcherPackage, notNullValue());
        mDevice.wait(Until.hasObject(By.pkg(launcherPackage).depth(0)),
                LAUNCH_TIMEOUT);
    }

    @Test
    public void GooglePlay를시작하고텍스트입력후에검색화면으로이동할수있다() throws UiObjectNotFoundException {
        // Google Play를 시작한다
        Context context = InstrumentationRegistry.getContext();
        final Intent intent = context.getPackageManager()
                .getLaunchIntentForPackage(GOOGLE_PLAY_PACKAGE);
        intent.addFlags(Intent.FLAG_ACTIVITY_CLEAR_TASK);
        context.startActivity(intent);

        // Google Play 시작을 기다린다
        mDevice.wait(Until.hasObject(By.pkg(GOOGLE_PLAY_PACKAGE).depth(0)),
                LAUNCH_TIMEOUT);
```

```
        // 검색박스 이미지를 클릭한다
        UiObject searchBoxImage = mDevice.findObject(new UiSelector()
                .resourceId("com.android.vending:id/search_box_idle_text")
                .className("android.widget.ImageView"));
        searchBoxImage.click();

        // 검색을 위한 EditText가 표시된다
        UiObject searchBox = mDevice.findObject(new UiSelector()
                .resourceId("com.android.vending:id/search_box_text_input")
                .className("android.widget.EditText"));
        assertTrue(searchBox.exists());
    }
}
```

테스트 코드 내에 Google Play 앱의 각 View의 id 등이 나와있는데, 이를 조사하기 위해서는 안드로이드 SDK에 포함된 UI Automator Viewer를 사용합니다. UI Automator Viewer의 실행은 커맨드라인에서 합니다(예제 8-18).

[예제 8-18] UI Automator Viewer 실행

```
$ $ANDROID_HOME/tools/uiautomatorviewer
```

UI Automator Viewer가 시작되면 화면 좌측 상단의 Device Screenshot 버튼을 클릭합시다. [그림 8-10]처럼 View의 구조가 표시되므로 View의 종류와 resource-id를 알 수 있습니다.

이번에 UI Automator로 테스트했지만 테스트 코드를 구현할 때 에스프레소와의 큰 차이점은 앱 시작 등의 대기 시간을 구현할 필요가 있다는 것입니다. UI를 조작할 때마다 대기 시간 구현을 넣는 것은 에

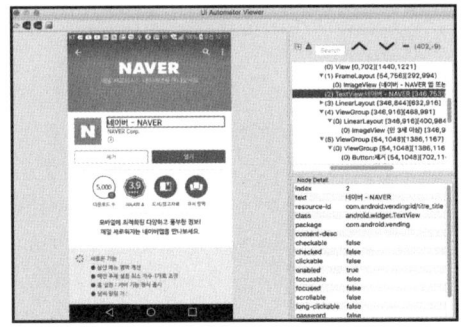

[그림 8-10] UI Automator Vewer

스프레소와 비교하면 번거로우므로 개발 중인 앱만 테스트한다면 에스프레소, 다른 앱과의 연계 동작을 확인한다면 UI Automator를 사용하는 식으로 나눌 필요가 있습니다. UI Automator에 대해 자세히 알고 싶은 분은 아래의 공식 문서를 참고합니다.

[URL] UI Automator 문서
https://developer.android.com/topic/libraries/testing-support-library/index.html?hl=ko#UIAutomator

8.3.2 테스트 운영 방침을 정하자

7장에 이어 이번 장까지 2개의 장을 통해 단위 테스트와 UI 테스트에 관한 지식을 정리하고 각각의 구현을 살펴봤습니다. 테스트를 작성할 수 있게 된 후에, 다음으로 생각해야만 하는 것은 테스트를 실제로 어느 정도 양과 어떤 기준으로 작성하는가입니다. 팀의 상황이나 앱의 상황 및 특성은 다양하기에 정답이 없는 문제이긴 합니다. 하지만 굳이 추천한다면 '단위 테스트는 기본적으로 가능한 한 모두 작성하고, UI 테스트는 중요 화면과 기능으로 범위를 좁혀 작성한다'는 방침입니다. 우선은 테스트 운영이라는 관점에서 단위 테스트와 UI 테스트를 비교하고 각 항목에 관해 살펴봅시다(표 8-2).

[표 8-2] 운영 관점에서 본 테스트의 차이

항목	단위 테스트	잡
실행 환경 정비 비용	적다	많다
피드백	빠르다	느리다
주로 누구에게 유용할까	프로그래머	관계자 모두

실행환경 정비 비용

우선 테스트를 실행하기 위한 환경을 정비하는 비용을 생각해 봅시다. 단위 테스트의 경우 개발 환경에 JavaVM만 셋업하면 준비가 끝납니다. 안드로이드 스튜디오를 실행하려면 JavaVM이 필요하므로 실질적으로는 거의 준비 없이 환경을 갖출 수 있겠습니다.

반면 UI 테스트의 실행 환경은 실제 디바이스입니다. 그러므로 UI 테스트를 고품질로 실행하고자 한다면 단말을 어느 정도로 준비할 것인지 검토할 필요가 생깁니다. 예를 들어, OS를 고려한다고 결정한 경우에는 OS 4.0 이후부터 지원하는 앱이라면 4 계열, 5 계열, 6 계열로 메이저 버전만으로도 최소 3개의 단말을 준비할 필요가 있습니다. 또한 실제로 고려해야 할 항목은 당연히 OS만이 아니고, 통신 환경과 단말의 리소스 환경 등 여러 가지로 생각해 볼 수 있겠지요.

이렇게 대응하는 단말의 규칙을 정하고 테스트 실현을 위한 각종 준비와 설정이 필요하므로 UI 테스트는 환경을 정비하는 데도 비교적 비용이 많이 든다고 할 수 있습니다.

피드백

여기서 말하는 피드백이란 '테스트를 준비하고, 실행하고, 실행 결과를 얻는' 것, 다시 말해 테스트를 실행하고 그 결과를 아는 것을 가리킵니다. 단위 테스트의 경우, 그 대상이 메서드나 행 단위이므로 이상적인 환경에서는 코드 기술과 동시에 테스트도 작성해서 실행할 수 있습니다. 또한 실행 환경도 일반적으로는 로컬 PC의 JavaVM을 선택하므로 테스트 실행 시간도 기본적으로 밀리초 단위 이하로 매우 빠릅니다.

반면 UI 테스트의 경우 어떤 화면이나 기능의 사양이 정해지기 시작하는 시점에서 겨우 테스트를 준비할 수 있습니다. 게다가 단위 테스트가 대상으로 하는 메서드나 행 단위에 비교하면 테스트 대상이 매우 복잡하므로 테스트 준비까지 비교적 시간이 오래 걸립니다. 또한 실제 디바이스로 실행할 필요가 있으므로 테스트 실행 시간도 단위 테스트보다 초 단위 ~ 분 단위로 길어집니다.

주로 누구에게 유리할까?

앱의 동작 상황과 사양을 정량적으로 알 수 있으므로 테스트 작성은 기본적으로 어떤 형태로든 장점이 많습니다. 그런 전제 위에서 각 테스트를 깊이 파고들어 누구에게 유용한지 누가 더 많은 혜택을 받는지 생각해 봅시다.

우선 단위 테스트는 프로그래머에게 유리한 테스트의 하나입니다. 코딩 작업에서 단위 테스트는 메서드 처리가 정해진 사양을 따르는지, 코드를 수정해서 기존 사양이 바뀌지 않았는지 즉석에서 알 수 있는 수단이 됩니다.

한편으로 UI 테스트는 프로그래머뿐만 아니라 디자이너와 매니저 등 많은 관계자에게 유용합니다. 그 이유 중 하나는 사용자에게 도달할 앱의 디자인과 사양이 UI 테스트를 통해 정량적이고도 반복적으로 눈에 보이는 형태로 확인할 수 있다는 점을 들 수 있겠지요. 이런 장점은 앱 사양에 대한 팀 전체의 공통된 인식에 도움을 주고, 앱의 가치를 향상해가는 데 좋은 재료가 됩니다.

어떻게 판단하는가

지금까지 테스트를 주로 운영의 관점에서 비교해 봤습니다. 간단히 정리하면 단위 테스트는 프로그래머를 위한 크기가 작고 피드백이 빠른 테스트고, UI 테스트는 관계자 전체를 위해 앱의 사양을 확인하는 테스트가 되겠지요.

이번 절을 시작하면서 굳이 추천한다면 '단위 테스트는 기본적으로 가능한 한 모두 작성하고, UI 테스트는 중요 화면과 기능으로 범위를 좁혀 작성한다'고 설명했습니다. 여기에는 단위 테스트로 코드의 세밀한 부분까지 들어가 품질의 기반을 완성하고, UI 테스트로 사용자가 자주 보는 기능의 동작을 확인하거나 사양을 명확하게 하려는 두 가지 의도가 있었습니다.

다시 말하지만 팀이나 앱에 따라 특성은 다양합니다. 한결같이 이런 방침이 좋다는 식의 정답은 없으니 기준 정도로 생각해 주세요. 그리고 꼭 한 번은 어떤 작업이나 테스트로 개발 일정을 나누어갈지 여러분의 팀에서도 이야기해 보기 바랍니다.

정리

이번 장에서는 실제 디바이스와 에뮬레이터에서 동작하는 UI 테스트를 학습했습니다. UI 테스트의 구현으로서 에스프레소 프레임워크를 사용한 구현을 확인하고, UI 테스트에 관해 정리했습니다. 이런 테스트를 통해 실제 앱의 표시나 동작이 자동화된 테스트를 작성할 수 있게 됩니다.

또한 앞에서 정리한 단위 테스트와 함께 어떻게 테스트를 작성할지 판단하는 기준도 정리했습니다.

CHAPTER 09

자동화로 매우 빠른 개발 환경을 만든다: CI 기초

여러분의 프로젝트에서는 테스트 코드 실행이나 apk 작성을 수작업으로 하고 있지 않나요? 일상적인 작업임에도 수작업으로 하다 보면 시간이 오래 걸리거나 순서를 매번 확인해야만 하기도 하고, 심하면 특정인에게 의존하는 상황(예: A씨만 테스트할 수 있는 상황)이 되기도 합니다.

이번 장에서는 그런 상황을 피하고자 CI(Continuous Integration; 지속적 통합)를 학습하고, 다시 CI를 통해 매우 빠른 개발 환경을 준비하는 방법을 학습합니다. 빠르다고 하면 단순히 속도가 빠르다는 느낌만 들기 쉽지만 유지보수 작업을 포함해 총비용 절감이나 새 멤버를 투입할 때 투입 비용 절감이라는 측면에서도 다루겠습니다.

9.1 CI의 의미를 이해하자

CI란 도대체 무엇일까요? 이번 절에서는 CI란 무엇이고, 실제로 어떤 일을 하는지 개요를 설명합니다. 그리고 CI를 도입한 팀이 어떻게 작업을 진행하는지 예를 들겠습니다. CI에 관해 이해해 봅시다.

9.1.1 CI의 기초를 이해하자

CI는 보통 우리말로 지속적 통합으로 불립니다. 앱에 국한되지 않고 시스템을 지속적이고 효율적으로 제공하기 위한 빌드·테스트·인스펙션 등을 반복적으로 실행해 효율성을 높이거나 오류를 발견하는 속도를 높이려는 방안을 가리킵니다.

CI를 실시할 때는 일반적으로는 [그림 9-1]처럼 프로젝트와 앱에 1대 이상의 CI 서버를 준비합니다. CI 서버에서는 커밋과 1일 1회 등 정기적인 시점에서 코드의 변경 상황 등을 가미해 처리합니다. 이때 실행되는 처리는 빌드와 테스트, 인스펙션 등이 비교적 많겠지요. 자세한 설명은 나중에 하겠습니다.

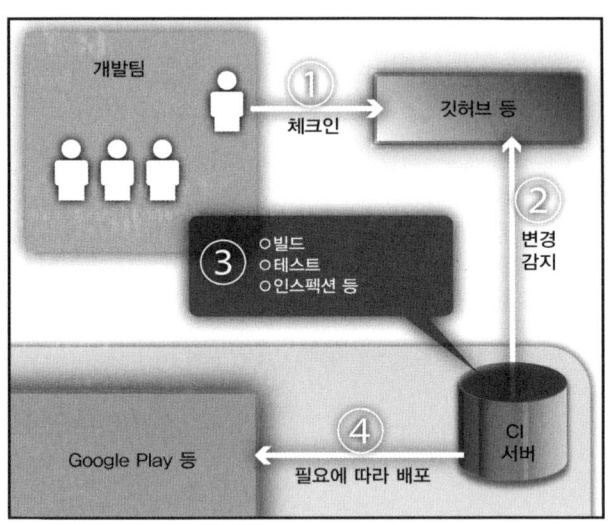

[그림 9-1] CI를 실현하기 위한 일반적인 환경의 예

9.1.2 CI로 해야 할 일과 시점을 이해하자

CI는 구체적으로는 어떤 일을 하는 걸까요? 아래는 실제로 실행되는 빌드 내용과 실행 타이밍을 다룹니다.

빌드

안드로이드에서의 apk 작성처럼 소스코드 등을 바탕으로 결과물을 만들어내는 작업을 일반적으로 '빌드'라고 합니다. CI에서의 실행 단위를 '빌드'라고 하는 경우도 많지만 이 책에서는 특별히 언급하지 않는 한 빌드는 결과물을 만들어 내는 일, 요컨대 apk를 만드는 것을 나타냅니다.

CI에서의 빌드 동작은 기본적으로는 매우 단순합니다. CI 서버가 깃허브 등에서 대상 소스코드를 가져오고, ./gradlew assembleDebug 등을 실행하는 것뿐입니다. 좀 더 자세한 사례는 뒤에서 설명하겠습니다. 빌드 작업은 앱을 개발할 때 반드시 시행하게 됩니다. 그러므로 CI를 수행하는 가운데 빌드는 가장 손쉽게 도입할 수 있는 항목 중 하나입니다.

뒤집어 말하면 안드로이드 프로젝트에서 빌드조차 도입하기 어려운 경우는 환경에 의존하는 프로젝트 관리(빌드 전문가가 있다!)가 이뤄지고 있다는 증거가 됩니다. 그리 머지않은 어느 날 갑자기 알 수 없는 오류가 일어나 아무도 apk를 만들 수 없게 돼도 이상하지 않습니다. 프로젝트가 만약 그런 상태라면 관리 상황을 정리해서 한시라도 빨리 그런 상태에서 벗어나길 권합니다.

테스트

앞 장에서는 단위 테스트와 UI 테스트에 관해 설명했습니다. 이러한 테스트 실행은 뜻밖에 손이 많이 가는 일입니다. 앱 동작을 확인하는 것 말고도 테스트 결과가 필요해지는 등 원활하게 개발을 진행할 수 없어 마음에 걸린 적도 있을 것입니다. 또한 로컬의 파일 상황이나 실행 환경(에뮬레이터인지 실제 디바이스인지, OS 버전은 어떤지) 등의 미묘한 차이가 테스트 결과에 영향을 주는 경우도 많아서 개발자 간에 환경을 맞추는 일이나 테스트 방법을 공유하는 일도 그리 간단하지 않습니다.

이렇게 수동으로 하면 손이 많이 가는 일이야말로 CI가 절대적인 효과를 가져옵니다. 예를 들어, 개발자는 자신의 환경에 필요한 최소한의 단위 테스트를 실행하고, 문제가 없으면 깃허브 등의 VCS(버전 관리 시스템)에 체크인합니다. CI 서버는 더 광범위한 단위 테스트와 일정한 환경에서의 UI 테스트 등을 실행할 수 있습니다.

여기에는 개발자가 많은 (어쩌면 지금은 관계가 없는) 테스트를 실행하지 않아도 된다는 장점과 함께 테스트 실행 환경도 CI 서버 쪽에서 준비하므로 제각각이 될 일이 없다는 장점이 있습니다. 또한 코드 커버리지(코드 망라율) 같은 테스트 실행에 따른 해석도 지속적으로 수행할 수 있습니다.

인스펙션

여기서 말하는 '인스펙션'은 품질 향상을 목적으로 이뤄지는 코드 분석을 가리킵니다. 인스펙션은 테스트와 나란히 빈번하게 하는 일 중 하나입니다. 안드로이드에서는 컴파일을 통해 소스코드에 문법 오류가 없는 것을 확인할 수 있지만 인스펙션에서는 컴파일 이상으로 자세하고 엄밀하게 소스코드 체크가 이뤄집니다. 구체적인 도구로는 버그 가능성을 발견하는 Android Lint나 FindBugs, PMD가 있고, 코딩 규약 준수 상황을 확인하는 Checkstyle이 있습니다.

잘 돌아가는 팀에는 코드 리뷰라는 멋진 문화가 뿌리내려 건설적인 토론이나 기술력 향상을 꾀할 수 있겠지요. 하지만 한편으로 아무리 기술이 뛰어난 사람이라도 실수할 때가 있습니다.

CI에서의 인스펙션은 이러한 인간의 지적 누락이나 자주 일어나는 실수 등을 멋지게 지적해 냅니다. 꼭 도입을 검토해 보세요.

디플로이

디플로이는 배포한다, 배치한다는 뜻입니다. 웹에서 디플로이는 스테이징 환경이나 프로덕션 환경용으로 개발한 소프트웨어를 배포해 사용할 수 있게 하는 것을 가리킵니다.

앱에서는 최종적으로 배포물이 각 안드로이드 단말에 설치되므로 무엇을 디플로이라고 할지 정의하기 어렵지만 이 책에서는 apk 파일을 공개해(범위는 제한돼도 상관없다), 팀원 등이 언제든 바로 설치할 수 있거나 동작을 확인할 수 있는 상태로 만드는 것을 '디플로이'라고 부르기로 합니다.

처리 흐름을 보면 릴리스 브랜치 등에 변경 사항이 생기면 CI 서버는 적절한 버전(디버그, 스테이징, 프로덕션 등)을 빌드해서 apk를 다운로드할 수 있는 상태로 만듭니다. 또한 그와 동시에 라벨(git이나 깃허브라면 태그)을 붙이는 일도 있습니다.

디버그 버전과 스테이징 버전의 디플로이로서 CI 서버의 결과물 저장 기능으로 제공하는 것 외에 자주 사용되는 서비스로는 Developer Console의 알파/베타 버전 배포 기능이나 DeployGate가 있습니다. 이러한 서비스는 안드로이드 앱 갱신 메커니즘을 따르고 빌드마다 QR 코드를 생성하므로 상당히 쾌적한 디플로이 흐름을 만들 수 있습니다. 적극적으로 사용을 검토해 보세요.

적절한 피드백

CI에서 적절한 피드백은 매우 중요합니다. 여기서 피드백이란 '인간이 빌드에 성공했는지 실패했는지 바로 알 수 있고, 그 자세한 내용을 이해할 수 있게 하는 것'입니다. 구체적으로 메일이나 채팅 시스템을 이용하는 것 외에 때로는 피드백용 PC나 다른 하드웨어(아두이노 등)로 빛이나 소리 등을 발생시켜 이러한 목적 달성을 시도합니다. 친절한 CI 서버는 빌드 시간의 추이와 테스트 실행 결과 등을 그래프로 만들어 그 자리에서 인간이 이해할 수 있는 보고서를 제출해 줍니다.

또한 피드백이 적절한 상대에게 적절한 빈도로 전달되는 것도 중요합니다. 예를 들어, CI 서버에서 일어난 컴파일 오류를 디자이너나 매니저에게 피드백하더라도 아마도 대부분은 어떻게도 할 수 없을 것입니다. 컴파일 오류를 고칠 수 있는 사람은 대부분 엔지니어뿐이기 때문이지요. 또한 빌드가 문제없이 성공했다는 사실을 그때마다 엔지니어에게 피드백하면 어떻게 될까요? 메일함이나 메시지가 금세 흘러넘쳐 중요한 오류 메시지를 놓칠 위험성이 커집니다.

이처럼 받을 필요가 없는 사람에게 전달되거나 지나치게 상세한 피드백은 오히려 작업에 방해가 될지도 모릅니다. CI의 목적인 효율화 및 오류 발견을 즉석에서 할 수 있도록 이를 항상 염두에 두고 피드백을 포함한 일원적인 환경을 만들어 갑시다.

실행 시점

빌드는 언제 해야만 할까요? CI란 지속적으로 품질을 높이기 위해 하는 것이므로 그런 관점에서 실행할 시점을 생각해 봅시다. 이 책에서는 한 예로서 아래 3가지 CI에 의한 빌드 실행을 제안합니다 (※『지속적인 통합: 소프트웨어 품질을 높이고 위험을 줄이기』(위키북스, 2008)를 참고하세요). 각 빌드는 모두 CI 서버에서 이뤄진다고 가정합니다. CI 서버에서 오류가 난 경우, 로컬 환경에서 해당 오류를 재현해 수정하고, 다시 VCS에 체크인하는 흐름으로 처리합니다.

- **VCS에 체크인한 직후 빌드**: 커밋 빌드
- **1일 1회 등 정기적으로 빌드**: 2차 빌드
- **릴리스용 빌드**: 릴리스 빌드

커밋 빌드는 CI 서버가 VCS로의 체크인을 감지해 빌드를 시작합니다. 개발과 병행해서 빌드되므로 커밋에 문제가 없는지 빠른 피드백이 요구되는 경우가 많을 것입니다. 그래서 비교적 즉석에서 끝나는 빌드(컴파일), 단위 테스트, 간단한 인스펙션 같은 항목이 실행됩니다. 또한 상당히 빈번하게 개발자 이외에 피드백이 요구될 경우에는 팀내로 디플로이를 해도 좋겠지요.

2차 빌드는 정기적으로 실행되는 빌드로서 개발과 함께 동작하는 것이 아니므로 기본적으로는 실행 시간을 고려하지 않아도 되는 경우가 많습니다. 커밋 빌드에서 실행되는 내용 외에 시간이 걸릴 듯한 UI 관련 테스트와 상세한 인스펙션을 실행합니다. 또한 팀 내로 디플로이하기에도 매우 좋은 타이밍입니다. 팀원에게는 정기적으로 변경 사항이 피드백되어 개발 상황을 확인하기가 쉬워집니다.

릴리스 빌드는 릴리스 직전에 실행되는 빌드입니다. 구체적으로는 릴리스용 브랜치 변경 등을 트리거로 동작하기 시작하는 경우가 많습니다. 2차 빌드의 내용에 추가해 실제 환경으로 디플로이가 이뤄지는 것이 특징입니다.

9.1.3 CI의 하루를 생각해 보자

CI가 적절히 도입된 팀에서는 어떤 하루를 보낼까요? 매니저, 엔지니어, 디자이너까지 4~5인으로 구성된 팀을 예로 들어 생각해 보겠습니다.

*   *   *

우선 엔지니어는 정의한 조건대로 디자이너와 협의하면서 개발을 진행합니다. 어느 정도 기능이 만들어지면 그 변경 사항을 깃허브에 푸시합니다. 그리고 몇 초 후, 채팅 시스템에 알림이 도착합니다. 팀에서 구축한 CI 서버에서 테스트를 실행한 결과입니다.

'○○개의 테스트에 실패했습니다.'

이 메시지를 본 엔지니어는 메시지를 따라 개발 단말에서 테스트를 실행하면서 구현을 수정해 다시 푸시합니다. 잠시 후, 채팅 시스템에 빌드가 성공했다는 메시지가 도착하는 걸 보니 문제는 해결된 것 같습니다. 이 엔지니어의 커밋으로부터 몇 분 후, 팀원에게 다시 메시지가 도달합니다.

'새로운 버전이 커밋됐습니다. 동작 확인은 여기서 할 수 있습니다. http://example.com(앱 다운로드 URL)'

CI 서버는 팀 내로 디플로이 작업을 한 듯합니다.

이 메시지를 본 매니저, 엔지니어, 디자이너는 링크를 클릭해 곧바로 동작을 확인합니다.

그리고 매니저가 말합니다.

"헤더의 버튼 배열이 다르잖아!"

그 말을 들은 엔지니어는 즉시 수정해서 다시 푸시합니다. 다시 동작을 확인한 매니저가 이렇게 말합니다.

"OK. 다음은 ○○랑 △△ 안건도 있는데, 어떻게 진행할지 이야기해 봅시다. 그런데 그 전에 테스트 커버리지가 규정에 아슬아슬한데 문제는 없는 건가?"

CI 상황은 항상 팀원에게 보이는 곳에 표시되고 있어 매니저가 파악하기도 쉬우므로 이런 질문이 나왔습니다.

*   *   *

CI가 적절히 도입된 팀은 위와 같이 움직일 수 있습니다. 이런 움직임은 CI가 도입되지 않은 팀과 비교했을 때 다음과 같은 장점이 있습니다.

- 엔지니어가 품질에 자신하면서 작업을 진행할 수 있다.
- 수작업으로 할 일이 비교적 적다(위의 예에서는 테스트 실행과 디플로이 작업).
- 피드백이 빠르고 빈번하다(빌드와 디플로이 방법을 몰라도 바로 동작을 확인할 수 있다).
- 팀에서 다루는 소스코드 전체에 관한 상황을 시각화(커밋 상황이나 테스트 커버리지, 코드의 복잡도 등)

9.2 안드로이드 앱 개발에 CI를 도입하자

그럼 실제로 CI 환경을 도입해 봅시다. 이번 절에서는 널리 사용되는 CI 툴 중 하나인 Jenkins와 CI 계열 SaaS(Software as a Service)의 하나로 최근 인기가 높은 Circle CI로 CI의 구체적인 도입 방법을 알아봅니다. 이제부터 CI 활용의 첫걸음을 시작합시다.

9.2.1 Jenkins와 Circle CI를 이해하자

여기서는 Jenkins(※ Jenkins는 CloudBees 등 웹 서비스로도 제공되지만 이 책에서는 일반적인 온프레미스 환경에 Jenkins를 구축한다고 가정합니다)와 Circle CI라는 2가지 CI 툴을 설명합니다. 당연한 말이지만 어느 쪽이든 CI 구현에 필요한 기능은 갖추고 있습니다. 그렇다면 이 둘의 차이점은 무엇일까요? 큰 차이점으로는 Jenkins는 프로젝트에 필요한 설정은 무엇이든 할 수 있는 대신 서버 운영이나 환경 정비 시간 등을 고려해야 한다는 점이고, Circle CI 등의 SaaS는 SaaS 서비스 사양에 제한된 설정만 할 수 있는 대신 서버 운영이나 환경 정비 등이 필요 없다는 점을 들 수 있습니다.

만약 새로 CI를 도입할 경우 필자가 추천하는 바는 작업량이 적고 도입 장벽이 낮다는 점에서 우선 SaaS로 간단한 CI를 도입하는 것입니다. 세밀한 조정이 필요한 경우에 비로소 Jenkins 같은 도구로 전환함으로써 작업량을 줄이면서 조건을 만족하는 CI를 실현할 수 있습니다.

9.2.2 Jenkins를 동작시키자

Jenkins는 오래전부터 사용돼 온 오픈소스 CI 툴로서 사실상의 업계 표준(de facto standard)이라고 할 수 있습니다. 깃허브 등의 VCS와 연계 설정이 쉽고, 분산 빌드할 수 있으며, 풍부한 플러그인이 있는 등 여러 특징이 있습니다. PC에 설치해서 사용하지만 설치 방법도 아주 간단합니다.

Jenkins 설치

그럼 곧바로 PC에 설치해봅시다. war 파일과 윈도우, 맥 OS X, 각종 리눅스용 패키지가 제공되므로 그것들을 사용하거나 각 OS의 패키지 관리 시스템을 통해 설치합니다(그림 9-2).

[그림 9-2] Jenkins 공식 사이트

이 책에서는 우분투 환경에 Jenkins를 설치해 설명합니다. 사용한 우분투 버전은 12.04입니다. 이번에는 패키지 관리 시스템의 하나인 apt-get으로 Jenkins를 설치합니다. [예제 9-1]에 설치 과정을 예로 들었습니다.

여기서는 우선 ❶에서 서버를 확인하고, ❷에서 Jenkins 동작에 필요한 자바 환경을 구축한 다음, ❸에서 Jenkins를 설치합니다.

[예제 9-1] Jenkins를 설치하는 예

```
❶ 서버 확인
$ uname -a
Linux kims 3.13.0-32-generic #57~precise1-Ubuntu SMP Tue Jul 15 03:50:54 UTC 2014 i686
i686 i386 GNU/Linux


❷ 자바 설치
$ sudo apt-get install openjdk-7-jre
~ 생략 ~
$ sudo apt-get install openjdk-7-jdk
~ 생략 ~
$ java -version
java version "1.7.0_121"
OpenJDK Runtime Environment (IcedTea 2.6.8) (7u121-2.6.8-1ubuntu0.12.04.1)
OpenJDK Client VM (build 24.121-b00, mixed mode, sharing)
$ javac -version
javac 1.7.0_121
```

❸ Jenkins 설치
```
$ wget -q -O - http://pkg.jenkins-ci.org/debian/jenkins-ci.org.key | sudo apt-key add -
$ sudo sh -c 'echo deb http://pkg.jenkins-ci.org/debian binary/ > /etc/apt/sources.list.d/jenkins.list'
$ sudo apt-get update
$ sudo apt-get install jenkins
```
■2017년 01월 17일을 기준으로 2.41 버전이 설치됩니다.

그럼 http://localhost:8080/에 접속해 Jenkins를 살펴봅시다(그림 9-3). 처음에는 Jenkins가 잠겨 있어 안내된 경로의 파일(sudo cat /var/lib/jenkins/secrets/initialAdminPassword)에서 패스워드를 복사한 후 붙여넣고 잠금을 해제합니다. 다음으로 플러그인 설치 화면에서 기본적인 플러그인을 설치합니다(Install suggested plugins 버튼). 마지막으로 계정을 생성하고 필요한 권한을 설정합니다. 덧붙여, 이 책에서는 로컬 PC에 Jenkins를 실행한 상태로 설명합니다. 원격 서버 등에서 실행한 경우는 적절히 호스트 이름과 포트 번호를 바꿔서 읽어주세요.

[그림 9-3] Jenkins 초기 화면

실제로는 이 뒤에 서버 시작 시 설정과 데몬화 설정, 잡을 실행하기 위한 노드 설정, 인증 설정 등이 필요합니다. OS별 대응 방법과 필요한 CI 환경 조건에 따라 설정 방법이 달라지므로 이 책에서는 자세한 내용은 생략합니다.

여기까지 했으면 안드로이드를 위한 준비가 필요합니다. 준비라고는 하지만 기본적으로는 안드로이드 SDK를 Jenkins 서버에 넣고 필요한 패키지를 설치하는 것만으로도 상관없겠지요. 이 책의 집필 시점(2016년 5월 현재)에서 다음과 같이 SDK를 가져올 수 있었습니다(예제 9-2).

[예제 9-2] 안드로이드 환경을 구축한다

```
### Jenkins 사용자로 변경
$ sudo su jenkins
$ cd ~

### 안드로이드 SDK 다운로드
$ wget http://dl.google.com/android/android-sdk_r24.4.1-linux.tgz
$ tar -xvf android-sdk_r24.4.1-linux.tgz
$ rm android-sdk_r24.4.1-linux.tgz

### 필요한 패키지 설치
$ android-sdk-linux/tools/android update sdk --no-ui --all --filter "platform-tools"
$ android-sdk-linux/tools/android update sdk --no-ui --all --filter "tools"
$ android-sdk-linux/tools/android update sdk --no-ui --all --filter "android-23"
$ android-sdk-linux/tools/android update sdk --no-ui --all --filter "extra-android-m2repository"
$ android-sdk-linux/tools/android update sdk --no-ui --all --filter "sys-img-x86_64-android-23"
```

예제 프로젝트

이번 장에서는 예제 프로젝트로서 tech09-jenkins-sample을 사용합니다. 화면이 하나 표시되는 간단한 안드로이드 앱입니다.

9.2.3 빌드를 자동화하자

그럼 안드로이드 앱을 빌드해서 apk 파일을 만들어 봅시다. Tech06에서 설명한 것처럼 apk는 빌드 변형을 구분해 다양하게 빌드할 수 있지만 여기서는 '디버그 빌드'와 '릴리스 빌드'를 설정합니다.

디버그 빌드 자동화

우선은 디버그 빌드부터 설명하겠습니다. 로컬 환경이면 보통 ./gradlew assembleDebug로 하는 방법입니다. 구체적인 명령은 프로젝트에 따라 다르므로 ./gradlew tasks 등으로 확인해 보세요.

디버그 빌드를 설정할 때 깃허브로부터 프로젝트를 클론할 필요가 있습니다. Jenkins에서 깃허브를 사용하기 위해서는 다음 2가지 플러그인이 필요합니다. 설치되지 않았다면 플러그인 관리 페이지에서 설치해 주세요.

- Git Plugin
- GitHub Plugin

플러그인 관리 페이지는 보통 다음과 같은 URL로 돼 있습니다.

[URL] https://localhost:8080/pluginManager/available

그럼 새 작업을 만들어 줍니다. 여기서는 debugbuild라는 이름을 붙이고 [그림 9-4]처럼 설정합니다.

1. 깃허브에서 프로젝트를 클론(소스코드 관리 → Git → Repository URL에 적당한 URL을 지정)한다.
2. [Build]에서 'Execute shell'을 실행한다. 셸 스크립트 입력란에 ./gradlew assembleDebug를 입력해 apk를 빌드한다(그림 9-5).
3. [빌드 후 조치]에서 Jenkins의 결과물 저장 기능으로 apk 파일을 다운로드할 수 있게 한다(그림 9-6).

또한 빌드할 때 안드로이드 SDK의 경로를 Jeknkins에 전달할 필요가 있으므로 Jenkins 관리 → 시스템 속성 → Global properties 화면에서 환경변수(Environment variable)를 설정합니다(그림 9-6).

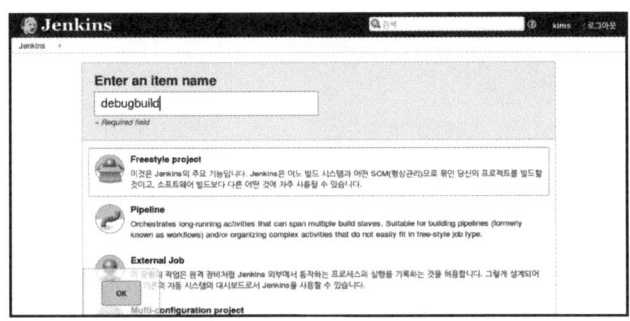

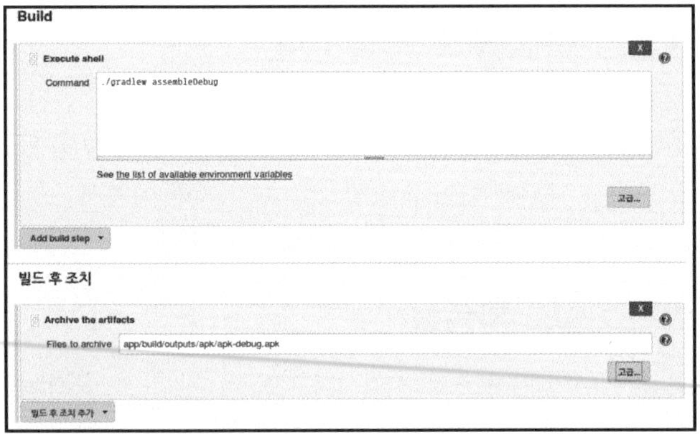

[그림 9-4] 새 작업 만들기 화면

[그림 9-5] 작업 설정 화면

설정을 마친 후 [Build Now] 버튼을 클릭해봅시다. 문제가 없으면 apk가 만들어지고 다운로드할 수 있는 상태가 됩니다.

[그림 9-6] Jenkins 설정 화면

깃허브에 푸시가 있을 때마다 빌드한다

apk 디버그 빌드를 할 수 있게 됐으니 깃허브에 푸시가 있을 때마다 빌드되도록 해보겠습니다. 방법은 몇 가지가 있습니다.

[지정한 시간마다 깃허브를 확인하고 변경 사항이 있으면 빌드를 실행(폴링)]

Jenkins 쪽에서 정기적으로 깃허브에 변경 사항이 있는지 확인하는 방법입니다. 작업 설정 항목 중 '빌드 유발'에서 'Poll SCM'을 설정합니다. crontab을 기술하는 것과 같은 방법으로 정기적으로 깃허브에서 관리되는 소스코드를 확인합니다.

[깃허브로의 푸시를 트리거로 삼아 빌드를 실행]

깃허브 쪽에서 Jenkins에 변경됐다고 전달하는 방법입니다. 깃허브 쪽에서는 Webhooks 설정에서 Jenkins URL을 지정합니다.

깃허브 플러그인을 사용할 경우 Jenkins 쪽에서는 '빌드 유발'에서 'GitHub hook trigger for GITScm polling(예전 이름: Build when a change is pushed to GitHub)'에 체크합니다. 깃허브 플러그인을 사용하지 않는 경우에는 깃허브로부터 POST되는 데이터를 직접 처리해서 빌드를 실행합니다.

릴리스 빌드 자동화

다음으로 릴리스 빌드를 합니다. 보통은 ./gradlew assembleRelease처럼 하는 작업입니다. Jenkins로 릴리스 빌드를 함으로써 Google Play에 공개할 수 있는 apk를 손쉽게 준비할 수 있게 되고, 정식 앱을 확인하기 쉬워집니다.

단, 이 작업에서 주의해야 할 것은 keystore 파일과 그에 따른 패스워드 등의 정보를 다루는 방법입니다. 이러한 정보를 부주의하게 빌드 스크립트 등에 평문으로 기재하고 체크인해 버리면 필요 이상으로 정보가 공개되고 맙니다. 소스코드에다 keystore 파일, keystore의 Alias나 패스워드까지 있으면 apk에 개발자와 똑같은 서명을 할 수 있어 악용될 위험성도 있습니다. 악용을 방지하기 위해서는 이런 파일과 정보를 암호화해야 합니다.

이 책에서는 설명하기 쉬운 openssl 커맨드를 사용한 공개키 방식 암호화를 예로 들겠습니다. 실제로는 필요한 암호화 강도나 프로젝트 조건에 맞게 다른 암호화 방식으로 암호화하거나 혹은 키 파일을 버전 관리 시스템으로 관리하지 않는 등 적절한 방법을 선택하세요.

그럼 우선 app/build.gradle을 편집해 릴리스 서명된 apk를 만들 수 있게 합니다.

편집하기 전에 keystore 파일을 만들고, keystore의 Alias와 패스워드를 기재한 파일도 만들어 둡시다. 이번에는 다음과 같이 작성했습니다(예제 9-3).

- app/sample.keystore: 릴리스 빌드 서명에 필요한 keystore 파일
- app/signingconfig.properties: keystore 파일 내의 각 정보

[예제 9-3] 서명에 필요한 정보(signingconfig.properties)

```
storePassword=password
keyAlias=sample
keyPassword=password
```

이 두 가지 파일을 준비했다면 app/build.gradle을 편집해 다음과 같이 추가합니다(예제 9-4).

[예제 9-4] 릴리스용 설정(app/build.gradle)

```
android {
    signingConfigs {
    release {
        def configFile = file("signingconfig.properties")
        def props = new Properties()
        props.load(new FileInputStream(configFile))

        storeFile file("sample.keystore")
        storePassword props.storePassword
        keyAlias props.keyAlias
```

```
            keyPassword props.keyPassword
        }
    }

    buildTypes {
        release {
            signingConfig signingConfigs.release
        }
    }
}
```

이렇게 해서 ./gradlew assembleRelease로 서명된 apk가 만들어집니다. 그럼 암호화해 봅시다 (예제 9-5). 이번에 암호화가 필요한 파일은 keystore와 properties입니다.

[예제 9-5] 암호화된 서명 파일 준비

```
### 공개키 만들기
$ openssl rand 32 -out key -base64
$ cat key
UVLeXeBHX8KVn9Pq7InVLuEf1seZsoh0N2aw/YAtMmE=

### 암호화
$ openssl enc -e -aes128 -kfile key -in app/signingconfig.properties -out app/signingconfig.properties.aes128
$ openssl enc -e -aes128 -kfile key -in app/sample.keystore -out app/ sample.keystore.aes128

### 커밋한다
$ git add app/signingconfig.properties.aes128 app/sample.keystore.aes128
$ git commit -m "Add signing secure files."
```

여기까지 했다면 나머지는 디버그 빌드와 거의 똑같이 Jenkins 작업 설정만으로 릴리스 빌드를 만들 수 있습니다. 다른 점은 암호화한 파일을 복호화할 필요가 있다는 것뿐입니다.

그럼 [그림 9-7]처럼 설정해 봅시다. 덧붙여, 공개키가 작업 설정 안에서 보이므로 여러분의 프로젝트에서는 이대로는 쓰는 것이 바람직하지 않을지도 모릅니다. 환경변수를 사용하거나 열람 제한을 확실히 설정하는 등 적절히 대응하세요.

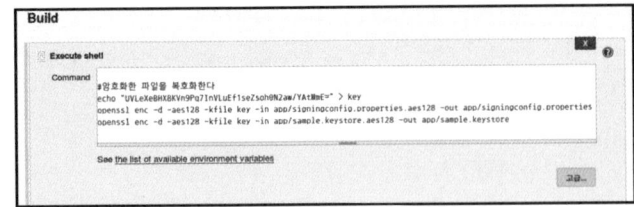

[그림 9-7] 릴리스 빌드 설정 화면

이번 설정에서는 변경이 있으면 어느 브랜치가 됐든 릴리스 빌드를 하게 했습니다. 하지만 실제 현장에서는 푸시할 때마다 릴리스 빌드가 필요한 경우는 그렇게 많지 않을 것입니다. 따라서 릴리스 빌드를 언제 할지 판단할 필요가 있겠지요. 예를 들어, 릴리스용 브랜치를 결정해 두고 그 브랜치에 변경이 있을 때만 릴리스 빌드를 하는 방식으로 연구하는 것도 좋습니다.

9.2.4 테스트를 자동화하자

테스트에 관해서는 Chapter 07, Chapter 08에서 작성 방법과 실행 방법을 설명했습니다. 그러므로 이번 절에서는 기본적으로는 Jenkins에서 하는 설정만 다루겠습니다. 테스트 자체에 관해 자세히 알고 싶은 분은 Chapter 07과 Chapter 08을 읽어보세요.

우선 단위 테스트를 Jenkins로 설정하는 경우입니다. 단위 테스트는 JavaVM 상에서 동작하므로 실행할 때 주의해야 할 것은 거의 없습니다.

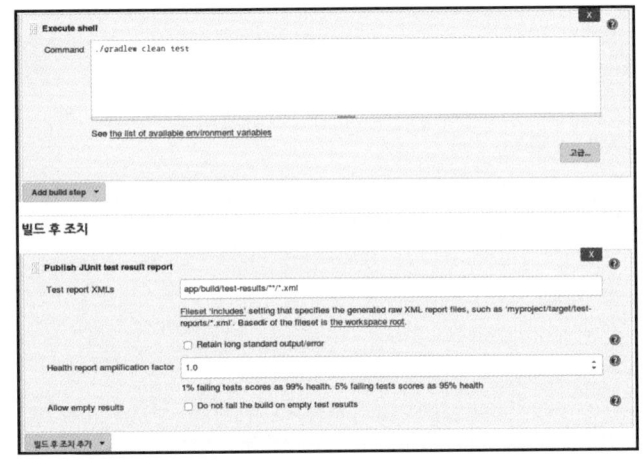

[그림 9-8] 단위 테스트 설정 화면

다. 단순히 테스트를 실행하면 됩니다. [그림 9-8]에 Jenkins 설정 예를 나타냈습니다.

이 책에서는 생략하지만 코드 커버리지 시각화도 하고 싶을 때는 적절한 플러그인(Jacoco Plugin이나 Cobertura Plugin 등)을 도입해 설정합시다.

다음은 실제 디바이스와 에뮬레이터로 실행할 테스트를 Jenkins에서 설정하는 경우입니다. 기본적으로는 CI 서버상에서 에뮬레이터를 시작할 필요가 있습니다(CI 서버에 실제 디바이스가 연결된 경우를 제외). 그래서 필요한 것이 Android Emulator Plugin입니다. 플러그인 화면에서 해당 플러그인을 설치한 다음 [그림 9-9]처럼 빌드 환경을 설정합니다.

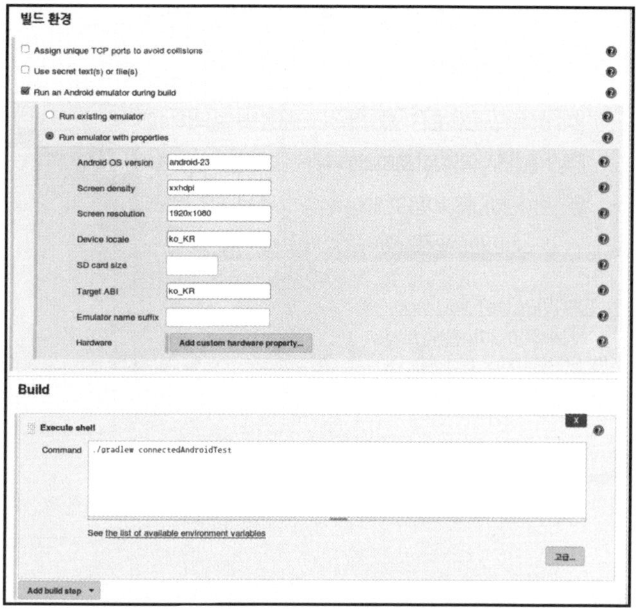

[그림 9-9] 에뮬레이터를 사용한 테스트 설정 화면

이번에는 에뮬레이터를 하나만 실행하도록 설정했지만 실제로는 어떠한 종류의 에뮬레이터를 시작할지 고려할 필요가 있겠지요. 에뮬레이터의 경우는 단위 테스트보다 실행 시간도 오래 걸리므로 우선 가장 사용자 수가 많은 운영체제로 테스트하는 등 유연하게 대처하는 것이 좋습니다.

9.2.5 인스펙션을 자동화하자

다음으로 인스펙션을 자동화해 봅시다. 이 책에서는 Android Lint와 FindBugs에서의 설정 예와 그 밖의 코드 분석 도구의 개요를 설명합니다.

Android Lint를 이용한 코드 분석

Android Lint(이하 lint)란 안드로이드에 특화한 표준적인 코드 분석 툴의 하나로, 설정의 과부족이나 성능, 오류 가능성 등 다양한 검사를 합니다.

우선 lint를 실행해 봅시다(예제 9-6). 그레이들을 이용하면 기본적으로는 설정할 필요 없이 그대로 실행할 수 있습니다(그림 9-10, 그림 9-11).

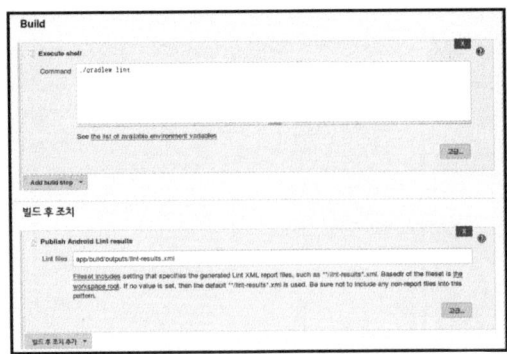

[그림 9-10] lint 설정 화면

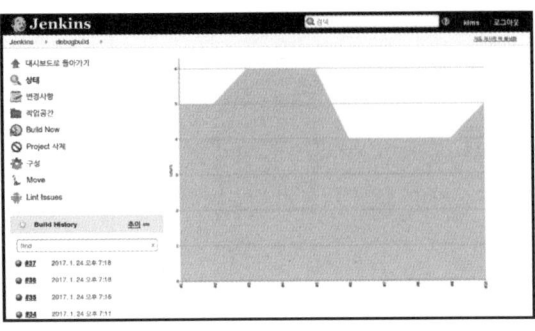

[그림 9-11] lint 실행 결과 그래프

[예제 9-6] lint에 의한 정적 분석

```
$ ./gradlew lint
```

그림 Jenkins로 작업을 만들어 실행해 봅시다. 이번에는 lint의 실행 결과를 보기 쉽게 확인하고자 Android Lint Plugin도 설치해 둡시다. lint의 결과로서 출력되는 XML을 전달해 Jenkins 화면상에서 그래프를 표시할 수 있습니다.

lint의 설정을 [그림 9-10]에, 작업을 실행하면 표시되는 lint의 실행 결과 그래프를 [그림 9-11]에 나타냈습니다.

[그래프와 상세 출처] **Android Lint Plugin**
https://wiki.jenkins-ci.org/display/JENKINS/Android+Lint+Plugin

FindBugs를 이용한 코드 분석

다음으로 FindBugs를 이용한 코드 분석을 하겠습니다. FindBugs는 자바 코드의 버그를 찾아내는 도구 중 하나로, 클래스 파일을 분석합니다. 그레이들에 표준으로 플러그인이 준비돼 있으므로 도입도 간단합니다. FindBugs에서는 300개가 넘는 체크 항목에 대해 분석을 합니다. 예를 들어, 다음과 같은 항목을 체크합니다.

- 정확성을 잃은 캐스트 가능성(수치 데이터와 자료형이 다른 객체 등)
- 바람직하지 않은 습관(super의 메서드 호출이나 예외 처리 방법 등)
- 멀티 스레드 관련 구현 시 주의사항
- 바람직하지 않은 코딩 스타일(하드 코딩, 미사용 멤버 변수 등)

그럼 그레이들의 빌드 스크립트를 수정해 findbugs 태스크를 정의합시다(예제 9-7). 이번에는 결과 보고서를 XML 파일로 출력하도록 설정했습니다.

[예제 9-7] findbugs 설정(app/build.gradle)

```
apply plugin: 'findbugs'

task findbugs(type:FindBugs, dependsOn:assembleDebug) {
    ignoreFailures = true
    effort = "max"
    reportLevel = "medium"
    excludeFilter = new File("config/findbugs/filter.xml")
    classes = files("build/intermediates/classes/")
    source 'src/main'
    include '**/*.java'
    reports {
        xml.enabled = true
        html.enabled = false
    }
    classpath = files()
}
```

R.java를 분석 대상에서 제외하고자 다음과 같은 XML도 준비했습니다(예제 9-8).

[예제 9-8] 분석 대상 제외 지정(filter.xml)

```
<!--./app/config/findbugs/filter.xml-->
<?xml version="1.0" encoding="UTF-8"?>
<FindBugsFilter>
    <Match>
        <Class name="~.*.R"/>
    </Match>
```

```
    <Match>
        <Class name="~.*.R\$.*"/>
    </Match>
</FindBugsFilter>
```

그럼 Jenkins 작업을 설정해 봅시다(그림 9-12). 실행 결과를 보기 쉽게 확인하기 위한 FindBugs Plugin도 설치해 둡시다. Android Lint Plugin과 마찬가지로 출력되는 XML을 전달해 Jenkins 화면상에서 그래프를 표시하고 자세한 분석 결과를 확인할 수 있습니다.

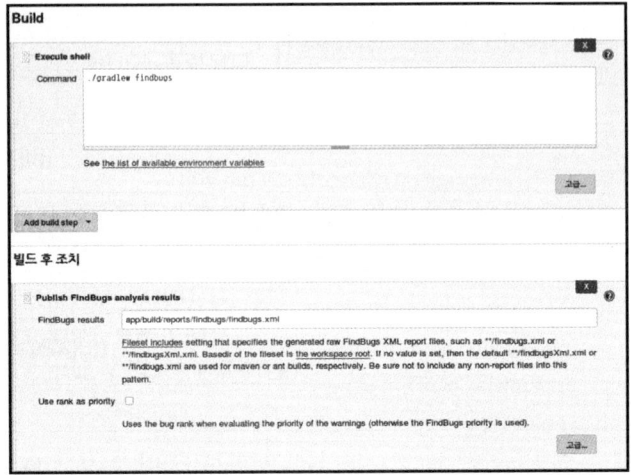

[그림 9-12] FindBugs 설정 화면

그 밖의 코드 분석 도구

이번 절에서는 인스펙션 사례로 Android Lint와 FindBugs를 소개했지만 코드 분석 도구는 이 밖에도 많습니다. 그중 자주 사용되는 몇 가지 도구를 소개하겠습니다. 팀에서 중요시하는 것이나 실현성 등에 따라 적절히 코드 분석 도구를 선택합시다.

우선 첫 번째로 소개할 것은 Checkstyle입니다. Checkstyle은 코딩 규칙을 검사하는 도구의 하나입니다. 1행당 문자 수 제한이나 필드별 행 수 제한, JavaDoc 주석 유무, 괄호 앞뒤 공백 유무, 변수명, 메서드명, 클래스명 각각의 규칙 등 코딩 규칙에 관한 다양한 항목을 검사할 수 있습니다. 팀에서 확실하게 코딩 규칙을 맞추고 싶을 때 꼭 도입해 보세요.

다음으로 소개할 것은 PMD입니다. PMD도 FindBugs처럼 자바 코드의 버그를 발견하기 위한 도구입니다. 이 둘은 분석 항목이 다른 것 외에도 Findbugs는 클래스 파일을 대상으로 분석하는 반면 PMD는 소스코드를 대상으로 분석한다는 차이가 있습니다. 클래스 파일로 컴파일할 때 컴파일러에 의한 최적화 등이 이뤄지므로 소스코드와 클래스 파일은 반드시 똑같이 기술되지 않습니다. 따라서 분석 결과에 차이가 나는 경우도 많습니다. 소스코드 및 바이트코드 양쪽의 버그 가능성을 파악하고 대처하고 싶을 때는 FindBugs와 PMD를 함께 사용합시다.

그 밖에 PMD의 애드온에는 중복된 코드를 점검하는 CDP(Copy Paste Detector) 같은 도구도 있습니다. DRY(Don't Repeat Yourself; 중복 배제) 원칙에 신경 쓰고 싶은 경우에 사용하면 좋겠지요.

9.2.6 디플로이를 자동화하자

그럼 마지막으로 디플로이를 자동화해 언제든 쉽게 앱의 동작을 확인할 수 있게 해봅시다. 이 책에서는 DeployGate를 이용한 디플로이를 다룹니다. 여기서는 설명을 간단히 하고자 매우 단순한 작업을 작성했습니다. 실제 현장에서는 특정 빌드만 디플로이하는 등 필요성이나 타이밍을 고려해 설정해 주세요.

DeployGate를 이용한 디버그 빌드

DeployGate를 이용한 디버그 빌드의 배포를 살펴봅시다. DeployGate란 디플로이 게이트사에서 제공하는 앱 배포를 위한 서비스입니다. 개발 중에도 간단히 apk를 배포할 수 있고, 무선으로 단말에 설치할 수도 있습니다. 안드로이드 개발자 중에서도 이용자가 많고, 꾸준한 인기를 얻고 있는 서비스라고 알아두면 좋습니다.

덧붙여, 야후 사내에서도 DeployGate 같은 apk 배포 기능을 갖춘 독자적인 사내 서비스를 운영해 Yahoo! JAPAN 앱과 야후오크(야후에서 운영하는 옥션 사이트) 등 수많은 앱이 서비스를 이용하고 있습니다.

그럼 DeployGate를 설정해 보겠습니다 (그림 9-13). apk 업로드 작업은 당연하지만 수동으로도 할 수 있습니다. 아직 DeployGate를 이용한 적이 없는 분은 한 번 수동으로 이용해 보는 것도 좋겠지요. 수동으로 apk를 업로드하는 방법은 다음과 같습니다.

[그림 9-13] deploygate에 앱을 업로드했을 때 표시되는 화면

[URL] **DeployGate 페이지**
https://deploygate.com/

1. https://delpoygate.com/에 접속한다.
2. 로그인하거나 혹은 계정을 새로 만든다.
3. 화면 상에 표시된 [Upload App] 버튼을 클릭하고 apk를 선택한다.
4. QR 코드와 배포 URL이 표시되고 앱을 설치할 수 있게 된다.

업로드와 배포를 어느 정도 이해했으면 자동화에 필요한 설정을 해봅시다. 기본적으로는 DeployGate 공식 페이지 등을 보고 여러 방법 중에서 적당한 것을 선택하세요. 이번에는 그레이들 플러그인을 이용한 설정을 예로 들어 선택합니다.

그레이들의 빌드 스크립트에 다음과 같은 코드를 추가합시다(예제 9-9). jCenter에서 플러그인을 가져와 적용한 후 deploygate라는 태스크를 정의합니다. token은 비밀로 해야만 하는 정보이므로 넓은 범위로 공개되지 않도록 적절한 암호화 방법을 생각해야 합니다.

[예제 9-9] DeployGate 설정(app/build.gradle: 자바)

```
buildscript {
    repositories {
        jcenter()
    }

    dependencies {
        classpath 'com.deploygate:gradle:0.6.2'
    }
}
apply plugin: 'deploygate'

deploygate {
    userName = "YOUR_USER_NAME"
    token = "YOUR_TOKEN"

    apks {
        release {
            sourceFile = file("[release apk file path]")
        }

        debug {
            sourceFile = file("[debug apk file path]")
        }
    }
}
```

이렇게 정의해두면 다음 커맨드로 DeployGate에 업로드할 수 있습니다(예제 9-10). Jenkins 작업에서도 같은 커맨드로 DeployGate에 자동으로 배포할 수 있습니다. 꼭 시험해 보십시오.

[예제 9-10] DeployGate에 업로드

```
$ ./gradlew uploadDeployGate
```

Google Play Developer API

끝으로, Google Play Developer API를 사용하는 배포에 관해 설명하겠습니다. 일반적으로 앱을 릴리스하려면 Developer Console을 열어 apk 파일을 업로드할 필요가 있습니다. 하지만 Google Play Developer API를 이용하면 이런 작업을 대부분 자동화할 수 있습니다. 이 API로 할 수 있는 일은 다음과 같습니다.

- 새 버전의 apk를 업로드한다
- 스크린샷이나 설명문을 가져와 편집한다.

[URL] Google Play Developer API 페이지
https://developers.google.com/android-publisher/

이 책에서는 자세한 사용법은 생략하지만 특히 릴리스 빈도가 높은 앱 등은 이 API를 이용한 배포를 한번 검토해 보는 것이 좋습니다.

9.2.7 Circle CI의 기본을 이해하자

지금까지 Jenkins를 사용한 CI 설정을 살펴봤습니다. 이제부터는 CI를 웹 서비스로 제공하는 Circle CI를 들어 설정 예를 설명합니다. Circle CI는 깃허브와 연계해 사용할 수 있는 웹 서비스로서, 빌드 환경에 SSH로 로그인할 수 있고, 산출물을 저장할 수 있는 점이 특징입니다. 이러한 웹 서비스로는 Circle CI 외에도 Travis CI와 Codeship 등 아주 많이 있으니 조건에 맞는 것을 선택하면 됩니다.

[URL] Circle CI

https://circleci.com/

Jenkins처럼 서버 준비가 필요한 툴과 비교했을 때 웹 서비스를 이용하는 방법의 최대 장점은 도입 절차가 매우 간편하다는 점입니다. 이런 웹 서비스는 대부분 프로젝트 내에 설정 파일을 하나 준비해 두는 것만으로도 바로 CI를 시작할 수 있습니다. 또한 개발자가 서버를 관리할 필요가 없으므로 CI 서버의 각종 패키지 업데이트나 보안에 신경 쓸 필요가 없다는 점도 작업량 관점에서 볼 때 큰 장점입니다.

한편 단점으로는 웹 서비스가 제공하는 환경에서 빌드하기에 프로젝트 특유의 의존관계나 복잡한 빌드 환경을 재현하기가 까다롭고 Jenkins처럼 플러그인이 준비돼 있지 않아 테스트나 코드 분석 결과를 시각화하기 어려운 경우가 있습니다. 이런 세부적인 점에서 조정이 필요하지만 기본적으로는 Jenkins 같은 온프레미스 환경보다는 도입과 운영에 필요한 작업량을 줄일 수 있습니다.

그럼 Circle CI의 설정을 해 보겠습니다.

처음 사용할 때 깃허브 인증이 필요한 경우가 있으므로 문제가 없다면 지시를 따라 인증 절차를 진행하세요. 인증을 마쳤으면 설정 화면 내에서 대상 프로젝트를 빌드합니다. Circle CI의 경우, 기본적인 빌드를 하기까지 설정 파일이 필요 없습니다. 스스로 커맨드를 변경할 때 비로소 설정 파일을 만듭니다.

그럼 프로젝트의 독자적인 CI 설정을 해봅시다. 이번에는 다음과 같은 CI 설정을 합니다.

1. 커밋할 때마다 빌드한다(release 브랜치면 릴리스 빌드, 나머지는 디버그 빌드).
2. 테스트를 실행하고, 결과 파일을 저장한다.
3. 코드 분석을 하고 결과 파일을 저장한다.
4. DeployGate에 apk를 업로드한다.

이러한 설정을 구현하기 위해 다음과 같은 circle.yml을 프로젝트 바로 아래에 만듭니다(예제 9-11).

[예제 9-11] Circle CI 설정(circle.yml)

```
# 빌드 환경 설정
dependencies:
  pre:
    - echo y | android update sdk --no-ui --all --filter "android-23,build-tools-23.0.3,extra-android-m2repository,extra-android-support"

# 실행할 커맨드 설정
test:
  override:
    - if [ "$CIRCLE_BRANCH" = "release" ]; then
        ./gradlew assembleRelease;
      else
        ./gradlew assembleDebug;
      fi
    - ./gradlew lint;     cp -r app/build/outputs $CIRCLE_ARTIFACTS
    - ./gradlew findbugs; cp -r app/build/reports $CIRCLE_ARTIFACTS

# apk가 생기면 마지막으로 DeployGate에 업로드
deployment:
  test:
    branch: /*/
    commands:
      - ./gradlew uploadDeployGate
```

circle.yml에 셸 스크립트를 기술할 수 있으므로 빌드 처리를 브랜치에 따라 나누고 있습니다. 또한 $CIRCLE_ARTIFACTS는 Circle CI에서 파일 저장 기능으로서 주어진 디렉터리 경로를 나타냅니다.

빌드에 성공하면 [그림 9-14]처럼 Success(화면 왼쪽 위)라는 메시지를 포함한 화면이 표시됩니다.

이처럼 SaaS를 이용한 CI는 아주 간편하다는 사실을 알 수 있습니다. 꼭 한 번 프로젝트에 도입하는 것을 검토해 보세요.

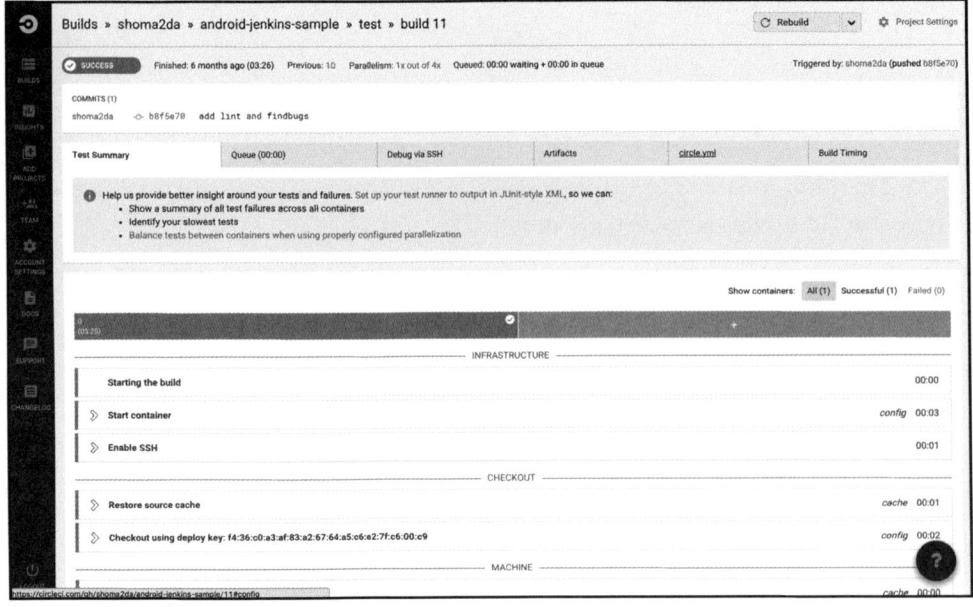

[그림 9-14] Circle CI의 실행 결과 화면 예

정리

이번 장에서는 지속적인 빌드와 테스트로 개발을 효율적으로 진행하고, 빠르게 고품질 앱을 사용자에게 보내기 위한 대처 방법인 'CI'에 관해 학습했습니다. 코딩과 퍼포먼스 조정 등 앱 자체에 대한 개발 작업은 물론 중요하지만 그런 개발 작업을 효율적으로 만들어주는 '주변 환경의 표준화'도 중요합니다. 제대로 CI를 도입하면 팀원이 바뀌어도 영향이 적고 또한 모든 것이 시각화된 높은 수준의 개발 작업을 진행할 수 있게 됩니다.

우선 앱에 대한 CI를 도입해 봅시다. 천릿길도 한 걸음부터니까요. 이상적인 환경을 만들기 위해서는 우선 한 발을 내딛는 것이 중요합니다.

CHAPTER 10

디자인을 이해하고 사용하기 쉬운 앱을 만든다:
엔지니어도 알 수 있는 디자인의 기초

이번 장에서는 디자인까지 만들어 보고 싶다거나 또는 디자이너는 어떤 사고 프로세스로 설계하는지 알고 싶은 분을 위한 내용을 다룹니다. 디자인의 기초를 이해함으로써 간단한 부품 만들기에 도전하거나 디자이너와의 소통을 원활하게 할 수 있습니다. 최근에는 디자인 설계를 포함한 풀스택 스킬이 요구되는 현장도 늘어나고 있습니다. 디자인을 이해해서 활약할 수 있는 영역을 넓혀갑시다.

디자인의 기본을 이해하자

화면 디자인을 시작하려면 과연 무엇부터 알아두는 게 좋을까요? 우선은 디자인의 기초 지식을 확인하고, 다음으로 작업을 진행하는 데 중요한 사항을 확인하겠습니다. 핵심은 '색'과 '폰트' 그리고 '레이아웃'에 관한 지식입니다. 이러한 지식을 알아두기만 해도 디자이너와 소통할 수 있는 언어가 많아져서 개발을 매끄럽게 진행할 수 있게 됩니다. 이번 절을 학습함으로써 디자인의 핵심을 이해해 봅시다.

10.1.1 '색'과 '폰트'를 이해하자

시각 디자인 설계에서 빠뜨릴 수 없는 것이 색과 폰트에 관한 지식입니다. 앱 상에서는 화면 크기 등에 제약이 있으므로 색과 폰트의 기본을 이해하고 어떻게 효과적으로 사용할 수 있는지가 중요합니다.

색에 관해

우선 색에 관해 알아보겠습니다. 머티리얼 디자인(Material Design)에서는 색을 선정하는 기준도 가이드라인에 기재돼 있습니다. 하지만 가이드라인을 따르는 것만으로는 제품의 브랜딩이 성립하진 않습니다. 그 앱을 떠올릴 수 있게 배색을 일관되게 사용하고, 시각 디자인의 독자성을 만들 필요가 있습니다.

색은 색상(색의 상태), 채도(선명한 정도), 명도(밝고 어두운 정도)라는 3가지 특성으로 구성됩니다(그림 10-1). 색상이란 빨강, 노랑, 초록, 파랑, 보라 따위로 구분하는 색의 방향성 차이입니다.

실제 코드상에서는 RGB로 색을 지정하는 일이 많지만 RGB(Red, Green, Blue)로 색을 선택하는 것은 감각적이지 않습니다. 그러니 색상, 채도, 명도로 색을 조정할 수 있는 HSB(Hue, Saturation, Brightness)로 색을 결정한 후에 변환해서 이용하는 게 바람직하겠지요.

색상, 채도, 명도가 모두 일치하면 같은 색이 됩니다. 이 요소 중 2개가 일치하면 가까운 색감이 되고, 조합했을 때 어울리는 배색이 됩니다. 특히 명도와 채도가 일치하는 것을 '톤이 같다'고 합니다. 색을 많이 이용할 때는 특히 이 3요소가 가까운 조합을 이용해 자연스럽게 색을 배치합니다.

색의 심리적인 영향으로서 빨강은 자극을 주어 경계하게 하는 효과가 있고, 초록에는 심신을 안정시키는 효과가 있습니다. 이처럼 색에 색 본래의 보편적 인상과 환경과 경험 같은 외부적인 요인이 가져오는 인상이 있습니다. 나라에 따라서는 초록이 금전, 흰색이 죽음을 뜻하는 경우도 있습니다.

액션 종류별로 배색 규칙을 정하는 것은 사용자의 학습에 도움이 되고 사용 편의성을 개선합니다. 계획적인 배색에 유의합시다. 사용할 색은 3색 기반을 기본으로 하고, 필요에 따라 조정하면 되겠지요. 일반적으로 배색 균형은 배경색 70%, 주요색 25%, 강조색 5% 정도를 기준으로 하면 정리하기 쉽다고 합니다.

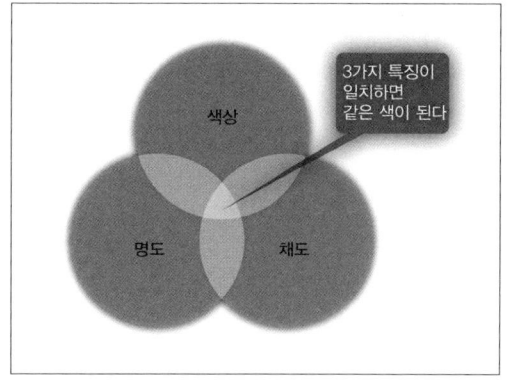

[그림 10-1] 색의 3가지 특성

Adobe Color 같은 배색 도구 사이트를 이용하면 색을 하나 결정하면 조합할 수 있는 색을 쉽게 선택할 수 있으므로 도움이 됩니다. 색은 탭의 편의성과 직결되므로 중요한 동선의 배색은 A/B 테스트 등을 실시해 결정하기를 권장합니다.

[URL] **Adobe Color**
https://color.adobe.com/ko/create/color-wheel/

폰트에 관해서

폰트는 적절히 이용할 수 있으면 시각 디자인 대부분이 성립되는 중요한 요소입니다. 폰트는 가시성과 시선 이동에 크게 관여하며 편의성의 바탕을 이루기 때문입니다. 그리고 폰트에 관해 생각하려면 관례를 조금 학습할 필요가 있습니다. 우선 폰트의 종류를 알아봅시다. 대략 나누면 폰트에는 고딕체, 명조체, 그리고 손글씨 폰트 같은 독특한 폰트가 있으며 저마다 특징이 있습니다.

고딕체(산세리프체)

고딕체는 문자에 꾸밈이 없이 단순하게 구성돼 있고, 깔끔한 인상을 주며 시인성이 좋습니다. 특히 디스플레이 상에서 문자가 작아도 잘 보입니다(그림 10-2).

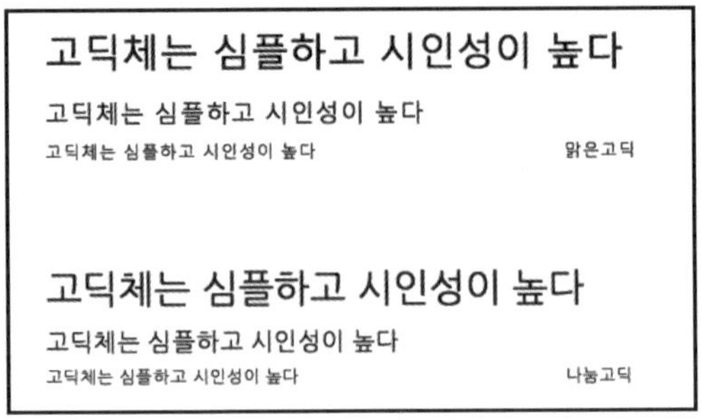

[그림 10-2] 고딕체(산세리프체)의 예

명조체(세리프체)

명조체는 문자의 특징이 강하게 나타나 문자를 식별하기 쉬우며 가독성이 높습니다. 장문의 인쇄물에서는 흔히 이용되지만 디스플레이에서는 작게 표시하면 명조체 고유의 장식이 들쭉날쭉해 보여 가독성이 낮아지므로 이용하기 어렵습니다.

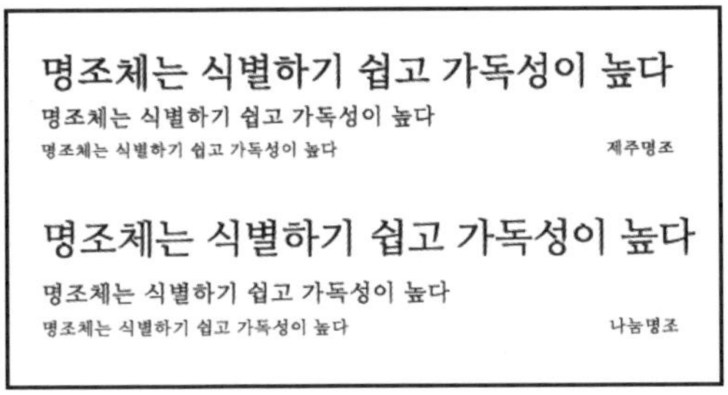

[그림 10-3] 명조체(세리프체)의 예

독특한 폰트

그 밖에 붓이나 펜으로 쓴듯한 손글씨 스타일의 폰트들이 있습니다. 손글씨의 특징을 살린 서체일수록 완급이 있어 인식하기가 쉽고, 글자 형태를 다듬거나 규칙을 부여한 서체는 단순하고 아름다운 인상을 줍니다.

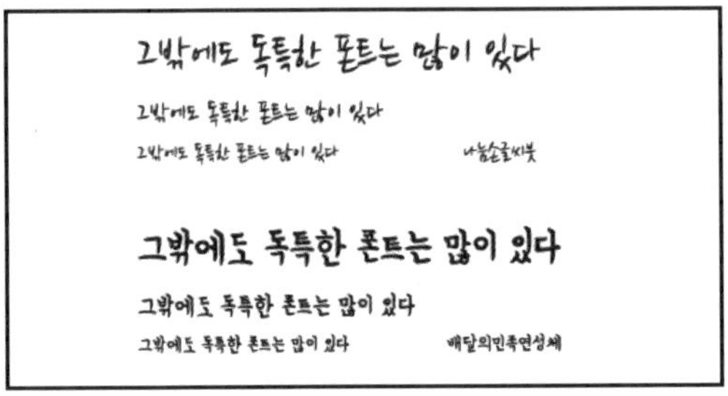

[그림 10-4] 개성적인 폰트의 예

일본어 가나와 한자, 완급과 심플함의 비교

일본어의 경우 가나 쪽이 작고, 한자는 여백까지 꽉 채우고 있습니다. 이 차이가 큰 폰트는 읽기 쉽고, 차이가 작은 폰트는 예쁘게 배열되어 깔끔해 보입니다. 또한 완급이 있는 폰트는 서예처럼 문자 본래의 아름다움이 있고, 단순한 폰트는 기호적입니다(그림 10-5).

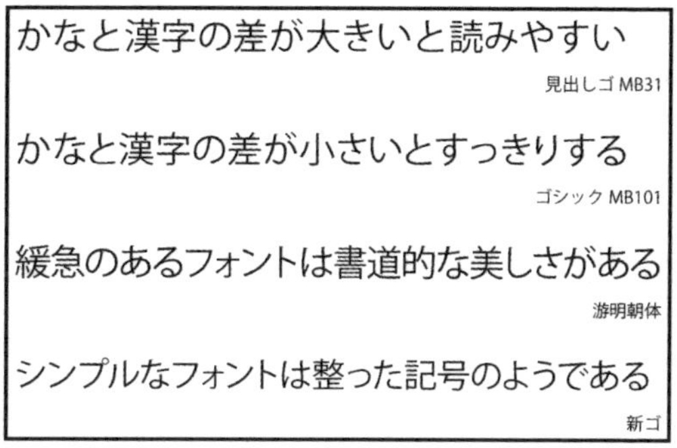

이런 특징을 이해한 다음, 이용할 폰트를 선택합니다. 폰트 선택의 핵심은 문자를 배치할 곳에 맞게 보기 쉬울 것(시인성), 읽기 쉬울 것(가독성), 내용을 알 수 있을 것(판독성)입니다. 이런 요점을 파악하고 선택합니다.

이 가운데 판독성에 관해 대략 설명하면 오싹한 이미지의 폰트로 '예쁘다'라고 써봐야 내용이 원래 의미로 전달되기 어렵다는 말입니다(그림 10-6).

[그림 10-5] 가나와 한자, 완급과 단순함의 비교

[그림 10-6] 판독성의 차이

그렇지만 앱에서 이용할 수 있는 폰트에는 한계가 있습니다. 특히 비영어권 문자는 선택지가 더 적을 것입니다. 하지만 로고나 스토어에 올릴 캡처 화면처럼 중요한 부분에서는 이미지도 활용해 차별화하고 인상에 남는 메시지를 전달하는 것이 중요합니다. 그 인상이 누군가에게 소개할 때 머릿속에 떠오르는 앱이 되느냐 마느냐의 갈림길이 되기 때문입니다.

기본적인 폰트에 대해서도 살펴보겠습니다. Roboto 폰트는 스마트 디바이스의 다양한 면에서의 가독성이 고려된 영문 폰트입니다. 시인성이 좋고 개성이 강하지 않아 어디에나 잘 어울립니다. Noto 폰트는 구글과 어도비(Adobe)가 한국어 등 다국어를 지원하고자 세계의 모든 문자, 나아가 유니코드의 모든 문자

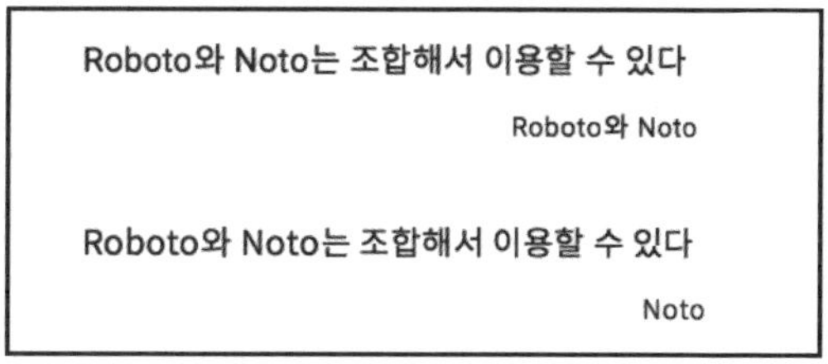

[그림 10-7] Roboto와 Noto 폰트

를 표현하는 것을 목표로 한 프로젝트에 의해 생겨난 폰트입니다. Noto 폰트는 Roboto 폰트와 조합해 이용합니다(그림 10-7).

둘 다 오픈소스로 배포되지만 상용으로 고가에 제공되는 폰트에 뒤지지 않게 글자 굵기도 풍부하며 아름답고 간결한 만능 폰트입니다. 안드로이드를 둘러싼 문자 환경은 대개 아름다운 세계로 이뤄졌습니다.

하지만 기본 폰트만 이용해서는 인상에 남는 디자인이 되기 어렵습니다. 폰트를 적절히 사용해 브랜드를 확립한 예로서 'The New York Times' 앱을 들 수 있습니다. 로고는 고전적인 블랙 레터계의 독특한 폰트로서 인상에 남는 고급스러움을 연출합니다(그림 10-8).

세리프체 폰트를 기본으로 가독성을 확보하면서도 읽기 쉽고 효과적인 문자의 크기의 점프율(대소 대비)과 명도차를 이용해 필요 이상의 괘선이나 마진 없이, 읽기 쉬운 문자 배열을 보여 줍니다.

[그림 10-8] The New York Time의 일관된 브랜드 표현

안드로이드의 TextView에서는 폰트 패밀리로서 다음과 같이 지정할 수 있습니다.

- Typeface.DEFAULT
- Typeface.DEFAULT_BOLD
- Typeface.MONOSPACE
- Typeface.SANS_SERIF
- Typeface.SERIF

본문을 SERIF로 해서 조금 다르게 해보거나 목록이나 표처럼 세로로 항목이 나열되는 화면에서는 MONOSPACE(문자의 폭이 일정)로 지정해 세로로 비교하기 쉽게 설정해 보면 좋을 것입니다.

다음과 같이 폰트 스타일로 지정할 수 있는 항목이 있습니다.

- Typeface.NORMAL
- Typeface.BOLD
- Typeface.ITALIC
- Typeface.BOLD_ITALIC

단, 구형 단말에서는 BOLD가 들어있지 않으므로 동시에 글자색도 바꿔서 이용하는 게 친절할지도 모릅니다. 또한 ITALIC은 한국어에 적용하면 보기에 좋지 않으니 최소한으로 이용하는 편이 좋겠지요.

무드보드를 만든다

배색이나 폰트를 결정할 때 중요한 것은 '어떤 세계관을 표현하는가'입니다. 그래서 우선 처음에 무드보드로 방향성을 검토하는 경우가 있습니다. [그림 10-9]처럼 이미지에 따라 찾아낸 사진을 모아 표현하고 싶은 방향성과 키워드를 선정할 재료로 삼습니다.

이 무드보드는 배색의 방향성을 보는 이미지로서 특이하고 풍부한 색채의 이미지를 모은 예입니다. 파워포인트나 키노트에 붙이기만 한 간단한 것이지만 특이한 느낌을 말로 설명하기보다도 한층 더 구체적인 뉘앙스와 이미지를 찾아낼 수 있습니다. 그렇게 만들어진 이미지를 바탕으로 배색과 폰트 등의 시각 디자인 방향성을 결정해 갑니다.

[그림 10-9] 특이하고 색채가 풍부한 이미지로 작성한 무드보드

10.1.2 콘텐츠를 위한 레이아웃을 이해하자

머티리얼 디자인(Material Design)과 iOS의 휴먼 인터페이스 가이드라인 등의 앱 가이드라인은 콘텐츠를 잘 보여주기 위한 레이아웃이라는 사상을 바탕으로 설계됐습니다. 기본으로 설치된 앱에서도 알 수 있는 것처럼 심플한 색으로 구성된 화면이므로 여백을 잡는 방법에는 배려가 필요합니다.

머티리얼 디자인 가이드라인의 'Metrics & keylines' 항목에서 다양한 스크린 크기에 대응한 행간과 마진의 예를 보여주지만 제작하는 앱에 따라 공백과 스페이스를 다루는 방법은 달라집니다. '얼핏 봐도 내용을 알 수 있게 표시하는 것'과 '되도록 정보를 많이 표시하는 것' 중 어느 쪽을 선호하는지 사용자마다 다르기 때문입니다. 대개 그 균형에 대해 고민하고 가설과 검증을 반복하면서 사용자 욕구에 가까워져 가는 것이 모범 답안이 되겠지요.

[URL] **Metrics & keylines 페이지**
https://www.google.com/design/spec/layout/metrics-keylines.html

또한 레이아웃의 기본 원칙에는 다음 4가지가 있습니다.

- 근접
- 정렬
- 반복
- 대비

'근접'은 시선의 흐름을 고려하면서 관련 항목을 모아 그룹을 만들고 다른 그룹과의 사이를 띕니다.

'정렬'은 시각의 연결로 문자와 콘텐츠의 시작선을 맞추거나, 의도적으로 규칙을 바꿔(왼쪽 정렬에서 오른쪽 정렬로 하는 등) 눈에 띄게 합니다.

'반복'은 로고나 제목, 여백 등 디자인의 특징을 반복함으로써 전체적으로 통일감 있는 디자인을 완성합니다.

'대비'는 크기와 색, 굵기 등의 대비를 대담하게 이용해 우선순위에 따라 콘텐츠의 차이를 드러내 보기 쉬운 화면을 만듭니다.

또한 사람의 시선은 왼쪽 위에서 오른쪽으로, 다음은 위에서 아래쪽으로 흘러갑니다. 시선의 흐름이 막히지 않게 배치하는 것도 중요합니다. 이런 관점으로 레이아웃을 채워가면 사용하기 쉬운 디자인을 완성해 갈 수 있습니다.

그리드 시스템에 따라 사진과 텍스트를 배치한다

여기서 말하는 '그리드'란 컴포넌트의 그리드 레이아웃(Grid layout)의 원래 의미로, 디자인에서 자주 이용되는 기법입니다. 표시면을 기준이 되는 정렬선으로 가로세로로 나누고, 그 선에 맞춰 문장이나 콘텐츠를 배치해 갑니다. 그리드 시스템을 이용하면 복잡한 화면도 정보가 분할되어 보기에도 편하고 시각적으로도 아름답습니다.

[그림 10-10] 그리드를 3분할로 구성한 예

[그림 10-10]의 예에서는 포토샵으로 일정한 여백을 계산해서 안내선을 그린 후, 그 사이를 콘텐츠로 채우고 있습니다. 그리드 레이아웃은 먼저 여백이 정해지고 나서 콘텐츠 크기가 정해지는 경우도 있습니다. 덧붙여, 여백을 8의 배수인 dp로 설계하면 다양한 크기의 화면에 대응하기 쉬워집니다. 꼭 한 번 체험판을 이용해 실제로 콘텐츠를 배치해 봅시다.

10.1.3 사진 사용법에 주의하자

최근에는 사진을 위주로 하는 디자인도 늘어났습니다. 하지만 사진을 이용할 때는 주의할 점도 몇 가지 있습니다. 사진에 문자를 넣는 레이아웃을 이용하면 손쉽게 멋진 디자인을 완성할 수 있지만 사진을 배경으로 하면 명도차가 커서 문자를 읽기 어려워지기도 합니다. 그러므로 문자를 넣어도 잘 보이게 배려할 필요가 있습니다.

가독성이 떨어졌을 때는 사진 자체의 명도차를 줄이거나 반투명 요소를 겹쳐 읽기 편하게 하는 방법이 있습니다. 배경을 부분적으로 흐리게 하는 방법도 색감이 균일해져 앞쪽에 있는 문자를 읽기가 쉬워집니다.

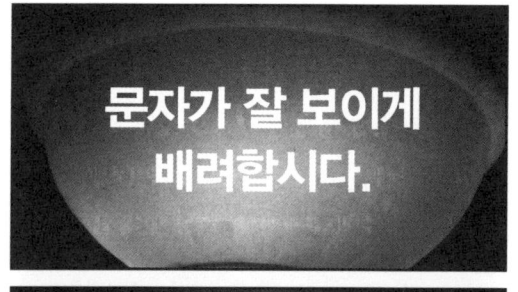
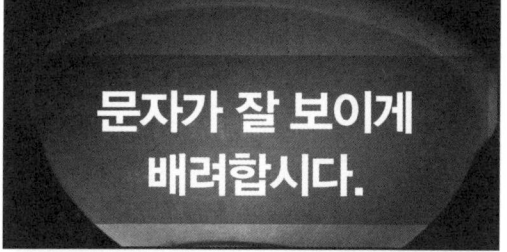
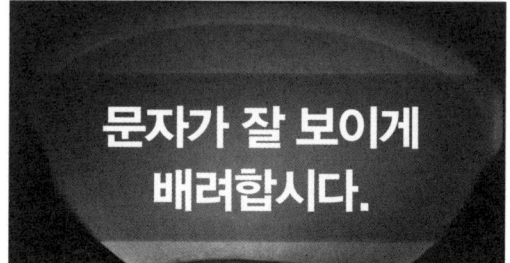

[그림 10-11] 사진과 문자의 구성

10.2 디자인 진행 방법을 전략적으로 생각하자

이번 절에서는 일반적으로 디자이너가 어떤 단계를 밟아 작업을 진행하는지 이해하고, '마음에 꽂히는 디자인'이 될 수 있는 확률을 높이는 방법을 확인합니다. 경쟁자 조사의 간단한 예와 컨셉트 테스트 방법을 예로 들어 디자인의 초기 프로세스를 이해해 봅시다. 여기서 설명하는 내용은 기본적인 흐름이므로 흥미가 생기면 UX 디자인 관련 서적이나 기사를 참고하길 바랍니다.

10.2.1 디자인의 경쟁자 조사를 하자

디자인을 진행할 때 그냥 마구잡이로 만들어 넣어봐야 고객에게 환영받는 디자인이 완성되지 않습니다. 그렇다고 해서 완전히 백지부터 시작하는 것도 비효율적입니다. 만약 만들려는 앱에 경쟁자가 있다면, 우선 그 경쟁자를 파악하는 것부터 시작합시다. 경쟁자를 분석해 많은 정보를 발견할 수 있고 빠르게 고객 욕구에 맞는 앱을 설계할 수 있습니다. 일반적으로 많은 사람이 알고 있는 유명한 앱들은 철저하게 고객 욕구를 조사해 설계된 것이 많습니다.

경쟁자가 그렇게 '설계한 이유'를 분석하고 새롭게 재구성함으로써 불필요한 조사에 시간을 낭비하지 않고 방향성을 결정할 수 있습니다. 물론 단순히 상대방 흉내를 내는 것은 바람직하지 않습니다. 분석에서 다시 자기 나름의 부가가치를 붙여 새로운 것을 만들어 낼 필요가 있습니다.

ProsCons 리스트를 작성한다

경쟁자 분석에서는 자주 ProsCons 리스트라는 정리법이 이용됩니다. 이는 각 기능마다 장단점을 정리한 표입니다. 간단하지만 훗날 의사결정을 내릴 때도 활용할 수 있습니다. 특히 여러 경쟁자가 채용한 기능은 그 나름의 이유가 있다고 생각할 수 있으므로 중요한 고객 욕구를 손쉽게 따라갈 수 있습니다.

[그림 10-12] 메일 계정 전환 기능의 ProsCons 리스트의 예

10.2.2 컨셉트 테스트를 실시하자

고객의 욕구를 충족할 가치가 만들어졌는가는 숙련된 디자이너라도 쉽게 답할 수 있는 문제가 아니지만 충족할 확률을 높일 수는 있습니다. 그 방법은 '직접 고객에게 듣는 것'입니다. 적어도 인터뷰한 당사자에게는 높은 확률로 충족할 디자인을 만들 수 있으므로 그다음은 해당 디자인을 확장하는 형태로 진행하면 됩니다.

그렇게 함으로써 실은 아무도 원하지 않는 디자인이 완성되는 안티패턴에 빠지지 않고 디자인을 진행할 수 있습니다. 또한 실제로 직접 사용자에게 들어보면 자기 생각이 목표 고객의 요구와 어느 정도 거리가 있는지 명확해집니다. 최근에는 야후 사내에서도 초기 단계에서 고객에게 컨셉트를 묻는 형식의 하나로서 린 캔버스라는 것을 활용하고 있습니다(그림 10-13). 린캔버스란 가치와 목표 등의 항목을 채워 넣어 상호관계성을 한눈에 볼 수 있게 시각화한 표입니다.

고객의 문제	문제의 해결책	고유의 가치 제안	경쟁우위	타깃이 될 고객 목표
	측정 가능한 지표		인지·배포 경로	초기 고객군
비용 구조			수익원	

[그림 10-13] 약간 독자적으로 변경한 린캔버스

이 형식에 맞게 채워 넣어 확실하게 비즈니스로서 성립하는지, 수요나 혹은 애초에 해결하고 싶은 문제가 타당한지 등을 검증합니다.

내용을 채우는 요령은 우선 '고객의 문제' '고유의 가치 제안' '타깃이 될 고객 목표' 항목을 채우고, 서로 관계성이 깨지지 않는지 확인하는 것입니다. 여기서 일단 고객에게 확인받아도 좋을 정도로 이 단계는 중요합니다. 문제가 없다면 나머지 항목을 채우고 전체의 관계성을 확인합니다. 린캔버스는 종이 한 장으로 정리할 수 있는 형식으로 돼 있으므로 조금이라도 이상한 점이 발견되면 즉시 업데이트하고, 개선을 반복하는 것이 중요합니다.

우선은 타깃으로 삼을 고객에 가까운 속성의 동료나 가족 등에게 린캔버스를 보여주고, 제안하는 가치가 정말로 필요한지, 어떻게 하면 좀 더 좋아질지 찾아봅니다. 그렇게 하면 뜻밖에도 자신들의 의견과 실제 고객의 시선이 다르거나 모자란 부분이 있다는 것을 발견하게 됩니다.

린캔버스를 작성해 목표에 가까운 사람에게 5단계 평가를 부탁한다

린캔버스를 작성해 가능한 한 목표에 가까운 사람에게 다음 평가를 기준으로 몇 점이 되는지 물어봅시다(그림 10-14).

- **5점**: 이 앱이 출시되면 꼭 이용한다.
- **4점**: 이용할 정도는 아니지만 좋은 앱이라고 생각한다.
- **3점**: 보통 앱이라고 생각한다.
- **2점**: 조금 부족한 앱이라고 생각한다.
- **1점**: 사용하기 싫다.

이렇게 평가해서 5점이 나오지 않는 경우는 실제로 이용할 만한 가치를 제공할 수 없으므로 좀 더 손질할 필요가 있습니다.

고객의 문제	문제의 해결책	고유의 가치 제안	경쟁우위	타깃이 될 고객 목표
여행지에서 할 활동을 찾고 싶지만 숙소에서 너무 멀거나 정말로 원하는 활동을 찾지 못한다.	손가락으로 터치해 쉽게 찾을 수 있는 지도 검색 사진이 풍부해서 실제 모습을 알 수 있는 카테고리 검색	지도와 카테고리에서 다양한 활동을 찾아 예약할 수 있다	사진이 풍부해 직접 사진을 찍은 지점을 알 수 있는 리뷰로 자신과 취향이 비슷한 사람이 추천하는 바를 알 수 있다	여행지에서 시간을 효율적으로 활용하고 즐겁게 보내고 싶다
	측정 가능한 지표 전환 수 다운로드 수 공유 수 광고 클릭 수		인지 · 배포 경로 입소문 Google Play 리스팅 광고 Facebook	초기 고객군 숙박 시설을 결정하고, 그곳을 거점으로 삼아 일정을 잡고 싶은 사람
비용 구조 개발비 서버 비용 Google Play			수익원 광고 계약수수료	

[그림 10-14] 여행지에서의 활동을 찾는 서비스 기재 예

10.3 앱 제작을 성공으로 이끌자

컨셉트 테스트 등을 실제로 시행할 때 어떻게 고객에게 물으면 좋을지 고민하게 됩니다. 인터뷰 방법은 배워서 알기보다 경험으로 익히는 부분이 많지만 이번 절에서는 인터뷰의 핵심과 흐름을 알아봅시다. 그런 다음, 방향성이 정해진 후 실제로 자주 시행되는 기법으로서 아이디어의 정밀도를 높이면서 프로토타이핑으로 실제 형태로 반영해가는 흐름을 이해해 갑니다.

10.3.1 행동과 목표를 명확히 하자

목표와 제공할 가치가 정해지고, 이제 디자인을 형태로 만드는 단계에서 우선 해야 할 일은 행동과 목표를 명확히 하는 것입니다. 인터뷰를 통해 실제로 고객에게 다가가 제작할 앱이 정말로 필요한지 확인합니다.

인터뷰

컨셉트 테스트에서도 '직접 고객에게 듣는 것'을 권장했지만 실제로 들으려면 어떻게 하는 게 좋을까요? 저자가 실천하는 인터뷰는 크게 나누어 고객의 욕구에 대해 주변 환경을 포함해서 묻는 '심층 인터뷰'와 실제로 제품의 데모 버전을 사용해보게 하고 반응을 보는 '사용성 테스트'로 두 가지 종류입니다(표 10-1).

[표 10-1] 인터뷰의 종류와 목적

종류	목적	비고
심층 인터뷰	고객 욕구와 심경, 주변 환경도 포함한 과정 등을 안다	그룹 인터뷰도 가능
사용성 테스트	제품의 데모를 써보게 하고 반응을 확인한다	발언 이외의 행동 관찰도 중요

심층 인터뷰에서는 타깃이 될 고객의 실제 행동과 그때의 기분, 그렇게 행동한 배경 등의 이유를 포함해 심도 있게 물어본다. 기본적으로 'Why(왜 그렇게 했는가)'와 'How(어떻게 행동했는가)'를 반복하며 질문을 발굴함으로써 고객도 깊이 생각하지 않고 있었지만 '그렇지!'하고 생각하게 하는 통찰을 끌어냅니다. 거기서 행동 플로우와 타깃이 될 고객 목표를 설정하고, 제품의 기본 설계에 포함해 갑시다.

디자인 설계 전반에서 흔히 일어나는 실패는 사실은 고객에게 중요한 행동에 관련된 기능을 도려내어 그 결과 아무도 사용하지 않는 제품이 되고 마는 것입니다. 없애선 안 될 중요한 것이 무엇인지 사전에 확실히 파악해 둡시다.

심층 인터뷰의 흐름은 다음과 같습니다. 우선 아이스 브레이크(분위기 조성) 후에 가족 구성이나 일상생활 등 기본적인 질문부터 시작해 서서히 제품의 구체적인 방향성에 가까운 정보를 질문해 갑니다. 또한 초반에는 사실에 기초해 이야기할 수 있는 내용, 후반에는 의견이나 감상과 같은 기분에 관한 질문을 하면 편안해진 시점에서 본심에 가까운 의견을 듣기가 쉬워집니다. 가능한 한 편중된 의견이 나오지 않게 질문 내용에는 답변에 도움되는 고유 명사가 들어가지 않게 배려합시다.

인터뷰 대상자가 골똘히 생각하다 말이 막혔을 때는 스스로 이야기를 꺼내기까지 기다리는 것이 요령입니다. 깊이 생각하고 답하려는 모습의 발로이니 중요한 의견을 들을 기회입니다.

■ **인터뷰 질문의 예(뉴스 앱의 경우)**

- 사용하는 기기는 무엇인가요?
- 뉴스는 어느 정도의 빈도로 보시나요?
- 뉴스를 볼 때는 어떤 매체를 이용하시나요?
- 뉴스는 어떤 목적으로 보시나요?
- 어떤 때 뉴스 앱을 보시나요?

사용성 테스트에서는 예상한 순서로 망설임 없이 이용할 수 있는지, 적절한 시점에서 가치를 이해하는지 등을 확인합니다. 여기서는 사소한 기능까지 잔뜩 담느라 결과적으로 핵심 기능을 알기 어렵게 되는 문제도 사전에 찾아낼 수 있습니다. 앱을 사용하는 쪽에서 인지하지 못하는 기능은 구현되지 않은 것과 마찬가지입니다. 오히려 타깃이 될 고객에게 제대로 활용할 수 없다는 느낌을 주고 말아 만족도를 떨어뜨리는 결과가 되겠지요.

사용성 테스트의 흐름은 우선 시나리오를 준비해 고객에게 조작해 줬으면 하는 행동을 설명하고 실제로 사용을 부탁합니다. 그다음에는 실제로 조작한 내용에 따라서 질문합니다. 사용하면서 생각나는 것을 말하는 '발화법'과 평소처럼 조작해 본 후 질문하면서 생각을 따라가는 '회고법'이 있지만 가능한 한 회고법으로 진행하는 것이 이상적입니다. 발화법으로는 이야기하면서 조작을 재현하기 때문에 아무래도 고객의 의식이 평소와 같지 않습니다. 회고법 쪽이 더 실제 이용에 가까운 평가를 할 수 있습니다.

- **사용성 테스트 질문의 예**
  - 앱의 첫인상은 어떤가요?
  - 이 화면에서는 무엇을 할 수 있을까요?
  - 처음에 ○○ 동작을 했는데 그 이유가 뭔가요?
  - 이 ○○ 부분을 조작하지 않은 건 어째서인가요?
  - 전체적으로 이용해 본 느낌은 어떤가요?

인터뷰 후에는 가능한 한 빨리 정리 작업을 합니다. 곧바로 하는 편이 좋은 까닭은 그 자리에서 본 인상과 언어화되지 않는 행동도 중요한 관점이 되기 때문입니다. 본 그대로의 이미지를 잊어버리기 전에 요점과 다음 작업으로 연결할 포인트를 골라냅시다.

어떤 방식의 인터뷰든 바르게 하기 위해서는 전문 지식이 필요하지만 완벽하지 않더라도 일단 해 보면 예상보다 큰 품질 향상을 가져옵니다. 또한 개선점을 확인할 뿐만 아니라 '어서 사용해 보고 싶다'라는 긍정적인 의견을 들을 수 있는 것은 더 큰 동기 부여가 되고, 결과적으로 개발 속도의 향상으로 이어집니다. 꼭 도전해 보세요.

10.3.2 3단계 프로토타이핑을 알자

프로토타입은 '원형'이라는 뜻으로, 대량 생산이나 정식 버전 개발을 염두에 두고 만들어집니다. 최근에는 제품을 만들 때 먼저 프로토타입을 만들어 확인하는 경우가 많습니다. 앱은 무엇이든 할 수 있는 측면이 있어 고객의 요구를 파악하기가 어려우므로, 실물에 가까운 시제품으로 요구사항을 명확히 할 필요가 있습니다. 우선 시제품을 만들어 고객과 이야기하는 편이 빠르고 정확하게 요구사항을 반영할 수 있습니다.

또 한 가지 측면으로서, 만들어 봐야 비로소 명확한 UI 사양을 확정할 수 있는 경우도 있습니다. 하지만 프로토타입의 형태에 따라 효과가 달라지므로 제 나름의 기준을 소개하겠습니다.

페이퍼 프로토타이핑/스케치

우선 가장 먼저 만들 프로토타입은 종이나 화이트보드 위에 화면을 그리면서, 함께 개발하는 멤버와 상의하면서 만듭니다(그림 10-15). 이 단계에서 멤버를 바꿔 빠르게 교차 검토함으로써 나중에 구현 가능성에 따른 기능 삭제나 재작업을 방지할 수 있습니다. 또한 이렇게 시각과 촉각을 활용해서 만들면 최종적인 결과물의 질이 크게 달라집니다. 꼭 실천해 보세요.

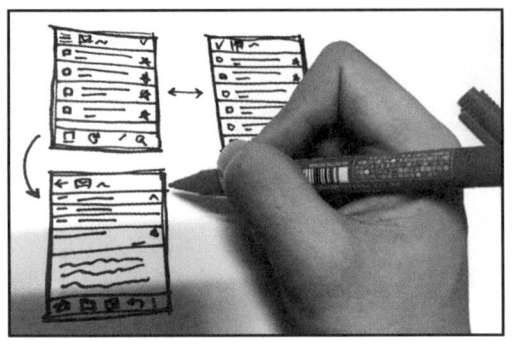

[그림 10-15] 페이퍼 프로토타이핑 모습

만들어진 결과물을 다시 깨끗하게 정리해 포스트잇 등으로 화면 전환도 표현할 수 있게 되면 간단한 사용성 테스트를 수행할 수 있는 상태가 됩니다.

실제에 가까운 시각 디자인 목을 이용

외관을 실물에 가까운 형태로 만듭니다. 릴리스 형태에 가까운 정도를 '충실도'라고 하는데, 충실도가 올라가면 리스크와 영향을 더욱 정확하게 파악하기가 쉬워집니다. 충실도가 높은 목(Mock)이라야 비로소 기능이 바르게 인지되는지 관찰할 수 있으므로 이 시점에서 사용성 테스트를 실시하는 것도 효율적인 진행 방법입니다.

Prott나 POP, Flinto, InVision 같은 프로토타이핑 툴을 이용하는 것도 효과적입니다(그림 10-16). 프로토타이핑 툴은 대략적인 인터랙션도 함께 확인할 수 있으므로 더욱 정확하게 고객

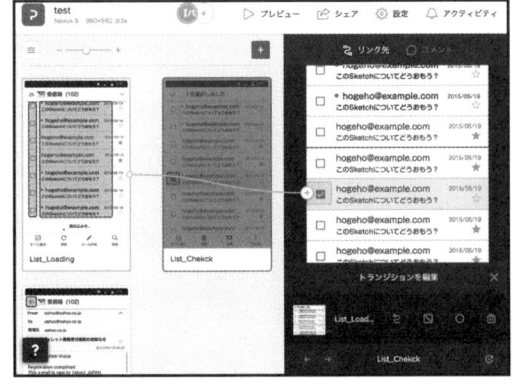

[그림 10-16] Prott로 만든 시각 디자인 목을 이용한 데모

의 인지 방식을 평가할 수 있습니다. 머티리얼 디자인은 애니메이션의 동작을 이용한 설명도 많아서 특히 효과적입니다. 덧붙여, 필자는 현재 안드로이드 앱도 지원하며 Sketch 등의 툴과도 잘 어울리는 Prott를 활용하고 있습니다.

[URL] Prott 홈페이지
https://prottapp.com/

데모

실제로 앱으로 만들어 데이터와 연결하거나 최종적인 인터랙션을 포함해 확인함으로써 최종적인 리스크를 밝혀냅니다. 예상치 못한 버그를 발견하거나 의도하지 않은 사용법을 발견하는 경우도 이 단계에서 많이 일어납니다. 이 단계에 와야 비로소 성능도 확인할 수 있으므로 실제로 사용자에게 받아들여질지 대략 알 수 있게 됩니다.

단, 이 시점에서 대폭 다시 만드는 것은 효율적이지 않습니다. 어디까지나 연출이나 전체적인 병목을 최종적으로 확인하는 정도가 되겠지요.

프로토타이핑 사용 구분

여기까지 해서 3단계 프로토타이핑을 소개했습니다. 모두 하면 성공 확률이 높아지겠지만 그만큼 노력도 필요하므로 매번 반드시 하는 것보다 안건의 규모와 진행 방법에 따라 취사선택하는 것이 현실적입니다. 실천을 거듭함으로써 각각의 장점을 이해하고, 적절히 활용하는 것이 실력을 보일 수 있는 길입니다(그림 10-17).

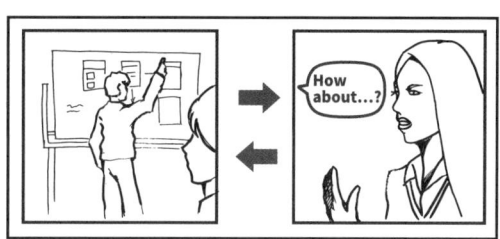

[그림 10-17] 인터뷰와 프로토타이핑을 반복해 정확도를 높인다

10.4 정리

앱 디자인의 대략적인 기초 지식을 전달했습니다. 그 밖에도 다양한 요령과 기술이 있지만 실제로 만들어 가는 도중에 배우는 것도 많으니 우선 디자인 프로세스에도 도전해 보기를 권장합니다. 그 결과로 디자인 자체의 기술뿐 아니라 컴포넌트를 더 나은 형태로 구현하거나 전략적으로 앞을 내다보는 방향성을 잡을 수 있게 될 것입니다.

CHAPTER 11

머티리얼 디자인을 이해한다: 머티리얼 디자인 가이드라인의 이해

머티리얼 디자인에는 어떤 장점이 있을까요? 머티리얼 디자인이 어떤 목적으로 생겨났고 무엇을 목표로 하는지 이해하고 최고의 사용자 경험을 위한 실마리를 찾아봅시다. 또한 머티리얼 디자인을 실제로 이용할 때 틀리기 쉬운 부분을 확인하고, 이를 바탕으로 실제 앱 제작에 살릴 수 있는 요소를 찾아보겠습니다.

11.1 머티리얼 디자인을 파악하자

지금까지의 디자인과 머티리얼 디자인은 무엇이 다를까요? 우선, 웹의 PC 화면에서 시작해 현재에 이르기까지 UI 디자인의 변천과 특색 등 주요 사항을 확인하고, 거기에 어떤 의도가 있었는지 분석해 보겠습니다. 그렇게 함으로써 이전의 디자인과는 어떻게 다른지, 앞으로의 디자인으로서 알아둬야 하는 것은 무엇인지 파악하기 위한 판단 재료를 몸에 익혀 갑시다.

11.1.1 지금까지의 소프트웨어 UI와의 차이를 이해하자

웹을 비롯한 소프트웨어상의 디자인은 디바이스의 표현 능력 향상과 함께 진화했습니다. 처음에는 픽셀도 크고 간소한 표현만 가능했던 UI는 점차 입체적으로 버튼을 표현하는 등 화면상에서 표현하기 위한 연구가 이뤄졌습니다. 실제로는 평면인 화면상의 버튼을 누를 수 있는 것으로 인식시키고자 그러데이션과 그림자로 주위와 차이를 두거나, 애플의 '아쿠아(Aqua)'처럼 투명감 있고 사실적인 디자인이나 플래시 애니메이션으로 더욱 풍부하게 표현하는 방식이 크게 유행했습니다(그림 11-1).

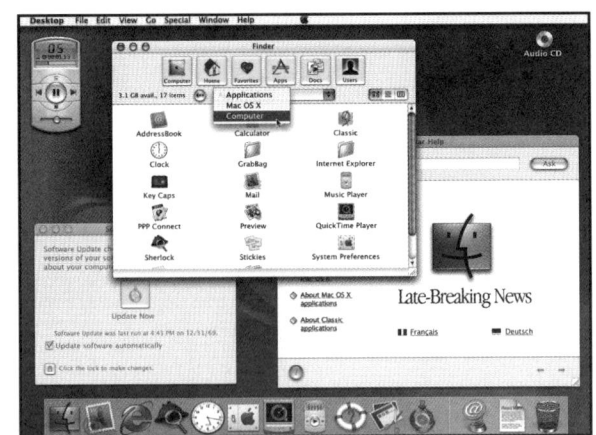

[그림 11-1] 애플의 아쿠아

웹 2.0으로 불리던 웹 전성기에는 표현만을 우선한 사용성이 낮은 사이트도 드문드문 볼 수 있었습니다. 또한 기존 제품과 다른 웹의 특징으로서 쉽게 만들어 많은 사용자에게 보여줄 수 있다는 측면에서 우선 만들어 보려는 움직임도 많아졌습니다. 이런 특징은 결과적으로 저품질 사이트가 난립하는 원인으로 작용했습니다.

스큐어모픽 디자인

스큐어모픽 디자인(Skeuomorphic Design)은 실물에 가까운 질감과 형태로써 사실적 표현을 목적으로 하는 디자인입니다. 아이폰이 등장하기 전, 애플은 새롭게 터치 디바이스를 만들면서 사용자에게 조작 방법을 어떻게 설명할지 고민했던 것 같습니다. 결과적으로 메타포(은유 표현)를 잘 이용해 탭과 스와이프 같은 새로운 개념을 설명하고 침투시키는 데 성공했습니다.

예를 들어, 애플은 전자책을 알리고자 스큐어모픽으로 책장을 표현했습니다(그림 11-2). 손에 잡힐 듯한 '책' 형태로 진열된 전자책과 아직 나열할 수 있는 여유가 있는 '빈 곳'을 보면 의도를 간파할 수 있습니다. 즉, 구매한 전자책은 책장의 빈 곳에 들어가고, 마치 읽히길 기다리는 것처럼 느껴지게 합니다.

스피커로 음량을 조정하고, 카메라 렌즈로 사진을 찍고, 시계로 타이머를 설정합니다. 아이콘의 모티브로서 실물을 메타포로 한 디자인은 새로운 디바이스에서 UI를 설명할 때 이해하기 쉽고, 기능을 학습하는 데 도움이 됩니다(그림 11-3). 또한 정교하고 치밀한 표현, 사실적인 시각 디자인 자체의 매력도 있어 별로 이용할 예정이 없는 앱이라도 일단 다운로드해 보신 분도 많을 것입니다.

iOS에서는 초기에 스큐어모픽을 적극적으로 활용해 사용자 학습을 진행했고, 반면에 안드로이드 진영에서는 약간 변형한 삽화풍의 아이콘으로 대중에게 받아들여지기 쉬운 데 주안점을 뒀음을 알 수 있습니다.

[그림 11-2] 스큐어모픽을 이용한 전자책 디자인

[그림 11-3] 초기 스마트폰

하지만 한편으로 단점도 있습니다. 모든 UI를 모티브에 의한 비유로 만들기가 어렵기도 하고 세세한 부분까지 신경 써야 하므로 개발 측면에서나 디바이스 리소스 측면에서도 비용이 많이 듭니다. 또한 모티브 자체가 구식이 되어 버리는 문제도 있습니다. 흔히 '저장' 기능에 플로피 디스크를, '전화'에 수화기를 그리지만 이젠 플로피 디스크나 수화기의 실물을 본 적 없는 젊은 세대도 등장해 버렸습니다. 이처럼 메타포는 문화적인 차이나 세대의 차이를 넘기가 어렵습니다.

한번 공통으로 인식된 모티브를 바꾸는 것은 사용자가 학습한 경험을 초기화해 버리므로 그 자체로 장벽이 되고, 여전히 예전부터 계속 이용되는 메타포도 존재합니다. 이런 문제점을 불식하는 한 가지 수단으로 다음의 플랫 디자인이 주목받았습니다.

플랫 디자인

어느 정도 스마트폰이 보급되고 이용 방법이 널리 퍼진 시점에서는 어떻게 콘텐츠를 보기 쉽게 만들 것인가라는 관점이 중요해졌습니다. 그래서 주목받은 것이 플랫한 면을 기반으로 구성하는 '플랫 디자인(Flat Design)'입니다.

마이크로소프트는 윈도우 8에서 모던 UI(Modern UI)를 채용해 간결한 타이포그래피를 주체로 스탠다드 UI를 정의했습니다(그림 11-4).

[그림 11-4] 모던 UI

단순한 디자인이 주목받게 된 데는 화면을 그리는 방식의 변화도 영향을 끼쳤습니다. 웹사이트 전성기에는 PC에서는 제일 먼저 보이는 화면의 중요성에서 한 화면의 정보 밀도가 높았지만 스마트폰에서는 한 번에 표시되는 정보가 적기 때문에 스크롤이 기본 동작이 됐고, 손가락을 살짝 움직여서 화면을 다시 그립니다.

결국, 풍부한 표현이나 과도한 장식은 비용 상승의 원인으로 '콘텐츠를 본다'는 가장 중요한 체험을 저해하는 요인이 됩니다. 또한 풍부한 표현은 종횡비나 확대 축소와 같은 크기 변화에 대처하기도 어렵고, 디스플레이 크기의 진화를 따라가기 힘들었습니다. 그래서 비용이 적고 다양한 화면 크기를 지원하기 쉬운 단순한 디자인을 채택하게 됐고, 다양한 표현이 난립했던 기존의 스마트폰 상의 디자인은 점차 도태됐습니다.

장식이 적은 디자인은 지역성이 약해 전 세계에 받아들여지기 쉽다는 것도 장점입니다. 또한 iOS의 사진 앱 등을 봐도 알 수 있듯이 아이콘의 모티브가 추상화돼 가는 흐름도 있고, 항구적인 사용자 체험이 되도록 정리되고 있습니다. 플랫 디자인은 적극적으로 괘선이나 색의 경계가 많아지지 않게 배려합니다. 경계는 시선의 움직임과 화면의 확대를 방해하기 때문입니다.

머티리얼 디자인에서도 AppBar와 탭이 같은 색면으로 이어져 있지만 매끄럽게 처음 선택지로 연결할 수 있거나 스마트폰의 작은 화면을 가능한 한 크게 느낄 수 있도록 고안돼 있습니다. 한편으로 iOS에서의 디자인은 반투명 블러로 처리된 면을 활용한다는 점에서 색면의 끊김 없이 콘텐츠를 나누도록 고안돼 있습니다(그림 11-5).

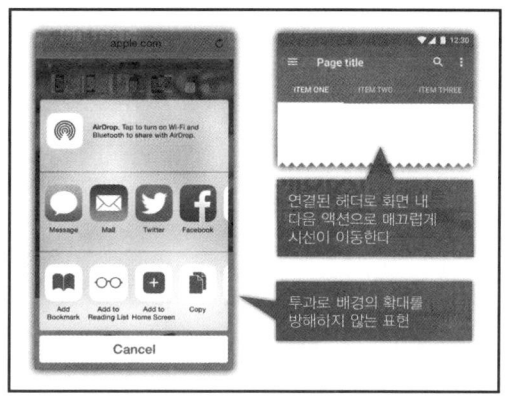

[그림 11-5] 배경과 색면을 정리해 확대를 만든 예

또한 디자인에서는 자주 인지 심리학에서의 전경과 배경의 관계를 고려합니다. 인간의 지각 시스템에서 하나의 통합된 형태로서 인식되는 부분을 '전경', 전경 주위의 나머지를 '배경'으로 부르고, 전경과 배경을 분리함으로써 비로소 형태를 지각한다는 이론입니다. 즉, 전경은 인식된 형태가 있는 대상이고 그 배후는 배경입니다.

[그림 11-6]은 루빈의 잔으로 불리는 것으로, 잔이 그려진 쪽은 잔이 전경입니다. 하지만 실루엣에서는 반대로 마주 보는 사람의 얼굴로도 보여서 전경과 배경이 반전되기도 합니다. 이처럼 사소한 변화로도 인식은 달라지므로 단순한 색면에 장식할 때는 주의가 필요합니다.

머티리얼 디자인의 Cards 등에서는 간격을 똑같이 하고 앞으로 나와 있는 형태를 만들어 집중할 콘텐츠와 확대할 배경을 형성합니다. 이 배경 확대로 좁은 공간이 크게 보이게 고안돼 있습니다.

[그림 11-6] 루빈의 잔

다. 스마트폰의 작은 화면은 단순한 디바이스 크기 이외의 부분에서도 세심한 배려가 축적되어 개선되고 있습니다.

안드로이드 디자인의 변천

안드로이드는 HTC Dream 이라는 단말로 처음 세상에 나왔습니다. 실험 단계의 앱도 많았고, 디자인이 충분히 검토된 앱은 많지 않았습니다. 그때는 키보드가 달린 단말도 몇 개 있었고, 단말마다 독자성이 강한 홈 애플리케이션이 동작했습니다(그림 11-7). 또한 다크 테마에 가까운 검은 배경도 많았기 때문에 귀여움이나 가벼움과는 인연이 먼 이미지가 있었던 것 같습니다.

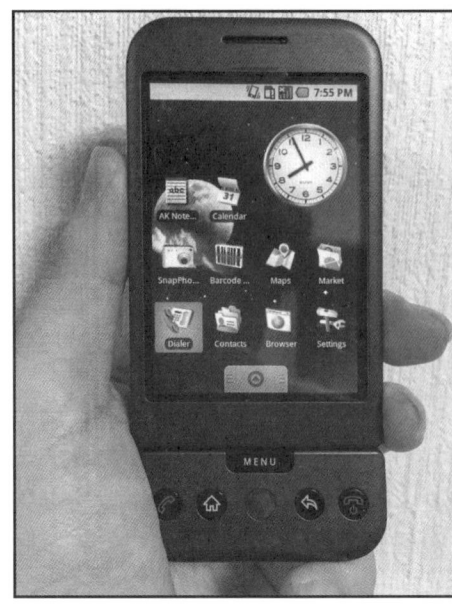

[그림 11-7] 초기 안드로이드 단말

[그림 11-8] Holo Theme

안드로이드 3.0 허니콤(Honeycomb)부터 Holo Theme를 이용할 수 있게 됐고, 안드로이드 4.0 아이스크림 샌드위치(Ice Cream Sandwich)에서는 Holo Theme가 표준 테마가 됐습니다(그림 11-8). 그전까지의 테마와 비교하면 외관이 플랫하고 단순해졌고 디자인에서도 iOS에 따라붙었다는 인상을 받았습니다. 푸른색의 단색을 메인으로 하고, 조작 가능한 부분은 색감의 차이를 줘서 가이드라인을 정리했습니다. 안드로이드 4.0 아이스크림 샌드위치에선 기본으로 Holo Dark가 이용된 탓에 구글에 대해 검은색과 선명한 파란색이 섞인 사이버적인 인상을 가진 분도 많을 것입니다. 필자가 이미지를 조사해 본 결과, 구글에 대한 인상은 선진적이거나 젊은 층에 어울리는 이미지가 조금이나마 있었습니다. 이처럼 머티리얼 디자인이 대중적인 방향성으로 정리된 것은 이때의 식견을 살려 더 대중화된 방향으로 이동한 결과일지도 모릅니다.

프로젝트 케네디

이 2011년경부터 구글도 전체로서 디자인을 의식하고, 웹에서는 공통 헤더로 통일된 경험을 구축하기 시작했습니다. 프로젝트 케네디(Project Kennedy)로 불리는 이 일련의 흐름에서 구글은 디자인에서도 업계를 이끄는 존재로 탈바꿈했습니다. 이 프로젝트는 제품 간 경험의 균형을 잡고, 단순하고 강력한 브랜드를 만들어내는 데 성공했습니다(그림 11-9).

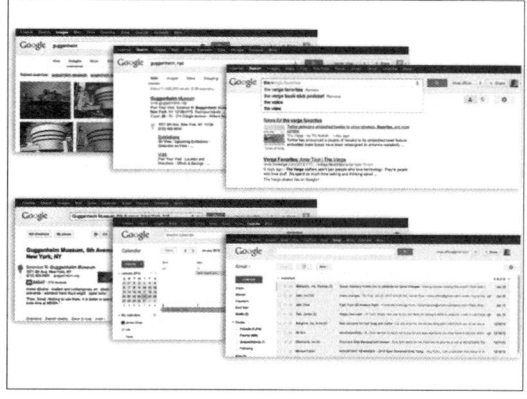

[그림 11-9] 프로젝트 케네디로 통일된 구글의 디자인

결과적으로 각 제품의 상호 연계의 품질도 좋아지고, 단일 제품으로는 이룰 수 없는 가치가 창출된 배워야 할 점이 많은 사례입니다.

머티리얼 디자인 가이드라인의 목적을 이해하자

디자인이 통일되면서 각 디바이스에서의 체험은 향상됐지만, 여전히 각 플랫폼, 운영체제별로 학습이 필요한 상황이었습니다. 그래서 Holo Theme와 프로젝트 케네디에서 얻은 경험으로부터 더욱 일관된 디자인이 검토됐습니다. 그렇게 해서 등장한 것이 머티리얼 디자인입니다. 머티리얼 디자인 가이드라인(Material Design Guidelines)에서는 디바이스의 장벽을 넘어 시각 디자인에서의 공통 언어를 만들고, 기술 혁신과 디자인의 고전적 원칙을 바탕으로 재설계하고자 시도했습니다(그림 11-10).

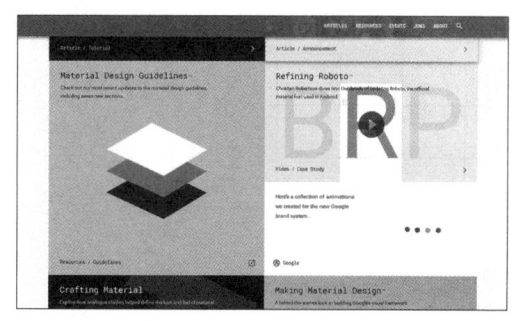

[그림 11-10] 머티리얼 디자인 가이드라인의 이해가 기본이 된다

플랫 디자인의 흐름을 이어받으면서 Elevation처럼 그림자를 이용하는 전후 관계의 표현이나 Meaningful Transitions처럼 의미 있는 애니메이션으로 화면 전환의 이해를 돕는 아이디어는 뇌의 인지 비용을 낮추는 것으로서 획기적인 사양이 됐습니다. 구글은 웹과 다양한 디바이스를 포함하는 메타포와 그래픽 규칙을 정했습니다. 통일된 디자인을 만들어 사용자의 학습장벽을 적극적으로 없애려고 했던 것입니다.

[URL] **머티리얼 디자인 가이드**
https://material.io/guidelines/material-design/introduction.html

이들 규칙은 이디엄을 형성합니다. 이디엄이란 관용구나 숙어라는 뜻의 단어로, 일반적으로 디자인 분야에서는 단순한 조작을 조합해 의미 있는 조작을 관례로 만드는 것을 가리킵니다. 이디엄 대부분은 머티리얼 디자인에 맡길 수 있습니다. 이디엄은 사용자 행동을 고려한 디자인에서 이른바 API와 같은 역할을 합니다.

또한 가이드라인화로 규격이 어느 정도 정해짐으로써 규칙을 코드로 만들기 쉬워지고 디자이너가 아니라도 쉽게 아름다운 외관을 도입할 수 있는 프레임워크로 성장하고 있습니다. 개발 환경도 고려한 디자인으로 효율적이고 빠르게 새로운 가치를 사용자에게 전달할 수 있게 되는 것입니다.

하지만 한편으로 관례가 감각적으로 익숙해지기까지는 시간이 걸립니다. 머티리얼 디자인을 처음 이용하는 사용자가 어느 정도 있는 이상, 앱을 만드는 디자이너에겐 이디엄에 너무 의존하지 않도록 배려하는 균형 감각이 필요합니다.

11.1.2 머티리얼 디자인을 활용하자

머티리얼 디자인은 3차원으로 만들어졌고, 디자인을 구성하는 UI 머티리얼은 1DP 두께의 시트로 정의된 계층 구조로 돼 있습니다. 광원은 두 종류가 있고, 전방위에서 오는 부드러운 빛과 키 라이트가 되는 화면 위쪽의 빛으로 그림자가 만들어집니다. 이로써 흰색 머티리얼을 겹쳐도 경계를 파악할 수 있는 상태가 됩니다.

머티리얼은 구부러지거나 접히거나 하지 않고, 여러 개의 머티리얼이 겹치거나 통과하지도 않습니다. 형상은 머티리얼의 면을 따라 확대나 축소를 할 수 있으며 분할이나 결합을 할 수도 있습니다. 깊이의 이동에 관해서는 그림자의 변화로 나타냅니다. 또한 머티리얼은 종이와 잉크를 모티브로 만들어졌으므로 문자나 부호가 찍힌 UI나 콘텐츠는 액체처럼 퍼져 가면서 그려집니다.

[URL] **머티리얼의 특성을 설명한 Material Properties 페이지**
https://material.io/guidelines/material-design/material-properties.html

이런 머티리얼 규칙에 따라 컴포넌트를 이용함으로써 사용자에게 관례로서 '이 UI는 이렇게 움직인다'라는 학습을 이어갈 수 있습니다. 그리고 기대대로 움직인다는 경험의 축적이 앱 전체의 만족도로 연결되는 것입니다(그림 11-11).

11.1 _ 머티리얼 디자인을 파악하자   303

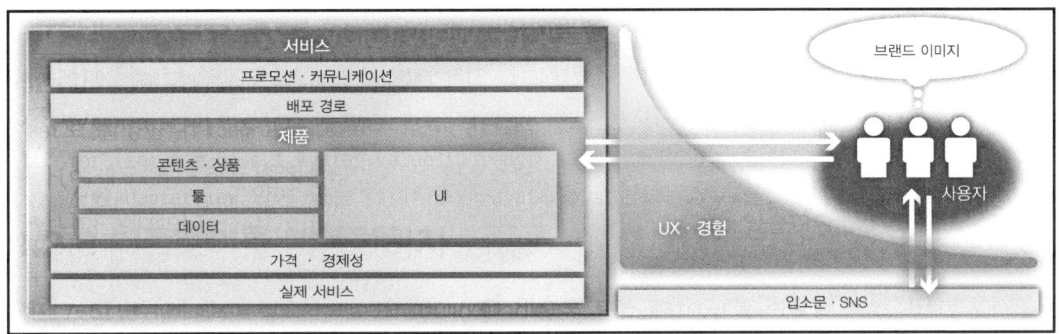

[그림 11-11] 다양한 부분의 경험으로 앱이나 서비스에 대한 인상이 결정된다

한편으로, 머티리얼 디자인에만 의존하면 개성이 없고 인상에 남지 않는 디자인이 됩니다. 구글은 머티리얼 디자인 어워드(Material Design Awards)로 좋은 디자인을 널리 알리고 있습니다. 그들은 단순히 머티리얼 디자인의 핵심을 파악하고 있을 뿐만 아니라 각자의 개성이 있는 세계관으로 브랜드 이미지를 전개하고 있습니다.

예를 들자면, 머티리얼 디자인은 어디까지나 '그릇'입니다(그림 11-12). 머티리얼 디자인은 마치 단순하고 정돈된 그릇과 같은 아름다운 형식

[그림 11-12] 머티리얼 디자인은 식기처럼 체험의 일부에 지나지 않는다

입니다. 하지만 주요리가 되는 콘텐츠는 아닙니다. 콘텐츠 안에서도 보기 좋게 담아야 하고, 식기와의 일체감이나 주변의 식사 환경도 포함해 하나의 체험을 형성합니다. 식사라는 체험은 그 전체의 좋고 나쁨으로 평가됩니다.

또한 그 밖에 생각해야 할 관점으로서 '엠프티니스(emptiness)'라는 개념이 있습니다. 사물을 단순하게 정리하는 게 아니라 오히려 공간의 상태를 '그릇'으로 준비합니다. 그 빈 그릇에는 여러 가지 물건을 담을 여지가 있고, 그에 관한 커뮤니케이션이 발생하기도 합니다. 앱을 예로 들어 생각하면, Slack이나 Evernote 등이 좋은 예에 해당합니다. 핵심 기능은 채팅이나 메모지만 사용자마다 다양한 목적을 달성하기 위해 사용자 자신이 연구해서 사용할 수 있습니다. 사용자의 연구에 앱 제작자의 의도는 개입되지 않고, 단지 영역을 넓혀서 기다리는 것입니다.

예로부터 일본 다도에서는 '와비·사비'라는 여백을 기반으로 하는 한적함이나 고즈넉한 정취에서 가치를 찾아내는 미의식이 있었습니다. 이렇게 그릇을 살리는 창의적 노력은 일본인이 잘 하던 일입니다. 이 여백을 메우려고 무턱대고 채워 넣지 않고, 사용자가 자유롭게 생각하고 이용할 수 있는 여지를 일부러 남기는 것은 바로 확장 가능한 디자인을 만드는 일과 같습니다. 만들지 않을 부분을 어떻게 의도적으로 남길지 디자인하는 것이 중요합니다(그림 11-13).

개인적인 의견으로는 머티리얼 디자인처럼 그릇을 살린 여지가 있는 앱을 만들면 Tech10에서 다룬 기존의 분석 방법만으로는 부족한 부분을 보완할 수 있으리라 생각합니다. 엠프티니스와 같은 의식은 앞으로 경쟁에서 살아남을 수 있는 디자인으로 이어지지 않을까요?

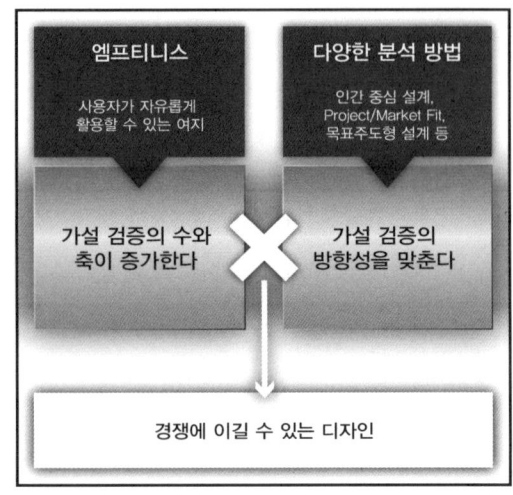

[그림 11-13] 여백을 살리는 엠프티니스

11.2 대표적인 컴포넌트를 이해하자

사용자 학습을 최소한으로 줄이고 직감적인 UI를 달성하려면 UI 선택에서 가이드라인과 어긋나기 쉬운 곳을 확인하고 안드로이드 전체 문맥에서 벗어나지 않는 구현을 염두에 둘 필요가 있습니다. 대표적인 컴포넌트로서 콘텐츠를 나열하는 리스트(Lists)와 그리드 리스트(Grid Lists), 카드(Cards), 각종 버튼과 전환 애니메이션의 사용법 및 주의할 점을 알아봅시다.

11.2.1 리스트와 그리드 리스트, 카드의 특징을 이해하자

콘텐츠를 나열하는 주된 레이아웃으로서 리스트와 그리드 리스트, 카드가 있습니다. 그런데 어느 것을 선택하면 좋을까요? 각각의 특징과 이용 상황을 확인해봅시다.

리스트

리스트(Lists)는 정보를 일람해 비교하기 쉬운 형태로 돼 있습니다. 그래서 리스트 항목 좌우에는 이미지와 타임스탬프 등, 다른 리스트 항목과 구별하기 쉬운 콘텐츠를 배치하는 것이 권장됩니다. 또한 [뒤로 가기] 버튼과 세트로 계층 구조를 나타내는 용도로도 많이 이용됩니다. 리스트 항목 대부분은 메인이 되는 액션을 설정하고, 오

[그림 11-14] 리스트 설명

른쪽 끝에 아이콘 등으로 보조 액션을 배치할 수 있습니다(예제 11-14). 리스트는 좌우 어느 손으로든 탭하기 쉽고 스크롤에도 적합해 빈번하게 이용되는 UI입니다.

리스트는 일반적인 리스트이고 다양한 분야에 걸쳐 사용되므로 리스트 가이드라인에 정의된 틀에 적용할 수 없는 콘텐츠가 있을지도 모릅니다. 그럴 때도 기반이 되는 UI가 어떻게 정의되고, 무엇을 중요시하는지 파악해 둘 필요가 있습니다.

또한 리스트 항목에 스와이프 액션을 설정하는 경우가 많은데, 무작정 이용하는 것은 권장하지 않습니다. 스와이프 액션을 발견할 수 없는 사용자가 있을 수 있고, 세로 스크롤에 간섭하는 것을 싫어하는 사용자도 있기 때문입니다. 주기능으로는 이용하지 말고, 단축키나 플러스알파의 기능으로 있는 편이 바람직합니다.

그리드 리스트

그리드는 이미지를 주로 사용하는 콘텐츠나 갱신되는 내용에 적합합니다. 가로세로로 균형 잡힌 콘텐츠를 셀 형태로 배치하므로 긴 텍스트를 게재하기는 어렵겠지요. 액션은 셀 전체에 할당되며, 보조 액션을 배치하는 경우는 네 모퉁이에 배치하는 것을 권장합니다. 단, 개별 셀마다 제스처 액션을 설정하는 것은 권장하지 않습니다. 그리드는 이미지 콘텐츠가 차지하는 면적이 커서 화려하므로 시각 디자인 면에서는 노력하지 않고도 멋진 화면을 만들 수 있습니다. 잘 활용해보세요.

카드

세 줄 이상의 텍스트를 이용하거나, 하나의 항목에 대해 즐겨찾기에 등록하거나 재생하는 등 여러 개의 액션을 고를 수 있을 때는 카드를 이용합니다. 카드는 매우 머티리얼 디자인다운 UI로서, 종이를 모티브로 해서 강하게 반영하고 있습니다. 카드상의 버튼은 최대한 장식을 없애고, 아이콘이나 문자와 공백에 따라 액션 부분을 명기합니다. 이 UI 자체를 액션으로 할 경우에는 머티리얼 규칙에 따라 변화시킬 필요가 있습니다.

[그림 11-15] 그리드 리스트와 카드의 예

카드 UI는 비교적 새로운 외관의 UI이지만 지금은 널리 활용되고 있습니다. 정보의 묶음에 액션을 설정하고 싶을 때나 분류하는 듯한 상호작용에 적합해서 Google Now나 Tinder 같은 앱에서 효과적으로 활용되고 있습니다. 카드는 여러 개의 기능을 불러일으키는 기점이자 카드별로 다른 콘텍스트가 섞여도 상관없는 정보의 구획으로 돼 있습니다. 이처럼 정보를 의미 있게 묶는 것을 '청킹'이라 부르고, 사용자가 인지하거나 처리하기 쉽게 돼 있습니다.

덧붙여, 인간이 기억할 수 있는 정보의 개수는 정해져 있어 7±2개라는 설이 있습니다. 하지만 이것은 청킹을 활용해 기억하는 개수이므로, 실제로는 4개 전후의 청크(덩어리)가 한계라고 합니다. 그래서 전화번호는 4자리 숫자로 묶고 하이픈을 넣어 적절히 청킹돼 있습니다. 이 청킹의 크기는 얼마나 정보를 쉽게 다룰 수 있는가에 영향을 줍니다.

이상과 같이 카드는 청킹을 통해 뇌에서 처리하기 쉬운 형태로 설계됐습니다. 게다가 스와이프 등의 액션과도 친화성이 높아, 스마트폰에 안성맞춤인 UI라고 할 수 있습니다. 하지만 카드 UI는 여백을 소비해 콘텐츠 양에 제한이 걸리는 일이 많다는 단점이 있습니다. 그래서 머티리얼 디자인 이외의 카드 UI에서는 좌우를 다 볼 수 있게 배치한 형태도 많이 볼 수 있습니다.

11.2.2 버튼과 피드백을 이해하자

머티리얼 디자인에서는 버튼의 종류도 명확하게 정의돼 있습니다. 여기서 확인해 봅시다.

일반 버튼

일반 버튼은 'Floating Action Button', 'Raised Button', 'Flat Button'의 세 종류가 정의돼 있고, 다른 버튼이나 프레임 수, 레이아웃의 우선순위 등에 따라 그중 하나가 선택됩니다. 다이얼로그 상에서는 주로 Flat Button이 사용됩니다. 지나치게 계층이 겹치지 않도록 주의할 필요가 있기 때문입니다. 한편으로 버튼이 콘텐츠 안에 뒤섞여 있을 때는 Raised Button

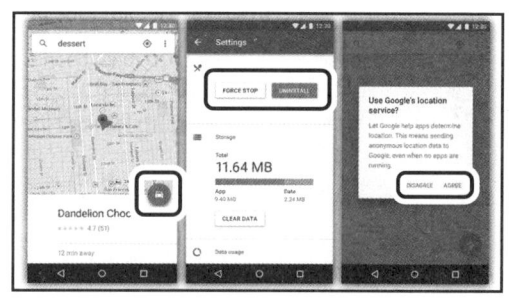

[그림 11-16] 일반적인 버튼의 예

을 이용해 쉽게 발견할 수 있게 해야 합니다. Flat Button은 머티리얼에 인쇄된 것으로 해석하므로 떠오르는 애니메이션 등은 설정하지 않습니다. 또한 대문자와 소문자가 혼재한 언어는 대문자로만 기술해 주위와 차이 나게 합니다. 대소문자 구분이 없는 언어는 일관되게 볼드체를 버튼에 이용하는 등의 연구가 필요합니다.

고정 스크롤로 그대로 있는 버튼은 Floating Action Button이나 Flat Button을 이용합니다. 이처럼 버튼을 상황에 맞게 적절히 가려 씀으로써 화면이 복잡해지지 않도록 설계돼 있습니다. Floating Action Button은 앱의 에코 사이클을 최대화하는 액션에 이용합니다. 예를 들어, 메일 앱의 경우는 전송처럼 메일 자체의 송수신량을 늘리고 이용 기회를 최대화하는 액션에 딱 맞습니다.

또한 스피드 다이얼을 내거나 툴바나 단일 시트로 변화시키는 것도 가능해서, 연관된 여러 개의 액션을 할당할 수도 있습니다. Floating Action Button은 머티리얼 디자인 고유의 버튼이지만, 이용할 때 주의가 필요합니다. 필자가 사용성 테스트를 했을 때 한눈에 들어오게 배치된 버튼인데도 스마트폰에 그다지 익숙하지 않은 사용자는 아래에 있어서 눈치채지 못하는 경우가 많았습니다.

토글 버튼

상태를 전환할 경우에는 토글 버튼(Toggle Buttons)을 이용합니다(그림 11-17). 여러 개의 토글 버튼을 그룹화해 표시할 수도 있습니다. 또한 아이콘을 이용해 단일 전환을 가능하게 할 수도 있습니다. 주의할 점으로서 일반적인 모티브를 이용할 수 없을 때는 텍스트를 함께 적는 편이 오해가 없습니다. 사용자는 버튼이 눌린 후에 무슨 일이 일어나는지 상상할 수 없으면 심리적 장벽이 높아지므로 결국 이용하지 않는 기능이 되고 맙니다.

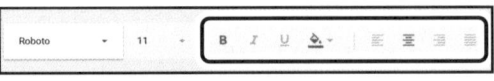

[그림 11-17] 토글 버튼의 예

드롭다운 버튼

여러 개의 선택지로부터 선택할 경우는 드롭다운 버튼(Dropdown Button)을 이용합니다(그림 11-18). 클릭하면 드롭다운 메뉴가 펼쳐지고, 선택하면 버튼의 상태가 갱신됩니다. 안의 텍스트를 편집할 수 있는 형태의 드롭다운 버튼도 있습니다. 인라인으로 넣을 경우 여백을 채우고 싶어질 것 같은 외관의 UI이지만 오작동을 피하기 위해서라도 확실하게 주위에 여백을 두고 이용하는 것을 권장합니다.

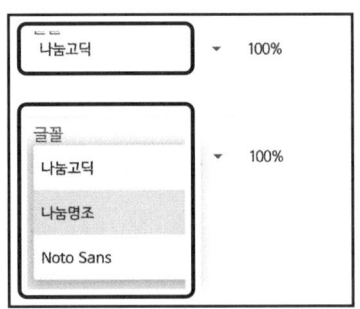

[그림 11-18] 드롭다운 버튼의 예

11.2.3 인터랙션을 분석하자

버튼 등 입력용 UI에서는 확실하게 조작했음을 보여주는 것이 중요합니다. 특히, 터치패널은 누른 감각이 변하지 않으므로 피드백이 없다면 불안해서 몇 번이고 누르게 됩니다. 그러므로 머티리얼 디자인에서는 다음에 일어날 일을 예상할 수 있도록 애니메이션을 자주 이용합니다. 그래픽 자체가 나타내는 정보가 빈약해 관계성을 보여주는 애니메이션으로 보완할 필요가 있는 것입니다.

머티리얼 디자인에서는 소재의 통일감을 지니게 만들고자 애니메이션 규칙이 엄밀하게 정의돼 있습니다. 각 모션에는 의미가 있고 움직임은 사용자의 주의를 촉구해 공간적인 관계성을 결정합니다. 애니메이션은 그렇게 사용자 경험을 끊기지 않게 다음 경험으로 연결하는 역할을 맡고 있습니다.

탭했음을 나타내는 피드백에는 RippleDrawable에 의한 물결 효과가 이용됩니다. 화면을 전환할 때 물결이 퍼져나가듯 표현하는 데는 ViewAnimationUtils.createCircularReveal 메서드가 활약합니다. 트랜잭션을 물결 형태로 트리밍해서 매끄러운 전환을 실현하거나 공유 요소(Shared Elements) 전환으로 같은 오브젝트의 변화를 표현할 수 있습니다(그림 11-19). 새로운 머티리얼이 출현할 때는 눌린 곳 부근에서 확대 표시해서 탭으로 만들어졌음을 나타냅니다. 또한 하나의 카드를 활성 상태로

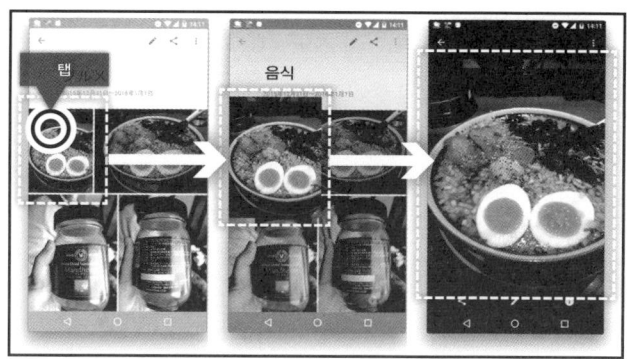

[그림 11-19] 공유 요소를 이어받는 전환

할 때는 일관되게 리프트 애니메이션이 이용됩니다. 이처럼 애니메이션의 시작과 종료를 오브젝트에 연결해 이동할 곳으로 동작 대상과 시선을 이어받음으로써 원활한 사용자 경험을 실현할 수 있습니다.

머티리얼 디자인에서 애니메이션의 동작은 물리법칙을 따릅니다. 관성에 따라 가속 또는 감속하므로 애니메이션의 시작과 종료가 부드럽게 변화합니다. 애니메이션에선 사용자의 주의를 분산시킬 만한 급격한 동작은 피하도록 권장합니다. 주목을 받기 위해 급격한 애니메이션도 이용하고 싶어지지만 어디까지나 자연스럽게 움직임으로써 일관된 머티리얼의 동작을 실현하고, 콘텐츠에 집중할 수 있는 환경을 만드는 것이 더욱 중요합니다.

머티리얼 디자인이 단순해서 설명이 부족한 부분을 이런 의미 있는 애니메이션으로 보충하고, 전체적인 흐름에서 명료하지 않은 부분을 없애면 뛰어난 사용성을 실현할 수 있습니다. 안드로이드 5.0 롤리팝(API 레벨 21)부터 추가된 Activity Transition Animation으로 머티리얼 디자인의 특징인 의미를 가진 전환을 실현하기가 쉬워졌습니다. 꼭 적극적으로 이용해서 연구해 봅시다.

11.3 정리

이번 장에서는 머티리얼 디자인이란 무엇인지 고찰했습니다. 이런 디자인 프레임워크의 활용은 앱을 많은 사람이 이용하게 하는 데 있어 중요한 요소가 됩니다. 다음 장에서는 머티리얼 디자인을 어떻게 실제 앱에서 구현하는지 확인합니다. 꼭 머티리얼 디자인을 잘 활용해서 효율이 높고 사용하기 쉬운 앱을 만들어 갑시다.

CHAPTER 12
머티리얼 디자인을 구현한다: 안드로이드 디자인 지원 라이브러리의 활용

머티리얼 디자인의 유용성에 관해서는 Tech11에서도 설명했지만 과연 어떻게 구현하는 것일까요? 2015년 구글이 발표한 안드로이드 디자인 지원 라이브러리(Android Design Support Library)의 도움으로 머티리얼 디자인 실현을 위한 문턱은 훨씬 낮아졌지만 주의할 점도 많습니다. 이번 장에서는 머티리얼 디자인을 적용해 가는 방식과 구현 방법을 실제 코드와 함께 설명합니다.

12.1 적용할 준비를 하자

머티리얼 디자인은 구글의 최신 UI 가이드라인입니다. OS 버전이 오래된 환경에서는 적용할 수 있는 UI에도 차이가 납니다. 개발하는 앱이 지원할 OS 버전을 알고 사전에 머티리얼 디자인 적용 계획을 세워봅시다. 이번 절에서는 그 흐름과 방법을 이해해 보겠습니다.

12.1.1 OS 버전별로 이용할 머티리얼 디자인의 요소를 결정하자

머티리얼 디자인은 안드로이드 5.0(API 레벨 21)부터 안드로이드에 포함됐습니다. 머티리얼 디자인의 일부 기능은 안드로이드 디자인 지원 라이브러리의 등장으로 안드로이드 5.0 이하 단말에서도 이용할 수 있게 됐습니다. 하지만 여전히 일부 기능은 안드로이드 5.0 미만의 OS에서는 이용할 수 없습니다. 개발자는 앱을 구현할 때 이용할 머티리얼 디자인 요소를 결정하고, 앱이 지원할 OS 버전별 전략을 세울 필요가 있습니다.

OS 버전별로 적용할 스타일과 레이아웃을 나눈다

안드로이드 5.0을 포함해 지원하는 앱에 머티리얼 디자인을 적용할 때는 기본 전략의 하나로서 버전별로 리소스를 나누는 방법이 있습니다. 리소스를 나누면 특정 OS 버전을 분기점으로 앱의 동작을 바꿀 수 있게 됩니다.

예를 들어, Holo 등 머티리얼 디자인 이전 테마를 적용한 스타일을 res/values/styles.xml에 정의하고, 머티리얼 디자인 테마를 적용한 스타일을 res/values-v21/styles.xml로 정의합니다. 이렇게 하면 API 레벨 21 미만에서 동작시킬 때는

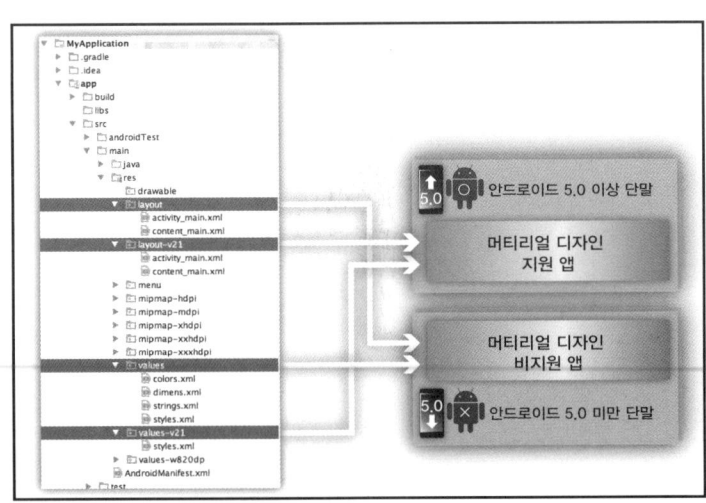

[그림 12-1] 리소스 파일을 나눈다

기존과 같은 스타일을 이용하고, API 레벨 21 이상에서는 머티리얼 디자인 테마를 이용할 수 있습니다.

마찬가지로 레이아웃의 경우도 API 레벨 21 미만 단말용으로 머티리얼 디자인 이전의 XML 요소만 이용한 레이아웃 파일을 res/layout/activity_main.xml에 작성합니다. 그리고 API 레벨 21 이상의 단말용으로 머티리얼 디자인의 XML 요소를 포함한 레이아웃 파일을 res/layout-v21/activity_main.xml에 작성합니다. 이렇게 리소스를 분리함으로써 머티리얼 디자인을 OS 버전에 맞게 구분해 적용할 수 있습니다(그림 12-1).

안드로이드 디자인 지원 라이브러리를 이용하자

2015년 구글 개발자 회의에서 'Google I/O 2015'에 맞춰 구글은 머티리얼 디자인의 UI 요소를 API 레벨 21 미만 단말에서 이용할 수 있는 안드로이드 디자인 지원 라이브러리를 공개했습니다. 안드로이드 5.0 이상의 단말이 많지 않은 현재 상태에서 머티리얼 디자인을 앱에 이용하고 싶은 경우에 강력한 선택지가 됐습니다. 이 라이브러리가 제공하는 것은 레이아웃 XML로 이용할 수 있는 위젯(Widget) 계통입니다. 단, 머티리얼 디자인의 기능 전체를 지원하는 것은 아니므로 주의하세요.

2016년 5월 현재, 안드로이드 디자인 지원 라이브러리에 포함되는 위젯은 다음과 같습니다.

- AppBarLayout
- CollapsingToolbarLayout
- CoordinatorLayout
- FloatingActionButton
- NavigatorView
- SnackBar
- TabLayout
- TextInputLayout

12.1.2 머티리얼 디자인 테마를 적용하자

머티리얼 디자인을 앱에 적용하는 첫걸음은 테마 설정입니다. API 레벨 21 이상을 지원하는 앱은 Theme.Material 테마(Theme.Material, Theme.Material.Light, Theme.Material.Light.DarkActionBar)를 애플리케이션과 액티비티, 스타일 등에 적용해 머티리얼 디자인에 따른 피드백 애니메이션과 액티비티 전환 애니메이션, 컬러 팔레트를 설정할 수 있는 시스템 위젯 등을 이용할 수 있습니다. 앱의 스타일 정의에서 앱의 테마로 parent="android:Theme.Material"을 지정하면 적용할 수 있습니다. 다음은 style.xml에 구현한 예입니다(예제 12-1).

[예제 12-1] 머티리얼 테마를 지정해 구현한 예

```
<style name="AppTheme" parent="android:Theme.Material">
~ 생략 ~
</style>
```

API 레벨 21 미만도 포함한 앱에 머티리얼 디자인을 적용할 때는 Support v7 AppCompat 라이브러리의 AppCompat 테마(Theme.AppCompat)를 이용합니다. AppCompat 테마를 이용하면 다음 시스템 위젯에 머티리얼 디자인 테마가 적용됩니다.

- EditText
- Spinner
- CheckBox
- RadioButton
- CheckedTextView
- SwitchCompat

API 레벨 21 미만에서 이용할 수 없는 기능

AppCompat 테마와 안드로이드 디자인 지원 라이브러리를 이용해 API 레벨 21 미만의 앱을 머티리얼 디자인화할 수 있지만 지원되지 않는 기능도 있습니다. 당연한 말이지만 지원되지 않는 기능은 API 레벨 21 미만에서 이용할 수 없습니다.

AppCompat과 안드로이드 디자인 지원 라이브러리에서 제공되지 않는 기능은 다음과 같습니다.

- 액티비티 전환
- 출현(Reveal) 애니메이션(폭발, 슬라이드, 페이드 등의 애니메이션)
- Elevation과 Shadow
- 터치 피드백(Ripple Effect)
- 곡선 모션 애니메이션

주로 애니메이션과 인터랙션에 관련된 기능입니다. 위와 같은 기능을 API 레벨 21을 걸친 단말에서 지원하는 앱에 적용할 때는 API 레벨 21 이상과 미만에서의 동작 차이를 허용하거나 OSS로 공개된 라이브러리를 이용해 일관성을 유지할 필요가 있으니 주의하세요.

12.2 부분 적용할 수 있는 디자인 요소를 이해하자

일부 머티리얼 디자인 요소는 다른 위젯 등에 의존성이 높지 않아 부분적으로 적용하기 쉬우므로 앱의 머티리얼 디자인화를 시작하기에 최적입니다. 초기 적용 단계의 후보로서 자신의 앱에 적용할 만한 것이 있는지 확인해 봅시다. 이번 절에서는 부분 적용할 수 있는 디자인 요소를 설명합니다.

12.2.1 리플 이펙트(물결 효과)를 구현하자

리플 이펙트(Ripple Effect)는 화면을 탭했을 때 리플 이펙트를 피드백으로 표시합니다. 머티리얼 디자인의 UI 요소는 사실적으로 보이지만 실제로 만질 수 있는 것은 아닙니다. 그 차이를 메우기 위해 마치 직접 조작하는 것처럼 피드백할 애니메이션을 표현할 필요가 있습니다. 그래서 UI 요소는 잉크가 떨어지면서 생기는 파문과 같은 표면 반응(surface reaction)이라는 표현을 사용해 사용자 터치에 반응합니다.

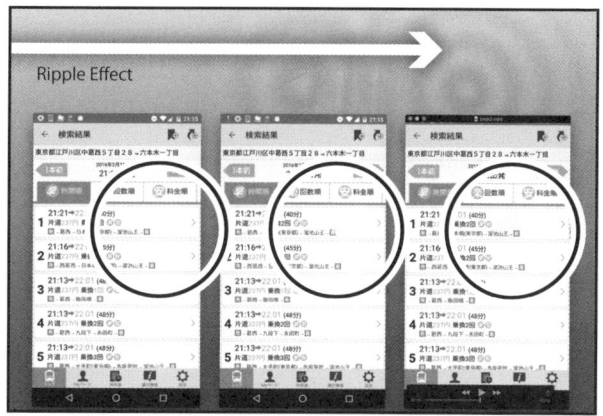

[그림 12-2] 탭한 점을 중심으로 파문이 확산되는 Ripple Effect

Theme.Material을 사용 혹은 상속하는 경우, Button 등의 컨트롤은 기본적으로 리플 이펙트가 적용됩니다. android:selectableItemBackground도 마찬가지입니다. 또한 Drawable에 리플 이펙트를 추가하려면 다음처럼 설정합니다(예제 12-2).

[예제 12-2] 리플 이펙트 적용의 구현 예(XML)

```xml
<ripple
    xmlns:android="http://schemas.android.com/apk/res/android"
    android:color="@color/accent_dark">
    <item
```

```
            <shape android:shape="oval">
                <solid android:color="?android:colorAccent" />
            </shape>
        </item>
</ripple>
```

터치 포인트에서부터 리플 이펙트가 시작되도록 커스텀 뷰에서는 drawableHotspotChanged 콜백으로 Drawable에 터치 위치를 전해줄 필요가 있습니다.

이전 절에서 설명한 것처럼 리플 이펙트 기능은 API 레벨 21 미만에서는 이용할 수 없습니다. 그렇지만 인터랙션 측면에서는 머티리얼 디자인의 특징적인 요소이므로 이용하고 싶은 분도 많을 것입니다. 현재 깃허브에는 API 레벨 21 미만 OS에서도 리플 이펙트를 이용할 수 있는 OSS의 라이브러리가 몇 개 공개돼 있습니다. 이런 라이브러리를 이용하는 것도 하나의 선택지가 되겠지요.

[URL] 리플 이펙트 공식 페이지(traek/RippleEffect)
https://github.com/traex/RippleEffect

[URL] material-ripple 공식 페이지(balysv/RippleEffect)
https://github.com/balysv/material-ripple

12.2.2 Elevation과 Shadow를 이해하자

머티리얼은 종이와 잉크를 모티브로 만들어졌습니다. 머티리얼의 면과 그 전후 관계로 생기는 그림자는 터치할 수 있는 범위가 어느 정도인지, 터치하면 어떻게 움직일지와 같은 애플리케이션의 구조를 시각적으로 나타냅니다. 버튼이 눌리면 그림자의 변화로 눌렸다는 피드백을 반환합니다. 또한 일반적으로 그림자가 큰 요소는 앞에 있고, 화면 내에서 우선순위가 높은 액션이 되도록 외형을 설계합니다(그림 12-3).

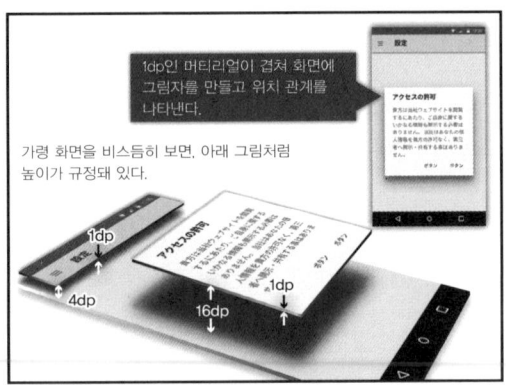

[그림 12-3] 그림자와 전후 관계는 엄격하게 정의돼 있다

머티리얼 디자인에서는 이러한 높이 개념을 Elevation, 그림자 개념을 Shadow로 부릅니다. API 레벨 21 이상에서는 레이아웃 파일 안에서 View에 android:elevation을 지정해 손쉽게 구현할 수 있습니다(예제 12-3).

[예제 12-3] ImageView에 Elevation을 적용(XML)

```
<ImageView
    android:id="@+id/imageView"
    android:layout_width="wrap_content"
    android:layout_height="wrap_content"
    android:elevation="18dp"
    android:padding="5dp"
    android:background="@drawable/background"
    android:src="@drawable/ic_launcher" />
```

한 가지 주의할 점으로서 배경을 지정하면서 배경색에 투명도를 설정하면 Shadow가 표시되지 않으므로 피할 필요가 있습니다. 또한 Elevation과 Shadow는 API 레벨 21 미만인 OS에서는 현재 지원되지 않습니다. API 레벨에 따라 레이아웃 파일을 나누는 등의 대책이 필요하겠지요.

12.2.3 컬러 팔레트를 정의하자

머티리얼 디자인은 인쇄물 디자인의 원칙에 따라 단순한 레이아웃을 실현합니다. 그중에서 배색은 콘텐츠의 우선순위와 의미를 제어하고, 사용하기 편리한 화면을 만들어 줍니다. 또한 색은 브랜딩이나 개성을 나타내는 요소입니다. 다음과 같은 테마 속성을 이용해 UI에 간단히 색을 지정할 수 있습니다(그림 12-4).

[colorPrimary]

앱의 주요 색상입니다.

[colorAccent]

주요 색상을 보충하는 밝은 색입니다. EditText나 스위치 등의 프레임워크 컨트롤에 사용됩니다.

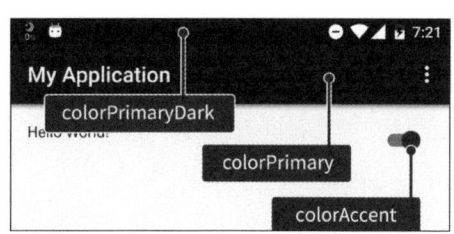

[그림 12-4] 각 요소별 색 설정

[colorPrimaryDark]

주요 색상이 어두워지는 곳에 사용하는 색입니다. Status Bar에 사용됩니다.

머티리얼 디자인 가이드라인의 Color 항목을 참고해서 컬러 팔레트 속성을 설정하면 좋습니다. 컬러 팔레트는 스타일 정의에서 테마 요소로 지정해 구현합니다(예제 12-4).

[예제 12-4] 컬러 팔레트의 정의(API 레벨 21 이상, 구현 예: XML)

```xml
<style name="AppTheme" parent="android:Theme.Material">
    <item name="android:colorPrimary">@color/primary</item>
    <item name="android:colorPrimaryDark">@color/primary_dark</item>
    <item name="android:colorAccent">@color/accent</item>
</style>
```

API 레벨 21 미만의 OS에서는 Theme.AppCompat을 이용해 컬러 팔레트 요소를 style에서 이용할 수 있게 됩니다.

[예제 12-5] 컬러 팔레트의 정의(AppCompat, 구현 예: XML)

```xml
<style name="Theme.MyTheme" parent="Theme.AppCompat.Light">
    <item name="colorPrimary">@color/material_blue_500</item>
    <item name="colorPrimaryDark">@color/material_blue_700</item>
    <item name="colorAccent">@color/material_green_A200</item>
</style>
```

다이내믹 컬러

머티리얼 디자인에서는 의미 있는 전환과 콘텐츠 구분을 표현하기 위해서도 색을 사용합니다. 그럴 때 '다이내믹 컬러'라고 하는 동적인 색 변화 시스템을 활용할 수 있습니다.

[그림 12-5] 유튜브에서 다이내믹 컬러를 활용한 예

이미지로부터 색을 추출하므로 선명한 사진 등을 사용할 경우에 특히 효과적입니다. 팔레트 지원 라이브러리는 색을 추출해 UI의 스타일을 맞출 수 있게 함으로써, 사용자에게 매끄럽게 연결되는 경험을 제공합니다. 다이내믹 컬러를 활용하는 사례로는 유튜브 앱을 들 수 있습니다. 채널별로 다이내믹 컬러를 이용해 알기 쉽게 쉽게 차별화돼 있어 채널의 개념을 이해하는 데 도움이 됩니다. 다이내믹 컬러를 이용하기 위해 안드로이드에서는 지원 라이브러리(appcompat-v7)로 android.support.v7.graphics.Palette 클래스를 제공합니다. Palette 클래스를 이용함으로써 지정한 이미지를 분석하고, 다음 6개의 대표 색을 추출할 수 있게 됩니다.

- Vibrant(선명한)
- Vibrant Dark(선명하고 어두움)
- Vibrant(선명하고 밝음)
- Muted(부드러운)
- Muted Dark(부드럽고 어두움)
- Muted Light(부드럽고 밝음)

Palette 클래스를 이용하는 방법은 아주 간단해서 다음의 두 가지 방법이 있습니다(예제 12-6). 메인 스레드에서 처리하는 경우와 백그라운드에서 처리하는 경우를 구분해서 사용합시다.

[예제 12-6] Palette 클래스를 이용해 구현하는 예(자바)

```
RelativeLayout layout = (RelativeLayout)findViewById(R.id.layout);
TextView txt = (TextView)findViewById(R.id.text);

// 동기적으로 이용할 경우(메인 스레드 이외에서 이용)
Palette p = Palette.from(bitmap).generate();
// 선명한 배경색
layout.setBackgroundColor(p.getVibrantSwatch.getRgb());
// 배경색에 빛나는 타이틀 텍스트 컬러
txt.setTextColor(p.getVibrantSwatch().getTitleTextColor();

// 비동기적으로 이용할 경우(메인 스레드에서 이용)
Palette.from(bitmap).generate(new PaletteAsyncListener() {
    public void onGenerated(Palette p) {
        // 선명한 배경색
        layout.setBackgroundColor(p.getVibrantSwatch.getRgb());
        // 배경색에 빛나는 타이틀 텍스트 컬러
        txt.setTextColor(p.getVibrantSwatch().getTitleTextColor();
    }
});
```

12.3 머티리얼 디자인의 UI 요소를 구현하자

이미 설명한 것처럼 안드로이드 디자인 지원 라이브러리는 머티리얼 디자인의 UI 요소를 API 레벨 21 미만 단말에서 이용할 수 있는 매우 강력한 라이브러리입니다. 이번 절에서는 이 라이브러리의 UI 요소를 각각 구현해 봅시다.

12.3.1 안드로이드 디자인 지원 라이브러리를 도입하자

앱에 안드로이드 디자인 지원 라이브러리를 도입하려면 build.gradle의 dependency 블록에 다음 한 줄을 기술합니다(예제 12-7).

[예제 12-7] 안드로이드 디자인 지원 라이브러리 도입(build.gradle)

```
compile 'com.android.support:design:23.2.1'
```

이 라이브러리는 support-v4 라이브러리와 appcompat-v7 라이브러리에 의존하므로 안드로이드 디자인 지원 라이브러리를 이용하면 이러한 라이브러리도 앱에 들어오게 됩니다. 이로써 머티리얼 디자인용 테마인 AppCompat 테마나 툴바 등의 위젯 요소 등도 이용할 수 있습니다(2016년 5월 현재 버전 23.3.0).

12.3.2 NavigationView를 구현하자

적용 포인트

NavigationView는 내비게이션 드로어(Navigation Drawer)를 구현할 수 있는 뷰입니다. 액션 바 안의 아이콘을 탭 하거나 화면 왼쪽에서부터 스와이프 동작으로 내비게이션 드로어를 표시할 수 있습니다. 내비게이션 드로어는 안드로이드에서 일반적인 UI로서, 메뉴와 서브 콘텐츠를 콤팩트하게 넣을 수 있는 편리한 UI입니다(그림 12-6).

계층이 깊은 화면에서도 똑같이 꺼낼 수 있으므로 앱 내를 돌아다니는 데 도움이 됩니다. 단, 상단에 있는 작은 버튼만으로는 한눈에 기능을 상상하기 어렵고, 들어 있는 기능을 인지하기 어려우므로 이를 주요 탐색 경로로 하는 것은 적절하지 않습니다.

[그림 12-6] Gmail의 내비게이션 드로어

NavigationView 구현

내비게이션 드로어는 이전에도 구현할 수 있었습니다. NavigationView가 등장해서 편리해진 것은 부분별 레이아웃 분리와 배치할 아이템 관리입니다. 이 책에서 제공하는 예제를 동작시켜 보면서 확인해 주세요(tech12/NavigationView).

우선은 NavigationView를 배치합니다. 액티비티에 설치할 경우에는 DrawerLayout 안에 NavigationView를 기술합니다(예제 12-8).

[예제 12-8] NavigationView 배치(activity_main.xml)

```xml
<?xml version="1.0" encoding="utf-8"?>
<android.support.v4.widget.DrawerLayout xmlns:android="http://schemas.android.com/apk/res/android"
    xmlns:app="http://schemas.android.com/apk/res-auto"
    android:id="@+id/drawer_layout"
    android:layout_width="match_parent"
    android:layout_height="match_parent">

    <!-- 메인 화면의 레이아웃을 자유롭게 구현합니다 -->
    <RelativeLayout
        android:layout_width="match_parent"
        android:layout_height="match_parent"
        android:background="@android:color/white">

        <android.support.v7.widget.Toolbar
            android:id="@+id/toolbar"
            android:layout_width="match_parent"
            android:layout_height="50dp"
```

```
            android:background="@android:color/holo_blue_dark"/>

    </RelativeLayout>

    <!-- 내비게이션 드로어의 토대가 되는 NavigationView를 정의합니다 -->
    <android.support.design.widget.NavigationView
        android:id="@+id/navigation_view"
        android:layout_width="wrap_content"
        android:layout_height="match_parent"
        android:layout_gravity="start"
        android:background="@android:color/black"
        app:headerLayout="@layout/navigation_drawer_header"
        app:menu="@menu/navigation_drawer_menu_item"/>

</android.support.v4.widget.DrawerLayout>
```

내비게이션 드로어 안의 레이아웃 요소는 명확하게 분리할 수 있습니다. NavigationView가 구축하는 내비게이션 드로어에는 헤더와 메뉴가 있습니다(그림 12-7). 헤더는 자유롭게 레이아웃을 구성할 수 있는 영역이고, 메뉴는 지정한 item을 읽어들여 자동으로 생성되는 영역입니다. 헤더 레이아웃은 NavigationView의 XML 요소 중 app:headerLayout으로, res/layout 아래에 헤더 부분의 레이아웃 파일을 지정합니다. 메뉴는 app:menu로 res/menu 아래에 배치된 메뉴 정의 파일을 지정합니다.

헤더 레이아웃은 개발자가 자유롭게 정의할 수 있으므로 생략합니다. 메뉴는 res/menu 아래에 정의합니다.

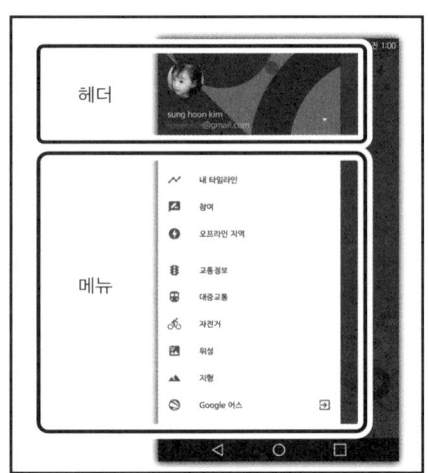

[그림 12-7] NavigationView의 레이아웃 구성 (구글 맵)

[예제 12-9] NavigationView의 메뉴 정의(navigation_drawer_menu_item.xml)

```xml
<?xml version="1.0" encoding="utf-8"?>
<menu xmlns:android="http://schemas.android.com/apk/res/android"
    xmlns:app="http://schemas.android.com/apk/res-auto">

    <!-- 메인 메뉴를 정의합니다 -->
    <item
        android:id="@+id/item1"
        android:icon="@android:drawable/ic_dialog_info"
        android:title="@string/menu_item_title1" />

    <item
        android:id="@+id/item2"
        android:icon="@android:drawable/ic_dialog_info"
        android:title="@string/menu_item_title2" />

    <!-- item 내에 menu를 중첩해 넣어 서브 메뉴를 정의합니다 -->
    <item
        android:title="@string/sub_menu_title">
        <menu android:checkableBehavior="single">
            <item
                android:id="@+id/sub_menu_item1"
                android:title="@string/sub_menu_item_title1" />
            <item
                android:id="@+id/sub_menu_item2"
                android:title="@string/sub_menu_item_title2" />
        </menu>
    </item>
</menu>
```

item 안에 메뉴를 중첩하면 Navigation View 안에 [그림 12-8]처럼 서브 메뉴가 들어가서 다른 그룹으로 인식하고 자동으로 구분선을 배치합니다.

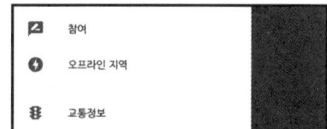

[그림 12-8] NavigationView의 구분선 (구글 맵)

12.3.3 TabLayout으로 탭을 구현하자

적용 포인트

TabLayout은 머티리얼 디자인으로서 가이드 라인에 정의된 탭을 구현하는 레이아웃입니다 (그림 12-9). 탭은 많은 앱에서 채용되고 있으며, 병렬로 카테고리를 표현하는 데 적합합니다. 반면 계층 구조를 표현하고자 하면 너무 복잡해집니다. 서브 카테고리를 포함해서 표현할 때는 ListView를 이용하는 편이 바람직하겠지요.

[그림 12-9] Play 스토어에서도 다양한 조합으로 탭이 이용된다

TabLayout의 구현

머티리얼 디자인에서 TabLayout은 앱의 바와 경계가 없고, 가로 스와이프와 연계하는 것이 권장됩니다. 가로 스와이프와 연계하려면 ViewPager와 TabLayout을 연계합니다(예제 12-10). 제공하는 예제를 동작시켜면서 확인해 보십시오(tech12/ToolbarAndTabLayout).

[예제 12-10] TabLayout과 ViewPager의 배치(activity_mainl.xml)

```
<?xml version="1.0" encoding="utf-8"?>
<RelativeLayout xmlns:android="http://schemas.android.com/apk/res/android"
    xmlns:tools="http://schemas.android.com/tools"
    android:layout_width="match_parent"
    android:layout_height="match_parent"
    tools:context=".MainActivity">

    <android.support.v7.widget.Toolbar
        android:id="@+id/toolbar"
        android:layout_height="wrap_content"
        android:layout_width="match_parent"
        android:minHeight="50dp"
        android:background="@android:color/holo_blue_dark"/>

    <android.support.design.widget.TabLayout
        android:id="@+id/tabs"
```

```xml
            android:layout_width="match_parent"
            android:layout_height="wrap_content"
            android:layout_below="@+id/toolbar"
            android:background="@android:color/holo_blue_dark"
            />

    <android.support.v4.view.ViewPager
            android:id="@+id/viewpager"
            android:layout_width="match_parent"
            android:layout_height="wrap_content"
            android:layout_below="@id/tabs"
            android:background="@android:color/white"
            />

</RelativeLayout>
```

android.support.v7.widget.Toolbar는 안드로이드 4.x 계열에서 이용되던 ActionBar를 더욱 유연하게 만든 것입니다. 레이아웃 파일 내에서 다른 UI 요소와 함께 배치할 수 있습니다. 이번 예제에서는 Toolbar와 TabLayout, ViewPager를 수직으로 나열했습니다. ViewPager 안에는 Fragment를 3개 나열했습니다(ViewPager 구현은 생략합니다. 예제를 참고하세요).

Toolbar와 ViewPager의 연결은 자바 코드로 합니다. 예제 앱에서는 MainActivity에서 연결합니다(예제 12-11).

[예제 12-11] TabLayout과 ViewPager의 연결(MainActivity.java)

```java
// TabLayout과 ViewPager를 연계
final MyFragmentPagerAdapter adapter = new MyFragmentPagerAdapter(this,
getSupportFragmentManager());
mViewPager.setAdapter(adapter);
mViewPager.addOnPageChangeListener(new ViewPager.OnPageChangeListener() {
    @Override
    public void onPageScrolled(int position, float positionOffset, int
positionOffsetPixels) {
        // 페이지가 스크롤됐을 때
    }
```

```java
    @Override
    public void onPageSelected(int position) {
        // 페이지가 선택됐을 때
    }

    @Override
    public void onPageScrollStateChanged(int state) {
        //  페이지 스크롤 상태
    }
});

mTabLayout.setupWithViewPager(mViewPager); // TabLayout과 ViewPager를 연결합니다
```

ViewPager에 FragmentPagerAdapter와 리스너를 설정한 후, TabLayout의 setupWith ViewPager()로 자동으로 연결이 완료됩니다. 탭의 라벨에는 FragmentPagerAdapter의 getPageTitle()로 가져온 타이틀이 자동으로 설정됩니다.

TabLayout과 ViewPager를 연결하지 않을 때는 다음 구현으로 Tab을 추가합니다(예제 12-12). 사용자의 탭 조작에 대응하는 리스너 TabLayout.OnTabSelectedListener를 오버라이드해서 구현합니다.

[예제 12-12] TabLayout 단독으로 이용할 때 탭을 추가하는 구현 예(자바)

```java
// 탭 레이아웃에 탭을 설정(ViewPager를 이용하지 않는 경우)
mTabLayout.addTab(mTabLayout.newTab().setText(R.string.tab_label1));
mTabLayout.addTab(mTabLayout.newTab().setText(R.string.tab_label2));
mTabLayout.addTab(mTabLayout.newTab().setText(R.string.tab_label3));

// 탭의 리스너 구현
mTabLayout.setOnTabSelectedListener(new TabLayout.
OnTabSelectedListener() {
    @Override
    public void onTabSelected(TabLayout.Tab tab) {
        // 탭이 선택됐을 때
    }
```

```java
    @Override
    public void onTabUnselected(TabLayout.Tab tab) {
        // 탭이 선택되지 않았을 때
    }

    @Override
    public void onTabReselected(TabLayout.Tab tab) {
        // 탭이 다시 선택됐을 때
    }
});
```

12.3.4 AppBar의 동작을 제어하자

적용 포인트

CoordinatorLayout은 어떤 View가 스크롤했을 때 연동해서 자식이 될 View의 크기와 위치를 동적으로 관리할 수 있는 클래스입니다. 독자적인 커스텀 애니메이션 코드를 기술하지 않아도 손쉽게 구현할 수 있도록 제공됩니다. Play 스토어를 비롯한 구글의 공식 앱도 대부분 TabLayout 등과 조합해서 이용합니다(그림 12-10).

[그림 12-10] CoordinatorLayout에 의한 변화(Play Store 앱)

CoordinatorLayout의 구현

안드로이드 스튜디오의 템플릿 중 하나인 ScrollingActivity를 기반으로 한 CoordinatorLayout 구현 예제를 준비했습니다(tech12/CoordinatorLayout01). 이 예제를 실행시켜 동작을 확인해 보세요. 이 예제에서는 콘텐츠가 맨 위까지 왔을 때는 Toolbar가 최대 크기까지 확대되고, 콘텐츠를 아래로 스크롤 하면 최소 크기까지 축소됩니다.

우선은 CoordinatorLayout을 레이아웃 파일 상에 배치합니다. 액티비티의 레이아웃으로서 CoordinatorLayout을 배치합시다(예제 12-13).

[예제 12-13] CoordinatorLayout 배치(activity_scrolling.xml)

```xml
<?xml version="1.0" encoding="utf-8"?>
<android.support.design.widget.CoordinatorLayout xmlns:android="http://schemas.android.com/apk/res/android"
    xmlns:app="http://schemas.android.com/apk/res-auto"
    xmlns:tools="http://schemas.android.com/tools"
    android:layout_width="match_parent"
    android:layout_height="match_parent"
    android:fitsSystemWindows="true"
    tools:context="com.advanced_android.coordinatorlayout01.ScrollingActivity">

    <android.support.design.widget.AppBarLayout
        android:id="@+id/app_bar"
        android:layout_width="match_parent"
        android:layout_height="@dimen/app_bar_height"
        android:fitsSystemWindows="true"
        android:theme="@style/AppTheme.AppBarOverlay">

        <android.support.design.widget.CollapsingToolbarLayout
            android:id="@+id/toolbar_layout"
            android:layout_width="match_parent"
            android:layout_height="match_parent"
            android:fitsSystemWindows="true"
            app:contentScrim="?attr/colorPrimary"
            app:layout_scrollFlags="scroll|exitUntilCollapsed">

            <android.support.v7.widget.Toolbar
                android:id="@+id/toolbar"
                android:layout_width="match_parent"
                android:layout_height="?attr/actionBarSize"
                app:layout_collapseMode="pin"
                app:popupTheme="@style/AppTheme.PopupOverlay" />

        </android.support.design.widget.CollapsingToolbarLayout>
    </android.support.design.widget.AppBarLayout>

    <include layout="@layout/content_scrolling" />
</android.support.design.widget.CoordinatorLayout>
```

AppBarLayout은 LinearLayout을 상속한 머티리얼 디자인의 AppBar의 콘셉트를 실현하는 레이아웃 요소입니다. CollapsingToolbarLayout은 AppBarLayout 바로 아래의 자식 요소로 사용되고, AppBar의 확대/축소 표시를 위한 Toolbar의 래퍼가 됩니다.

AppBarLayout의 자식 요소에는 app:layout_scrollFlags를 설정함으로써 스크롤 시의 동작을 지정할 수 있습니다. 예제에서는 layout_scrollFlags="scroll|exitUntilCollapsed"가 지정돼 있습니다.

이 상태에서 콘텐츠 영역을 아래로 스크롤하면 AppBarLayout이 CollapsingToolbarLayout의 minHeight까지 작아지고, 반대로 콘텐츠 영역을 맨 위로 스크롤하면 AppBarLayout이 CollapsingToolbarLayout의 maxHeight까지 확대됩니다(그림 12-11).

layout_scrollFlags="scroll|enterAlways"로 지정하면 minHeight 등과 관계없이 콘텐츠 영역을 아래로 스크롤함에 따라 AppBarLayout이 작아지고 최종적으로 표시되지 않

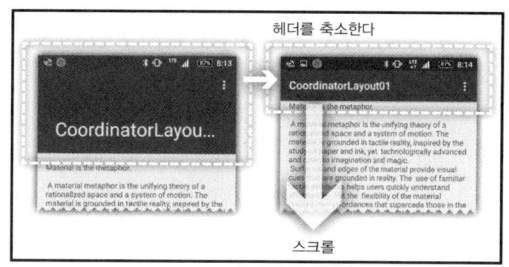

[그림 12-11] layout_scrollFlags="scroll|exitUntilCollapsed"의 동작

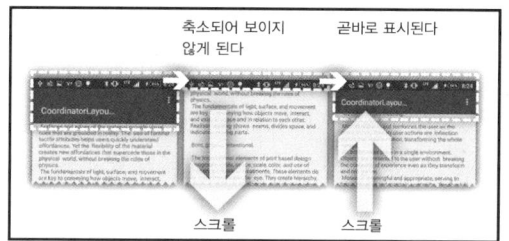

[그림 12-12] layout_scrollFlags="scroll|enterAlways"의 동작

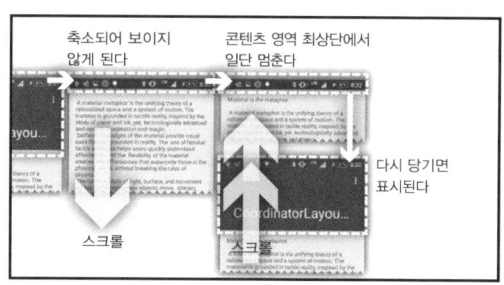

[그림 12-13] layout_scrollFlags="scroll|enterAlwaysCollapsed"의 동작

게 됩니다(그림 12-12). 콘텐츠 영역을 아래로 스크롤하는 도중에 갑자기 역방향으로 스크롤하면 AppBarLayout이 곧바로 표시됩니다. 이 동작을 '퀵 리턴'이라고 합니다. 책에서 제공하는 예제를 실행해 동작을 확인해 보세요(tech12/CoordinatorLayout02).

layout_scrollFlags="scroll|enterAlwaysCollapsed"로 지정했을 때도 minHeight와 관계없이 작아지지만 콘텐츠 영역의 맨 위로 스크롤한 뒤 다시 당기면 AppBarLayout이 표시됩니다(그림 12-13). 이것도 역시 책에서 제공하는 예제를 실행해 동작을 확인해 보세요(tech12/CoordinatorLayout03).

이처럼 CoordinatorLayout과 AppBarLayout, CollapsingToolbarLayout의 조합으로 AppBar의 동작을 유연하게 지정할 수 있습니다. 앱의 내용에 맞게 동작을 제어합시다.

12.3.5 FloatingActionButton과 SnackBar를 적용하자

적용 포인트

FloatingActionButton(이하 FAB)은 화면상에 강조된 형태로 고정되어 배치된 둥근 버튼입니다. 이 버튼은 애플리케이션의 주요한 액션을 나타냅니다. 단, 삭제 등 파괴적 액션에 사용하는 것은 권장하지 않습니다. FAB는 기본적으로 표시 시에 확대하는 애니메이션을 동반합니다. 이용 시 주의할 점으로 그렇게 시선을 끄는 배려가 없으면 익숙하지 않은 사용자는 알아채기 힘든 경우도 있으므로 고려할 필요가 있습니다.

SnackBar는 화면 아래에 간단한 메시지를 표시함으로써 사용자에게 간단한 피드백을 제공합니다. 또한 SnackBar에는 액션을 포함할 수 있습니다. 단, 사용할 수 있는 액션은 하나로 제한되므로 여러 개의 액션에서 선택할 필요가 있을 때는 대화창 쪽이 적절하겠지요. 특정 동작 후 그 동작을 취소하는 액션이 어울리고, Gmail 앱에서는 이동이나 삭제 후에 메시지를 표시할 때 이용됩니다. 또한 아이콘을 포함하지 않으므로 텍스트 메시지는 알기 쉽게 기재할 필요가 있습니다. 시간이 지나면 자동으로 사라지고, 겹쳐서 표시하는 것은 좋지 않습니다.

AppBarLayout과 FloatingActionButton의 협조 동작

CoordinatorLayout을 활용하면 AppBarLayout의 확대나 축소에 따라 FloatingActionButton을 보이거나 보이지 않게 전환할 수 있습니다. AppBarLayout과 FloatingActionButton의 협조 동작을 구현해 봅시다(그림 12-14). 안드로이드 스튜디오의 템플릿을 바탕으로 한 예제를 제공하고 있으므로 실행해서 동작시키면서 확인해 보세요(tech12/CoordinatorLayoutAndFab).

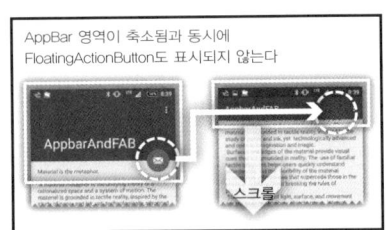

[그림 12-14] AppBarLayout과 FloatingActionButton의 협조 동작

우선은 레이아웃을 배치해 봅시다. 예제에서는 CoordinatorLayout 안에 AppBarLayout, 콘텐츠 영역의 include, FloatingActionButton을 배치했습니다(예제 12-14).

[예제 12-14] CoordinatorLayout 내 AppBarLayout과 FloatingActionButton의 배치(activity_scrolling.xml)

```xml
<?xml version="1.0" encoding="utf-8"?>
<android.support.design.widget.CoordinatorLayout xmlns:android="http://schemas.android.com/apk/res/android"
    xmlns:app="http://schemas.android.com/apk/res-auto"
    xmlns:tools="http://schemas.android.com/tools"
    android:layout_width="match_parent"
    android:layout_height="match_parent"
    android:fitsSystemWindows="true"
    tools:context="com.advanced_android.appbarandfab.ScrollingActivity">

    <android.support.design.widget.AppBarLayout
        android:id="@+id/app_bar"
        android:layout_width="match_parent"
        android:layout_height="@dimen/app_bar_height"
        android:fitsSystemWindows="true"
        android:theme="@style/AppTheme.AppBarOverlay">

        <android.support.design.widget.CollapsingToolbarLayout
            android:id="@+id/toolbar_layout"
            android:layout_width="match_parent"
            android:layout_height="match_parent"
            android:fitsSystemWindows="true"
            app:contentScrim="?attr/colorPrimary"
            app:layout_scrollFlags="scroll|exitUntilCollapsed">

            <android.support.v7.widget.Toolbar
                android:id="@+id/toolbar"
                android:layout_width="match_parent"
                android:layout_height="?attr/actionBarSize"
                app:layout_collapseMode="pin"
                app:popupTheme="@style/AppTheme.PopupOverlay" />

        </android.support.design.widget.CollapsingToolbarLayout>
    </android.support.design.widget.AppBarLayout>

    <include layout="@layout/content_scrolling" />

    <android.support.design.widget.FloatingActionButton
```

```
            android:id="@+id/fab"
            android:layout_width="wrap_content"
            android:layout_height="wrap_content"
            android:layout_margin="@dimen/fab_margin"
            android:src="@android:drawable/ic_dialog_email"
            app:layout_anchor="@id/app_bar"
            app:layout_anchorGravity="bottom|end" />
</android.support.design.widget.CoordinatorLayout>
```

여기서 주목할 곳은 FloatingActionButton의 레이아웃 요소로 지정한 app:layout_anchor라는 부분입니다. 여기서 layout_anchor를 지정함으로써 지정한 id의 뷰와 FloatingActionButton을 연결할 수 있습니다. 지정할 뷰는 CoordinatorLayout의 자식 요소라야 합니다. 예제에서는 AppBarLayout의 id를 지정했고, 이로써 AppBarLayout과 연결됩니다. app:layout_anchor로 연결한 후, app:layout_anchorGravity로 연결한 뷰에 자기 자신을 어디에 배치할지 결정합니다. 예제에서는 "bottom|end"로 지정했으므로 오른쪽 아래에 배치됩니다.

예제처럼 FloatingActionButton의 layout_anchor가 AppBarLayout에 연결된 경우, FloatingActionButton은 AppBarLayout의 표시상의 높이가 최솟값에 가까우면 표시되지 않게 동작합니다.

FloatingActionButton과 SnackBar의 협조 동작

SnackBar가 표시될 때 FloatingActionButton을 이동시킬 수 있습니다(그림 12-15). FloatingActionButton과 SnackBar의 협조 동작을 구현해 봅시다. 안드로이드 스튜디오의 템플릿을 바탕으로 한 예제를 실행해 동작을 확인해 보세요(tech12/CoordinatorLayoutAndFabAndSnackBar).

레이아웃의 배치는 [예제 12-15]와 같습니다. CoordinatorLayout에 AppBarLayout, 콘텐츠 영역, 그리고 FAB를 배치했습니다.

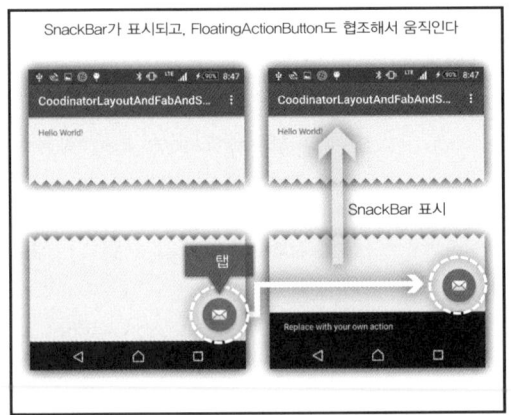

[그림 12-15] FloatingActionButton과 SnackBar의 협조 동작

[예제 12-15] CoordinatorLayout 안에 AppBarLayout과 FloatingActionButton을 배치(activity_main.xml)

```xml
<?xml version="1.0" encoding="utf-8"?>
<android.support.design.widget.CoordinatorLayout xmlns:android="http://schemas.android.com/apk/res/android"
    xmlns:app="http://schemas.android.com/apk/res-auto"
    xmlns:tools="http://schemas.android.com/tools"
    android:layout_width="match_parent"
    android:layout_height="match_parent"
    android:fitsSystemWindows="true"
    tools:context="com.advanced_android.coordinatorlayout06.MainActivity">

    <android.support.design.widget.AppBarLayout
        android:layout_width="match_parent"
        android:layout_height="wrap_content"
        android:theme="@style/AppTheme.AppBarOverlay">

        <android.support.v7.widget.Toolbar
            android:id="@+id/toolbar"
            android:layout_width="match_parent"
            android:layout_height="?attr/actionBarSize"
            android:background="?attr/colorPrimary"
            app:popupTheme="@style/AppTheme.PopupOverlay" />

    </android.support.design.widget.AppBarLayout>

    <include layout="@layout/content_main" />

    <android.support.design.widget.FloatingActionButton
        android:id="@+id/fab"
        android:layout_width="wrap_content"
        android:layout_height="wrap_content"
        android:layout_gravity="bottom|end"
        android:layout_margin="@dimen/fab_margin"
        android:src="@android:drawable/ic_dialog_email" />
</android.support.design.widget.CoordinatorLayout>
```

액티비티 쪽 구현을 살펴봅시다. SnackBar는 Toast와 거의 같이 다룰 수 있는 위젯이므로 레이아웃 상에서 위치를 특별히 지정하지 않고 자바로 구현해 표시합니다(예제 12-16).

[예제 12-16] FloatingActionButton과 연계한 SnackBar 표시(MainActivity.java)

```java
// FAB가 눌리는 것에 맞춰 SnackBar를 표시
FloatingActionButton fab = (FloatingActionButton) findViewById(R.id.fab);
fab.setOnClickListener(new View.OnClickListener() {
    @Override
    public void onClick(View view) {
        Snackbar.make(view, "Replace with your own action", Snackbar.LENGTH_LONG)
                .setAction("Action", null).show();
    }
});
```

위와 같이 구현함으로써 SnackBar가 화면 아래쪽에 표시됩니다. 이때 FloatingActionButton은 SnackBar가 삽입된 CoordinatorLayout으로부터 뷰에 변경이 있는 것을 알고, SnackBar가 표시돼 있으면 자신을 이동시킵니다.

12.4 정리

머티리얼 디자인은 아주 매력적인 UI 요소입니다. 안드로이드뿐 아니라 멀티 디바이스를 포함한 구글이 주도하는 디자인 가이드라인이므로 앞으로는 디자이너와 개발자가 모두 필수적으로 이해하고 구현해 가야 할 것입니다.

이번에 몇 가지 예를 소개했지만 확실하게 OS 버전별 동작을 이해하고 전략을 세우고 안드로이드 디자인 지원 라이브러리를 활용하면 머티리얼 디자인에 따른 효과적인 레이아웃을 비교적 간단히 구현할 수 있습니다. 이들 요소를 꼭 앱에 도입해 머티리얼 디자인의 활용을 검토해 보세요.

CHAPTER 13
안전한 앱을 만든다: 보안 검사

안전성이 높은 앱을 만들기 위해 주의해야 할 점을 설명합니다. 보안이 무너지면 위험의 크기에 따라 크고 작은 피해가 발생하므로 앱에서 위험성이 높은 정보를 다룰 때는 보안 전문가와 상담하기를 권합니다. 이번 장에서는 보안에 관해 알아둬야 할 기본적인 사항을 설명합니다. 또한 안드로이드 앱의 과거 취약성 사례를 확인하고 안전성이 높은 앱을 만들 때 필요한 보안에 관한 지식을 깊이 이해해 봅시다.

13.1 안드로이드 보안 모델을 이해하자

이번 절에서는 안드로이드 보안 모델에 관해 알아보겠습니다. 시스템 기능의 적절한 보호, 각 앱의 독립된 프로세스 등 안드로이드 애플리케이션의 보안 특징을 파악해 봅시다. 이러한 흐름에 입각해 안드로이드 보안 모델을 깊이 있게 이해합니다.

13.1.1 안드로이드 소프트웨어 스택과 보안

안드로이드 애플리케이션의 보안 특징으로서 다음 5가지를 들 수 있습니다. 앞으로 이 5가지 항목을 차례로 살펴보겠습니다.

- 시스템 기능은 적절하게 보호된다
- 각 앱은 각각 분리된다
- 각 앱이 가진 데이터는 적절하게 보호된다
- 시스템 기능을 이용하려면 적절한 퍼미션이 필요하다
- 애플리케이션에 서명하고 그 서명을 체크할 수 있는 체계가 있다

안드로이드는 리눅스 커널을 기반으로 하고, 그 위에 HAL(Hardware Abstraction Layer) 계층, 안드로이드 실행 환경과 코어가 되는 라이브러리 계층, 안드로이드 프레임워크 계층, 애플리케이션 계층으로 크게 5계층으로 이뤄집니다.

소프트웨어를 각 계층별로 나누고 각 계층에서의 역할을 명확히 함으로써 각각 독립적이고 필요한 기능만 이용할 수 있게 적절히 공개됩니다. 각 계층들이 쌓아올려졌으므로 '소프트웨어 스택'이라고 부릅니다. 소프트웨어 스택은 견고하고 보안성이 높은

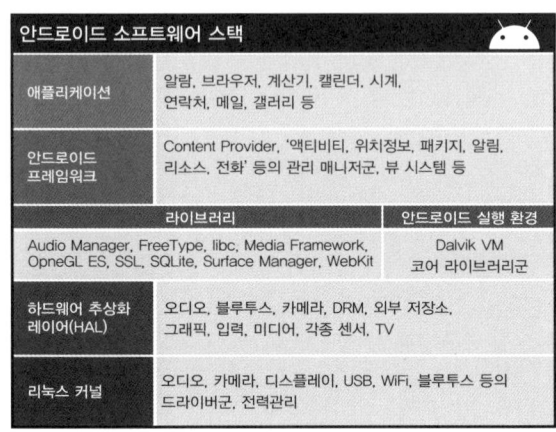

[그림 13-1] 안드로이드의 소프트웨어 스택

시스템을 만드는 데 필요한 개념입니다. 안드로이드처럼 거대한 시스템을 이해하려면 우선 소프트웨어 스택이 어떻게 돼 있는지 이해하는 게 중요합니다(그림 13-1).

이처럼 각 계층은 인접한 계층에 있는 컴포넌트와 연계하면서 안드로이드라는 하나의 거대한 시스템을 움직입니다. 여러분이 만드는 안드로이드 앱은 애플리케이션 계층에 속합니다. 계층을 하나 이동할 때마다 적절하게 보안이 확보돼 있어 해당 계층이 공개하는 기능 이상은 이용할 수 없게 돼 있습니다. 이처럼 각 기능은 적절히 분리되어 보호됩니다.

13.1.2 리눅스의 보안 모델을 이해하자

안드로이드는 리눅스 커널 상에 구축돼 있으며, 리눅스의 보안 기능을 잘 이용하고 있습니다.

앱의 데이터 보호에 대해

리눅스에서 각 파일과 디렉터리는 사용자와 그룹에 속해 있습니다. 예를 들어, 파일 A를 같은 사용자일 땐 편집할 수 있지만 단지 같은 그룹일 때는 참조만 하고 편집할 수 없게 할 수 있습니다. 또한 사용자와 그룹이 다를 때는 참조도 편집도 모두 할 수 없게 만들 수도 있습니다. 리눅스에서 사용자는 UID(User Identification)로, 그룹은 GID(Group Identification)라는 ID로 정의됩니다(그림 13-2).

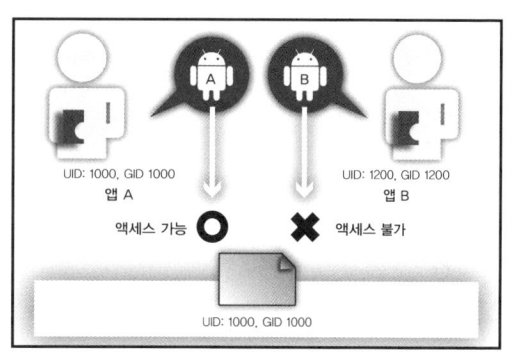

[그림 13-2] 리눅스의 UID, GID 모델

안드로이드는 이 기능을 이용합니다. 설치된 각 앱에 고유한 UID, GID를 부여하고, 그 앱이 작성한 파일과 디렉터리는 그 앱에서만 참조하고 편집할 수 있게 합니다.

실제로 확인해 봅시다. 에뮬레이터를 시작하고 다음 커맨드를 실행해 보세요(예제 13-1).

[예제 13-1] /data/data 아래에 있는 파일 목록

```
$ adb shell
$ cd /data/data
$ ls -al | grep com.google
```

[예제 13-2]는 실행 결과입니다.

[예제 13-2] 에뮬레이터(API 레벨 22)에서의 실행 결과

```
root@generic_x86:/data/data # ls -al | grep com.google
drwxr-x--x u0_a36 u0_a36      2015-12-20 10:30 com.google.android.apps.maps
drwxr-x--x u0_a7  u0_a7       2015-12-20 10:02 com.google.android.gms
drwxr-x--x u0_a13 u0_a13      2015-12-20 10:02 com.google.android.googlequicksearchbox
drwxr-x--x u0_a7  u0_a7       2015-12-20 10:02 com.google.android.gsf
drwxr-x--x u0_a7  u0_a7       2015-12-20 10:01 com.google.android.gsf.login
~ 생략 ~
```

/data/data 아래는 각 애플리케이션이 데이터를 보존하기 위해 만들어진 영역으로, 패키지별로 그 이름으로 된 디렉터리가 준비돼 있습니다. 이 디렉터리는 drwxr-x--x 퍼미션이 나타내는 것처럼 당사자만 기록할 수 있게 돼 있습니다(w가 쓰기 권한). 여기서 com.google.android.apps.maps 패키지의 UID, GID는 u0_a36이고, 앱마다 UID, GID가 다른 것을 알 수 있습니다.

그런데 com.google.android.gsf(Google Service Framework)와 com.google.android.gsf.login(Google LoginService)만은 똑같은 UID, GID를 가지고 있습니다. 이처럼 데이터를 공유하고 싶을 때는 같은 UID와 GID를 가질 수도 있습니다. sharedUserId라는 기능을 이용하면 우리가 개발하는 앱끼리도 데이터를 공유할 수 있습니다. 단, 임의의 앱과 데이터의 공유를 할 수 있는 것은 아니고, 서명이 같아야 하는 것이 sharedUserId를 이용할 수 있는 조건입니다(예제 13-3).

[예제 13-3] sharedUserId의 예(XML)

```xml
<manifest xmlns:android="http://schemas.android.com/apk/res/android"
    package="com.advanced_android.shareduidsample1"
    android:sharedUserId="com.advanced_android.uid">
```

다음과 같이 sharedUserId가 같으면 똑같은 UID, GID를 가집니다(예제 13-4).

[예제 13-4] 같은 sharedUserId의 UID, GID

```
$ adb shell
$ cd /data/data/
$ ls -al | grep com.advanced
drwxr-x--x 4 u0_a64 u0_a64 4096 2015-12-21 14:39 com.advanced_android.shareduidsample1
drwxr-x--x 4 u0_a64 u0_a64 4096 2015-12-21 14:41 com.advanced_android.shareduidsample2
```

위 예에서 com.advanced_android.shareduidsample1, com.advanced_android.shareduidsample2는 같은 서명이 부여된 앱으로서 같은 sharedUserId를 가지고 있습니다. 이런 경우에는 앱끼리 저장 영역을 공유할 수 있습니다.

각 앱이 따로 분리돼 있을 것

안드로이드 앱은 각각 독립된 프로세스로 동작합니다. 에뮬레이터를 시작해서 다음 커맨드를 실행해 보십시오(예제 13-5).

[예제 13-5] 프로세스 확인

```
$ adb shell ps
root      1     0     2516   940   sys_epoll_ 00078364 S /init
 ~ 생략 ~
u0_a40    28129 241   1554504 38828 sys_epoll_ b6c92a0c S com.android.gallery3d
u0_a64    28177 241   935808  54908 sys_epoll_ b6c92a0c S com.advanced_android.shareduidsample1
root      28208 16572 2800   972   __skb_recv b6eafa78 S logcat
root      28245 16572 3064   1152  sys_rt_sig b6de5cc0 S /system/bin/sh
root      28292 2     0      0     worker_thr 00000000 S kworker/0:0H
u0_a64    28359 241   925860  53848 sys_epoll_ b6c92a0c S com.advanced_android.shareduidsample2
 ~ 생략 ~
```

init이나 logcat 등 안드로이드 특유의 프로세스도 동작하지만 앱마다 독립적인 프로세스로서 표시된다는 것을 알 수 있을 것입니다(패키지 이름이 그대로 프로세스 이름이 됐습니다).

각자 독립된 프로세스로 동작하므로 앱마다 메모리 공간은 독립돼 있고, 다른 앱에는 직접 접근할 수 없게 됩니다. 바로 이런 점이 보안성을 높여줍니다. 앱끼리 연계하기 위해서는 안드로이드 시스템이 준비한 프로세스 간 통신(IPC) 메커니즘을 이용합니다.

COLUMN sharedUserId에 관해

조금 전에 sharedUserId 설명을 포함해 각 앱의 데이터 보호에 관해 설명했습니다. 릴리스된 앱에 나중에 sharedUserId를 부여하는 것은 권장하지 않습니다. 나중에 sharedUserId를 부여하면 이미 앱을 설치한 사용자는 sharedUserId가 부여된 새로운 버전을 설치하고자 해도 설치할 수 없기 때문입니다. 이러한 경우, 일단 앱을 삭제하고 재설치할 필요가 있습니다. 하지만 이렇게 해서는 결국 사용자의 이탈을 초래할 것입니다. 그러므로 데이터를 공유할 때는 ContentProvider 등 다른 방법을 이용합시다.

13.1.3 Permission에 관해 이해하자

안드로이드 앱은 시스템의 기능, 예를 들어 사진을 찍거나 전화를 거는 기능은 일반적인 앱에서는 할 수 없도록 보호됩니다. 단, 전혀 시스템 기능에 액세스할 수 없으면 유익한 앱도 만들 수 없게 됩니다. 그래서 '퍼미션'이라는 모델을 도입해 퍼미션을 가진 앱은 허용된 기능을 이용할 수 있게 했습니다.

사진을 찍는 앱은 카메라에 접근하는 권한을 가지고, SD 카드 등의 외부 스토리지에 저장하는 앱은 외부 스토리지에 쓰기 권한을 가집니다(그림 13-3).

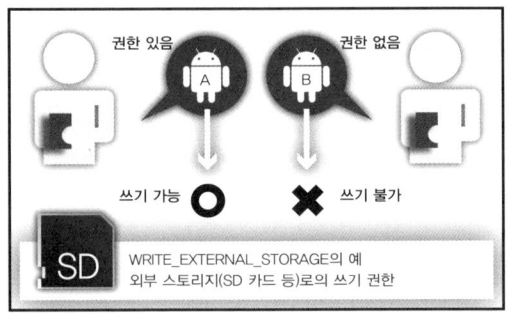

[그림 13-3] 퍼미션 모델

이 퍼미션을 부여하는 결정권을 가진 사람은 바로 안드로이드 스마트폰의 소유자인 사용자입니다. 6.0 이상의 단말과 그 미만의 단말에서는 퍼

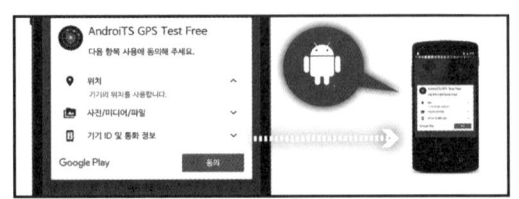

[그림 13-4] Google Play가 앱 설치 시 사용자에게 동의를 구한다

미션 모델이 조금 다르지만 여기서는 6.0 미만을 전제로 설명합니다. 6.0 이상은 다음 항에서 설명하겠습니다.

사용자는 설치한 앱이 모두 '주소록'에 접근할 수 있는 상황을 달가워하지 않겠지요. 그래서 Google Play는 앱을 설치할 때 사용자에게 '이 앱은 이런 기능에 액세스한다'고 알리고, 설치 동의를 구합니다(그림 13-4). 사용자가 동의해야 비로소 설치가 진행됩니다. 동의하지 않으면 앱이 설치되지 않습니다. 사용자의 설치에 대한 심리적 장벽을 낮추기 위해서도 필요하지 않은 퍼미션은 이용하지 않도록 합시다. 동의 화면에 표시되는 것은 안드로이드 시스템이 정의하는 퍼미션의 일부입니다. 표시하는 것은 사용자에게 위험성이 있다고 생각할 수 있는 'dangerous' 레벨에 속하는 것입니다(표 13-1).

[표 13-1] 퍼미션의 4가지 레벨

레벨	설명
normal	보통 레벨. 허가해도 큰 위험이 없다고 여겨지는 것.
dangerous	위험한 것. 위험하므로 허가할 때 주의가 필요함.
signature	앱에 부여된 서명이 시스템 서명과 같은 것에 자동적으로 부여된다.
signatureOrSystem	시스템 서명이 부여됐거나 시스템 영역에 설치된 앱에 부여된다.

안드로이드의 Manifest.permission 문서에 어느 것이 dangerous 레벨인지 기재돼 있으므로 이용할 때는 퍼미션 레벨을 확인해 둡시다(그림 13-5).

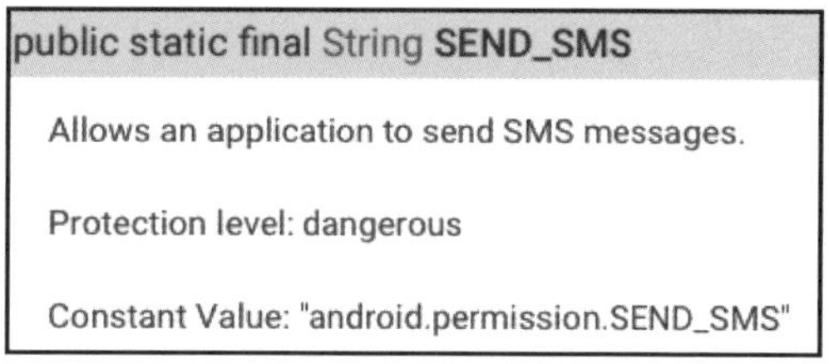

```
public static final String SEND_SMS

Allows an application to send SMS messages.

Protection level: dangerous

Constant Value: "android.permission.SEND_SMS"
```

[그림 13-5] dangerous 레벨의 퍼미션

안드로이드 시스템이 제공하는 퍼미션에서 signature와 signatureOrSystem에 속하는 것은 안드로이드 시스템 보호를 위해 존재하며, 서드파티 앱은 이용할 수 없습니다. 예를 들어, android.permission.INSTALL_PACKAGES라는 signatureOrSystem 레벨을 가진 퍼미션이 있습니다. 이 퍼미션을 서드파티 앱이 이용할 수 있으면 사용자가 모르는 곳에 앱을 설치할 수 있게 됩니다. 이처럼 서드파티에 공개하면 위험하거나 시스템에서만 필요한 퍼미션은 signature나 signatureOrSystem 레벨로 설정해 적절하게 보호합니다.

13.1.4 Runtime Permission에 관해 이해하자

안드로이드 6.0(Marshmallow)부터는 Runtime Permission이라는 모델이 도입됐습니다. 6.0 미만 사용자는 설치할 때 모든 퍼미션을 승인할 필요가 있었지만 6.0부터는 사용자가 앱 설치 후에 다시 퍼미션을 허가하지 않을 수도 있습니다(그림 13-6).

그러므로 사용자가 설치에 대한 심리적인 장벽이 낮아집니다. 앞으로 6.0 이상의 단말이 점점 널리 퍼질 것이므로 앱 개발자라면 이 사양에 대처할 필요가 있습니다.

모든 퍼미션에 대해 비허가로 할 수 있는 것은 아니고, dangerous 퍼미션군에 대해서만 가능합니다. normal 레벨의 퍼미션은 기존처럼 설치하면 허가한 게 됩니다.

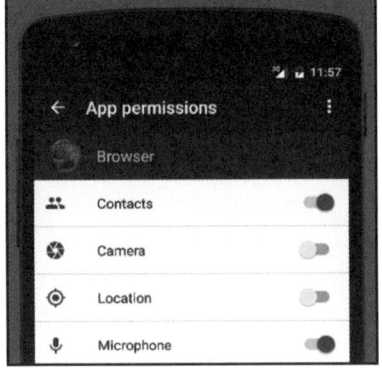

[그림 13-6] 안드로이드 6.0부터 지원하는 Runtime Permission

Runtime Permission에 대응하자

크게 나누어 다음 3가지가 필요해집니다.

1. compileSdkVersion과 targetSdkVersion을 23으로 올려서 빌드한다(예제 13-6).

[예제 13-6] compileSdkVersion과 tageSdkVersion에 23을 지정(build.gradle)

```
android {
    compileSdkVersion 23
    ~ 생략 ~
    defaultConfig {
        targetSdkVersion 23
        ~ 생략 ~
    }
```

2. 필요한 권한이 허가됐는지 확인하고(예제 13-7), 허가되지 않았으면 사용자에게 동의를 구한다(그림 13-7).

[예제 13-7] 퍼미션 체크(자바)

```
int hasWriteContactsPermission = ContextCompat.
 checkSelfPermission(Manifest.permission.WRITE_CONTACTS);
if (hasWriteContactsPermission != PackageManager.PERMISSION_GRANTED) {
    // 지원 라이브러리 v4에 있는 ActivityCompat을 이용한다
    ActivityCompat.requestPermissions(new String[] {Manifest.permission.
```

```
            WRITE_CONTACTS},
            REQUEST_CODE_ASK_PERMISSIONS);
    return;
}
```

3. 허가되지 않으면 퍼미션이 필요한 기능을 제한하고 앱을 사용할 수 있게 수정한다.

[그림 13-7] 사용자에게 허가를 구한다

shouldShowRequestPermissionRationale

위 대응 방법에서 사용자에게 허가를 구하는 대화창을 표시할 수 있습니다. 그리고 어째서 그 권한이 필요한지 사용자에게 이유를 설명해 주는 편이 더 친절하겠지요. 그럴 때 이용하는 것이 shouldShowRequestPermissionRationale() 메서드입니다. 이 메서드가 true를 반환하면 사용자에게 퍼미션이 필요한 이유를 설명합시다. 이렇게 대화창 등을 표시해 이유를 설명하고 난 후에 사용자에게 허가를 구합니다(예제 13-8).

[예제 13-8] shouldShowRequestPermissionRationale의 예(자바)

```
int hasWriteContactsPermission = ContextCompat.
checkSelfPermission(Manifest.permission.WRITE_CONTACTS);
if (hasWriteContactsPermission != PackageManager.PERMISSION_GRANTED) {
    if (ActivityCompat.shouldShowRequestPermissionRationale()) {
        // 사용자에게 먼저 대화창을 띄워 설명한 후 허가를 구한다
    }
    return;
}
```

아직 한 번도 권한의 허가를 구한 적이 없거나 허가를 구하는 대화창에서 'Don't ask again(다시 묻지 않기)'에 체크한 후 사용자가 거부한 경우는 false를 반환합니다.

Support Library 이용

Runtime Permission으로 이용하는 메서드는 API 레벨이 23 이상이고, 그 미만에서는 이용할 수 없습니다. 그러므로 OS별 구분이 필요해집니다(예제 13-9).

[예제 13-9] OS 버전별 구분(자바)

```
if (Build.VERSION.SDK_INT >= 23) {
    // 6.0 이상
} else {
    // 6.0 미만
}
```

다만 퍼미션을 요청하는 부분을 항상 이렇게 구분해서 작성하면 코드가 복잡해집니다. 그래서 Support Library에는 다음과 같은 것이 준비돼 있습니다. 이 메서드를 이용하면 빌드별 구분이 필요없어집니다. 꼭 사용해 보세요.

- ContextCompat.checkSelfPermission()
- ActivityCompat.requestPermissions()
- ActivityCompat.shouldShowRequestPermissionRationale()

13.1.5 앱 간의 Permission을 이해하자

조금 전, 시스템 기능에 액세스할 때의 퍼미션 레벨을 설명했습니다. 앱 간의 컴포넌트에서도 액세스를 제한하고 싶을 때가 있습니다. 예를 들어, 같은 회사에서 여러 개의 앱을 출시한 경우, 액티비티 A가 다른 앱의 액티비티 B를 호출하고 싶다고 하겠습니다. 단, 액티비티 B는 퍼미션을 가진 액티비티 A에서만 호출되게 하고 싶습니다.

앱을 넘나드는 startActivity()나 start ActivityForResult() 호출은 안드로이드 시스템을 통과합니다. 그때 퍼미션을 체크하고, 퍼미션을 가진 앱에만 호출을 허가할 수 있습니다. 이번에는 같은 회사가 개발하고 있으므로 앱에 부여하는 서명은 같은 것으로 합니다.

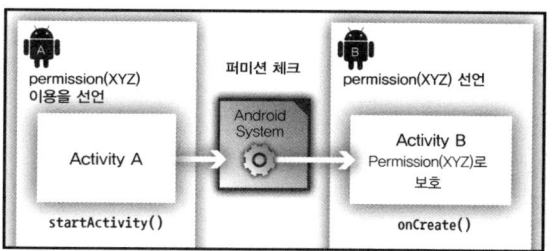

[그림 13-8] startActivity()에서의 퍼미션 체크

대처 방법

아래의 3단계로 퍼미션으로 보호된 액티비티를 이용할 수 있습니다.

1. 액티비티 B의 앱 쪽에서 퍼미션을 선언한다(예제 13-10).

[예제 13-10] signature 레벨의 퍼미션을 선언(XML)

```xml
<permission android:name="xyz" android:protectionLevel="signature" />
```

2. 액티비티 B의 컴포넌트를 선언한 퍼미션으로 보호한다(예제 13-11).

[예제 13-11] 퍼미션으로 보호한다(XML)

```xml
<activity android:permission="xyz" ... >...</activity>
```

3. 액티비티 A의 앱 쪽에서 (1)에서 선언한 퍼미션의 이용을 선언한다(예제 13-12).

[예제 13-12] 퍼미션의 이용을 선언(XML)

```xml
<uses-permission android:name="xyz" />
```

이제 같은 서명을 가진 앱에서만 액티비티 A를 호출할 수 있습니다. 이렇게 말하고 싶지만 이것만으로는 완전하지 않습니다. 안드로이드에는 Permission Stealing이라는 사양상의 취약점이 있어 퍼미션 레벨을 덮어쓸 수 있습니다.

안드로이드의 퍼미션 모델은 먼저 설치한 쪽이 이깁니다. 예를 들어, 악의적인 앱이 먼저 normal 레벨로 퍼미션을 정의했다고 해봅시다. 만약 악의적인 앱을 먼저 설치해 버렸다면 나중에 signature 레벨 퍼미션을 가진 정식 앱을 설치하더라도 지정한 퍼미션에 대한 퍼미션 레벨은 normal인 채로 남게 됩니다. 그렇게 되면 서명이 다른 악의적인 앱도 연결할 수 있습니다(341쪽 [표 13-1]을 참조).

따라서 protectionLevel은 완전한 방어책이 되지 못합니다(그렇다고 protectionLevel을 기재해도 의미가 없다는 건 아닙니다. 서명이 같은 앱에서만 액세스를 허가할 때는 정확히 개발자의 의도를 명시하기 위해서도 signature 레벨의 protectionLevel은 기재해 둡시다). normal 레벨로 내려간 퍼미션 레벨을 signature로 올리는 방법은 없습니다. 이런 문제에 대처하려면 연계할 때 같은 서명이 부여됐는지 검증해야 합니다. 다행히 안드로이드에는 연계할 앱과 연계되는 앱의 서명을 공식 API로 검증할 수 있습니다. 다음 절에서 그 방법을 설명합니다.

13.2 보안에 강한 앱을 만들자

서명 검증, 데이터 암호화, 코드 난독화 등을 도입해 앱의 보안을 더욱 강력하게 합시다. 안드로이드 빌드 툴 및 프레임워크에 있는 보안 강화 기능을 소개할 테니 이들을 능숙하게 사용할 수 있게 만듭시다.

13.2.1 서명 검증을 구현하자

앞에서 안드로이드의 퍼미션 레벨은 먼저 지정한 것이 우선이라서 연계 시 서명을 검증해야 한다고 설명했습니다. 이를 검증하지 않을 경우 Permission Stealing에 대응할 수 없습니다. 이번 항에서는 구체적인 구현 방법을 설명합니다.

① keytool로 서명의 해시값을 구한다

keytool로 서명의 해시값을 확인합니다(예제 13-13).

[예제 13-13] keytool로 해시값 확인

```
$ keytool -list -v -keystore ~/.android/debug.keystore -storepass android

키 저장소 유형: JKS
키 저장소 제공자: SUN

키 저장소에 1개의 항목이 포함돼 있습니다.

별칭 이름: androiddebugkey
생성 날짜: Sep 27, 2015
항목 유형: PrivateKeyEntry
인증서 체인 길이: 1
인증서[1]:
소유자: CN=Android Debug, O=Android, C=US
발행자: CN=Android Debug, O=Android, C=US
일련 번호: 6fada66f
적합한 시작 날짜: Sun Sep 27 19:39:00 KST 2015, 종료 날짜: Tue Sep 19 19:39:00 KST 2045
인증서 지문:
```

```
         MD5: A1:67:D9:EB:45:21:F8:CA:2E:7C:BA:03:4C:62:F7:78
         SHA1: B2:24:A4:B7:8E:92:D5:C8:26:8E:FC:50:B5:26:BA:8E:29:B3:24:83
         SHA256: 1C:DE:A0:AA:DB:06:7E:90:CD:1F:35:02:EE:75:F8:37:3D:A1:D7:3B:C1:79:53:38:
 69:F4:46:57:42:3E:40:A9
         서명 알고리즘 이름: SHA256withRSA
         버전: 3
```

출력된 SHA1 값에서 ':(콜론)'을 제거한 값을 실행 시 검사합니다. 이번 예에서 콜론을 제거한 값은 B224A4B78E92D5C8268EFC50B526BA8E29B32483이 됩니다.

[예제 13-14] SHA1의 해시값

```
SHA1: B2:24:A4:B7:8E:92:D5:C8:26:8E:FC:50:B5:26:BA:8E:29:B3:24:83
```

② 연계할 앱의 서명 해시값을 가져온다

실행 시에 서명을 검사합니다. 호출원의 패키지명은 getCallingActivity().getPackageName()으로 가져올 수 있습니다.

※ getCallingActivity()는 startActivityForResult()를 호출해서 시작된 경우에만 취득할 수 있습니다. 그러므로 startActivityForResult()를 통해 다른 앱과 연계하는 것을 전제로 설명합니다.

[예제 13-15] 앱의 서명 해시값 취득(자바)

```java
public static String hash(Context ctx, String pkgname) {
    if (pkgname == null) return null;
    try {
        PackageManager pm = ctx.getPackageManager();
        PackageInfo pkginfo = pm.getPackageInfo(pkgname, PackageManager.GET_SIGNATURES);
        if (pkginfo.signatures.length != 1) return null;
        Signature sig = pkginfo.signatures[0];
        byte[] cert = sig.toByteArray();
        byte[] sha1 = computeSha1(cert);
        return byte2hex(sha1);
    } catch (NameNotFoundException e) { }
    return null;
}
```

③ 연계할 때 똑같은지 확인한다

①에서 구한 해시값과 ②에서 구한 해시값을 비교해 해시값이 같으면 인증된 것으로 간주하고 처리를 계속합니다. 만약 비교한 결과가 다르다면 Permission Stealing이 됐을 가능성이 있으므로 아무것도 하지 않고 그대로 종료하는 것이 좋겠지요. 덧붙여, 액티비티 호출 이외의 서명 검증에 대해서는 보안 코딩(Secure Coding) 가이드에 자세히 적혀있습니다. 가이드는 정기적으로 갱신되므로 안드로이드의 보안 코딩을 위해서는 꼭 읽어 보십시오.

[URL] 안드로이드 앱의 보안 설계 및 보안 코딩 가이드(일본어)
- https://www.jssec.org/report/securecoding.html
- https://www.jssec.org/dl/android_securecoding_en.pdf (영어 버전)

13.2.2 외부로부터의 입력 데이터를 검증하자

안드로이드 환경의 앱 개발도 다른 플랫폼처럼 외부에서 입력되는 데이터는 우선 검증을 하고 문제가 없을 때만 처리할 필요가 있습니다. 적절한 검증을 하지 않을 경우 그곳이 보안 취약점이 될 가능성이 있습니다(그림 13-9).

사용자의 입력

사용자의 입력은 적절한 포맷을 따랐는지 검증해서 잘못된 값을 차단하고 그 이후의 처리는 계속하지 않도록 합니다. 그리고 사용자에게 잘못 입력했다고 알려줍시다.

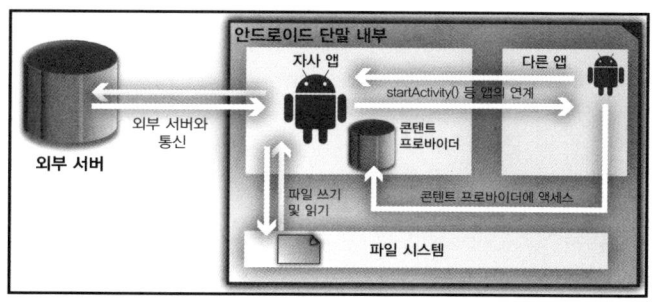

[그림 13-9] 외부로부터의 입력 경로와 그 검증

Intent

액티비티, 서비스, 브로드캐스트 리시버를 공개하면 그곳이 외부 액세스 포인트가 됩니다. 앱의 컴포넌트를 연계할 때 Intent에서 getStringExtra() 등으로 호출원의 데이터를 가져오는 경우가 있지만 가져온 데이터를 그대로 이용하면 예상치 못한 취약성을 낳을 위험성이 있습니다. 가져온 데이터의 정당성을 검사하고 문제가 없을 때만 데이터를 이용해서 연계할 필요가 있습니다.

ContentProvider, SQLDatabase

외부로부터 입력되는 데이터는 SQL 인젝션을 방지하고자 프리페어드 스테이트먼트를 이용합시다. 또한 데이터를 저장할 때는 프리페어드 스테이트먼트와 함께 확인하고, 이상이 있는 값은 저장하지 않고 오류로 처리합니다.

13.2.3 디딤돌 공격을 받지 않기 위해

안드로이드에는 다른 앱의 컴포넌트와 간단히 연계할 수 있는 멋진 특징이 있지만 조심해야 할 점이 있습니다.

앱 A와 앱 B가 있고, 앱 A가 앱 B의 기능과 연계하는 경우를 생각해 보겠습니다. 예를 들어, 앱 A에 전화를 거는 권한이 없다고 해도 앱 B가 전화를 거는 권한을 가지고 있으면 앱 B를 통해 전화를 걸 수 있습니다. 그러므로 전화를 걸 수 있는 권한을 가진 앱 B는 적절히 그 권한을 다룰 필요가 있습니다. 대응 방법은 크게 두 가지입니다.

① 사용자가 확인한 후 실행한다

앞의 예에서는 일단 사용자에게 승인을 요청하고, 사용자가 허가하면 전화를 걸 수 있게 합니다. 이렇게 하면 문제는 일어나지 않습니다.

② 연계 앱의 범위를 압축한다

신뢰할 수 있는 앱에서만 연계를 허가하는 방법도 있습니다. 기본적으로는 연계할 앱의 패키지 이름을 확인하고 그 앱의 서명이 화이트 리스트에 있는지 검증할 필요가 있습니다. 여기서 말하는 화이트 리스트란 연계할 앱의 서명 해시값(예제 13-13 참조)을 가진 리스트입니다. 이 리스트에 포함된 경우는 신뢰할 수 있는 것으로 판단해 허가합니다.

13.2.4 데이터를 저장하자

저장할 데이터를 분류한다

데이터를 저장할 때 해당 데이터가 어떤 보안 레벨로 저장될지 미리 분류해 두면 데이터를 어떻게 다루면 좋을지 개발자와 프로젝트 멤버가 인식을 함께할 수 있습니다. 어떻게 분류할지는 제공하는 서비스와 소속된 조직에 따라 달라집니다. 여기서는 참고로 다음과 같이 분류했습니다(표 13-2).

[표 13-2] 정보의 보안 레벨 분류

레벨	설명
3. Extream(극비)	극비정보. 정보가 유출된 경우, 치명적인 영향이 생기는 정보
2. High(비밀)	비밀정보. 개인정보, 신용카드번호 등 위험성이 높은 정보
1. Moderate(한정)	한정정보. 유료 콘텐츠, 연락처 정보 등 접근이 제한돼야 하는 정보.
0. None(공개)	공개정보. 공개된 정보

위 참고 분류에서는 비밀 레벨 이상의 정보를 단말 내에 저장하는 것은 적극적으로 피해야 합니다. 그런 정보가 필요한 경우는 적절한 인증을 통해 그때마다 접근하고, 정보 이용이 끝나면 바로 삭제(메모리에서 해제도 함께)하는 것을 권장합니다.

공개 정보가 아닌 데이터를 외부 스토리지에 저장하는 경우

외부 스토리지에 데이터를 저장할 경우 공개해도 되는 정보 외에는 일반적으로 암호화해 저장해야 합니다. 안드로이드 4.3 이상에서는 android.permission.READ_EXTERNAL_STORAGE 퍼미션이 활성화돼 있어 해당 퍼미션을 가진 앱만 참조할 수 있습니다.

단, 안드로이드 4.3 미만에서는 임의의 앱이 외부 스토리지에 접근할 수 있습니다. 그러므로 공개 정보가 아닌 [표 13-2]에서 예로 든 한정 레벨의 정보를 저장할 때는 다른 앱에서 데이터를 읽지 못하게 암호화해서 저장하길 권장합니다. 암호화함으로써 악의적인 앱으로부터 소중한 정보를 지킬 수 있습니다. 안드로이드에서는 데이터 암호화에 보통 AES-256 알고리즘을 사용합니다(예제 13-16).

[예제 13-16] AES에서의 암호화(자바)

```java
public static byte[] cipherEncrypt(byte[] buf, String key, String iv){
  try {
    // 비밀키 생성
    SecretKeySpec sksSpec = new SecretKeySpec(key.getBytes(), "AES");
    // IV 생성
    IvParameterSpec ivSpec = new IvParameterSpec(iv.getBytes());
    // Cipher 클래스 초기화
    Cipher cipher = Cipher.getInstance("AES/CBC/PKCS7Padding");
    cipher.init(Cipher.ENCRYPT_MODE, sksSpec, ivSpec);
    // 암호화
    return cipher.doFinal(buf);
  } catch (Exception e) {
  } finally {
  }
  return null;
}
```

AES로 암호화하려면 다음 두 가지 정보가 필요합니다.

- SECRET(비밀키 생성의 시드가 되는 임의의 바이트 배열)
- IV(초기화 벡터)

또한 복호화할 때도 위의 두 가지 정보가 필요합니다. 일반적으로는 암호화로 보호하고 싶은 데이터와 같은 영역에 암호화를 무효화(복호화)할 수 있는 정보를 함께 두지 않아야 합니다. 같은 영역에 두게 되면 악의적인 앱이 손쉽게 데이터 복호화를 할 수 있기 때문입니다. 보안이 한 단계 높은 곳에 보관하는 것을 원칙으로 생각하는 것이 좋습니다. 이 원칙에 따라 안드로이드에서 외부 스토리지에 암호화된 데이터를 저장할 경우에는 앱 내 개별 영역(비공개 영역)에 SECRET과 IV를 저장해 다른 앱에서 접근할 수 없게 해 둡시다.

13.2.5 난독화하자

소스코드 난독화

안드로이드는 Dex(Dalvik Executable)라는 바이트 코드 포맷을 이용하므로 네이티브 코드보다는 비교적 리버스 엔지니어링하기 쉽습니다. 5.0 이상은 설치 시에 네이티브 코드로 컴파일돼 ART(Android RunTime)라는 실행 환경에서 동작하지만 근본인 apk 파일은 단말 내에 있으므로 예전처럼 Dex 바이트 코드를 리버스 엔지니어링할 수 있습니다.

또한 안드로이드 앱의 리버스 엔지니어링 툴은 충실해서 바이트코드로부터 자바 소스코드를 복원할 수 있습니다. 소스코드가 복원되면 분석할 수 있게 되고 예상치 못한 힌트를 공격자가 얻을 수도 있습니다. 근본적으로 리버스 엔지니어링을 막을 순 없지만 그래도 리버스 엔지니어링에 비용을 많이 들게 함으로써 어느 정도 방어할 수 있습니다. 그중 하나가 '소스코드 난독화'입니다.

Proguard를 이용하면 클래스 이름이나 메서드 이름을 의미가 없는 문자열(a나 b, za 등)로 치환해 난독화합니다. 이는 리버스 엔지니어링 대책으로서도 중요합니다. 또한 부차적인 효과로서 애플리케이션의 크기를 줄여주는 장점도 있습니다.

SharedPreferences 난독화

SharedPreferences는 키-값 형식으로 저장돼 있고, 실체는 단순한 XML 파일입니다. 이 XML 파일을 참조하면 리버스 엔지니어링의 힌트를 얻을 수 있는 경우가 있습니다. SharedPreferences 자체의 이름이나 키 이름은 Proguard에서 난독화해주지 않습니다. 이 부분은 의미가 없는 임의의 문자열을 준비해두고, 그 문자열을 키 이름으로 이용합시다. 소스코드에서 하드코딩하지 않고, 상수를 이용하면 소스코드의 가독성은 똑같습니다. 단 이미 릴리스해버린 앱에 나중에 이를 적용하기는 어렵습니다. 그러므로 릴리스 전에 검토하는 것이 좋습니다.

13.2.6 동적 코드 로딩을 이해하자

앱

안드로이드는 NDK로 작성한 네이티브 코드를 로드해 이용할 수 있습니다. 기본적으로 NDK로 작성한 공유 라이브러리는 앱 내에 두고, System.loadLibrary()를 통해 로드하게 해 주세요. 네트워크로부터 다운로드해 로드할 수도 있지만 네이티브 코드의 취득원과 네이티브 자체의 검증 등 높은 보안이 요구됩니다. 보안 취약점이 될 가능성이 높으므로 기본적으로 이용하지 않는 것을 권장합니다.

또한 네이티브 코드뿐 아니라 자바 코드도 동적으로 로드할 수 있습니다. 자바에는 ClassLoader라는 기능이 있어 이를 이용해 동적으로 바이트코드를 로드할 수 있습니다. 안드로이드에서는 ClassLoader를 상속한 DexClassLoader로 calsses.dex를 동적으로 로드할 수 있습니다.

동적인 코드 로딩은 유연성을 높이고 적시에 앱의 동작을 변경할 수도 있기에 매력적입니다. 하지만 동적인 코드 로딩도 역시 커다란 보안 취약점이 될 가능성이 높으므로 이용을 권장하진 않습니다.

WebView

WebView의 JavascriptInterface를 이용하면 자바스크립트 코드에서 자바 앱으로 구현한 기능을 이용할 수 있습니다. 이 기능은 UI를 웹 기술인 HTML/CSS 등으로 구축하고, 웹 기술에서 이용할 수 없는 네이티브 기능을 자바스크립트로 이용하고 싶을 때 활용할 수 있습니다. 사용법 자체는 간단해서 WebView에 이용하고 싶은 클래스의 인스턴스와 자바스크립트에서 액세스할 이름만 넘겨주면 됩니다(예제 13-17).

[예제 13-17] 자바스크립트를 이용할 수 있게 설정한 WebView(자바)

```
WebView webView = (WebView) findViewById(R.id.webView);
webView.getSettings().setJavaScriptEnabled(true);
webView.addJavascriptInterface(new NotificationImpl(this), "Android");
webView.loadUrl("file:///android_asset/hello.html");
```

이렇게 해서 NotificationImpl로 구현한 메서드를 호출할 수 있습니다. NotificationImpl에서는 showNotification() 메서드를 구현하고 있다고 전제합니다(예제 13-18).

[예제 13-18] 자바스크립트로 자바 측 메서드를 호출한다(HTML)

```html
<script type="text/javascript">
    function send() {
        Android.showNotification();
    }
</script>
```

targetSdkVersion 17 이상에서는 @JavascriptInterface 어노테이션을 붙인 메서드만 호출할 수 있습니다. 안드로이드 4.2 이상에서는 어노테이션이 붙지 않은 메서드를 호출해도 오류가 발생합니다(예제 13-19).

[예제 13-19] @JavascriptInterface를 붙인 메서드(자바)

```java
public class NotificationInterface {
    private final Context mContext;

    NotificationImpl(Context context) {
        mContext = context;
    }

    @JavascriptInterface
    void showNotification() {
        // 이 안에서 Notification 표시를 구현한다
    }
}
```

4.2 미만에서는 리플렉션을 이용해 필드에 접근하므로 위 리스트에서 Notification의 mContext를 취득할 수 있습니다. 그런데 mContext를 얻을 수 있으면 설치한 앱을 가져오거나 startActivity()를 호출하는 등 여러 가지 일을 할 수 있게 되는 취약점이 생깁니다. 그래서 4.2 이상에서는 JavascriptInterface에서 이용하는 필드를 리플렉션으로 가져올 수 없게 됐습니다(예제 13-20).

[예제 13-20] 4.2 이후에서는 리플렉션을 차단하고 예외를 던진다

```
"Uncaught Error: Access to java.lang.Object.getClass is blocked",
source: file:///android_asset/hello.html
```

어느 쪽이든 자바스크립트로 앱에서 구현한 기능에 접근할 수 있다는 점에는 변함이 없습니다. 그러므로 이런 기능을 이용하면 예상치 못한 취약점을 만들어 낼 가능성이 있습니다. 임의의 웹 사이트에 대해서는 JavascriptInterface를 이용하지 않게 하고, 신뢰할 수 있는 도메인만 이용할 수 있게 합시다. 신뢰할 수 있는 도메인이란 서비스 제공자가 관리하는 도메인이나 파트너가 관리하는 도메인 등 자신들이나 협력사가 관리하는 도메인입니다.

13.2.7 HTTPS 통신을 이해하자

HTTPS 통신을 수행할 경우 테스트용 서버와의 API 통신에서 테스트용 서버가 자기 서명 인증서(셀프사인 인증서)를 이용해 SSLHandshakeException이 발생하는 경우가 있습니다(예제 13-21).

[예제 13-21] SSLHandshakeException 발생(인증서 검증 오류)

```
javax.net.ssl.SSLHandshakeException: java.security.cert.CertPathValidatorException: Trust
anchor for certification path not found.
```

인증서 검증을 무시하도록 구현해 오류를 회피함으로써 테스트할 수는 있지만 이는 취약성을 높이기에 권장하지 않습니다. build.gradle의 빌드 변형을 활용해 개발 시에만 오류를 회피하는 구현을 넣어 대처할 수는 있습니다. 릴리스하는 앱에서는 제대로 서버의 인증서를 검증합시다.

COLUMN 앱 내의 개별 영역은 언제나 안전한가?

앱의 개별 영역에 저장된 데이터라도 의도치 않은 형태로 데이터가 누설되는 사례가 있습니다. 안드로이드 시스템의 취약성이나 이용하는 라이브러리의 취약성으로 누설될 가능성은 충분히 있을 수 있습니다.

그러므로 기본적으로 공격자에게 가치가 높은 정보는 단말 안에 두지 않는 편이 가장 안전합니다. 단말 내에 데이터가 없으면 공격자는 취득할 방법이 없기 때문입니다.

단, 앱에 따라서는 단말 안에 저장하고 싶은 경우가 나올 수 있습니다. 그럴 때 기본적인 대책으로는 암호화를 이용하게 되지만 좀 더 보안을 높여서 앱 안 개별 영역에 저장하고 싶은 경우의 대책을 설명하겠습니다.

조금 전, 암호화 및 복호화에 필요한 데이터와 암호화하고 싶은 데이터는 각각 다른 영역에 보관하는 것이 원칙이라고 설명했습니다. 여기서는 앱의 개별 영역 외에 더 보안이 높은 영역의 예를 세 가지 소개합니다.

첫 번째는 사람의 기억입니다. 키 생성에 필요한 시드가 될 임의의 바이트 배열 정보를 암호구 형태로 그때마다 입력받는 것입니다. 입력한 암호구를 단말 안에 보관하지 않고 그때그때 입력받으면 암호화 및 복호화에 필요한 데이터는 보호됩니다. 단말 안에 '시드(SECRET)'가 저장되지 않으므로 보안 레벨은 올라가지만 그때마다 입력받아야 하는 비용과 입력한 암호구를 잊어버리면 암호화한 데이터를 복호화할 수 없게 된다는 위험성이 있습니다.

두 번째는 4.3 이상부터 앱에서 이용할 수 있는 keyStore를 이용하는 방법입니다. KeyStore에 저장한 공개키와 비밀키로 시드(SECRET)를 암호화하고 복호화합니다(비공식적인 방법으로는 2.3 이상에서 KeyStore를 이용할 수 있지만 몇 가지 제한이 있습니다). 더 보안이 높은 특정 하드웨어 영역에 공개키와 비밀키 쌍이 저장되는 것입니다. 또한 이러한 키에 액세스할 때 지문인증이나 디바이스 인증을 요구할 수도 있어 보안 강화에 도움이 됩니다.

단점은 비교적 새로운 단말이 아니면 이용할 수 없다는 점입니다. KeyStore 인증은 안드로이드 6.0부터 도입된 기능입니다. 단, 이 같은 문제는 시간이 지나면 서서히 이행하므로 시간이 해결해 준다고 긍정적으로 생각할 수도 있습니다.

세 번째는 앱 안에 포함되지만 NDK를 이용해 시드(SECRET)를 보호하는 로직을 네이티브 코드로 구현하는 것입니다. 안드로이드에서는 자바와 네이티브 코드를 연결하는 JNI 층이 노려지기 쉬우므로 이 부분을 잘 방어하고 네이티브 코드 구현을 더욱 복잡하게 할 필요가 있습니다(공격자가 간단히 분석할 수 없게 합니다). 장점은 NDK로 구현할 수 있으므로 안드로이드 버전에 의존하지 않는다는 점입니다. 다만 네이티브 코드로 난이도가 높게 구현해야 하므로 안드로이드에서의 보안 코딩에 정통한 사람이 아니라면 구현하기 어렵겠지요.

이번 항에서는 데이터 저장에 관해 설명했습니다. 민감한 정보를 다룰 때는 항상 위험이 따릅니다. 여러분의 서비스에서 필요한 보안 강도를 어떻게 할지 정확히 판단하고, 적절한 보안 레벨로 사양을 검토하고 앱을 구현합시다.

13.3 과거 사례로부터 배워 안전성이 높은 앱을 만들자

안드로이드의 과거 보안 취약성 사례는 많이 있습니다. 이번 절에서는 취약성 사례 중 세 가지를 뽑았습니다. 대부분 필요 이상으로 데이터를 공개해 생긴 문제입니다. 각 사례를 보면서 안전성이 높은 앱을 만들려면 무엇이 필요한지 확실하게 이해합시다.

13.3.1 비공개 데이터를 앱에 공개해 버린 사례에서 배우자

드롭박스 앱 버전 1.1.4에서 수정된 사례지만 [예제 13-22]처럼 android:enabled="false"를 기재하지 않아 DropboxProvider가 뜻하지 않게 공개돼 버렸습니다. 같은 단말에 설치된 앱에서 인증 없이도 이 ContentProvider에 액세스할 수 있는 상태였습니다.

[예제 13-22] DropboxProvider를 의도하지 않는 형태로 공개해 버린 예(XML)

```xml
<provider android:name=".provider.DropboxProvider"
    android:authorities="com.dropbox.android.Dropbox">
    <grant-uri-permission android:pathPrefix="/" />
</provider>
```

안드로이드 시스템에서 targetSdkVersion 17 이상은 기본으로 공개되지 않게 개선돼 현재 상태로는 발생하지 않는 취약성이긴 합니다. 각 컴포넌트에 대해 공개된 것이 무엇인지, 비공개된 것이 무엇인지 명시적으로 기재하면 뜻하지 않게 공개되는 것을 방지할 수 있습니다.

13.3.2 WebView의 과거 사례에서 배우자

WebView에서는 file:// 스킴을 이용해 앱 내부에 저장된 파일에 액세스할 수 있지만 이 기능이 취약성을 낳은 사례가 있었습니다. WebView에서 이용하는 쿠키와 이력 정보는 앱 내부의 SQLite 데이터베이스 파일 형태로 저장되지만 악의적인 페이지에 접근하면 file:// 스킴을 이용해 이 데이터베이스에 있는 쿠키 정보에 액세스할 수 있었습니다.

WebView를 이용하는 앱 대부분에서 이 취약성이 있었습니다. 이 취약성은 화제가 됐기에 현재는 거의 없으리라 생각하지만 WebView를 이용할 때는 이용하는 스킴만, 예를 들어 웹페이지에 액세스만 한다면 http와 https로 범위를 좁히는 것이 좋겠지요. https로 보호된 사이트에만 액세스한다고 알고 있다면 https 스킴만 허용할 것을 권장합니다.

13.3.3 OS의 취약성을 이해하자

안드로이드 시스템의 취약성 문제는 앱 개발자 쪽에서 직접 대처할 수 있는 일이 없습니다. 기본적으로는 안드로이드 시스템의 취약성 수정이 반영되길 기다려야 합니다. 안드로이드는 iOS와 달리, 제조사에서 독자적으로 커스터마이징하기도 해서 시스템 취약성 수정이 느리게 반영되는 경향이 있습니다.

안드로이드 5.0 이상에서는 WebView 컴포넌트가 안드로이드 시스템에서 분리되어 따로 업데이트되는 등 계속해서 취약성 수정이 반영되기 쉬워지고 있지만 WebView 이외의 컴포넌트의 취약성 수정은 역시 단말 제조사의 수정이 반영되길 기다릴 필요가 있습니다.

[URL] 안드로이드 시스템의 WebView는 앱으로 분리돼 독자적으로 갱신할 수 있다
https://play.google.com/store/apps/details?id=com.google.android.webview

단, 시스템 취약성이라도 앱에서 대응할 수 있는 사례도 있습니다. SecureRandom의 경우가 여기에 해당합니다. SecureRandom의 난수 생성기는 예측 가능한 난수를 만들기에 암호 보호 기능이 깨질 가능성이 있습니다. 이 문제에 대해서는 앱 쪽에서 대처할 수 있는 차선책이 공개됐습니다.

[URL] 공식 블로그에 공개된 SecureRandom의 대책
https://android-developers.googleblog.com/2013/08/some-securerandom-thoughts.html

13.3.4 안전성이 높은 앱으로 완성하자

지금까지 안드로이드 보안 모델과 각 보안 대책의 요점을 학습했습니다. 안전성이 높은 앱을 만들 때 염두에 둬야 하는 중요 사항을 아래에 정리했습니다.

- 필요한 정보만 공개한다(불필요한 정보는 공개하지 않는다)
- 외부 입력은 항상 확인하고, 부적절한 값은 처리하지 않는다
- 적절한 공개 범위를 설정해 정보를 저장한다(자신만 볼 수 있게 저장한다)
- 민감한 정보는 암호화한다. 또는 단말 내에 저장하지 않고 서버에 저장한다
- 보안 정보를 수시로 확인해 필요에 따라 바로 적용한다

이 같은 사항에 주의해서 개발하기만 해도 보안성은 현격하게 올라갑니다. 개발할 때 꼭 확인해 보십시오.

안드로이드는 버전이 올라갈 때마다 보안이 강화되고 있으며, 보안에 약한 코드를 작성할 경우 lint에서 경고가 나오는 등 개발 환경면에서도 개선되고 있어 점점 안전성이 높은 앱을 개발하기가 쉬워지고 있습니다. 공식 문서에도 보안 팁이 기재돼 있으니 꼭 참조해 주십시오.

[URL] 공식 보안 팁 페이지
https://developer.android.com/training/articles/security-tips.html

13.4 정리

안드로이드는 자유도가 높은 만큼 미처 인식하지 못한 부분에서 데이터가 공개되는 등 취약성이 생기기 쉬운 경향이 있습니다. 물론 나날이 안드로이드의 보안성은 개선되고 있지만 오래된 버전의 단말을 지원할 필요가 있는 경우 등에는 최신 보안 업데이트를 적용할 수 없을 때도 있습니다. 애초에 안드로이드의 프레임워크 쪽이나 이용하는 라이브러리 등 자신들이 개발하는 부분이 아닌 곳에서 취약성이 생기는 경우도 있어 이용하는 프레임워크와 라이브러리에 관한 최신 보안 정보는 항상 따라잡을 필요가 있습니다.

이번 장에서는 보안에 관해 최소한 파악해 둬야만 하는 내용을 담았습니다. 특히 컴포넌트를 공개할 때와 앱 내부의 중요 데이터를 공개할 때는 이번 장을 참고해 신중히 구현합시다. 문제가 없다고 생각해도 생각지 못한 곳에서 취약성이 생겨납니다. 보안에 주의해서 안전한 앱을 만듭시다.

CHAPTER 14

척척 움직이는 경쾌한 앱으로 완성한다: 병목 개선

이번 장에서는 척척 움직이는 앱을 만들 때 알아두면 좋을 성능 개선법을 설명합니다. 성능 개선에 필요한 것은 속도 저하의 원인이 되는 병목을 찾아내는 것입니다. 우선 성능을 측정해서 병목을 발견할 수 있게 되는 것이 중요합니다. 안드로이드에는 성능 측정을 위한 도구가 갖춰져 있습니다. 이번 장에서는 각 도구를 하나씩 살펴보고 성능 개선에 도움이 되는 힌트를 설명합니다. 그 과정에서 경쾌하게 동작하는 앱을 만드는 데 필요한 지식을 몸에 익혀갑시다.

14.1 앱을 척척 움직이게 하는 달성 기준을 알자

성능을 개선해 척척 움직이는 앱을 만들어 갑시다. 우선 성능을 개선하기 위해 어느 정도 개선돼야 하는지 달성 기준이 되는 지표를 설명합니다. 그리고 구체적으로 이용할 수 있는 지표와 개선에 도움이 되는 힌트를 살펴보겠습니다. 이들 지표를 잘 활용해 더욱 성능이 좋은 앱을 완성합시다.

14.1.1 척척 움직이는 앱이란 어떤 것일까

제일 먼저 척척 동작하는 앱이란 어떤 것인지 생각해 보겠습니다. 여러분은 무엇이 떠오르나요? 생각할 수 있는 것을 몇 가지 들어 보겠습니다.

- 조작에 대한 응답이 빠르다
- 버벅거리지 않고 매끄러운 표시와 애니메이션
- 시작이 빠르다
- 도움말을 보지 않아도 직감적으로 조작할 수 있고, 하고 싶은 일을 척척 할 수 있다
- 앱이 백그라운드에서 무엇을 하는지 바로 알 수 있다. 어떤 상황에 있는지 적절히 알려준다.
- 기분 좋은 조작감, 사용할 때 짜증이 나지 않는다.

크게 나누면 기술적으로 해결할 수 있는 것과 디자인적으로 해결할 수 있는 것으로 두 가지로 나눌 수 있습니다. 앞의 세 가지는 기술적으로 해결할 수 있고, 뒤의 세 가지는 디자인과 앱의 사양으로 해결할 수 있습니다. 이 가운데 주로 기술적으로 해결할 수 있는 앞의 세 가지를 달성하는 방법을 이번 장에서 설명해갑니다.

조작에 대한 응답과 애니메이션 등은 어느 정도의 성능(수치)을 목표로 삼아야 할까요? 우선 지향할 목표를 결정합시다. 참고할 만한 모델을 소개하겠습니다. 여러분은 구글이 발표한 RAIL이라는 퍼포먼스 모델을 알고 있나요? 이 모델은 사용자가 의식을 제대로 앱에 집중해 이용하는 데 필요한 속도의 기준을 나타내고 있습니다.

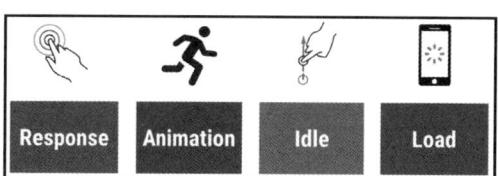

[그림 14-1] RAIL 퍼포먼스 모델(https://developers.google.com/web/fundamentals/performance/rail)

[표 14-1] RAIL 각 항목의 수치와 설명

항목	주요 지수	설명
Response	100ms 미만	사용자 조작에 대한 반응
Animation	16.7ms 미만	애니메이션. 매초 60프레임은 내는 것이 바람직하다
Idle	50ms 이하	아무것도 하지 않는 대기 상태에서의 처리
Load	1,000ms 미만	시작 처리

이번에는 이 수치들을 참고합시다. 덧붙여, 이 모델은 웹 애플리케이션용이므로 Idle(대기) 시의 처리도 정의돼 있습니다(브라우저에서 실행되는 자바스크립트는 단일 스레드로 동작해 사용자의 처리를 블록하기 때문입니다). 앱의 경우는 백그라운드에서 동작하는 스레드에 처리를 위임할 수 있으므로 Idle 상태는 지금 고려하지 않기로 합니다. Response(반응), Animation(애니메이션), Load(로딩)의 기준 수치를 달성하는 데 필요한 것을 다음에 설명해 갑니다.

14.1.2 척척 동작하는 앱을 만드는 데 필요한 지식을 정리하자

여기서는 Response, Animation, Load의 세 가지 항목의 수치를 달성하는 데 필요한 내용을 설명합니다.

Response(반응)

사용자 조작에 곧바로 반응하기 위해서는 안드로이드 앱에서 메인 스레드를 블록하지 않아야 합니다. 메인 스레드를 블록하면 앱은 사용자의 탭과 스와이프 등의 조작에 반응할 수 없습니다. 예를 들어, 사용자가 버튼을 탭해도 메인 스레드가 블록된 동안은 탭 이벤트를 가져올 수 없으므로 결과적으로 사용자 조작에 반응할 수 없게 됩니다.

덧붙여, 시간이 걸리는 통신 등의 IO 처리와 이미지 처리는 워커 스레드에서 수행함으로써 메인 스레드의 블록을 피할 수 있습니다.

Animation(애니메이션)

RAIL의 퍼포먼스 모델에 따르면 매끄러운 표시와 애니메이션을 위해서는 60fps가 기준이 됩니다. 즉, 1프레임당 약 16.7ms로 그려야 합니다.

※ fps란 Frame Per Second의 줄임말로 1초당 몇 장의 프레임이 처리되는지 나타내는 단위입니다.

안드로이드에서 이른바 일반적인 뷰는 Measure, Layout, Draw라는 세 과정을 거쳐 그려집니다. Measure에서는 크기를 측정하고, Layout에서는 표시할 위치를 결정하며, Draw에서는 실제로 그립니다. 결국, 이 세 가지 처리를 16.7ms 이내에 마치는 것이 바람직하겠지요.

60fps에 가까워지려면 레이아웃과 이미지 표시를 최적화해야 합니다. 최적화에 필요한 기법은 나중에 설명합니다. 또한 안드로이드에서는 가비지 콜렉션이 메인 스레드를 블록합니다. 빈번하게 가비지 콜렉션이 발생하면 렌더링이나 매끄러운 애니메이션 표시에 영향을 주니 메모리에도 신경 써서 개발해야 합니다. 이것도 나중에 함께 설명합니다.

Load(로딩)

웹 애플리케이션과는 달리 안드로이드 앱에서는 로드할 때 HTML/CSS, 자바스크립트 등의 파일을 웹 서버로부터 가져올 필요가 없어서 시간이 걸리는 처리에서 기본적으로 메인 스레드를 블록하지 않는 한 곧바로 시작됩니다. 그러므로 시작 소요 시간 자체에 초점을 맞추지 않는 대신, 앱의 경우는 화면의 주요 기능을 1,000밀리초 이내에 이용할 수 있게 만드는 것을 목표로 삼는 게 좋겠지요.

여기서 신경 써야만 할 점은 지연 처리, 다시 말해 뒤로 미룰 수 있는 처리는 뒤로 미루는 것입니다. 그리고 우선 앱을 사용할 수 있는 상태로 만듭시다. 이때 두 가지 요령이 있습니다.

- 사용자에게 보이지 않는 당장 필요하지 않은 View는 나중에 생성한다.
- 시간이 걸리는 통신 처리는 나중으로 돌린다. 캐시를 이용한다(※).

  ※ 보안 요건이 높고, 언제나 최신 정보를 표시할 필요가 있는 앱 등 개발할 앱의 사양에 따라서는 캐시 이용이 적절하지 않은 경우도 있습니다. 또한 캐시를 활용할 때는 캐시의 유효 기한도 고려해야 하는 등, 구현 측면에서 조금 복잡해지는 단점도 있습니다. 단, 캐시 활용은 대부분 매우 효과적입니다.

14.2 병목을 발견하자

개발 중인 앱을 테스트했는데 느리다고 느낀 적이 없으신가요? 그럴 때 어떻게 개선하는 게 좋을까요? 소스코드를 아무 생각 없이 보다가 '여기가 수상하네'라고 추측해서 수정하는 방법도 나쁘진 않지만 좀 더 효율적이고 합리적인 방법을 추천합니다. 이번 절에서는 속도 지연의 원인이 되는 병목을 찾아낼 수 있는 도구를 소개합니다. 이런 도구를 잘 활용해서 원인이 되는 곳을 밝혀내 빠르게 개선해 갑시다.

14.2.1 StrictMode로 확인하자

화면 그리기가 느리거나 사용자 조작에 바로 반응하지 못하는 주된 원인 중 하나로서 메인 스레드의 처리가 블록되는 것을 들 수 있습니다.

메인 스레드가 블록되지 않았는지 확인하려면 StrictMode를 설정합니다. 이 기능은 가장 먼저 설정하길 권장합니다. 그럼 StrictMode에 관해 설명하겠습니다.

StrictMode는 개발할 때 이용할 수 있는 모드로서 크게 스레드에 관한 정책과 가상 머신에 관한 정책을 쓸 수 있습니다. 이번에는 메인 스레드를 블록하지 않았는지 확인하는 것이 주목적이므로 스레드에 관한 부분을 살펴봅시다(예제 14-1).

[예제 14-1] StrictMode를 개발 시에만 활성화한다(자바)

```java
public void onCreate() {
    if (DEVELOPER_MODE) {
        // StrictMode의 스레드 정책을 설정한다
        StrictMode.setThreadPolicy(new StrictMode.ThreadPolicy.Builder()
            .dectectDiskReads()     // 디스크 읽기 감지
            .dectectDiskWrites()    // 디스크 쓰기 감지
            .detectNetwork()        // 네트워크 액세스 감지
            .penaltyLog()           // 위반 시 Logcat에 출력한다
            .build());              // 정책 빌드
    }
    super.onCreate();
}
```

ThreadPolicy

ThreadPolicy에는 메인 스레드에서 실행되지 않아야 할 처리가 메인 스레드에서 실행됐는지 감지하는 정책을 설정합니다(표 14-2).

[표 14-2] ThreadPolicy에서 설정할 수 있는 항목

항목	설명
detectCustomSlowCalls()	시간이 걸리는 메서드 감지
detectDiskReads()	디스크 읽기 감지
detectDiskWrites()	디스크 쓰기 감지
detectNetwork()	네트워크 액세스 감지
detectResourceMismatches()	리소스 타입의 불일치 감지

또한 StrictMode에는 VMPolicy라고 해서 주로 객체의 메모리 누수나 보안에 관한 사항을 감지하는 정책도 있습니다. 이것도 ThreadPolicy와 마찬가지로 설정해 두면 좋습니다.

정책 위반을 감지한 후의 페널티 설정은 penalty~()라는 메서드를 호출해서 할 수 있습니다. 자주 이용하는 페널티로는 정책 위반 시 Logcat에 로그를 출력하는 penaltyLog()와 앱을 강제 종료시키는 penaltyDeath()가 있습니다.

14.2.2 프로파일러를 활용하자

성능을 개선하려면 반드시 측정이 필요합니다. 측정을 함으로써 개선해야 할지가 시각화되고, 어느 정도 개선됐는지 알 수 있게 됩니다. 몇 가지 측정 방법을 여기서 소개합니다.

간이 프로파일(스스로 로깅한다)

우선 처음에는 가장 간단한 방법입니다. 시간을 가져오는 메서드는 몇 가지 있지만, System.nanoTime()이 정확합니다. 이 메서드를 이용해 주세요(표 14-3).

[표 14-3] 시간을 가져오는 메서드의 종류와 활용법

항목	설명	활용법
System.nanoTime()	정확한 타이머	경과 시간을 측정할 때 활용
System.currentTimeMillis()	현재 시간(Unix Time)	시계 표시 등 현재 시간 표시에 활용
SystemClock.uptimeMillis()	시스템이 시작하고 경과한 밀리초	n밀리초 후에 뭔가 하는 등 시간 간격을 두고 싶을 때 활용

측정하고 싶은 처리 내용 앞에 System.nanoTime()을 호출하고, 처리가 끝나면 다시 System.nanoTime()을 호출합니다. 측정 결과의 차이를 경과 시간으로 측정할 수 있습니다(예제 14-2).

[예제 14-2] System.nanoTime()을 이용한 측정(자바)

```
long startTime = System.nanoTime();
// 여기에 측정하고 싶은 처리 내용이 들어간다
      ~ 생략 ~
long endTime = System.nanoTime();
// 밀리초 단위로 표시
Log.d(TAG, "경과시간 " + ((endTime - startTime) / 1000000) + "(ms)");
```

Traceview

다음으로 Traceview입니다. 안드로이드 스튜디오에는 어떤 일정 시간에 어느 메서드가 몇 번 호출됐는지, 또는 얼마나 시간이 걸렸는지 측정하는 기능이 들어 있습니다. 그래서 이용하기가 아주 간단합니다. 안드로이드 모니터(Android Monitor)를 표시하고 CPU 탭을 선택합니다. 스톱워치 모양의 아이콘이 있으므로 클릭해서 추적을 시작합니다(그림 14-2).

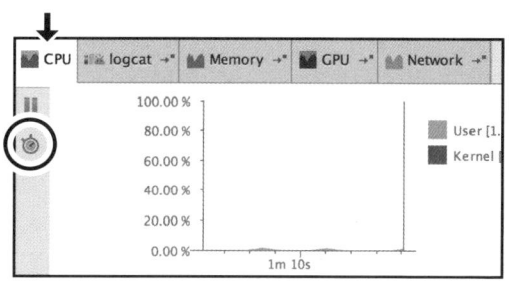

[그림 14-2] 메서드 추적을 시작

추적이 시작되면 측정하고 싶은 조작을 하고, 그 조작이 끝나면 다시 스톱워치를 눌러 측정 처리를 마칩니다. 완료 후, TraceView가 표시됩니다.

TraceView의 정보량은 아주 많지만 중요한 세 가지만 설명하겠습니다.

1. 시각화된 그래프를 보는 법

[그림 14-3]을 보십시오. X축이 경과한 시간입니다. 각 막대에는 메서드 이름이 표시되고, 막대의 길이로 어느 정도 시간이 걸렸는지 알 수 있습니다. Y축이 메서드의 호출 스택(Call Stack)으로, Y축이 긴 것은 호출 스택이 깊다는 것을 의미합니다. 또한 막대 위에 있는 메서드가 아래에 있는 메서드를 호출하므로 메서드의 호출 관계도 알 수 있습니다.

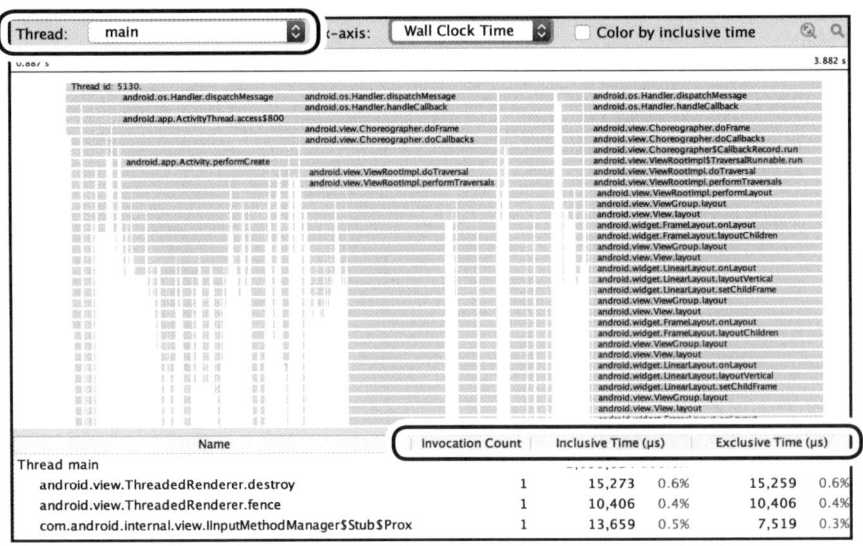

[그림 14-3] TraceView를 표시한다

2. 좌측 상단에 있는 Thread 풀다운 메뉴

TraceView에서는 스레드별 메서드의 통계 정보가 표시됩니다. 'main'으로 된 것은 메인 스레드의 정보입니다. 풀다운 메뉴를 눌러 스레드 이름으로 선택할 수 있습니다. 덧붙여, Thread를 만들 때 스레드에 이름을 붙일 수 있습니다. Thread의 생성자인 public Thread(Runnable runnable, String threadName)의 두 번째 인수인 threadName으로 지정합니다.

3. Invocation Count와 Inclusive Time, Exclusive Time

Invocation Count는 메서드가 호출된 횟수입니다. Inclusive Time은 메서드와 메서드에서 호출한 다른 메서드의 합계 시간입니다. Exclusive Time은 그 메서드 하나의 시간으로 다른 메서드에서 걸린 시간은 포함하지 않습니다.

TraceView를 이용할 경우, 메서드를 추적하느라 실제 속도보다 느려집니다. 이 수치는 실제 앱이 동작하는 속도가 아닙니다. 그러므로 상대적으로 어느 메서드가 병목이 되는지 파악하고자 이용합니다.

Systrace

Systrace도 TraceView와 마찬가지로 앱의 성능 분석에 도움이 되는 도구입니다. 각 CPU 코어의 처리 정보, 디스크의 읽기/쓰기 정보, 앱의 스레드 정보 등 TraceView처럼 많은 정보가 표시됩니다. Systrace에는 정크 프레임이 발생한 곳에 경고(Alert)를 표시하는 기능이 있습니다. 정크 프레임이란 제대로 그려지지 않은 프레임을 가리킵니다. 정크 프레임이 발생했다는 것은 렌더링에 시간이 걸렸거나 애니메이션 동작이 어색해졌다는 게 됩니다.

Systrace를 실제로 시험해 봅시다. Systrace는 안드로이드 4.1부터 이용할 수 있습니다. 여기서는 4.3 이상에서의 실행 방법을 설명하겠습니다. 4.3 미만에서는 순서가 조금 달라지니 공식 페이지를 확인해 보세요.

안드로이드 SDK를 설치한 디렉터리 안에 있는 platform-tools/systrace 아래에 Systrace 실행용 파이썬 스크립트가 있습니다. [예제 14-3]처럼 하면 Systrace가 실행됩니다. 또한 --time 옵션에는 추적할 시간(단위: 초), --app 옵션에는 앱의 패키지를 지정합니다.

[예제 14-3] systrace.py 실행 예

```
$ cd android-sdk/platform-tools/systrace
$ python systrace.py --time=10 -o /tmp/mynewtrace.html sched gfx view wm --app com.
github.advanced_android.newgithubrepo

Capturing trace..................................................Done.
Downloading trace......Done.

    wrote file:///tmp/mynewtrace.html
```

덧붙여, systrace.py의 각 옵션은 공식 페이지를 참고하세요.

[URL] Systrace의 공식 도움말 페이지
https://developer.android.com/studio/profile/systrace-commandline.html

옵션 -o로 지정한 출력 파일을 크롬 브라우저로 열어주세요. TraceView와 달리 Systrace는 안드로이드 스튜디오에 내장된 게 아니라 웹 애플리케이션으로서 동작합니다. [그림 14-4]는 Systrace 화면입니다. CPU0 ~ CPU3으로 CPU가 4개 표시됐지만 이것은 CPU의 코어 수에 따라 달라집니다. 이번에는 코어 수가 4개인 단말을 이용해 측정했습니다.

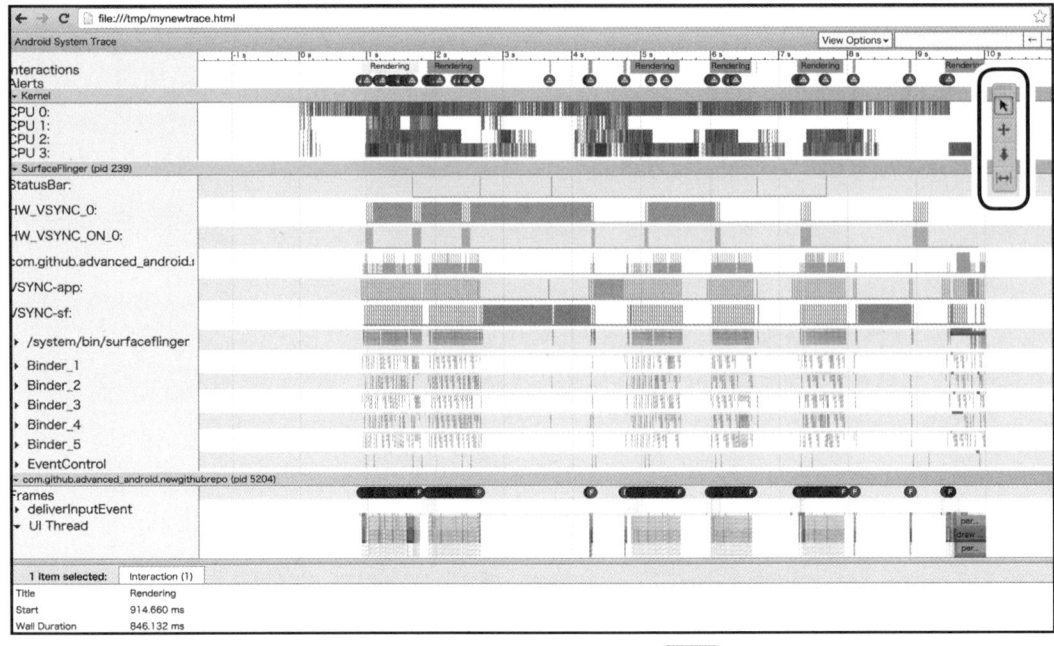

[그림 14-4] Systrace 화면과 Systrace 툴바

선택 모드

이동

확대 및 축소

선택한 곳을 하이라이팅

우선 Systrace의 툴바 사용법을 익혀서 이 화면을 자유롭게 이동할 수 있게 합시다. 조사하고 싶은 곳으로 이동한 후 확대해서 자세한 정보를 확인하는 기본적인 조작을 할 수 있으면 됩니다.

Systrace에서는 경고가 표시되므로 우선은 경고가 표시된 곳부터 확인해 갑시다. 툴바에서 이동 툴을 선택해 경고 위치를 표시한 후 확대해서 자세한 내용을 살펴봅니다. 경고가 표시된 곳에서 자신이 만든 앱의 프로세스로 어떤 처리가 이뤄지는지 확인하고, 원인으로 여겨지는 곳을 알 수 있으면 그곳을 탐색해 갑니다. 탐색할 때는 조금 전에 소개한 TraceView와 나중에 소개할 Hierarchy Viewer 등의 도구를 활용합니다. 또한 경고를 선택하면 개선에 필요한 힌트가 표시되니 참고하면 좋습니다.

[그림 14-5]에서는 View.draw()에 시간이 걸린다고 경고하고 있습니다. 이처럼 Systrace는 성능 개선에 도움될뿐더러 안드로이드 시스템 내에서 어떤 처리가 이뤄지는지 알려줍니다. 흥미가 생긴다면 다양한 장소에서 Systrace를 활용해 연구해 보세요.

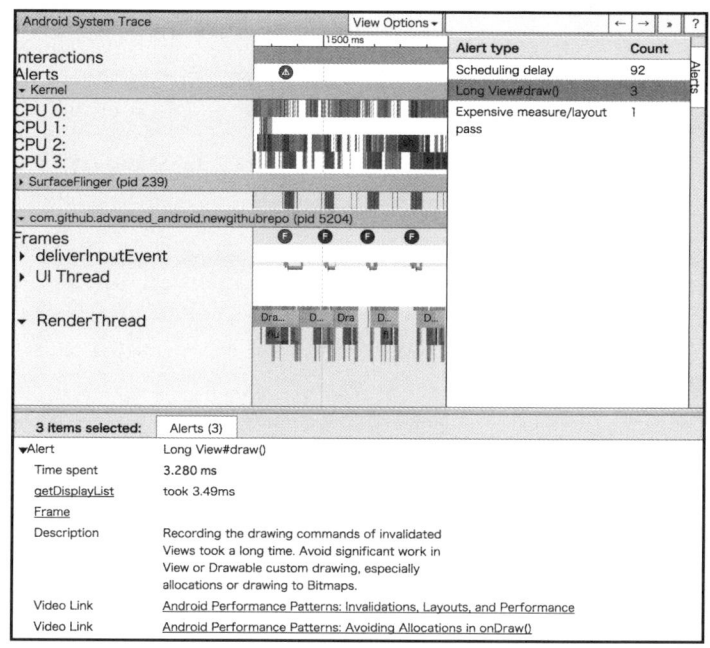

[그림 14-5] Systrace의 경고 표시

COLUMN 정크 프레임에 대해

정크 프레임이란 무엇인지, 또한 왜 발생하는지 이해하기 위해 안드로이드가 화면을 그리는 과정을 살펴보겠습니다.

[그림 14-6]에서 Display 축은 프레임을 나타냅니다. CPU가 그리기에 필요한 준비를 하고, GPU에 관련 정보를 전송합니다. 그 정보를 GPU가 처리해 프레임으로서 Display에 전송합니다. 그럼 Display 갱신 주기에 맞춰 실제 화면에 그려지게 됩니다.

또한 VSync로 구획돼 있는데, VSync란 무엇일

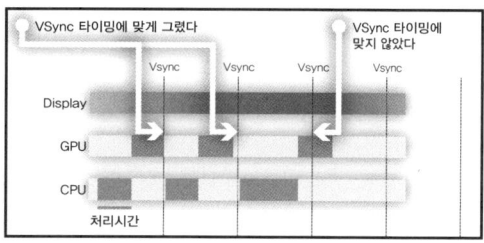

[그림 14-6] 안드로이드의 화면 그리기

까요? VSync란 수직동기신호로 불리며, 화면이 갱신되는 타이밍에 발생하는 신호입니다. 만약 모니터를 가지고 있다면 갱신률을 확인해 보십시오. 아마 60Hz 등으로 기재돼 있을 것입니다. 갱신률이란 1초에 몇 번 화면이 갱신되는지 나타내는 수치로서, 60Hz라면 1초 동안 60회 화면이 갱신됩니다. 이 타이밍에 맞추면 효율적으로 그릴 수 있게 됩니다.

VSync 타이밍에 맞춰 그릴 수 있을 때는 매끄럽게 그려지지만 가령 가비지 콜렉션이 발생하거나 레이아웃의 구조가 복잡해 그리기 준비에 시간이 걸리면 VSync 타이밍에 맞지 않을 때가 있습니다. 그럴 때는 똑같은 프레임이 그대로 표시됩니다. 이 프레임을 '정크'라고 부릅니다.

14.3 레이아웃을 최적화해 성능을 높이자

지금까지 주로 소스코드 관점에서 성능을 측정하는 방법을 살펴봤습니다. 이번 절에서는 레이아웃의 관점에서 측정 방법을 이해하면서 최적화해 갑니다. 레이아웃의 최적화는 소스코드상에서는 좀처럼 깨닫기 어렵지만 그래픽컬한 도구로 시각화함으로써 개선할 점이 떠오르게 됩니다. 도구를 이용한 구체적인 최적화 방법도 여기서 설명합니다.

14.3.1 lint로 다양한 문제를 검사하자

Android SDK Tools에 부속된 lint는 잠재적인 오류와 퍼포먼스에 문제가 있을 듯한 코드를 검사해서 보고해 줍니다. 다음과 같은 잠재적인 문제를 찾습니다.

- 문자열 리소스 번역 여부 검사(미번역 감지)
- 레이아웃 퍼포먼스
- 이용하지 않는 리소스 발견
- 접근성, 국제화 문제 발견(문자열 하드코딩 발견)
- 이용하는 아이콘(중복 발견)
- 사용성

[URL] lint의 검사 항목 리스트

https://tools.android.com/tips/lint-checks

다음 명령으로 검사 항목 리스트를 표시할 수 있습니다(예제 14-4).

[예제 14-4] lint로 검사할 수 있는 항목 리스트를 표시한다

```
lint --show
Available issues:
Correctness
=========
```

```
AdapterViewChildren
-------------------
Summary: AdapterViews cannot have children in XML

Priority: 10 / 10
Severity: Warning
Category: Correctness

AdapterViews such as ListViews must be configured with data from Java code,
such as a ListAdapter.
```

생략

SDK Tools의 리비전 16까지는 layoutopt라는 커맨드로 UI 레이아웃의 성능 문제를 보고하지만 현재는 lint가 그 역할을 맡고 있습니다. 꼭 lint를 활용해 봅시다(리비전 17 이상에서 layoutopt 는 obsolete에 해당합니다).

[예제 14-5] 레이아웃 파일 예제(main_activity.xml)

```xml
<LinearLayout
    생략
    android:orientation="horizontal" >
    <ImageView
        android:id="@+id/btn_icon"
        android:src="@android:drawable/btn_star"
        android:layout_width="wrap_content"
        android:layout_height="wrap_content" />

    <TextView
        android:id="@+id/text"
        android:layout_width="wrap_content"
        android:layout_height="wrap_content"
        android:textSize="24sp"
        android:text="Hello World!" />
</LinearLayout>
```

lint를 실행하려면 마우스 오른쪽 버튼을 클릭한 후 메뉴에서 Inspect Code를 실행하세요(그림 14-7).

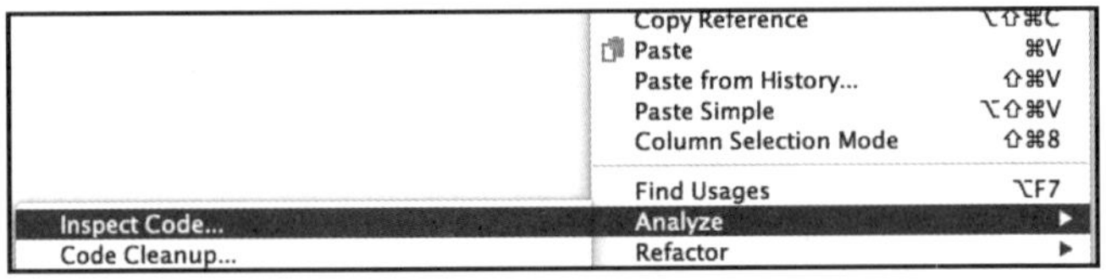

[그림 14-7] lint 실행

[예제 14-5]의 레이아웃이면 [그림 14-8]과 같은 경고가 표시됩니다. 여기서는 두 개의 경고가 표시됐습니다. 두 번째인 'Node can be replaced by a TextView with compound drawables'에 관해 살펴봅시다. LinearLayout

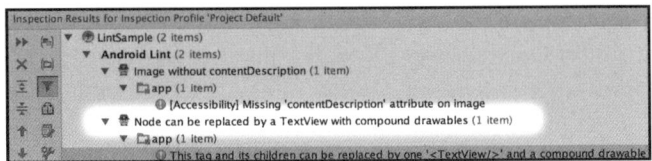

[그림 14-8] lint의 경고

의 경우, drawableLeft/Right/Top/Bottom 속성으로 ImageView를 별도로 생성하지 않고 TextView에 이미지를 포함할 수 있습니다. 이 경고는 그 방법을 이용할 수 있을 때는 그렇게 하는 편이 효율적이니 수정하자는 내용입니다.

경고에 대처하는 방법은 경고한 내용을 따라서 수정하는 방법과 경고를 표시하지 않게 하는 방법으로 두 가지가 있습니다. lint가 경고한 대로 drawableLeft로 수정하면 다음과 같은 코드가 됩니다(예제 14-6).

[예제 14-6] 경고대로 수정한 레이아웃(activity_main.xml)

```xml
<LinearLayout
    생략
    android:orientation="horizontal" >
    <TextView
        android:id="@+id/text"
        android:drawableLeft="@android:drawable/btn_star"
        android:layout_width="wrap_content"
        android:layout_height="wrap_content"
        android:textSize="24sp"
        android:text="Hello World!" />
</LinearLayout>
```

TextView에 이미지를 포함할 수 없는 경우(ImageView의 마진을 세밀하게 조정하고 싶은 경우 등)에는 단순히 검사하지 않도록 lint에 전달합니다. Quick Fix([ALT] + [Enter])를 이용해 대응합시다(그림 14-9).

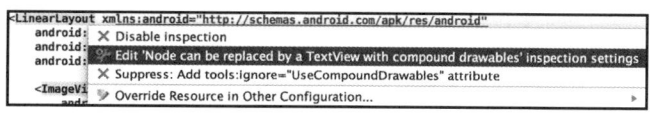

[그림 14-9] Quick Fix로 lint의 경고에 대응(검사하지 않게 한다)

Supress: Add tools:ignore="UseCompoundDrawables" attribute를 선택하면 레이아웃 XML에 tools:ignore="UseCompoundDrawables"처럼 추가되어 다음부터는 이 경고가 표시되지 않게 됩니다(예제 14-7).

[예제 14-7] 검사하지 않도록 수정한 레이아웃(activity_main.xml)

```
<LinearLayout
    생략
    android:orientation="horizontal"
    tools:ignore="UseCompoundDrawables">
    생략
</LinearLayout>
```

lint는 효율적으로 잠재적인 문제를 개발자에게 보여줍니다. 꼭 이용해 보길 권장합니다.

14.3.2 GPU Overdraw로 불필요한 그리기의 중복을 없애자

GPU 오버드로(GPU Overdraw)라는 중복으로 그려지는 횟수를 표시하는 기능이 있습니다. 이 기능은 개발자 옵션에서 활성화할 수 있습니다(그림 14-10). 이 기능으로 불필요한 오버드로를 없애도록 수정합시다. 불필요한 오버드로 처리가 없어지면 그래픽 렌더링 성능 향상을 기대할 수 있습니다. GPU 오버드로 기능을 활성화하면 화면에 중복으로 그려진 횟수가 색으로 표시됩니다.

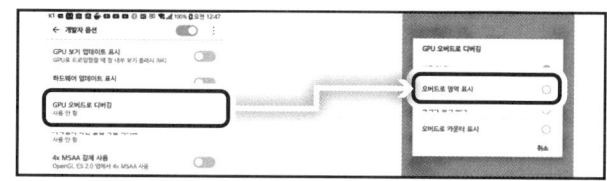

[그림 14-10] 개발자 옵션에서 GPU 오버드로를 활성화한다

[**색으로 나타낸 오버드로 횟수**]

- **원래 색 그대로**: 오버드로 없음
- **청색**: 1회 오버드로
- **녹색**: 2회 오버드로
- **분홍색**: 3회 오버드로
- **적색**: 4회 이상 오버드로

여러분이 개발하는 앱을 확인해 보십시오. 만약 대부분 청색이나 녹색이고 일부분이 분홍색이라면 문제없습니다. 반대로 화면이 분홍색이나 새빨간 경우는 오버드로돼 있으므로 최적화할 여지가 있습니다.

오버드로의 원인은 배경 설정이 중복되거나 레이아웃의 중첩이 심한 경우로 두 가지입니다. 우선 배경 설정이 중복됐다는 의미를 설명하겠습니다. 예를 들어, 리스트 뷰로 요리의 레시피 목록을 표시하는 앱이 있다고 해봅시다. 이 앱은 액티비티의 배경, 리스트 뷰의 배경, 리스트 아이템의 배경으로 세 곳에서 배경을 그립니다. 이것으로 세 번이나 오버드로가 발생합니다. 그래서 이번에는 리스트 뷰에서 배경색을 설정하고,

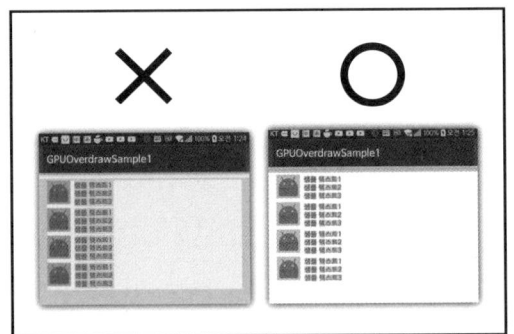

[그림 14-11] GPU 오버로드로 시각화(오른쪽이 최적화됨)

액티비티와 각 리스트 아이템의 배경은 설정하지 않도록 수정했습니다. 수정한 결과, 세 번에서 한 번으로 오버드로를 줄일 수 있었습니다(그림 14-11).

레이아웃의 중첩이 깊은 것도 대부분 오버드로의 원인이 됩니다. 이를 수정하려면 lint로 레이아웃에 관한 경고를 확인하고, 경고가 있으면 적절히 수정합니다. 또한 앱의 레이아웃의 구조를 파악합니다. 이 두 가지 작업이 모두 필요합니다. 레이아웃의 구조를 파악하는 Hierarchy Viewer라는 도구가 이미 있으니 꼭 활용합시다.

14.3.3 Hierarchy Viewer로 레이아웃 구조를 파악하자

안드로이드 스튜디오의 Hierarchy Viewer는 레이아웃의 구조를 보여주는 개발자용 도구입니다. 레이아웃을 트리 형태로 표시해 줄 뿐만 아니라 그리는 데 걸리는 시간 측정, 뷰의 클래스 이름과 id 등 다양한 정보를 얻을 수 있습니다.

Hierarchy Viewer를 도입한다

Hierarchy Viewer를 도입하는 데는 다음 세 가지 방법이 있습니다.

1. 에뮬레이터를 이용한다
2. 루팅된 단말을 이용한다
3. ViewServer를 이용한다

덧붙여 안드로이드를 커스터마이징한 CyanogenMod를 넣으면 루트 권한을 취득할 수 있으므로 도입이 쉬워집니다. 단, OS를 교체하면 제조사의 보증을 받을 수 없어지므로 이용할 때 신중해질 필요가 있지만 루팅된 단말을 개발용으로 한 대 가지고 있으면 시스템을 루트 사용자로 조사할 수 있어 편리합니다.

[URL] **CyanogenMod**
https://www.cyanogenmod.org/

ViewServer를 이용한다

ViewServer를 앱에 포함하면 루팅하지 않아도 Hierarchy Viewer를 이용할 수 있습니다. 이용하고 싶은 액티비티에 도입해 보세요. ViewServer는 개발할 때만 이용하고 릴리스 버전에는 포함하지 않도록 합시다.

ViewServer를 이용할 때는 다음 프로젝트 페이지에서 내려받아 앱에 넣을 필요가 있습니다.

[URL] **ViewServer 프로젝트 페이지**
https://github.com/romainguy/ViewServer

이용방법

Hierarchy Viewer를 시작하면 [그림 14-12]와 같은 형태로 표시됩니다. 크게 세 가지로 구성됩니다. 뷰의 트리 구조를 보여주는 Tree View, 뷰의 트리 구조 전체를 보여주는 Tree Overview, 레이아웃 구조를 보여주는 Layout View가 있습니다. Tree View를 주로 이용하고, 표시하는 뷰가 어디에 위치하는지 이해하기 때문에 Tree Overview, Layout View를 각각 보조적으로 이용하는 형태가 됩니다(그림 14-12).

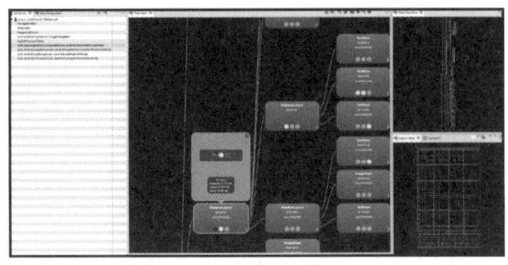

[그림 14-12] Hierarchy Viewer

그럼, Hierarchy Viewer의 메뉴를 살펴봅시다(그림 14-13).

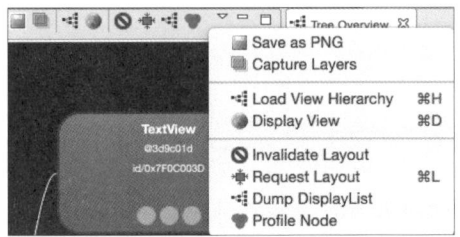

[그림 14-13] Hierarchy Viewer의 메뉴

[표 14-4] 각 노드에서 확인할 수 있는 성능과 정보

표시 예	내용
12 Views	자신 뷰를 포함한 자식 뷰의 수
Measure: 1.772ms	뷰에서의 measure 소요시간
Layout: 0.027ms	뷰에서의 layout 소요시간
Draw: 2.400ms	뷰에서의 draw 소요시간
Relative Layout	뷰의 형
@ff3b848	뷰 인스턴스의 메모리 주소
id/0x7F0C0022	뷰에 할당된 id

각 노드에서 확인할 수 있는 것을 위에서부터 살펴봅시다. [그림 14-14]를 보십시오. 뷰에서 표시된 내용을 확인할 수 있습니다.

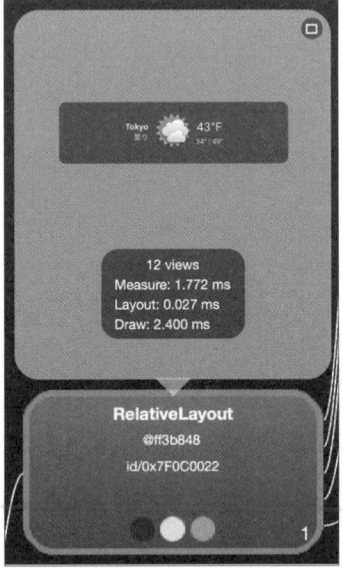

[그림 14-14] 각 노드에서 확인할 수 있는 것

각 노드에 필요한 Measure, Layout, Draw 시간(ms)을 확인할 수 있습니다. 단, 이 수치는 Hierarchy Viewer를 이용한 오버헤드 시간을 약간 포함합니다. 그러므로 이 수치는 참고 값으로 이용합시다.

안드로이드의 뷰 그리기는 3개의 패스로 나눌 수 있다고 설명했습니다. Measure에서는 각 뷰의 크기를 측정하고, 각 뷰의 측정이 끝나면 Layout 패스로 이동합니다. Layout에서는 각 뷰를 레이아웃이 지정한 위치에 배치합니다. 그런 다음 Draw에서 실제로 그려지는 흐름입니다(그림 14-15).

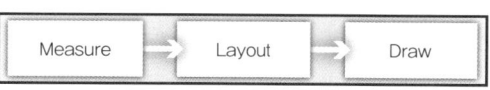

[그림 14-15] 그리기에 필요한 순서

또한 아래에 빨강, 노랑, 녹색으로 표시된 퍼포먼스 마크를 볼 수 있는데, 빨간색은 상대적으로 시간이 걸리므로 레이아웃 퍼포먼스를 개선하고 싶다면 그곳부터 확인해 보면 좋겠지요.

일반적으로 그리기 처리인 Draw에 시간이 걸립니다. 특히 Measure가 빨간색이거나 Measure 쪽이 Draw보다 시간이 더 걸린다면 개선을 검토해 주세요.

조금 전 GPU Overdraw 항목에서 뷰의 배경을 중복해서 그리지 않게 하라고 설명했는데, 어디서 배경이 그려지는지 Hierarchy Viewer로 확인할 수 있습니다. [그림 14-16]을 보십시오. 왼쪽 ActionBarContainer는 흰색으로 배경이 그려졌지만 오른쪽 ActionBarView는 배경이 투과되므로 ActionBarContainer에서 배경이 그려졌음을 알 수 있습니다.

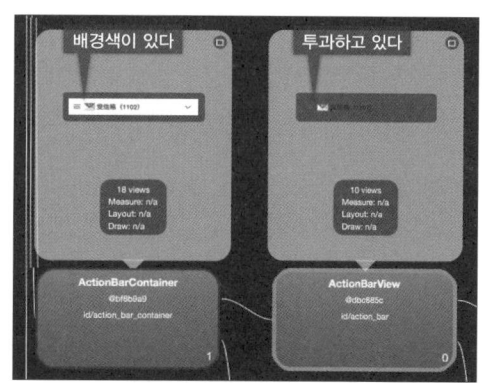

[그림 14-16] 배경의 유무를 확인

14.4 메모리를 의식하고 개발하자

안드로이드 앱에서 메모리는 소중한 자원입니다. 메모리가 부족해지면 가비지 콜렉션이 빈번하게 발생해 성능에 영향을 줍니다. 또한 메모리 누수가 발생하면 해제돼야 할 메모리가 해제되지 못해서 결국 OutOfMemoryError라는 형태로 앱이 다운됩니다. 그러므로 메모리를 의식하고 개발하는 것은 아주 중요합니다. 이번 절에서는 특히 메모리 누수를 발견하고 개선하는 방법을 설명합니다.

14.4.1 다양한 메모리 상황을 확인하자

안드로이드 스튜디오에는 메모리 및 CPU, GPU, Network 상황을 확인할 수 있는 안드로이드 모니터(Android Monitor)가 있습니다. 이번에는 메모리를 확인해 봅시다.

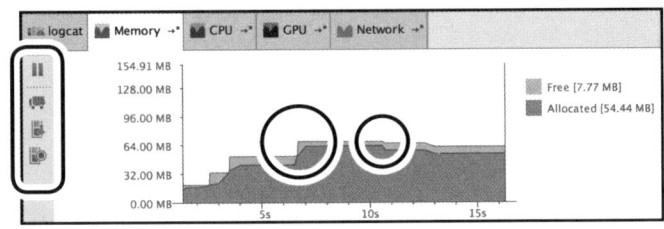

[그림 14-17] 안드로이드 모니터로 확인한 실시간 메모리 상태 그래프

이 그래프에서는 실시간으로 이용할 수 있는 힙 메모리(Free)와 확보된 메모리 양(Allocated)을 확인할 수 있습니다(그림 14-17). 처음은 서서히 확보된 메모리 양이 증가합니다. 이용할 수 있는 메모리가 없어지면 시스템이

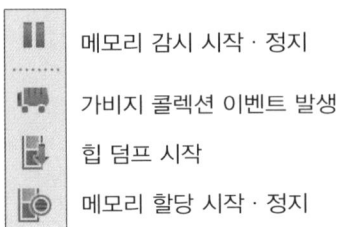

메모리 감시 시작 · 정지

가비지 콜렉션 이벤트 발생

힙 덤프 시작

메모리 할당 시작 · 정지

이용할 수 있는 힙 메모리를 늘려줍니다. 3s, 7s 정도 지점에서 힙 메모리(Free)가 쭉 수직으로 증가한 것을 알 수 있을 것입니다. 또한 11s 부근에서 확보된 메모리(Allocated)가 내려갑니다. 이는 가비지 콜렉터가 필요 없는 객체를 메모리에서 해제했기 때문입니다. 메모리 툴의 메뉴는 위에서부터 차례로 다음과 같습니다.

가비지 콜렉션 이벤트를 발생시키는 목적은 주로 메모리 누수를 발견하기 위해서입니다. 예를 들어, 해제돼야 할 큰 메모리를 확보한 인스턴스가 해제됐는지 확인하기 위해 명시적으로 가비지 콜렉션을 발생시킵니다. 가비지 콜렉션 이벤트 후, 해당 인스턴스가 해제됐으면 문제가 없지만 해제되지 않고 큰 메모리가 계속 확보된 채로 있으면 메모리 누수의 가능성이 있습니다.

14.4.2 LeakCanary를 활용해 메모리 누수를 방지하자

LeakCanary는 Square사가 개발한 라이브러리입니다. LeakCanary는 메모리 누수 감지에 특화한 라이브러리로 MAT로 살펴보는 것보다 메모리 누수를 간단히 알 수 있어 아주 편리합니다. 기본 설정에서는 액티비티의 메모리 누수를 찾아줍니다.

LeakCanary는 앞으로 안드로이드 앱을 개발할 때 도입해 두고 싶은 라이브러리의 하나입니다. 이번 항에서는 액티비티와 프래그먼트의 누수를 감지하는 방법을 설명하겠습니다.

사용법

아래 3단계로 액티비티의 메모리 누수를 발견합니다.

1. build.gradle의 dependencies에 LeakCanary를 추가합니다(예제 14-8). 릴리스할 앱에서는 감지할 필요가 없으므로 릴리스 버전에는 no-op(아무것도 하지 않음)를 지정합니다.

[예제 14-8] LeakCanary의 의존관계 추가(build.gradle)

```
dependencies {
    생략
    // LeakCanary 도입
    // 디버그 시에만 메모리 누수 감지 활성화
    // 릴리스, 테스트 시에는 누수 감지 비활성화
    debugCompile 'com.squareup.leakcanary:leakcanary-android:1.3.1'
    releaseCompile 'com.squareup.leakcanary:leakcanary-android-no- op:1.3.1'
    testCompile 'com.squareup.leakcanary:leakcanary-android-no-op:1.3.1'
}
```

2. Application의 onCreate에서 LeakCanary.install()을 호출해 LeakCanary 액티비티의 메모리 누수 감지를 활성화합니다(예제 14-9).

[예제 14-9] LeakCanary의 액티비티 감지 활성화(LeakCanaryApplication.java)

```java
public class LeakCanaryApplication extends Application {
    @Override
    public void onCreate() {
        super.onCreate();
        LeakCanary.install(this);
    }
}
```

3. AndroidManifest에 조금 전에 추가한 Application을 설정합니다(예제 14-10).

[예제 14-10] 애플리케이션을 추가(AndroidManifest.xml)

```xml
<application
    android:name=".LeakCanaryApplication"
```

이것으로 도입을 마쳤습니다. 실제로 일부러 액티비티가 누수되도록 만든 예제 코드를 동작해 봅시다. tech14/LeakCanaryDemo 예제 프로젝트를 열어 주세요. 버튼이 2개 있는 앱으로, 이전에 눌린 버튼의 텍스트를 표시하는 (별로 의미는 없는) 앱입니다. 여기서 sListener는 static 영역에 있으므로 이 리스너를 가진 prevClickedView도 static 영역에 있게 됩니다.

LeakActivity의 onDestroy()가 호출된 후에도 이 LeakActivity는 가비지 콜렉션으로 해제되지 않습니다. prevClickedView가 LeakActivity를 참조하고 있고, 이 preClickedView는 static 영역에 있기 때문입니다(예제 14-11).

[예제 14-11] 누수되는 액티비티(LeakActivity.java)

```java
public class LeakActivity extends AppCompatActivity {

    static View.OnClickListener sListener = new View.OnClickListener() {

        private Button prevClickedView;
```

```
    @Override
    public void onClick(View v) {
        String text = "버튼이 눌렸습니다. 지난 번엔(" + (prevClickedView == null ? "
없음" : prevClickedView.getText()) + ")을 눌렀습니다";
        Toast.makeText(v.getContext(), text, Toast.LENGTH_SHORT).show();
        prevClickedView = (Button)v;
    }
};

@Override
protected void onCreate(Bundle savedInstanceState) {
    super.onCreate(savedInstanceState);
    setContentView(R.layout.activity_leak);

    findViewById(R.id.button1).setOnClickListener(sListener);
    findViewById(R.id.button2).setOnClickListener(sListener);
}

}
```

그림, 실제로 앱을 움직여 봅시다. 앱이 시작되면 [LeakActivity로 이동] 버튼을 탭해서 LeakActivity를 실행합니다. 테스트 버튼 중 하나를 탭합니다. 버튼을 탭한 다음, 뒤로가기 키를 두 번 눌러 액티비티를 종료합니다. 몇 초 기다리면 메모리 누수가 감지됐다고 알려줍니다.

[그림 14-18] 메모리 누수를 감지했을 때 알림 표시

표시된 '알림'을 누르면 툴바에 'LeakActivity has leaked'라고 표시되므로 LeakActivity에서 누수되고 있음을 알 수 있습니다(그림 14-18). 또한 LeakActivity가 누수되는 원인이 되는 인스턴스까지의 경로도 표시됩니다. 이번에는 클래스 변수인 LeakActivity.sListener가 원인이라는 것을 알 수 있습니다(그림 14-19).

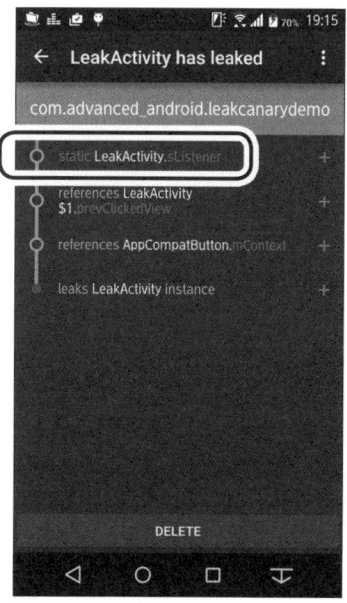

[그림 14-19] 누수의 원인이 되는 인스턴스와 그 경로

프래그먼트의 누수 감지 방법

기본 설정으로는 프래그먼트 누수를 감지하지 않습니다. 그러므로 개발자가 직접 구현할 필요가 있습니다. 조금 전과 달리 RefWatcher라는 클래스를 사용합니다(예제 14-12). 이 클래스는 인스턴스가 가비지 콜렉션으로 해제됐는지 감시하는 기능을 가지고 있습니다. RefWatcher.watch(Object) 메서드로 대상이 가비지 콜렉션됐는지 검사합니다.

[예제 14-12] RefWatcher 이용(자바)

```java
public class ExampleApplication extends Application {

    public static RefWatcher getRefWatcher(Context context) {
        ExampleApplication application = (ExampleApplication) context.getApplicationContext();
        return application.refWatcher;
    }

    private RefWatcher refWatcher;

    @Override public void onCreate() {
        super.onCreate();
        refWatcher = LeakCanary.install(this);
    }
}
```

그럼 이번에는 Frament를 상속하는 기저 클래스를 하나 만들고, 그 클래스에 감지 기능을 넣도록 구현합시다. 코드는 아래와 같습니다(예제 14-13).

[예제 14-13] 프래그먼트의 누수 감지(자바)

```java
public abstract class BaseFragment extends Fragment {
    @Override public void onDestroy() {
        super.onDestroy();
        RefWatcher refWatcher = ExampleApplication.getRefWatcher(getActivity());
        refWatcher.watch(this);
    }
}
```

Fragment.onDestroy()가 실행된 후, RefWatcher는 대상 프래그먼트가 가비지 콜렉션으로 해제됐는지 검사합니다.

14.5 그 밖의 최적화 방법을 이해하자

이번 절에서는 성능 개선을 위해 꾸준히 사용되는 기법들을 소개합니다. 자바 프로그램과 SQLite 데이터베이스의 성능 개선 방법 등을 이해해 봅시다. 알아두면 시간도 많이 들이지 않고 최적화할 수 있는 내용이 많습니다.

불필요한 메서드 호출을 피한다

특히 루프 안에서 같은 메서드 호출을 하는 경우는 루프 밖으로 빼도록 합시다.

[예제 14-14] 루프 안에서 같은 메서드 호출이 발생하는 예

```
for (int i = 0; i < size; i++) {
    String message = getContext().getResources().getString(R.strings.message);
    // 여기서 message의 값을 이용해 뭔가 처리한다
        생략
}
```

[예제 14-15] 메서드 호출을 루프 밖으로 수정

```
// for 루프 밖으로 꺼낸다
String message = getContext().getResources().getString(R.strings.message);
for (int i = 0; i < size; i++) {
        생략
}
```

객체 풀과 객체의 재사용

자바에서는 원시 타입 외에는 모두 객체로서, 메모리는 힙에 확보되며, 가비지 콜렉션 대상이 됩니다. 그러므로 작은 크기의 객체를 잔뜩 만들고 곧바로 해제하는 코드가 있으면 가비지 콜렉터의 작업이 늘어납니다. 그러므로 객체를 재활용할 수 있을 때는 되도록 재사용을 검토해 주세요. 이는 안드로이드 프레임워크에서도 이용되는 기법으로서 android.os.Message 클래스 등에서 이용됩니다.

[예제 14-16] Message.obtain은 루프를 이용한다

```
/**
 * Return a new Message instance from the global pool. Allows us to
 * avoid allocating new objects in many cases.
 */
public static Message obtain()
```

메모리 효율이 높은 라이브러리를 이용한다

키-값 형식의 데이터 구조를 이용하고자 할 때 보통은 HashMap을 이용하는 일이 많습니다. 하지만 HashMap은 알고리즘 특성상 미리 어떤 일정한 크기의 배열을 확보합니다. 그러므로 메모리 효율은 그다지 좋지 않습니다. 1,000건 이내의 데이터라면 ArrayMap이나 SimpleArrayMap을 이용하는 편이 좋겠지요. 값을 탐색할 때 이진 탐색을 하므로 HashMap보다 탐색 속도가 약간 떨어지지만 메모리는 절약됩니다.

오토박싱을 피한다

자바에서는 원시형인 int와 long 등은 힙이 아니라 스택 영역에 확보됩니다. 그러므로 이용이 끝나면 가비지 콜렉터를 기다리지 않고 바로 해제됩니다. 또한 인스턴스로 생성되지 않으므로 메모리도 절약됩니다. 사용하기 편리해서 프로그램 안에서 자주 이용되지만 조심해야 할 점이 있습니다. 바로 오토박싱(Auto-Boxing)입니다. 다음 코드는 오토박싱 예입니다(예제 14-17).

[예제 14-17] 오토박싱의 예

```
int mynumber = 1;
HashMap<Integer, String> myIntMap = new HashMap<>();
myIntMap.put(mynumber, "test"); // Integer의 인스턴스가 만들어진다
```

원시형인 int를 이용하지만 HashMap에 추가한 시점에서 Integer 인스턴스가 생성되고, 결과적으로 메모리가 소비됩니다. 안드로이드 라이브러리에서는 이를 회피하고자 SparseArray라는 클래스를 준비했습니다. 이 클래스는 int와 임의의 객체의 키-값을 가집니다. SparseArray 클래스를 이용하면 불필요한 오토박싱을 피할 수 있습니다(예제 14-18).

[예제 14-18] SparseArray로 치환

```
int mynumber = 1;
SparseArray<String> myMap = new SparseArray<>();
myMap.put(mynumber, "test");
```

지원 라이브러리에는 안드로이드 5.0의 구현과 호환되는 SparseArrayCompat이 준비돼 있습니다. 예전 버전도 지원할 경우는 이를 이용하면 좋습니다. 또한 long을 키로서 이용할 수 있는 LongSparseArray도 지원 라이브러리에 포함돼 있습니다.

[URL] LongSparseArray 문서
https://developer.android.com/reference/android/support/v4/util/LongSparseArray.html

SQLite의 최적화를 생각한다

앱 내에서 SQLite를 이용하고, 만 개가 넘는 큰 데이터를 다룰 때 쿼리가 느려지는 경우가 있습니다. 그렇게 되면 인덱스를 바르게 지정할 필요성이 생깁니다. 이곳이 병목이 되는 경우는 아무리 자바 코드와 레이아웃을 최적화해 봐야 앱의 성능이 개선되지 않습니다. 그러므로 쿼리 실행 계획을 조사해 인덱스가 이용되고 있지 않으면 적절히 쿼리를 수정하거나 인덱스를 바르게 지정합니다.

다음과 같은 예제 테이블을 생각해 봅시다. _id, title, content라는 3개의 필드를 가진 테이블입니다(예제 14-19).

[예제 14-19] 예제 테이블

```
CREATE TABLE blog (
    _id integer PRIMARY KEY AUTOINCREMENT, title String, content String
);

INSERT INTO blog VALUES(1, "안녕하세요", "날씨가 좋네요");
```

실행 계획을 알아보려면 EXPLAIN QUERY PLAN을 SQL 앞에 두고 실행합니다(예제 14-20).

[예제 14-20] EXPLAIN QUERY PLAN으로 쿼리의 실행 계획 조사

```
EXPLAIN QUERY PLAN SELECT * FROM blog WHERE title="오늘의 점심"
```

```
> EXPLAIN QUERY PLAN SELECT * FROM blog WHERE title="오늘의 점심"
    selectid          order          from       detail
    0                 0              0          SCAN TABLE blog
> CREATE INDEX IDX_BLOG_TITLE ON blog(title);
    success
    true
> EXPLAIN QUERY PLAN SELECT * FROM blog WHERE title="오늘의 점심"
    selectid  orde.. fro.. detail
    0         0      0     SEARCH TABLE blog USING INDEX IDX_BLOG_TITLE (title=?)
```

[그림 14-20] 인덱스 이용(Stetho 이용)

이것으로 인덱스 이용 여부를 알 수 있습니다. Tech03에서도 설명한 Stetho를 이용하면 간단히 확인할 수 있습니다. CREATE INDEX를 실행한 다음, 다시 같은 쿼리로 실행 계획을 질의하면 USING INDEX IDX_BLOG_TITLE이라고 표시되어 인덱스를 이용한다는 사실을 알 수 있습니다.

14.6 정리

이번 장에서는 척척 동작하는 앱으로 완성하고자 성능을 측정하는 방법과 메모리 누수를 찾아내는 방법을 학습했습니다. 앱의 반응이 조금 둔하게 느껴진다면 이번 장에서 학습한 지식과 도구를 활용해 병목과 메모리 누수를 찾아내 해소해 보십시오. 개발 시에는 StrictMode, LeakCanary를 활성화해서 메인 스레드를 블록하는 코드와 메모리 누수를 곧바로 찾아냅시다. 또한 성능을 측정해서 병목을 발견하고, 개선해 가는 효율적인 방법을 이용하면서 경쾌하게 동작하는 앱을 개발해 갑시다.

CHAPTER 15
모네타이즈를 실현한다: 인앱 결제 구현

여러분이 개발한 앱의 미래를 생각했을 때 모네타이즈라는 관점은 피해갈 수 없습니다. 안드로이드 단말의 활성 사용자 수는 전 세계에 이미 10억 명을 넘었습니다. 안드로이드라는 플랫폼이 이 정도 규모로 확대된 배경에는 바로 안드로이드의 생태계에 수많은 기업이 다채로운 비즈니스를 펼치고 있기 때문입니다. 기업에서 개발하시는 분들에게 모네타이즈는 안드로이드에서 비즈니스를 하는 데 있어서 반드시 성립시켜야만 하는 명제입니다. 또한 개인 개발자에게도 모네타이즈를 이해하는 것은 앱의 발전을 고려할 때 커다란 선택지가 되겠지요. 이번 장에서는 앱의 모네타이즈에 대해 설명한 다음, 구글이 사용자에게 제공하는 인앱 결제 수단을 설명합니다.

15.1 모네타이즈를 이해하자

어떤 형태로 모네타이즈를 실현하든 사용자와 서비스 제공자 양쪽의 장단점을 확실히 파악한 후에 신중하게 선택할 필요가 있습니다. 이번 절에서는 모네타이즈의 종류와 개념, 적용 시 주의할 점 등을 알아보겠습니다.

15.1.1 모네타이즈의 기본을 이해하자

모네타이즈란 수익 구조를 만드는 것입니다. 앱 개발에 모네타이즈를 도입하면 금전적인 이익을 얻을 수 있습니다. 그렇게 얻은 이익은 회사와 개인의 호주머니를 윤택하게 할 뿐만 아니라 다음 앱을 개발하기 위한 자원도 됩니다. '개발' → '사용자 획득' → '모네타이즈' → '투자'라는 사이클을 통해 사업을 확대해 갈 수 있는 것입니다(그림 15-1).

안드로이드 앱의 모네타이즈는 이미 방법이 확립돼 있고, 개인 개발자도 접근하기 쉬운 상황입니다.

앱 개발에서 수익을 올리는 수단으로 기본적으로 '광고 모델'과 '과금 모델'이 있고, 이 둘을 잘 조합하면 더욱 효율적인 모네타이즈가 가능합니다.

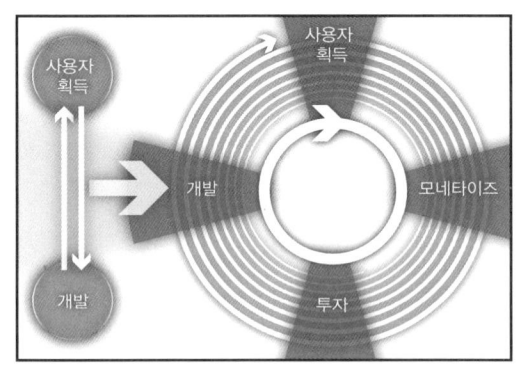

[그림 15-1] 모네타이즈로 개발 사이클이 돌아가게 된다

15.1.2 광고 모델을 이해하자

광고를 이용한 모네타이즈는 수익화를 고려할 때 가장 기본적인 접근 방식의 하나입니다. 개발자는 앱에 광고를 넣음으로써 사용자가 광고를 탭하거나, 탭한 후에 의도된 행동을 하는 '성과'에 대해 광고주로부터 이익을 얻을 수 있습니다. 그렇다면 개발자는 어떻게 자신의 앱에 광고를 실을 수 있을까요? 개발자가 직접 광고주로부터 광고를 받는 방식은 서로 힘만 들고 일이 되지 않습니다. 그래서 광고주의 광고 재고를 모아서 앱(광고매체)에 자동으로 배포하는 '광고 네트워크'라고 하는 서비스

가 등장합니다. 개발자는 광고 네트워크를 이용
함으로써 손쉽게 앱에 광고를 배포할 수 있습니
다. 앱용 광고 네트워크로서 유명한 것으로 구글
이 제공하는 adMob이 있습니다(그림 15-2).
그 밖에도 많은 서비스가 북적거리고 있고, 광고
네트워크마다 광고 재고량과 보수금액도 다르므
로 균형 있게 결정하는 게 좋습니다.

[그림 15-2] 구글의 광고 네트워크 AdMob

[URL] **AdMob**
https://www.google.co.kr/admob/

15.1.3 과금 모델을 이해하자

다음으로 '과금 모델'에 관해 살펴보
겠습니다. 개발자와 사용자라는 직
접적인 관점으로 수익 구조를 생각
하는 것이 과금 모델에 접근하는 방
식입니다. 사용자가 비용을 지급하
면 사용자가 안고 있는 다양한 문제
에 대해 해결책을 제공합니다. 이는
비즈니스로서 기본적이고도 단순한
접근 방식이지요. 사용자가 '어디에'
문제를 느끼는가 하는 점에 따라 과
금 시점을 검토할 필요가 있습니다
(그림 15-3).

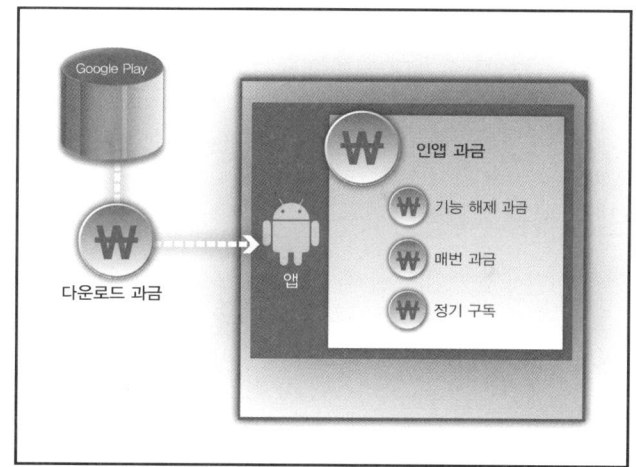

[그림 15-3] 과금 시점은 앱마다 다르다

다운로드 과금

다운로드 과금은 사용자에게 앱 자체를 판매하는 방식입니다. Google Play(기존의 Android Market)에 초기부터 존재하는 과금 방법입니다. 예전에는 음악 앱과 카메라 앱 등 유틸리티 계열 앱의 유료 판매가 많았지만 최근에는 안드로이드의 표현력이 발전함에 따라 대작 게임 등에서의 다운로드 구매가 두드러졌습니다. 다운로드에 따라 확실하게 수익을 예측할 수 있다는 장점이 있지만 그만큼 다운로드 자체가 최초에 큰 장벽이 되므로 사용자 수를 늘려 큰 판을 만드는 것을 목적으로 하는 서비스에서는 멀리하는 경향이 있습니다.

인앱 과금 – 기능 해제

유틸리티 계통 앱에서 자주 보는 방법입니다. 다운로드는 무료지만, 앱의 편리한 기능은 앱 내 과금으로 기능을 해제하는 방식입니다. 요금이 부과된 기능(아이템)은 한 번 구매하면 구매한 정보를 구글 계정과 연결해 관리합니다. 그래서 사용자가 앱을 재설치해도 구매한 기능을 반영구적으로 사용할 수 있습니다. 기능을 제한하는 내용은 앱 제공자에 따라 제각각입니다. 다른 앱과 가장 차별화할 수 있는(사용자에게 호감을 살 수 있는) 기능을 제한하는 경우도 있고, 있으면 편리하지만 없어도 어떻게든 되는 기능, 예를 들어 과금으로 광고를 표시하지 않는 경우도 있습니다.

인앱 과금 – 매번

최근 인기가 높아진 소셜 게임을 중심으로 이용되는 과금 방식입니다. 안드로이드뿐만 아니라 현재 스마트폰 업계, 게임 업계의 취급액을 크게 올린 과금 방식으로, 현재 Google Play의 매출 상위권을 차지하는 앱은 대부분 이 과금 방식을 사용합니다. 다운로드는 무료지만 앱 내에서 가상 화폐 등 소비성 콘텐츠를 구매할 때 과금이 일어납니다. 구매한 가상 화폐 등의 아이템은 개발자가 동일 아이템을 여러 번 구매할 수 있게 설정해 둘 필요가 있습니다.

인앱 과금 – 구독

정기적으로 배포되는 콘텐츠나 무제한 콘텐츠에서 이용되는 과금 방식입니다. 사용자가 과금 절차를 거치면 각 정기구독 시작 일에 계속해서 과금됩니다. 잡지나 음악 콘텐츠를 배포하는 앱에서 주로 이용됩니다.

15.1.4 모네타이즈 모델을 조합하자

과금 방식으로서 크게 '광고 모델'과 '과금 모델'이 있는 가운데, 수익 효과를 최대화하는 것도 중요합니다. 두 모델을 잘 조합해 앱 하나로 수익을 최대화하거나 여러 개의 앱으로 수익을 최대화하는 것도 선택지에 넣으면 좋겠지요. 단독으로 수익을 최대화하는 예로는, 인기 소셜 게임처럼 구매율이 높은 인앱 구매 방식으로 실시하면서 광고를 게재해 수익 상승을 노리거나, 다운로드는 무료지만 광고가 표시되다가 인앱 구매로 광고 표시를 사라지게 하는 방식이 있습니다.

야후에서는 앱 안에 광고를 게재하는 것 외에 '검색'으로 사용자를 유도함으로써 검색 연동형 광고로 수익을 얻을 수 있게 돼 있습니다. 이는 PC 시대부터 구축해온 근간이 되는 비즈니스입니다. 야후가 앱을 개발할 때 무료 앱을 개발하고 무료 앱 사용자를 야후 검색으로 유도하는 방식을 선택한 것도 광고로 모네타이즈를 최대화하기 위해 여러 개의 앱으로 취한 전략의 하나입니다(그림 15-4).

[그림 15-4] 야후의 광고수익 최대화 사례

15.2 인앱 결제를 구현하자

앞에서 설명한 '과금 모델'의 모네타이즈 구현 수단 중 하나로 구글이 제공하는 In-App Billing(IAB: 인앱 결제)이 있습니다. In-App Billing을 이용해 비교적 간단하게 사용자에게 결제 시스템을 제공할 수 있습니다. 이번 절에서는 In-App Billing을 구축하는 방법을 학습해 봅시다.

15.2.1 In-App Billing(IAB)의 기본을 이해하자

다운로드 과금은 Google Play Developer Console에서 판매 설정을 하면 되지만 인앱 과금은 앱 안에서 결제 처리를 구현할 필요가 있습니다. 인앱 결제를 구현하고자 구글이 준비한 시스템이 In-App Billing(이하 IAB)입니다. 2016년 5월 현재, 버전 3이 최신 버전입니다.

[URL] Google Delveopers(In-App Billing)
https://developer.android.com/google/play/billing/index.html

IAB는 Google Play와 연계해 인앱 결제 처리를 구현합니다(그림 15-5). 구글이 제공하는 것은 개발자의 앱에서 Google Play 앱에 과금 처리를 위임하는 인터페이스 파일(aidl)입니다 (별도로 aidl 파일을 이용한 IAB 예제도 제공합니다).

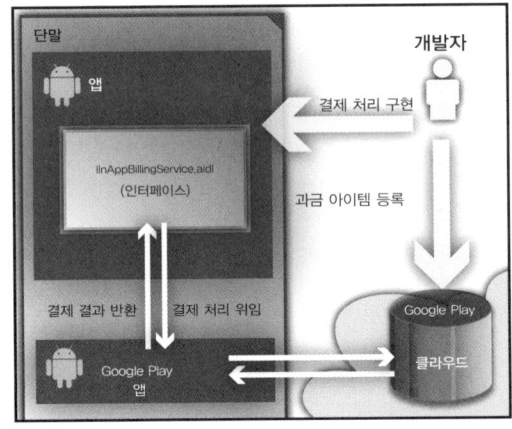

[그림 15-5] In-App Billing 개요

15.2.2 인앱 상품 관리를 이해하자

구현하기에 앞서 IAB에서 구매한 상품을 어떻게 관리하는지 알아두면 구현 절차를 이해하기 쉬워질 것입니다. IAB 버전 3에서는 Google Play에서 구매한 모든 인앱 결제 상품은 Google Play 계정에 구매 내역이 저장됩니다. 그래서 한번 구매한 상품은 같은 계정으로 중복해서 살 수 없게 됩니다.

앞에서 소개한 기능 해제형 앱이라면 그것으로 문제가 없겠지만 매번 과금형 앱이라면, 예를 들어 소셜 게임의 가상화폐 구매처럼 여러 번 구매할 수 있는 상품(1,100원, 5,500원, 11,000원 등의 가상통화 구매 메뉴 각각)인 경우에는 중복해서 구매할 수 있게 할 필요가 있습니다. 이런 경우는 앱(서비스)에서 Google Play로부터 구매 정보를 받아와서 가상화폐를 사용자에게 주고, 그 인앱 상품에 대해 Google Play 상에서 구매 관리를 철회하는 '소비'라는 처리를 해줄 필요가 있습니다.

소비 처리를 함으로써 동일한 상품을 같은 계정으로 다시 살 수 있게 됩니다. 이 '소비'라는 처리를 하느냐 마느냐로 구현 방법이 달라지므로 미리 인앱 상품이 기능 해제형(Google Play로 구매 내역이 관리되는)인지, 매번 과금형(Google Play로 구매 내역이 관리되지 않는)인지 명확히 해둘 필요가 있습니다(그림 15-6).

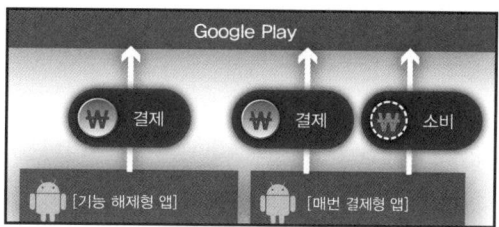

[그림 15-6] 기능 해제형과 매번 결제형은 구현 흐름이 다르다

15.2.3 결제 처리 구현 환경을 준비하자

드디어 IAB를 구현할 차례입니다. 앱을 공개하고 과금을 구현하려면 몇 가지 사전 준비가 필요합니다. 차례대로 알아보겠습니다.

Google Play Developer Console 등록

Google Play Developer Console에 등록합니다(그림 15-7). 등록비로 25달러가 필요합니다. 자세한 과정은 생략합니다.

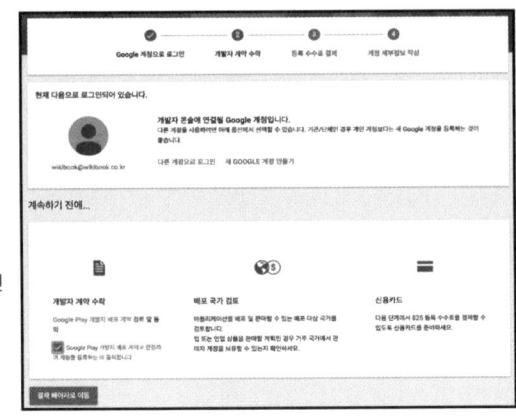

[그림 15-7] Google Play 개발자 등록 화면

Google 결제 센터 계정

Google Play Developer Console을 사용할 수 있게 되면 '설정' → '계정 세부정보' 화면에서 Google 결제 센터의 판매 계정을 연결할 필요가 있습니다. Google Play의 계정 상세정보 화면에서 직접 Google 결제 센터로 이동할 수 있습니다(그림 15-8). 앱이나 콘텐츠가 판매됐을 때 수익을 지급받을 계좌를 등록해야 합니다. 자세한 등록 방법은 생략합니다.

Google 결제 센터에서는 판매 정보를 확인할 수 있고, 구매 계약 취소도 가능합니다. 현재는 모든 주문 관리 기능을 Google Play Developer Console에서 제공합니다(그림 15-9).

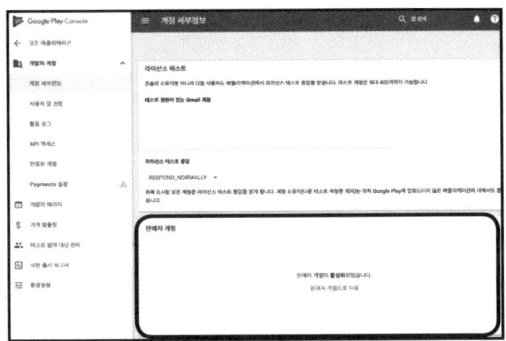

[그림 15-8] Google Play의 계정 세부정보에서 판매자 계정 설정이 유효한지 확인할 수 있다

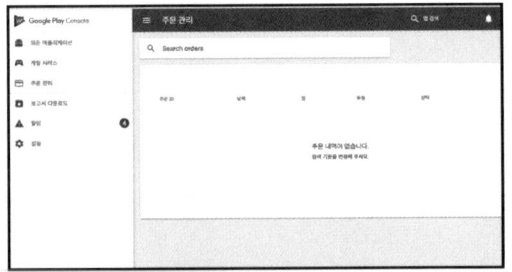

[그림 15-9] 주문 내역을 확인하고 관리할 수 있다

IAB 공개 키

Google Play Developer Console의 앱 정보 중 '서비스 및 API' 화면에 '라이선스 및 인앱 결제' 항목이 있습니다. 그곳에서 IAB에 이용할 RSA 공개 키를 얻을 수 있습니다. 이 공개 키는 인앱 결제의 구매 응답의 서명 검증에 필요합니다. 앱마다 키가 다르므로 인앱 결제를 구현할 때는 Google Play Developer Console에 대상 앱 페이지가 표시되도록 사전에 앱을 미리 업로드해둘 필요가 있습니다.

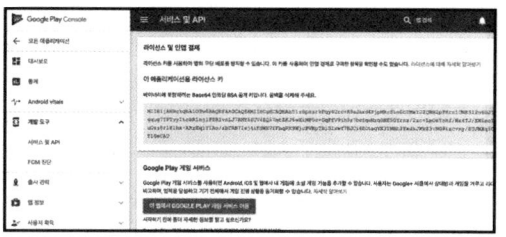

[그림 15-10] 앱 정보에서 공개키를 구한다

15.2.4 IInAppBillingService.aidl로 IAB를 구현하자

IAB를 구현하려면 Google Play와 과금 처리를 주고받을 때 사용할 앱 간 통신 인터페이스 파일(aidl)이 필요합니다. 안드로이드 스튜디오의 경우 메뉴의 [Android Studio] → [Preferences] → [System Settings] → [Android SDK] → [SDK Tools] 항목에서 [Google Play Billing Library]를 설치해야 합니다(그림 15-11).

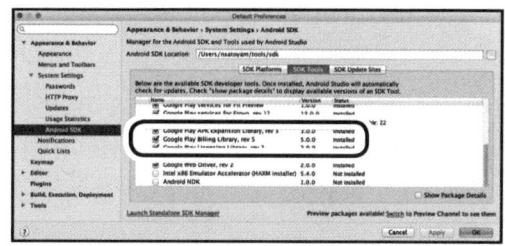

[그림 15-11] Google Play Billing Library 설치

설치가 끝나면 (ANDROID_SDK_HOME)/extras/google/play_billing에 IInAppBillingService.aidl이라는 파일이 생깁니다. 이 파일을 자신의 앱에 복사해 이용합니다. 또한 이 디렉터리에는 samples라는 디렉터리가 있고, Trivial Drive라는 예제 앱이 있습니다. 인

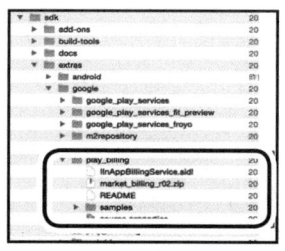

[그림 15-12] IInAppBillingService.aidl과 예제 앱의 위치

앱 결제 구현 예제이며, Apache License, Version 2.0을 따릅니다. 인앱 결제 구현 자체는 상당히 복잡하고 고려할 요소가 많으므로 이 예제 코드를 읽고 이해하는 것이 필수적입니다. 오픈소스 라이선스로 이용할 수 있으므로 이 앱을 기반으로 구현하는 것이 가장 빠른 지름길이라고 말할 수 있습니다.

15.2.5 매번 과금을 구현하자

다음으로 매번 과금하는 예를 바탕으로 IAB의 구현 내용을 설명해갑니다. 아래에 설명하는 내용대로 확인해 보면서 깊이 있게 이해해 봅시다.

Google Billing Library 예제 앱 "Trivial Drive"

이 앱은 자동차를 몰다가 연료가 떨어지면 구매하는 것으로, 최근 소셜 게임 등이 고려된 앱입니다(그림 15-13). 이전 항에서 설명한 것처럼 (ANDROID_SDK_HOME)/extras/google/play_billing 아래에도 있지만 안드로이드 스튜디오의 예제 코드로도 들어 있습니다. 안드로이드 스튜디오의 [File] → [OpenProject] → [Import and Android code sample] 메뉴를 통해서도 Trivial Drive 앱을 찾을 수 있습니다. 또한 깃허브에도 올려져 있으므로 원하는 방법으로 프로젝트를 가져오면 됩니다.

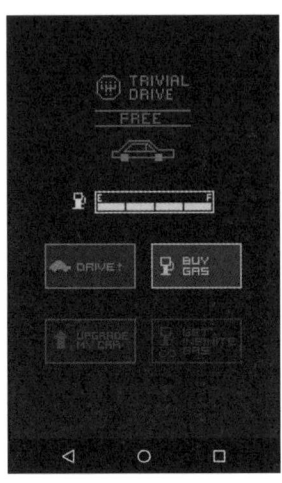

[그림 15-13] Google Billing Library의 예제 앱 Trivial Drive

[URL] Trivial Drive의 깃허브 저장소
https://github.com/googlesamples/android-play-billing/tree/master/TrivialDrive

IAB 상품 등록

구현에 앞서 IAB 대상 상품의 ID와 가격을 결정합니다. Google Play Developer Console의 앱 화면에서 '인앱 상품'을 선택하면 인앱 아이템 관리 화면이 표시됩니다(그림 15-14). [새 제품 추가] 버튼을 누르면 제품 추가 대화창이 표시됩니다. 매번 과금하는 제품인 경우는 '관리되는 제품'을 선택합니다. 제품 ID란에는

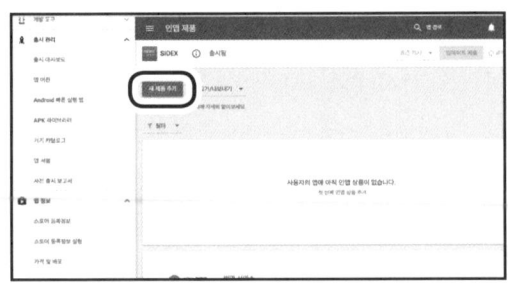

[그림 15-14] 인앱 상품 관리 화면

임의의 ID를 넣어도 되지만, 고유성을 확보하기 위해 '앱의 패키지 이름' + '서비스 내 아이템 관리ID' 형태로 지정하는 것이 현실적입니다(그림 15-15).

그런 다음, 제품 상세 설정 화면이 표시되면 제목과 설명, 가격을 결정합니다. [저장] 버튼을 누르면 인앱 상품 목록 화면이 표시됩니다.

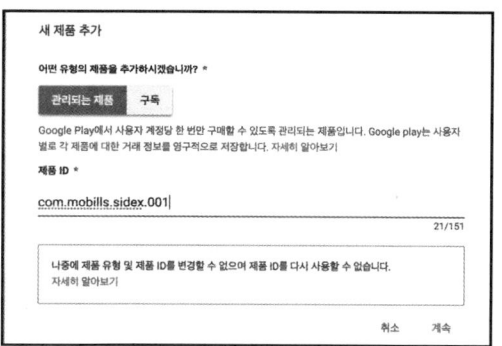

[그림 15-15] 새 제품 추가 대화창

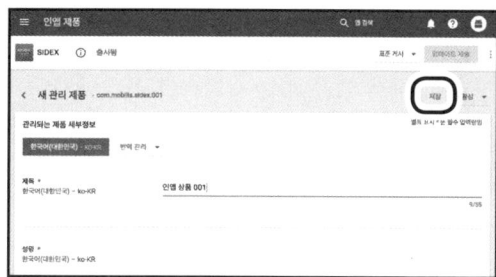

[그림 15-16] 새 관리 제품 상세 설정 화면

AndroidManifest.xml에 Permission 추가

IAB를 구현하려면 Permission이 필요합니다. AndroidManifest에 다음 uses-permission을 추가합니다(예제 15-1).

[예제 15-1] AndroidManifest에 uses-permission 추가하기(AndroidManifest.xml)

```
<uses-permission android:name="com.android.vending.BILLING" />
```

IInAppBillingService.aidl의 배치

Google Play의 결제 서비스에 연결하기 위해 IInAppBillingService.aidl 파일을 배치합니다. 안드로이드 스튜디오의 경우는 (Project Root)/app/src/main 아래에 aidl이라는 이름의 디렉터리를 만들고, 패키지를 잘라 배치합니다(그림 15-17).

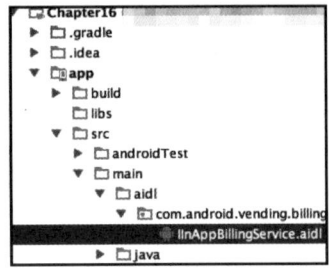

[그림 15-17] aidl 파일 배치

IAB 처리 흐름의 정의

이 책의 예제 앱은 과금에 따라 사용자에게 포인트를 부여합니다. 매번 과금하는 정상적인 처리의 흐름은 [그림 15-18]과 같습니다.

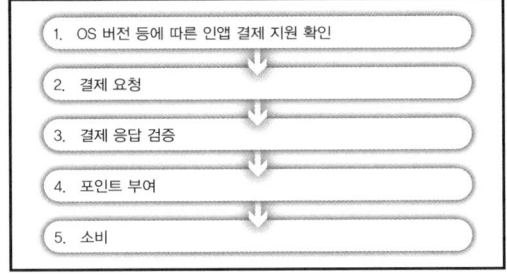

[그림 15-18] 예제 앱의 처리 흐름

OS 버전 등에 따른 IAB 지원을 확인한다

앱이 설치된 단말이 IAB를 지원하는지 확인합니다. IAB 버전 3은 안드로이드 2.2 이상을 탑재하고, 최신 버전의 Google Play 앱이 동작하는 단말이 지원 대상입니다. OS가 2.2 이상이라도 Google Play가 최신이 아닌 경우 IAB 지원 여부를 확인하지 않으면 앱이 충돌할 위험성이 있습니다. 기본적으로 IInAppBillingService를 이용해 Google Play 앱이 가진 Service와 연결해 다음 내용을 확인합니다.

- IInAppBillingService에 연결됐는가
- IInAppBillingService에 연결된 경우, IAB 버전 3을 지원하는가

다음은 위 점검 내용을 구현한 예입니다. 예제 앱에서는 IabHelper의 startSetup()에 구현돼 있습니다(예제 15-2).

[예제 15-2] IAB 버전 3 이용 가능 여부 확인(자바)

```java
// 서비스
IInAppBillingService mService;
    ServiceConnection mServiceConn = new ServiceConnection() {
@Override
public void onServiceDisconnected(ComponentName name) {
    mService = null;
    // 접속 단절 시 처리(접속 후 단절이므로 오류가 아니다)
}

@Override
public void onServiceConnected(ComponentName name, IBinder service) {
    mService = IInAppBillingService.Stub.asInterface(service);
    String packageName = mContext.getPackageName();
    try {
        // IAB 버전 3 지원 확인
        int response
            = mService.isBillingSupported(3, packageName, ITEM_TYPE_INAPP);
        if (response != BILLING_RESPONSE_RESULT_OK) {
            // 응답 코드가 0이 아닌 경우
            // 【오류】 IAB 버전 3 미지원
        }

        // IAB 버전 3 정기구독 지원 확인
        response
            = mService.isBillingSupported(3, packageName, ITEM_TYPE_SUBS);
        if (response == BILLING_RESPONSE_RESULT_OK) {
            // 정기구독 지원
        } else {
            // 정기구독 미지원
        }
    } catch (RemoteException e) {
        // 서비스 예외
        // 【오류】 서비스에서 발생하는 예외
    }

    // 아무 오류가 없으면 IAB를 사용할 수 있다
    // 【성공】 서비스 이용 가능
    }
};
```

```
// 서비스에 연결
Intent serviceIntent
    = new Intent("com.android.vending.billing.InAppBillingService.BIND");
serviceIntent.setPackage("com.android.vending");
if (!mContext.getPackageManager()
    .queryIntentServices(serviceIntent, 0).isEmpty()) {
    mContext.bindService(serviceIntent, mServiceConn,
    Context.BIND_AUTO_CREATE);
} else {
    // 연결 가능 서비스가 존재하지 않을 경우
    // 【오류】서비스에 연결할 수 없다
}
```

결제 요청

IAB를 이용할 수 있는 앱에서 사용자의 구매 요청에 따라 Google Play에 결제 처리를 요청합니다. 기본적인 구현으로는 연결된 IInAppBillingService에 구매 요청 정보를 전달하고, 실제 결제 화면으로 이동하는 PendingIntent 등을 포함한 정보를 받아옵니다. 그런 다음, 액티비티의 startIntentSenderForResult()로 결제 화면 이후의 처리를 Google Play에 위임합니다.

IInAppBillingService의 getBuyIntent()에는 마지막 인수로서 developerPayload를 전달할 수 있습니다. 여기에는 개발자가 임의의 값을 넘길 수 있어, 결제 후에 Google Play로부터 전달되는 응답에 포함되어 되돌아옵니다. 결제 요청별로 암호화된 고유한 값을 전달함으로써 결제 처리의 유일성과 보안성을 높일 수 있습니다.

다음은 구현 예제입니다. 예제 앱에서는 IabHelper의 launchPurchaseFlow()에 구현돼 있습니다(예제 15-3).

[예제 15-3] 결제 요청 구현 예(자바)

```
// 상수
public static final int BILLING_RESPONSE_RESULT_OK = 0;
public static final String RESPONSE_CODE = "RESPONSE_CODE";
public static final String RESPONSE_BUY_INTENT = "BUY_INTENT";
// 각종 파라미터 설명
Context mContext = <액티비티의 컨텍스트>;
```

15.2 _ 인앱 결제를 구현하자

```
String sku = <Stock-Keeping Unit:인앱 상품 ID>
String itemType = <결제 형태의 종류. IAB의 경우는 "inapp">
String developerPayload = <결제에 연결해 관리되는 개발자 임의의 데이터. null 가능>
Activity activity = <액티비티의 인스턴스>
String requestCode = <결제 상태와 흐름을 확인하기 위한 요청 코드>

try {
    // 서비스에 구매 정보를 넘겨 결제 요청 정보를 생성
    Bundle buyIntentBundle = mService.getBuyIntent(3,
        mContext.getPackageName(), sku, itemType,
        developerPayload);

    // buyIntentBundle로부터 응답 코드를 추출
    int response = 0;
    Object object = buyIntentBundle.get(RESPONSE_CODE);
    if (object == null) {
        response = BILLING_RESPONSE_RESULT_OK;
    } else if (object instanceof Integer) {
        response = ((Integer)object).intValue();
    } else if (object instanceof Long) {
        // 구글 예제에 의하면 응답 코드는 Long으로 받는 경우도 있는 듯하다
        response = (int)((Long)object).longValue();
    } else {
        // 예기치 않은 응답 코드 수신
        throw new RuntimeException("Unexpected type for bundle response code: " + object.
getClass().getName());
    }

    if (response != BILLING_RESPONSE_RESULT_OK) {
        // 응답이 정상이 아닌 경우
        // 오류
    }

     // 결제 요청 정보로부터 결제용 PendingIntent를 취득
    PendingIntent pendingIntent
        = buyIntentBundle.getParcelable(RESPONSE_BUY_INTENT);
    activity.startIntentSenderForResult(
        pendingIntent.getIntentSender(),
        requestCode,
```

```
        new Intent(),
        Integer.valueOf(0),
        Integer.valueOf(0),
    ) catch (IntentSender.SendIntentException e) {
        // 오류
} catch (RemoteException e) {
    // 오류
}
```

[그림 15-19] Google Play 결제 화면 구성

결제 응답 검증

Google Play로 결제 화면을 위임하는 것은 액티비티의 startIntentSenderForResult 메서드에서 수행했으므로 결제 후 Google Play로부터의 응답은 액티비티 혹은 프래그먼트의 onActivityResult 메서드에서 받습니다. 받은 응답 데이터에서는 암호화되지 않은 구매 정보와 암호화된 서명 데이터를 받을 수 있습니다. 구매 정보는 다음과 같은 JSON 형식으로 반환됩니다(예제 15-4).

[예제 15-4] 구매 정보(JSON)

```
{
  "orderId":"결제를 유일하게 관리하기 위한 식별자",
  "packageName":"패키지 이름",
  "productId":"테스트 아이템 ID",
  "purchaseTime":1345678900000,
  "purchaseState":0,
  "developerPayload":"구매 시 지정한 값",
  "purchaseToken":"아이템ID와 사용자ID(구글 계정)를 쌍으로 관리하는 토큰"
}
```

받아온 값은 다음과 같은 관점에서 검증합니다.

- requestCode가 돌아오므로 요청 시의 코드와 같은가
- Google Play Developer Console에서 얻은 RSA 공개 키를 이용해 서명 데이터를 검증

다음 코드는 데이터를 검증하는 부분을 구현한 것입니다. 예제 앱에서는 MainActivity의 onActivityResult()에서 데이터를 받아온 후, IabHelper의 handleActivityResult()에서 검증 처리를 합니다(예제 15-5).

[예제 15-5] 결제 응답 검증 예(자바)

```java
public static final int BILLING_RESPONSE_RESULT_OK = 0;
public static final String RESPONSE_CODE = "RESPONSE_CODE";
public static final String RESPONSE_INAPP_PURCHASE_DATA = "INAPP_ PURCHASE_DATA";
public static final String RESPONSE_INAPP_SIGNATURE = "INAPP_DATA_ SIGNATURE";
//각종 파라미터 설명
String mRequestCode = <결제 요청 시 넘겨준 요청 코드>;
String mPurchasingItemType = <구매 상품의 형태>;
String mSignatureBase64 = <Google Play Developer Console에서 구한 RSA 공개 키>;

@Override
protected void onActivityResult(int requestCode, int resultCode, Intent data) {
    // 요청할 때와 다른 경우는 오류
    if (requestCode != mRequestCode) {
        // 오류
    }
    // 응답 데이터가 없음
    if (data == null) {
        // 오류
    }

    int responseCode = 0;
    Object object = data.getExtras().get(RESPONSE_CODE);
    if (o == null) {
        responseCode = BILLING_RESPONSE_RESULT_OK;
    } else if (object instanceof Integer) {
        responseCode = ((Integer)object).intValue();
    } else if (object instanceof Long) {
```

```java
            responseCode = (int)((Long)object).longValue();
    } else {
        throw new RuntimeException("Unexpected type for intent response code: " + object.
getClass().getName());
     }
    // 결제 정보
    String purchaseData
        = data.getStringExtra(RESPONSE_INAPP_PURCHASE_DATA);
    // 서명 데이터
    String dataSignature
        = data.getStringExtra(RESPONSE_INAPP_SIGNATURE);
    if (resultCode == Activity.RESULT_OK
        && responseCode == BILLING_RESPONSE_RESULT_OK) {
            if (purchaseData == null || dataSignature == null) {
                // 오류
            }
         Purchase purchase = null;
        try {
                // JSON을 해석해 결제 정보 클래스로 저장
                purchase = new Purchase(mPurchasingItemType, purchaseData,
dataSignature);
                String sku = purchase.getSku();
                // 서명 검증 ~ 생략 ~
                if (!Security.verifyPurchase(mSignatureBase64, purchaseData,
dataSignature)) {
                    // 검증에 실패한 경우
                    // 오류
                }

        } catch (JSONException e) {
            // 오류
        }

        // 여기까지 아무 일도 없으면 검증 성공
    } else if (resultCode == Activity.RESULT_OK) {
        // Activity의 RESULT는 OK지만 응답 데이터가 다름
        // 오류
    } else if (resultCode == Activity.RESULT_CANCELED) {
        // 사용자에 의한 취소
```

```
        } else {
            // 그 밖의 resultCode의 경우
            // 오류
        }
    }
```

자세한 검증 방법은 생략했습니다. 서명 데이터의 검증에 관해서는 예제 앱의 Security 클래스에 있는 verifyPurchase() 구현을 참고하면 좋을 것입니다. 단, Google Play Billing Library의 예제 앱에서는 IabHelper 클래스에 RSA 공개 키를 직접 삽입해서 실행할 필요가 있습니다(예제 15-6). 공개 키는 Google Play Developer Console에서 구할 수 있습니다.

[예제 15-6] 공개 키 삽입(IabHelper.java)

```
// Public key for verifying signature, in base64 encoding
String mSignatureBase64 = null; // 여기에 키를 붙여넣는다
```

또한 공개 키를 앱 안에 넣은 채로 앱을 배포하는 것은 보안상 위험합니다. 공개 키 유출에 의한 통신 비밀 누설 위험 등을 고려하면 서명 검증은 보안된 접속 환경으로 보호된 서버 쪽에서 하기를 권장합니다.

포인트 부여

구글 예제에서는 로컬에서 결제 후의 응답을 검증하므로 포인트(예제에서는 GAS)를 로컬에서 즉시 부여하고 있습니다. 대규모 서비스, 예를 들어 매번 과금형의 대표 사례인 소셜 게임과 같은 플랫폼에서는 구글 계정과는 별도로 서비스에 이용하는 사용자 ID를 가지고 있는 것도 드물지 않습니다. 서명 검증에서도 설명한 것처럼 보안 측면을 포함해 고려하면 실제로는 서명 검증에서 포인트 부여까지 서버 쪽에서 하는 경우가 많습니다(그림 15-20).

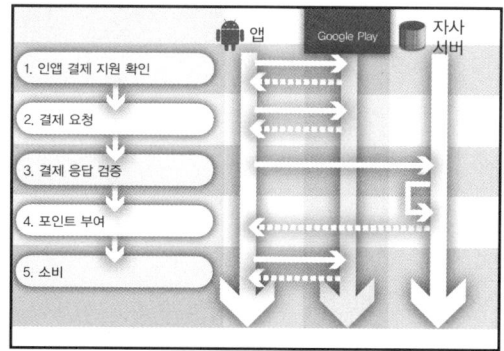

[그림 15-20] 서명 검증과 포인트 부여는 서버 쪽에서 하는 경우가 많다

소비

IAB 버전 3으로 결제된 인앱 상품은 구글 계정 사용자에게 소유권이 있다고 간주되어 같은 상품은 구입할 수 없게 됩니다. 그래서 '소비'라는 처리를 함으로써 소유권을 취소해 다시 구매할 수 있게 합니다. 다음은 소비 처리를 구현한 예입니다(예제 15-7). 예제 앱에서는 IabHelper의 consume()을 참고하세요.

[예제 15-7] 소비 처리의 구현 예(자바)

```
// 각종 파라미터 설명
Context mContext = <액티비티의 컨텍스트>;
String token = <결제 후 응답 토큰>

int response = mService.consumePurchase(3, mContext.getPackageName(), token);
if (response == BILLING_RESPONSE_RESULT_OK) {
    // 소비 성공
} else {
    // 소비 실패 오류
}
```

또한 소비 처리는 통신이 발생해 메인 스레드를 블록해 버리므로 서브 스레드로 실행합시다.

그 밖의 메서드

정상 동작 외에, 예를 들어 화면 시작 시 미소비 상품이 있는지 확인하고 싶은 경우가 있습니다. 결제 처리 중 앱이 죽어버리는 등 처리가 중단돼 소비 처리까지 이르지 못한 결제를 확인하고 싶은 경우 등입니다. 이런 경우에는 결제 정보를 문의하는 메서드를 이용합니다. 다음은 결제 정보를 문의하는 구현 예입니다(예제 15-8). 예제 앱에서는 IabHelper의 queryPurchases()에서 처리합니다.

[예제 15-8] 결제 정보 문의를 구현한 예(자바)

```
// 각종 파라미터 설명
Context mContext = <액티비티의 컨텍스트>;
String itemType = <결제 형태 종류. IAB의 경우는 "inapp">

Bundle ownedItems = mService.getPurchases(3, mContext.
getPackageName(), itemType, null);
```

15.3 IAB를 테스트하자

IAB는 자사와 구글의 여러 시스템을 거쳐서 성립되며, 시스템의 복잡성이 높은 구조라고 할 수 있습니다. 또한 사용자의 돈이 움직이므로 신뢰성이 높아야만 합니다. 확실하게 전략을 세워 위험을 모두 없앤 상태에서 릴리스하는 것이 중요합니다. 이번 절에서는 효율적인 IAB 테스트 방법을 이해합니다.

15.3.1 테스트 전략을 세우자

IAB는 여러 시스템의 연계로 성립합니다. 개발자 여러분이 만든 앱에 결제 기능을 구현하는 것은 사용자가 낸 소중한 돈을 받아오는 기능을 만드는 일입니다.

Google Play 앱과의 통신, Google Play 앱과 Google Play 그라운드와의 통신, 각각의 안전성을 확실히 확인하지 않으면 문제를 일으켜 사용자를 잃을 뿐만 아니라 환불 처리 등 문제에 대응하는 운영 비용이 늘어나게 됩니다. 그런 문제가 일어나지 않도록 IAB를 안정화해서 릴리스하려면 확실한 테스트가 필수입니다. 전략을 세워서 테스트합시다. IAB는 일반적으로 시스템 연계의 복잡성을 고려하면서 다음 순서로 테스트합니다.

정적 응답으로 단위 테스트

특정 상품의 ID를 지정해 결제 요청을 보냄으로써 Google Play 앱으로부터 정적인 응답을 받을 수 있습니다. 이를 이용한 단위 테스트로 앱 내부의 문제를 찾아낼 수 있습니다.

테스트 계정으로 결합 테스트

특정 구글 계정을 테스트 계정으로 Google Play에 지정함으로써 Google Play 앱과 클라우드를 연계한 테스트를 시행할 수 있습니다. 앱을 알파/베타 공개한 후 테스트 계정을 이용함으로써 결제까지의 결합 테스트를 할 수 있게 됩니다.

실제로 결제하는 운영 테스트

앱을 알파/베타로 공개해 실제 운영 환경에서 테스트를 시행할 수 있습니다. 진짜 사용자 계정을 이용해 릴리스 전에 실제 결제 운영 테스트를 합시다.

15.3.2 정적 응답으로 단위 테스트를 하자

Google Play에서는 예약된 아이템 ID로 결제 요청을 함으로써 Google Play 앱에서의 응답이 정적으로 돌아오는 구조가 있습니다(그림 15-21). 아이템 ID로 결제 요청을 함으로써 앱 단위의 문제를 찾아냅니다. 예약된 아이템 ID는 다음과 같습니다.

[그림 15-21] android.test.purchased에 의한 정적 응답의 대화창

[표 15-1] 예약된 아이템 ID

예약 ID	처리명	내용
android.test.purchased	테스트 결제	결제 요청 정상 처리의 정적 응답
android.test.canceled	테스트 취소	결제 화면에서 사용자가 취소했을 때의 정적 응답
android.test.refunded	테스트 환불	환불이 발생했을 때의 정적 응답
android.test.item_unavailable	테스트 아이템 없음	결제 요청에서 지정한 아이템이 Google Play에 없는 경우의 정적 응답

15.3.3 테스트 계정으로 결합 테스트를 하자

Google Play에 앱을 업로드하고 테스트 계정을 Google Play에 지정함으로써 Google Play의 클라우드를 포함한 결합 테스트를 시행할 수 있습니다. Google Play에 올려진 앱은 드래프트 버전에서는 시행할 수 없으므로 알파/베타 공개로 해서 테스트할 필요가 있습니다. 실제 기기로만 테스트할 수 있으며, 에뮬레이터로 테스트할 수는 없습니다. Google Play 상의 최신 버전과 버전 코드가 일치하는 서명된 앱이어야만 합니다.

또한 테스트할 구글 계정도 Google Play Developer Console의 [설정] → [계정 세부정부] → [라이선스 테스트] 항목에서 개발자 계정과 다른 계정을 테스트 계정으로 등록해 둘 필요가 있습니다.

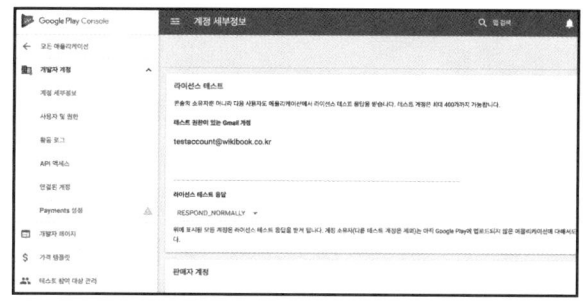

[그림 15-22] 테스트 계정 등록

15.3.4 실제 결제로 운영 테스트를 하자

결합 테스트까지 끝나면 테스트 계정 이외의 계정으로 실제로 신용 카드 등을 이용해 결제 테스트를 시행합니다. 신용카드는 사용자의 상황에 따라 신용카드사로부터 취소되는 경우도 있습니다. 다양한 패턴을 예상해서 실제 결제 테스트를 하면 결제 시스템의 품질이 더 안정될 수 있습니다. 개발 목적으로 결제한 내역은 주문 관리 내역에서 취소할 수 있으므로 적극적으로 이용해 주세요.

신용카드의 불규칙한 사례 재현

신용카드에서는 사용자의 이용 상황에 따라 결제할 수 없는 경우가 일어날 수 있습니다. 이럴 때 최근 증가하는 선불형 카드 서비스를 이용하는 것도 한 방법입니다. 선불형 카드는 잔액이 부족하면 구매할 수 없어지므로 소액 카드를 만들어 두면 손쉽게 신용카드를 이용할 수 없는 환경을 준비할 수 있습니다.

선불형 카드로 유명한 것으로 라이프카드에서 발행하는 V프리카라는 것이 있습니다. 심사도 필요 없고 즉시 발행할 수 있으므로 테스트 시에 이런 서비스를 이용하면 편리합니다.

[URL] V프리카(일본)
https://vpc.lifecard.co.jp

정리

이번 장에서는 앱의 모네타이즈에 관한 개념과 IAB로서 구글이 제공하는 인앱 결제를 학습했습니다. 수익을 올리는 것은 개발자가 앱을 개발하는 중요한 목적 중 하나입니다. '과금 모델'과 '광고 모델' 등 어느 방법으로 수익을 올릴지 생각하고, 계획을 세워 개발하는 것이 중요합니다. 과금 모델을 선택했다면 사용자의 귀중한 시간과 돈을 쓸 만한 가치를 어떻게 제공할지 생각하는 것과 동시에 사고가 발생하지 않게 견고한 시스템을 구축해 갑시다. 개발 주기 속에 수익이라는 연료를 충분히 넣을 수만 있다면 앱 개발을 한층 더 확대하는 계기를 마련할 수 있을 것입니다.

CHAPTER 16
지문인증 API를 활용한다: 지문인증 구현

인터넷에서 물건을 구매할 때나 특정한 사람들만 이용할 수 있는 폐쇄적인 시스템을 이용할 때 우리는 시스템에서 개인을 인식할 수 있도록 '인증'을 거치게 됩니다. 인증 방식으로는 예로부터 패스워드 인증이 이용됐습니다. 하지만 이제는 다양한 서비스에 둘러싸여 늘어만 가는 패스워드를 사용자가 일일이 기억하기가 곤란해졌습니다. 이런 문제를 해결하는 방법으로 '생체인증'이 있습니다. 생체인증은 지문 등과 같은 개인의 고유한 생물학적 특징을 이용해 인증하는 방법입니다. 생체인증을 이용함으로써 개인의 고유한 생체정보를 사용해 인증하므로 보안이 대폭 향상됩니다. 또한 사용자는 패스워드를 잊어버릴 위험에서 벗어날 수 있습니다. 이번 장에서는 생체인증을 앱에 도입하는 시스템으로서 안드로이드 6.0부터 도입된 지문인증 API를 설명합니다.

16.1 지문인증을 이해하자

안드로이드 6.0부터 마침내 정식으로 지문인증 시스템이 지원됐습니다. 이번 절에서는 우선 안드로이드 지문인증의 개요를 파악하고 API를 이해하면서 적용 요소를 찾아봅시다.

16.1.1 지문인증 관련 API를 이해하자

구글은 2015년 10월 7일 안드로이드 6.0 마시멜로(Marshmallow)를 정식으로 발표했습니다. 마시멜로에서는 대폭 API가 확충됐습니다. Google Developer 사이트에서 마시멜로의 새로운 기능에 관한 개요를 확인할 수 있습니다.

마시멜로의 API 중에서 지문인증을 위한 시스템으로서 Fingerprint Authentication과 Confirm Credential이 등장했습니다. 이제부터 이러한 API의 특징을 설명하겠습니다.

[URL] 안드로이드 6.0의 새로운 기능 소개
https://developer.android.com/about/versions/marshmallow/android-6.0.html

16.1.2 지문인증을 앱에 내장하자

Fingerprint Authentication은 직접 지문인증을 앱에 내장할 수 있는 기능입니다. 개발자는 지문인증 UI 구현부터 서버 사이드와의 연계까지 서비스 이미지에 맞게 유연하게 구현할 수 있습니다. 지문인증 기능을 구현할 때는 안드로이드 표준 지문인증 아이콘을 앱의 인증화면의 UI에 넣을 필요가 있습니다. 아이콘은 구글이 제공하는 예제 앱인 'FingerprintDialog'에 함께 들어 있습니다(그림 16-1).

[URL] FingerprintDialog 예제
https://developer.android.com/samples/FingerprintDialog/index.html

[그림 16-1]
지문인증 아이콘

Fingerprint Authentication을 이용하는 여러 개의 앱을 개발할 경우, 각 앱은 독립적으로 사용자 인증을 해야만 한다고 구글 문서에 나와 있습니다. 결국, 지문인증한 인증 정보를 직접 앱끼리 공유해 한 번의 지문인증으로 여러 앱에 로그인하는 싱글 사인 온을 구현해서는 안 됩니다.

16.1.3 디바이스의 잠금화면을 앱에서 이용하자

Confirm Credential로 디바이스의 잠금화면을 앱에 이용할 수 있습니다. Confirm Credential을 이용하면 사용자가 디바이스의 잠금화면으로 설정한 기본 잠금 방식에 지문인증이 추가된 대기 화면이 표시됩니다(그림 16-2). 사용자는 기본 잠금 해제 방식이나 지문인증 중 하나를 이용해 인증을 수행할 수

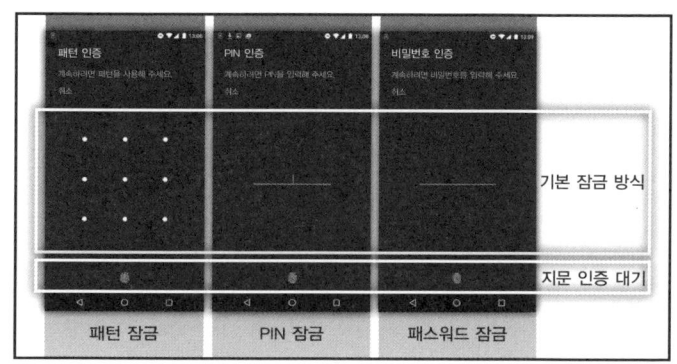

[그림 16-2] 단말의 잠금화면(패턴 – 지문인증, PIN – 지문인증, 패스워드 – 지문인증)

있습니다. 개발자는 독자적인 UI를 구축하거나 패스워드를 서비스로서 관리할 필요도 없이 손쉽게 앱에 인증 기능을 도입할 수 있습니다. 사용자도 단말의 잠금 해제 방법만 기억하면 앱의 개별 패스워드를 기억하지 않아도 된다는 장점이 있습니다.

16.1.4 지원 단말을 확인하자

안드로이드 6.0 마시멜로의 지문인증 API를 이용할 수 있는 것은 Nexus 5X, Nexus 6P를 비롯한 단말에 지문 인식기능이 있고 안드로이드 버전이 6.0 이상인 기기로 제한되므로 주의하세요. 특히, 일본에서는 업체에 독자적으로 지문인증을 구현한 안드로이드 단말이 여러 기종이 판매되고 있습니다. 2016년 5월 현재 최신 Xperia Z5 등의 기종은 단말에 지문 인식 기능이 있지만 발매 당시는 안드로이드 5.5를 탑재한 단말이었으므로 안드로이드 6.0의 지문인증 API를 이용할 수 없었습니다. 2016년 3월에 펌웨어 업데이트를 한 후로 안드로이드 6.0이 되어 지문인증 API를 이용할 수 있게 됐습니다. 앞으로 안드로이드 6.0 이상을 탑재한 새로운 모델의 보급과 함께 지문인증을 이용할 수 있는 단말은 계속 늘어갈 것입니다.

16.2 지문인증 관련 API를 구현하자

앞에서 안드로이드 지문인증에는 'Fingerprint Authentication'과 'Confirm Credential'이라는 두 가지 방식이 있다고 설명했습니다. 이것들을 어떻게 해서 구현할 것인지, 이번 절에서는 구글의 예제 코드를 바탕으로 지문인증을 구현하는 방법을 이해해 봅시다.

16.2.1 구글의 예제 코드를 확인하자

구글은 'Fingerprint Authentication'과 'Confirm Credential'의 구현 예로서 예제 코드를 공개했습니다. 아래 주소에서 예제 코드를 내려받을 수 있습니다. 또한 안드로이드 스튜디오를 통해서도 내려받을 수 있습니다.

[URL] 안드로이드 개발자 사이트 예제
https://developer.android.com/samples/index.html

예제 코드를 참조하면서 지문인증 관련 API 구현을 확인해 갑시다.

16.2.2 Fingerprint Authentication을 구현하자

예제 앱의 개요

Fingerprint Authentication의 API는 안드로이드의 Keystore 서비스와 연계하도록 설계됐습니다. Keystore 시스템에서 이용하는 키의 종류에 따라 구글은 두 가지 예제를 구현해 공개했습니다. 하나는 대칭키(Symmetric key)를 이용하는 예제인 'FingerprintDialog'입니다. 대칭키는 앱 내에서 폐쇄적으로 이용되는 경우에 사용합니다. 지문인증을 이용해 로컬 데이터를 암호화하는 구현에도 이용합니다. 이것도 Google Developer에서 소스가 공개돼 있습니다.

[URL] FingerprintDialog 예제
https://developer.android.com/samples/FingerprintDialog/index.html

또 하나는 '공개키'와 '비밀키' 쌍(비대칭키 쌍)을 이용하는 예제인 AsymmetricFingerprint
Dialog입니다. 공개키를 서버에 함께 보관함으로써 앱과 서버 사이에서 주고받는 데이터의 변조를
방지하고 데이터 작성자를 특정할 수 있어 취급하는 정보의 신뢰성을 높일 수 있습니다.

[URL] AsymmetricFingerprintDialog 예제
https://developer.android.com/samples/AsymmetricFingerprintDialog/index.html

이 두 예제는 안드로이드 스튜디오에서 [File]
→ [Import Sample...]을 통해서도 다운로
드할 수 있습니다. 실제로 작동시켜보고 동작
을 확인해 봅시다. 최근에는 서버와 연계해서
동작하는 앱이 압도적으로 많으므로 여기서는
AsymmetricFingerprintDialog를 바탕으로
구현한 예를 소개하겠습니다(그림 16-3).

[그림 16-3] AsymmetricFingerprintDialog 앱을 실행한 모습

인증 절차의 흐름과 구조

단순히 인증 기능 자체를 넣는 것만으로는 의미
가 없습니다. 인증으로 보호될 데이터와 기능을
정리해서 어떤 형태로 보안을 강화할지 검토합
시다(보안에 관해서는 따로 학습하시기를 권장
합니다).

AsymmetricFingerprintDialog 앱은 비대
칭 키로 보안을 확보하는 처리를 구현합니다
(420쪽 이후에 자세히 설명합니다). 대강의 흐
름은 다음과 같습니다(그림 16-4).

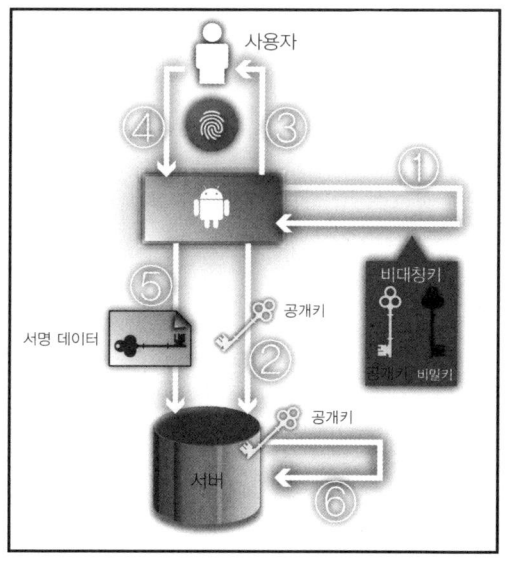

[그림 16-4] AsymmetricFingerprintDialog 앱의 흐름

1. 비대칭키 쌍 생성
2. 서버 쪽에 공개키 등록
3. 사용자에게 지문인증 요청
4. 사용자의 지문인증
5. 비밀키로 서명한 데이터를 서버에 전송
6. 공개키로 서명된 데이터를 검증

AsymmetricFingerprintDialog 앱에서는 '공개키'와 '비밀키' 쌍(비대칭 키 쌍)을 생성(1)하고, '공개키'를 앱과 서버가 서로 보관합니다(2). 지문인증(3, 4) 후에 비밀키로 서명한 데이터(5)를 서버에서 검증(6)함으로써 서버에 전송된 데이터가 '누구 것'인지 검증할 수 있게 됩니다.

사전 확인: Permission 설정

우선 사전 설정을 합시다. 지문인증 기능을 이용하려면 AndroidManifest.xml에 다음 uses-permission 설정을 넣습니다(예제 16-1).

[예제 16-1] uses-permission 설정(AndroidManifest.xml)

```
<uses-permission android:name="android.permission.USE_FINGERPRINT" />
```

사전 확인: FingerprintManager와 Compat 클래스

지문인증에는 android.hardware.fingerprint.FingerprintManager 클래스를 사용합니다. 기본적인 인스턴스 취득 방법은 다음과 같습니다(예제 16-2).

[예제 16-2] FingerprintManager의 인스턴스 취득 구현 예(자바)

```
FingerprintManager mFingerprintManager = (FingerprintManager)context.
getSystemService(FingerprintManager.class);
```

FingerprintManager 클래스를 사용하려면 단말의 API 레벨이 23 이상일 필요가 있습니다. 실제로는 API 레벨이 23보다 낮은 단말을 지원하는 앱이 대부분이므로 단말의 SDK Version에 따라 지문인증을 이용한다(할 수 있다)/이용하지 않는다(할 수 없다)를 처리할 필요가 있습니다.

사실 FingerprintManager에는 android.support.v4.hardware.fingerprint.Fingerprint
ManagerCompat이라는 지원 클래스가 있어서 위에서 말한 처리를 능숙하게 래핑해 줍니다.

그러므로 FingerprintManager를 그대로 이용하기보다는 FingerprintManagerCompat을 이용하는 쪽이 편리하겠지요. FingerprintManagerCompat을 사용하면 다음과 같이 기술하기만 해도 인스턴스 생성 시 OS 버전을 나누는 코드가 필요 없어집니다(예제 16-3).

[예제 16-3] FingerprintManagerCompat의 인스턴스 취득의 구현 예(자바)

```
FingerprintManagerCompat mFingerprintManager =
FingerprintManagerCompat.from(context);
```

FingerprintManagerCompat을 이용해 구글이 제공하는 예제를 Android 4.0.3 이상인 단말을 대상으로 수정한 예를 이 책의 예제(tech16/FingerprintManagerCompatSample)로서 공개했습니다. 꼭 참고해 주세요.

사전처리: 지문인증 설정 확인

지문인증이 동작하려면 미리 단말에 지문이 등록돼 있어야 합니다. 이용되는 지문은 잠금화면에 설정된 지문과 같은 지문입니다. Fingerprint Authentication은 지문만을 인증방식으로써 이용하는 구현이므로 다음 두 가지를 확인해 지문인증을 사용할 수 있는지 확인합니다.

- 잠금화면에 보안락이 설정돼 있는가
- 지문이 등록돼 있는가

잠금화면에 보안락이 설정됐는지 확인하려면 android.app.KeyguardManager의 isKeyguardSecure()를 호출합니다(예제 16-4).

[예제 16-4] 단말에 보안락이 설정됐는지 확인하는 구현 예(자바)

```
KeyguardManager mKeyguardManager = (KeyguardManager)context.getSystem
Service(KeyguardManager.class);
if (!mKeyguardManager.isKeyguardSecure()) {

    // 잠금화면에 지문과 패스워드 등을 설정하도록
```

```
    // 사용자에게 알림
    // 인증 버튼 비활성화 등
}
```

잠금화면에 보안락이 설정된 것을 확인했다면 다음은 FingerprintManager에 단말에 지문이 등록됐는지 확인합니다(예제 16-5).

[예제 16-5] 단말에 지문 등록이 됐는지 확인하는 구현 예(자바)

```
if (!mFingerprintManager.hasEnrolledFingerprints()) {
    // 지문이 설정되지 않았음을 사용자에게 알림
    // 인증 버튼 비활성화 등
}
```

① 비대칭키 쌍을 생성한다

서버와 앱 간의 보안성을 높이고자 비대칭키의 쌍을 생성합니다. 키 생성에는 java.security. KeyPairGenerator 클래스를 이용합니다. 다음은 비대칭키의 쌍을 생성하는 구현 예입니다. 예제에서는 MainActivity의 createKeyPair()로 구현했습니다(예제 16-6).

[예제 16-6] 비대칭키의 쌍을 생성하는 구현 예(자바)

```
KeyPairGenerator mKeyGenerator;
try {
    mKeyGenerator = KeyPairGenerator.getInstance(KeyProperties.KEY_ ALGORITHM_EC,
"AndroidKeyStore");
} catch (NoSuchAlgorithmException | NoSuchProviderException e) {
    // error handling
}
   생략
try {
mKeyPairGenerator.initialize(
    new KeyGenParameterSpec.Builder("<임의의 키 이름>", KeyProperties.PURPOSE_SIGN)
        .setDigests(KeyProperties.DIGEST_SHA256)
        .setAlgorithmParameterSpec(new ECGenParameterSpec("secp256r1"))
        .setUserAuthenticationRequired(true)
```

```
            .build());
    mKeyPairGenerator.generateKeyPair();

} catch (InvalidAlgorithmParameterException e) {
// error handling
}
    생략
```

KeyPairGenerator의 initialize()로 안드로이드의 Keystore에 저장할 키 이름과 제약을 설정합니다. 제약 등은 서비스 요건에 맞게 정합니다. 또한 키를 만드는 과정에서 setUserAuthenticationRequired 메서드에 true를 설정했습니다. 이 설정에 관해서는 뒤에서 설명합니다.

② 서버 사이드에 공개키를 등록한다

생성한 키 중 '공개키'를 서버에 함께 보관하기 위해 서버에 전송합시다. 조금 전에 생성한 키를 Keystore로부터 가져와 서버에 보냅니다. 시스템에 따라 서버와의 연계 방법이 다르므로 서버로 보내는 통신 처리 자체는 생략합니다. 그럼 예제에서 등록 처리를 어떻게 구현했는지 살펴봅시다. 설명을 위해 일부 주석은 변경했습니다(예제 16-7).

[예제 16-7] 공개키 등록 처리(FingerprintAuthenticationDialogFragment.java)

```
    생략
private void enroll() {
    try {
        // 공개키를 가져온다
        KeyStore keyStore = KeyStore.getInstance("AndroidKeyStore");
        keyStore.load(null);
        PublicKey publicKey = keyStore.getCertificate(MainActivity.KEY_ NAME).
getPublicKey();

        // ☆여기서는 AndroidKeyStore 관리 밖의 Key로 다시 생성함으로써
        // 서버에서 공개키를 인증 없이 이용할 수 있게 변환
        KeyFactory factory = KeyFactory.getInstance(publicKey.getAlgorithm());
        X509EncodedKeySpec spec = new X509EncodedKeySpec(publicKey.getEncoded());
        PublicKey verificationKey = factory.generatePublic(spec);
```

```
                // 여기서 verificationKey를 서버에 전송
                // 예제에서 이 부분은 앱 안에서 에뮬레이션한다
                mStoreBackend.enroll("user", "password", verificationKey);
        } catch (KeyStoreException | CertificateException | NoSuchAlgorithmException |
                IOException | InvalidKeySpecException e) {
            // error handling
        }
    }
    생략
```

[예제 16-7]의 ☆ 부분은 예제 앱만의 처리이니 주의하세요. 예제 앱에서는 서버 측을 에뮬레이션하는 코드가 앱의 일부로서 단말의 온 메모리 상에서 실행되는 관계로 공개키가 AndroidKeyStore의 관리하에 있으므로 이용하려고 하면 인증 오류(java.security.SignatureException: android.security.KeyStoreException: Key user not authenticated 예외)가 발생합니다.

실제로 서버와 통신해 보내버리면 키가 따로 인스턴화되어 문제가 일어나지 않지만 앱 내에서 인증 없이 이용할 수 있도록 변환하고자 공개키를 따로 인스턴스화했습니다.

③ 사용자에게 지문인증을 요청한다 / ④ 사용자는 지문으로 인증한다

서버와 공개키를 공유했으면 임의의 타이밍에 지문인증을 실행합니다. 지문인증을 하기 위해서는 FingerprintManager의 authenticate()를 호출해야 합니다. 비밀키로부터 서명 객체를 만들어 FingerPrintManager.CryptoObject로 변환해서 넘겨줍니다. 콜백은 FingerprintManager.AuthenticationCallback으로부터 받을 수 있습니다.

아래는 지문인증을 구현한 예입니다(예제 16-8). 예제 앱에서는 클래스와 메서드 구성이 다르지만 MainActivity의 onCreate에서 실행됩니다.

[예제 16-8] 지문인증 구현 예(자바)

```
// 비밀키로부터 서명 객체를 생성
Signature mSignature = Signature.getInstance("SHA256withECDSA");
try {
    mKeyStore.load(null);
    PrivateKey key = (PrivateKey) mKeyStore.getKey(KEY_NAME, null);
    mSignature.initSign(key);
```

```
} catch (KeyPermanentlyInvalidatedException e) {
    // error handling
} catch (KeyStoreException | CertificateException | UnrecoverableKeyException | IOException
| NoSuchAlgorithmException | InvalidKeyException e) {
    // error handling
}

CancellationSignal mCancellationSignal = new CancellationSignal();

// 지문인증을 수행
mFingerprintManager.authenticate(
    new FingerprintManager.CryptoObject(mSignature),
    mCancellationSignal, 0,
    new FingerprintManager.AuthenticationCallback(){
        @Override
        public void onAuthenticationError(int errorCode, CharSequence errString) {
            // 인증 중 오류
        }

        @Override
        public void onAuthenticationHelp(int helpCode, CharSequence helpString) {
            // 센서 오염 등
            // 복구 가능한 오류일 때 호출되는 메시지 등을 출력한다
        }

        @Override
        public void onAuthenticationSucceeded(FingerprintManager. AuthenticationResult result) {
            // 인증 성공
        }

        @Override
        public void onAuthenticationFailed() {
            // 인증 실패
        }
    },
null);
```

⑤ 비밀키로 서명한 데이터를 서버로 전송한다

지문인증에 성공하면 FingerprintManager.AuthenticationCallback의 onAuthentication Succeeded()가 콜백됩니다. 이 인수에 있는 FingerprintManager.AuthenticationResult의 인스턴스로부터 인증 전에 넘긴 암호화 객체를 가져올 수 있습니다. 이 객체에서 서버로 보내고 싶은 값을 가져와 서명한 다음 서버로 보냅니다. 이 부분도 시스템에 따라 서버와 연계하는 방법 등이 달라지므로 서버로 전송하는 통신 처리는 생략합니다.

다음은 인증 성공 시 처리 내용을 간단히 구현한 예입니다(예제 16-9).

[예제 16-9] 비밀키에 의한 데이터 서명 구현 예(자바)

```java
@Override
public void onAuthenticationSucceeded(FingerprintManager.
AuthenticationResult result) {
    FingerprintManager.CryptoObject object = result.getCryptoObject();
    if(object != null){
        try {
            Signature signature = object.getSignature();
            Transaction transaction = new Transaction("<서버에서 검증하고 싶은 값>",1,
new SecureRandom().nextLong());
            signature.update(transaction.toByteArray());
            byte[] sigBytes = signature.sign();

            // ==
            // 여기서 서버에 보내고
            // 서버에서 서명한 값을 검증한다
            // ==
        } catch (SignatureException e) {
            // error handling
        }
    }
}
```

예제에서 Transaction은 예제 앱을 위해 만들어진 클래스로, 서버에 보낼 값을 직렬화(serialize)합니다. 이를 java.security.Signature의 sign()으로 서명 데이터로 변환합니다.

⑥ 공개키로 서명 데이터를 검증한다

서버 쪽에서는 전송된 서명 데이터를 공개키로 검증합니다. 예제 앱에서는 서버 쪽 코드는 생략하고, 같은 앱 내에서 에뮬레이션하고 있습니다. 서버의 처리 내용은 com.example.android. asymmetricfingerprintdialog.server 패키지 아래의 StoreBackendImpl 클래스에 구현 예가 기술돼 있습니다. 아래에서 예제 앱의 검증 처리를 살펴보겠습니다. 일부 주석은 설명을 위해 변경했습니다(예제 16-10).

[예제 16-10] 공개키에 의한 서명 데이터 검증(StoreBackendImpl.java)

```java
// 아래는 받아온 공캐키와 서명 데이터가 들어 있다고 전제한다
private final Map<String, PublicKey> mPublicKeys = new HashMap<>();
private final Set<Transaction> mReceivedTransactions = new HashSet<>();
public boolean verify(Transaction transaction, byte[] transactionSignature) {
    try {
        // 한번 받아온 서명 데이터의 중복 수신 체크
        // 실제 디바이스는 대부분 DB 등과 연계해서 운영한다.
        if (mReceivedTransactions.contains(transaction)) {
            return false;
        }
        // 다음 중복 체크를 위해 서명 데이터를 저장
        mReceivedTransactions.add(transaction);
        // 공개키 취득
        // 앱별(사용자별)로 키가 만들어지므로
        // 사용자ID별로 관리된다
        PublicKey publicKey = mPublicKeys.get(transaction.getUserId());
        // 서명 확인용 Signature 생성
        // 앱 쪽과 보안 알고리즘이 같을 필요가 있다
        Signature verificationFunction = Signature.getInstance("SHA256withECDSA");
        verificationFunction.initVerify(publicKey); // 검증
        verificationFunction.update(transaction.toByteArray());
        if (verificationFunction.verify(transactionSignature)) {
            // Transaction is verified with the public key associated with the user
            // Do some post purchase processing in the server
            return true;
        }
    } catch (NoSuchAlgorithmException | InvalidKeyException | SignatureException e) {
        // In a real world, better to send some error message to the user
    }
}
```

16.2.3 Confirm Credential을 구현하자

예제 앱의 개요

Confirm Credential 예제 앱의 소스코드는 다음 URL에 공개돼 있습니다. Fingerprint Authentication과 마찬가지로 안드로이드 스튜디오의 [File] → [Import Samples…]에서도 내려받을 수 있습니다. 앱을 동작시켜 보면서 확인하면 좋겠지요.

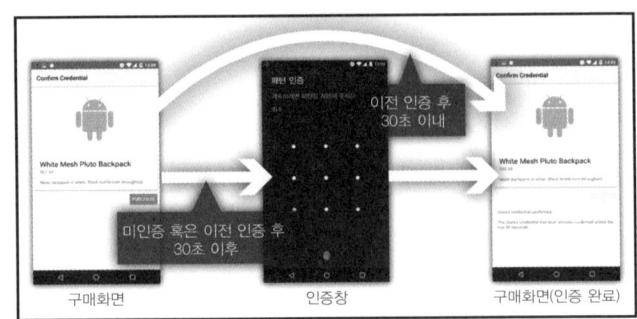

[그림 16-5] Confirm Credential 앱

[URL] Confirm Credential 예제
https://developer.android.com/samples/ConfirmCredential/index.html

이 예제 앱은 Fingerprint Authentication과 거의 같은 상품구매 화면 예제입니다. 인증 요청에 시간 간격을 설정해 단말의 잠금화면과 앱 내에서의 잠금 해제가 30초 이내라면 인증 없이 동작시킬 수 있습니다.

인증 절차의 흐름과 구조

Confirm Credential 앱은 앱 내에서 암호화 등에 키를 이용하는 것이 트리거가 되어 시스템에 인증을 위임합니다. 예제에서는 로컬 데이터 등을 암호화하고자 대칭키를 생성해서 이용합니다. 주된 흐름은 다음과 같습니다.

1. 키를 생성한다(키를 이용할 때는 사용자 인증이 필요하다고 설정한다)
2. 미인증 상태로 키에 액세스했을 때 발생하는 예외를 감지해 인증을 실행한다/실행하지 않는다로 처리한다(인증 처리)
3. 시스템에 대해 인증 처리를 위임한다.
4. 인증 결과를 받는다

이제부터 순서대로 설명해 가겠습니다.

사전처리: 설정 확인

실제 처리 전에 설정을 확인합시다. Confirm Credential은 단말의 잠금화면을 이용하므로 단말 자체에 잠금 설정이 돼 있지 않으면 이용할 수 없습니다. Fingerprint Authentication과 마찬가지로 잠금화면을 제어하는 KeyguardManager의 isKeyguardSecure()로 잠금화면에 지문이나 패스워드가 설정됐는지 미리 확인해 둡시다(예제 16-11).

[예제 16-11] 단말의 보안 잠금 설정을 확인한다(자바)

```java
KeyguardManager mKeyguardManager = (KeyguardManager)context.getSystemService(KeyguardManager.class);
if (!mKeyguardManager.isKeyguardSecure()) {
    // 잠금화면에 지문 설정과 패스워드 등을 설정하도록 사용자에게 알린다
    // 인증 버튼 비활성화 등
}
```

① 키를 생성한다

앱 내의 로컬 데이터를 암호화하는 대칭키를 생성합니다. 대칭키를 생성할 때는 javax.crypto.KeyGenerator를 이용합니다. 다음은 예제 앱의 MainActivity에서 키를 생성하는 코드입니다(예제 16-12). 설명을 위해 일부 주석을 수정했습니다.

[예제 16-12] 대칭키 생성(MainActivity.java)

```java
try {
    KeyStore keyStore = KeyStore.getInstance("AndroidKeyStore");
    keyStore.load(null);
    KeyGenerator keyGenerator = KeyGenerator.getInstance(KeyProperties. KEY_ALGORITHM_AES, "AndroidKeyStore");
    keyGenerator.init(new KeyGenParameterSpec.Builder("<임의의 키 이름>",KeyProperties.PURPOSE_ENCRYPT | KeyProperties.PURPOSE_DECRYPT)
            .setBlockModes(KeyProperties.BLOCK_MODE_CBC)
            .setUserAuthenticationRequired(true) // 키를 이용할 때 인증을 요청
            .setUserAuthenticationValidityDurationSeconds(<임의의 인증 간격(초 )>)
            // 다음에 인증을 요청할 때까지의 시간(단위: 초)
            .setEncryptionPaddings(KeyProperties.ENCRYPTION_PADDING_PKCS7)
            .build());
    keyGenerator.generateKey();
} catch (NoSuchAlgorithmException | NoSuchProviderException
```

```
            | InvalidAlgorithmParameterException | KeyStoreException
            | CertificateException | IOException e){
        // error handling
    }
```

여기서 android.security.keystore.KeyGenParameterSpec.Builder에 주목합시다. 키의 이름과 제약 외에도 주목해야 할 설정이 두 가지 있습니다.

하나는 setUserAuthenticationRequired()에 대해 true를 설정하는 부분입니다. 이 설정으로 키를 이용할 때 사용자 인증이 요청됩니다. 사용자 인증이 되지 않은 경우에는 예외가 발생합니다. 이 예외를 포착함으로써 인증되지 않았다는 사실을 검증할 수 있고, 적절한 시점에 시스템에 인증 처리를 위임할 수 있게 됩니다.

또 하나는 setUserAuthenticationValidityDurationSeconds()입니다. 이 인수에 시간(초)을 설정함으로써 인증 혹은 단말의 잠금 해제 후 설정한 시간 이내라면 별도 인증 없이 키를 이용할 수 있습니다. 키를 이용할 때 인증을 유효하게 하고, 앱의 보안 요건에 맞게 인증 간격을 설정합니다.

② 인증 처리

키를 이용할 때 인증이 이뤄졌는지 감지하고, 그다음 처리 내용을 수행합니다. Keystore로부터 키를 가져와 암호화 처리를 합니다. javax.crypto.Cipher에 적당한 바이트 배열을 설정해 암호화 처리를 합니다. 암호화 처리 시 키를 이용할 때 사용자 인증이 되지 않은 경우 android.security.keystore.UserNotAuthenticatedException 예외가 발생합니다. 이 예외를 포착함으로써 인증되지 않은 상태임을 알 수 있습니다. 인증된 경우는 그다음 처리 내용을 수행하고, 인증되지 않은 경우는 인증 처리를 할 필요가 있습니다. 다음은 인증 여부를 처리하는 로직을 구현한 예입니다(예제 16-13). 예제 앱에서는 MainActivity의 tryEncrypt()를 참조하면 되겠지요.

[예제 16-13] 인증 여부를 처리하는 예(자바)

```
try {
    // KeyStore를 이용하는 처리 내용을 기술한다
    KeyStore keyStore = KeyStore.getInstance("AndroidKeyStore");
    keyStore.load(null);
```

```java
        SecretKey secretKey = (SecretKey) keyStore.getKey("<임의의 키 이름>", null);
        // 적당한 바이트 배열을 암호화하는 처리를 수행한다
        Cipher cipher = Cipher.getInstance(
            KeyProperties.KEY_ALGORITHM_AES + "/"
            + KeyProperties.BLOCK_MODE_CBC + "/"
            + KeyProperties.ENCRYPTION_PADDING_PKCS7);
        cipher.init(Cipher.ENCRYPT_MODE, secretKey);
        cipher.doFinal(<적당한 바이트 배열>);
        // 문제가 없으면 인증된 것이므로 그다음 처리를 수행한다
    } catch (UserNotAuthenticatedException e) {
        // ==
        // 인증되지 않았다
        // ==

    } catch (KeyPermanentlyInvalidatedException e) {
        // error handling
    } catch (BadPaddingException | IllegalBlockSizeException | KeyStoreException
        | CertificateException | UnrecoverableKeyException | IOException
        | NoSuchPaddingException | NoSuchAlgorithmException | InvalidKeyException e) {
        // error handling
    }
```

③ 시스템에 인증 처리를 위임한다

UserNotAuthenticatedException을 포착하면 인증이 필요합니다. 인증은 시스템에 단말의 잠금화면 처리를 위임합니다. KeyguardManager의 createConfirmDeviceCredentialIntent()로 Intent를 생성해 액티비티의 startActivityForResult()로 위임합니다. 다음은 시스템에 인증 처리를 위임하는 예입니다(예제 16-14). 예제 앱에서는 MainActivity의 showAuthenticationScreen()을 참고하세요.

[예제 16-14] 인증 처리 위임의 구현 예(자바)

```java
Intent intent = mKeyguardManager.createConfirmDeviceCredentialIntent(null, null);
if (intent != null) {
    startActivityForResult(intent, <임의의 요청 코드>);
}
```

④ 시스템에 인증 처리를 위임한다 / ⑤ 인증 결과를 받는다

인증 화면이 표시되고 사용자가 인증 조작을 하면 앱 쪽에서 그 결과를 받아들입니다. 인증 처리를 위임하고자 액티비티의 startActivityForResult()로 인증 처리를 했으므로 결과는 onActivityResult()로 받아올 수 있습니다. 다음은 시스템에 위임한 인증 처리 결과를 받아오도록 구현한 예입니다. 예제 앱에서는 MainActivity의 onActivityResult()를 참고하세요.

인증이 성공했을 때 resultCode가 반환됩니다. RESULT_OK면 인증 성공이므로 인증 후의 처리 내용을 수행합니다.

[예제 16-15] 인증 처리 결과를 받는 구현 예(자바)

```java
@Override
protected void onActivityResult(int requestCode, int resultCode, Intent data) {
    if (requestCode == <임의의 요청 코드>) {
        if (resultCode == RESULT_OK) {
            // ==
            // 인증 성공
            // 인증 후 처리를 기술한다
            // ==
        } else {
            // 상태에 따라 처리
        }
    }
}
```

16.3 정리

어떠셨나요? 지문인증을 구현하는 방법은 두 가지가 있습니다. 유연성은 좋지만 구현 비용이 많이 드는 FingerprintDialog와 구현 비용은 적게 드는 대신 유연성이 떨어지는 ConfirmCredential입니다. 각각의 특징을 잘 이용하면 앱과 서비스의 보안을 높일 수 있습니다. 세상에는 다양한 앱과 서비스가 있습니다. 커뮤니케이션 영역, 전자상거래 영역, 미디어 영역, 앱과 서비스에 따라 지키고자 하는 정보가 무엇인지 확실히 하고, 인증을 적용할 범위를 명확히 하면서 활용합시다.

CHAPTER 17
앱의 장점을 전하자: 앱 공개

이번 장에서는 드디어 Google Play에 앱을 릴리스하는 방법을 다룹니다. 앱을 공개할 때 이용할 수 있는 테스트(일부 사용자를 대상으로 하는 릴리스) 기능 등을 설명합니다. 그런 다음, 앱의 이용자 수와 앱이 어떻게 사용되는지 살펴보고, 효과적인 릴리스 빈도 등 릴리스와 관련된 사항을 살펴보겠습니다.

17.1 개발자 콘솔을 활용해 한발 앞서가는 릴리스를 구현하자

안드로이드 앱의 릴리스는 Google Play Developer Console(이하 개발자 콘솔)에서 합니다. 이번 절에서는 일반적인 앱 공개에 더해 개발자 콘솔에 탑재된 편리한 기능을 설명합니다. 이러한 기능을 능숙하게 사용함으로써 재빠른 피드백을 얻을 수 있고, 앱 크기 최적화 등 많은 이점을 얻을 수 있습니다. 이번 절에서 학습한 지식을 꼭 활용해 보세요.

17.1.1 알파 버전/베타 버전을 활용하자

우선은 앱을 프로덕트 버전으로 공개하기 전에 사용할 수 있는 기능인 알파 버전/베타 버전 테스트를 소개합니다. 이 기능은 특정 사용자나 그룹만을 대상으로 앱을 릴리스할 수 있는 기능으로, 2013년 Google I/O에서 발표됐습니다(그림 17-1).

[그림 17-1] 알파 버전/베타 버전 테스트용 표시

앱을 일부 사용자에게 제공한다는 의미에서는 Tech09에서 DeployGate에 관해 설명했습니다. DepolyGate와 알파 버전/베타 버전 테스트의 차이는 무엇일까요? DeployGate는 실제로 릴리스하는지를 묻지 않고 기능을 충족시키는가, 사용성은 나쁘지 않은가 등 피드백을 빠르게 하는 데 주안점을 둡니다. 반면 알파 버전/베타 버전 테스트는 프로덕트로서 공개할 앱의 완성도를 더욱 높이고 과금 및 GCM을 사용한 푸시 알림과 같은 개발 중에 테스트하기 어려운 기능을 확인하는 데 사용되는 일이 많습니다. 이런 차이가 있으니 더 릴리스 환경에 가까운 상태로 테스트하고 싶을 때는 알파 버전/베타 버전 테스트를 이용하는 것이 좋습니다. 그 밖에 다음과 같은 차이점도 있습니다.

[표 17-1] 알파 버전/베타 버전 테스트와 DeployGate의 차이

항목	알파 버전/베타 버전 테스트	DeployGate
스토어 게재 정보	필요	불필요
apk 서명	릴리스 서명 필요	디버그 서명도 가능
versionCode	테스트별로 갱신할 필요가 있다	똑같아도 된다

그럼 실제로 알파 버전/베타 버전 테스트를 등록하는 방법을 살펴봅시다. 개발자 콘솔 상에서는 알파 버전, 베타 버전으로 분리돼 있지만 할 수 있는 기능에 차이는 없습니다. 프로덕트 버전에 얼마나 가까운가에 따라 변경해가면 좋겠지요. 알파 버전을 공개하고 문제가 없으면 베타 버전으로 이행하고, 베타 버전에서도 문제가 없으면 프로덕트 버전으로 하는 흐름이 일반적입니다.

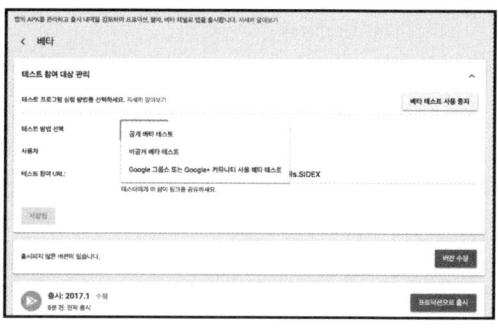

[그림 17-2] 테스트 방법을 선택하는 화면

앱을 다운로드할 수 있는 사용자는 다음 세 가지 중에서 고를 수 있습니다(그림 17-2). 회사 내 등에서 폐쇄적으로 테스트하고 싶을 때는 비공개 알파/베타 테스트, 특정 커뮤니티를 대상으로 하고 싶을 때는 Google 그룹이나 Google+, 기본적으로는 범위 제한 없이 하고 싶을 때는 공개 알파/베타 테스트를 선택합니다. 회사나 팀의 상황을 고려해 어떤 공개 범위로 할지 적절히 선택합시다.

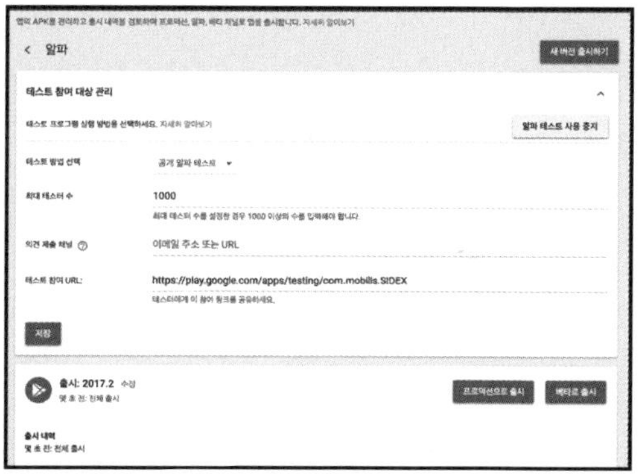

[그림 17-3] 테스트 대상 관리

- **비공개 알파/베타 테스트**: 이메일 주소를 개별적으로 지정한다
- **Google 그룹 혹은 Google+**: 커뮤니티를 지정한다
- **공개 알파/베타 테스트**: URL을 알면 누구라도 다운로드할 수 있다(배포의 상한선을 결정할 수 있다)

그 밖에 개발자 콘솔에는 '제품의 단계적 출시'와 같은 기능도 있습니다. 이 기능을 이용하면 일부 사용자에게만 프로덕트 버전 앱을 공개할 수 있습니다. 단계적 공개는 알파/베타 테스트와 달리 Google Play에 리뷰를 올릴 수 있으므로 그 점에는 신경 써야 합니다.

야후에서는 프로덕트 버전을 완성한 후 모든 사용자에게 공개하기 전에 최종적인 안전성과 안정성 (충돌이 일어나거나 오류가 없는지, API의 부하 확인 등) 확인을 위해 단계적 공개를 사용합니다. 야후의 어떤 앱에서는 우선 5% 공개로 하루를 보내고, 문제가 없으면 20%로 공개 비율을 끌어올리고, 다시 하루가 지나도 문제없으면 100%로 공개하는 형태를 취합니다. 알파/베타 테스트와 함께 단계적 공개 기능도 꼭 활용합시다.

[URL] 개발자 콘솔에서의 배포
https://play.google.com/apps/publish/

17.1.2 apk를 나누어 릴리스하자

Goolge Play에는 같은 앱이라면서 여러 개의 apk를 배포하는 기능이 있습니다. 여러 개의 apk를 배포하는 방법의 장점은 불필요한 리소스 파일을 포함하지 않게 되어 앱의 크기를 줄이고, 기기와 API 레벨에 따라 구현 방법을 바꿀 수 있다는 점을 들 수 있습니다. 한편으로 구글은 apk 크기가 100MB를 넘거나 뭔가 기술적인 이유가 있는 경우를 제외하면 사용성 등을 고려해 apk 나누기는 추천하지 않습니다. 이 점에 주의하면서 앞으로의 설명을 읽어주세요. 자세한 사항은 개발자 문서의 Multiple APK Support 페이지를 참조하세요.

[URL] Multiple APK Support 페이지
https://developer.android.com/google/play/publishing/multiple-apks.html

그럼 구체적으로 여러 개의 apk를 릴리스하는 방법을 살펴봅시다. apk는 주로 다음과 같은 항목에 따라 릴리스할 수 있습니다.

[표 17-2] apk를 나눌 대상으로 할 수 있는 항목

항목	지정 방법
화면 크기 · 픽셀 밀도	매니페스트 내의 〈supports-screens〉 혹은 Gradle의 splits 기구
단말에 탑재된 기능(카메라와 NFC 등)	매니페스트 내의 〈uses-feature〉
대상 API 레벨	minSdkVersion과 maxSdkVersion의 조합
CPU 아키텍처	Application.mk 파일 혹은 Gradle의 splits 기구
OpenGL 텍스처의 압축 포맷	매니페스트 내의 〈supports-gl-texture〉

그 밖의 규칙으로 릴리스 시에는 모든 apk의 패키지명과 서명은 같을 필요가 있습니다. 또한 한편으로 버전 코드는 모든 apk에 다르게 붙여야만 합니다.

그럼 실제로 apk를 나눠 릴리스하는 작업을 해봅시다. 이번에는 splits를 써서 해상도별로 apk를 만듭니다. 다음 예제는 모든 해상도 중 ldpi, tvdpi, xxxhdpi를 제외한 apk를 만드는 방법을 보여 줍니다(예제 17-1).

[예제 17-1] 해상도별로 apk를 나누는 설정(app/build.gradle)

```
android {
    splits {
        density {
            enable true
            exclude "ldpi", "tvdpi", "xxxhdpi"
        }
    }
}
```

그럼 ./gradlew assembleProduction을 실행해 봅시다. 또한 서명에 관한 설정이 없지만 ./gradlew assembleProduction으로 릴리스 서명된 apk를 만들 수 있게 설정해야 합니다.

위 예에 따르면 다음과 같이 ldpi, tvdpi, xxxhdpi를 제외한 apk 파일을 확인할 수 있겠지요(예제 17-2).

[예제 17-2] 생성된 apk 목록

```
$ ls -l /PATH/TO/APKS/
-rw-r--r--   1 user    staff    1060348 10 12 13:38 app-hdpi-release.apk
-rw-r--r--   1 user    staff    1055556 10 12 13:38 app-mdpi-release.apk
-rw-r--r--   1 user    staff    1211674 10 12 13:38 app-universal-release.apk
-rw-r--r--   1 user    staff    1065838 10 12 13:38 app-xhdpi-release.apk
-rw-r--r--   1 user    staff    1073373 10 12 13:38 app-xxhdpi-release.apk
```

이 중에서 app-universal-release.apk는 splits를 사용할 때 기본으로 생성되는 apk로서 모든 해상도에 대응합니다. apk를 나누어 릴리스하는 것이 목적일 때는 기본적으로 사용하지 않겠지요. 이때 app-universal-release.apk는 다른 apk보다 약간 크기가 큰 것을 확인해 둡시다. 그 이유는 universal 이외의 apk는 빌드 대상 해상도 이외의 리소스(drawable-hdpi와 res/drawable-xdpi 등)는 불필요한 파일로 간주해 빌드 시 apk에 포함하지 않기 때문입니다.

이처럼 apk를 나눠서 빌드했다면 나머지는 개발자 콘솔에서 공개하면 됩니다. 단, 각 apk의 versionCode는 달라야만 한다는 점에 주의하세요. 그러므로 위의 경우는 그대로 공개할 수 없습니다. apk를 나누는 경우의 versionCode 형식은 7자리 이상을 사용해야 하는 등, Multiple APK Support 페이지에 어느 정도 기재돼 있으니 그 부분도 확인해 보세요(구글이 여러 개의 apk를 권장하지 않는 이유 중 하나인 유지 관리가 복잡해지는 측면도 여기에 나와 있습니다).

[그림 17-4]는 apk에 따라 대응하는 API 레벨을 바꿔 릴리스한 경우의 개발자 콘솔 화면입니다. API 레벨 8 이상, 14 이상, 15 이상으로 지원 API 레벨을 바꾼 3개의 apk를 배포하고 있습니다.

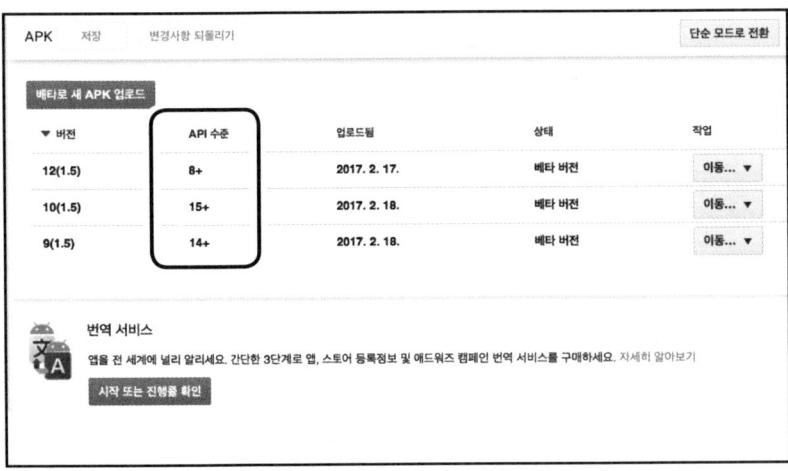

[그림 17-4] API 레벨을 바꿔 여러 개의 apk를 공개하는 예

17.2 사용자 설치 수를 자세히 이해하자

이번 절에서는 A/B 테스트를 채용한 설치율 향상 시험과 개발자 콘솔에서 확인할 수 있는 사용자 설치 수와 유입 경로를 살펴보겠습니다. 이러한 분석을 통해 유입 매체 최적화와 신규 설치율 향상으로 다가갑시다.

17.2.1 A/B 테스트로 페이지 전환율을 높이자

사용자가 Google Play 스토어의 앱 정보 페이지를 방문해도 앱이 설치되지 않으면 아무 소용이 없습니다. 앱 정보 페이지를 방문한 사용자 중, 앱을 설치한 사용자 비율(이하, 설치율)이 0%라면 가령 하루에 수십만이 넘게 방문하더라도 설치 수는 0입니다.

설치율이 낮은 원인에는 방문 직전의 페이지에서 홍보한 내용과 게재된 정보가 차이가 있거나, 소개 문구가 매력적이나 않거나, 제품의 이미지 품질이 나쁘거나 등 다양한 이유를 생각해 볼 수 있습니다. 개발자 콘솔에는 이 같은 사태를 가능한 한 줄이는 수단의 하나로 'A/B 테스트'라는 기능이 준비돼 있습니다. 이 기능을 이용하면 Google Play 스토어에 표시할 이미지나 아이콘, 문구를 몇 가지 패턴으로 나누어 표시할 수 있습니다.

구체적으로는 다음과 같은 항목으로 나눌 수 있습니다. 앱 정보 페이지의 표시 총 수를 100%라고 했을 때 최대 50%의 표시 비율을 테스트로써 사용할 수 있습니다.

- 고해상도 이미지
- 홍보용 이미지
- 스크린샷
- 프로모션 동영상
- 간단한 설명
- 상세한 설명

화면에서도 알 수 있듯이 손쉽게 시작할 수 있는 A/B 테스트지만 방침을 정해서 운영하는 것이 중요합니다. 만약 어떤 방침 없이 아이콘과 선전용 이미지, 설명 등 여러 요소를 한 번에 변경해 버린 경우, 가령 설치율이 오르더라도 어느 요소가 설치율 향상으로 이어졌는지 불분명해집니다. 예를 들어, 다음과 같은 패턴을 생각할 수 있습니다.

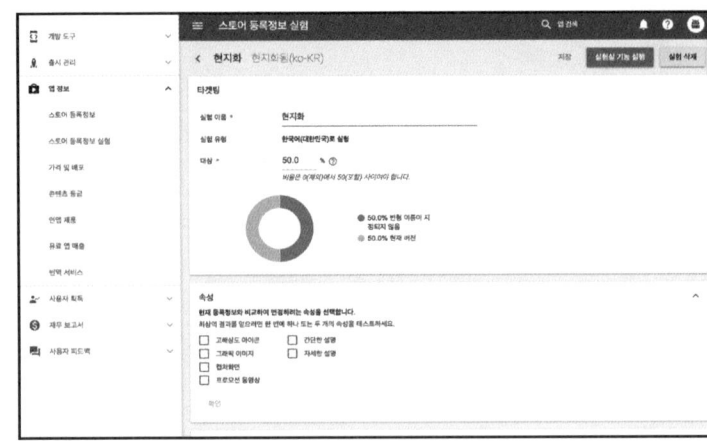

[그림 17-5] A/B 테스트 설정 화면

- 프로덕트의 대략적인 어필 포인트를 찾기 위해 거의 모든 항목을 대폭 바꾼 스토어 내용을 준비해 요구를 확인한다.
- 대략적인 어필 포인트가 정해졌으므로 일부 항목을 바꿔 설치율 향상을 위한 표현을 최적화한다.

기본적으로는 전자에서 전체적인 틀을 확인했다면 후자에서 표현을 최적화하는 것이 좋겠지요.

테스트를 시작해서 충분한 수의 사용자가 페이지에 방문하면 개발자 콘솔에서 [그림 17-6]과 같은 결과를 확인할 수 있습니다. 여기에는 표시 비율에 따라 보정된 설치 수와 성능의 좋고 나쁨이 기재되므로 최종적으로 다운로드 수가 많아지는 이미지나 문구, 조합을 선택해 스토어 등록 정보의 내용을 결정할 수 있습니다.

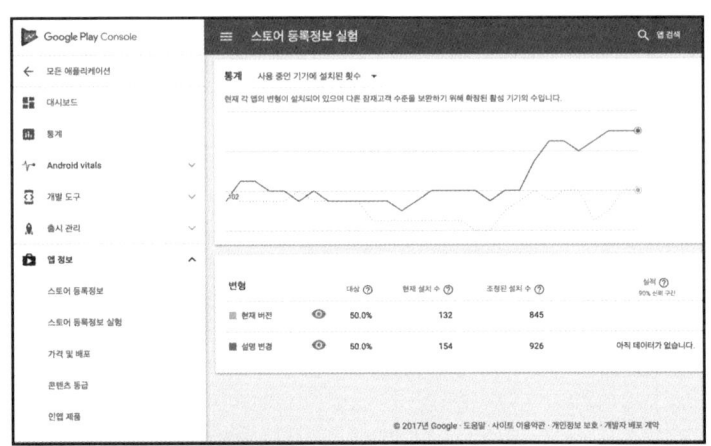

[그림 17-6] A/B 테스트 결과 화면

A/B 테스트는 제작 작업과 문구 결정만으로 할 수 있는 경우가 많아 apk 배포에 비교하면 비교적 오랜 시간을 들이지 않고도 실시할 수 있습니다. 또한 테스트 결과도 명확한 차이가 있으면 하루 정도만에 나오는 등 빠르게 피드백을 얻을 수 있습니다.

야후의 사내 A/B 테스트에서는 몇 주 만에 약 20% 이상의 퍼포먼스를 향상한 사례도 있습니다. 앱 자체의 품질 향상도 물론 중요하지만 마찬가지로 Google Play에 등록한 내용에 대해서도 A/B 테스트를 하면서 신규 설치율 향상을 목표로 합시다.

17.2.2 설치에 관한 데이터를 이해하자

개발자 콘솔에는 앱 설치 상황과 평가, 충돌, 비정상 종료 등 다양한 정보를 인식하는 기능이 있습니다. 이번 항에서는 그러한 개발자 콘솔의 기능 가운데 설치와 직접적으로 관련된 '통계정보'와 '사용자 획득'에 관해 설명합니다.

통계정보

'통계정보'에서는 앱이 설치된 단말의 대수와 신규 설치 수, 사용자 제거 수, 평가나 비정상 종료 수를 볼 수 있습니다. 이 책에서는 자세히 다루지 않지만 구글 애널리틱스와 개발자 콘솔을 연결한 경우에는 몇 가지 항목이 추가되니 함께 확인해 둡시다. [그림 17-7]에서는 앱의 설치 수를 확인하고 있습니다. 1개월이나 3개월처럼 기간을 지정해서 설치 수의 추이를 그래프로 확인할 수 있습니다.

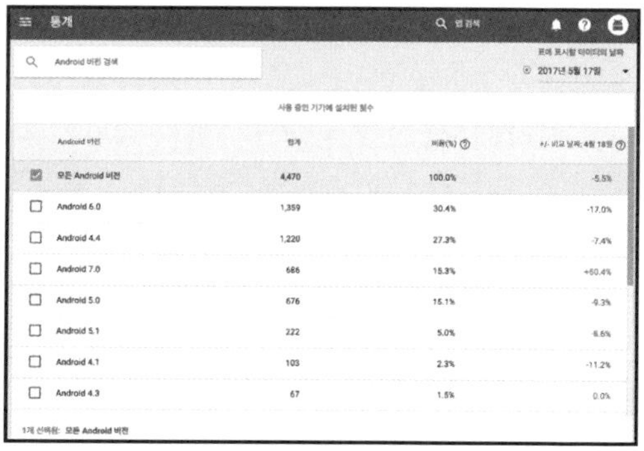

[그림 17-8]에서는 설치된 단말의 모델명을 확인하고 있습니다. 단말 모델명 외에 OS 버전, 국가, 통신사 등의 정보를 파악할 수 있습니다. 앱의 사용자가 어떤 단말 환경에서 많이 사용하

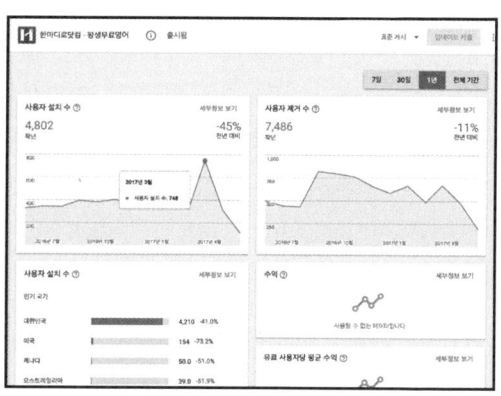

[그림 17-7] 설치 수를 확인한다

[그림 17-8] 앱을 설치한 단말의 모델명과 수를 확인한다

는지 파악할 수 있으므로 개발 시의 디버그/테스트 단말을 선택하는 데 활용합시다.

또한 설치된 앱의 버전 정보도 중요한 정보 중 하나입니다. 특히 릴리스 직후에 어느 정도 앱이 갱신되는지 파악해 두면 릴리스 전 효과 예측이나 릴리스 후 실적 측정에 활용할 수 있습니다.

매일 설치 추이와 평가 추이를 추적함으로써 앱을 건전하게 유지하고 확실하게 키워갑시다.

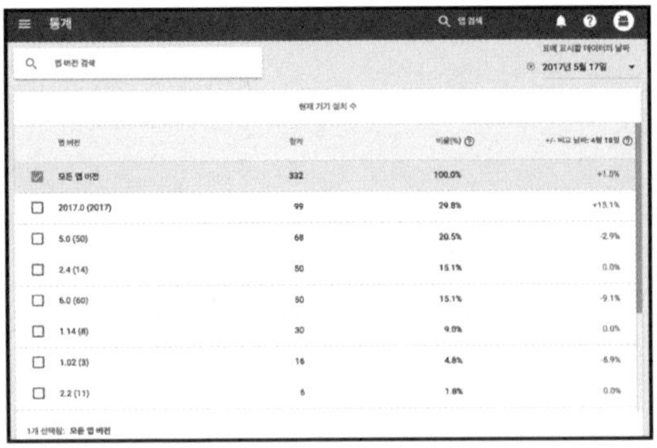

[그림 17-9] 설치된 앱의 버전을 확인한다

사용자 획득

다음으로 '사용자 획득' 항목입니다. 여기서는 어디를 거쳐 Google Play에 도달했는지, 도달 후 설치율에 관한 정보를 확인할 수 있습니다. 이 정보는 일, 주, 월별로 기간을 지정해 열람할 수 있습니다.

[그림 17-10]은 사용자 획득 화면입니다. 화면 상의 그래프에서는 '스토어 등록정보 방문자' '설치한 사용자', '구매자' '반복 구매자' 수 등을 확인할 수 있습니다. 여기서 Play 스토어의 등록 정보 페이지가 몇 번 보였고 설치율이 어느 정도인지 확인할 수 있습니다(과금하는 경우, 설치 후 어느 정도 결제로 이어졌는지 파악할 수 있습니다).

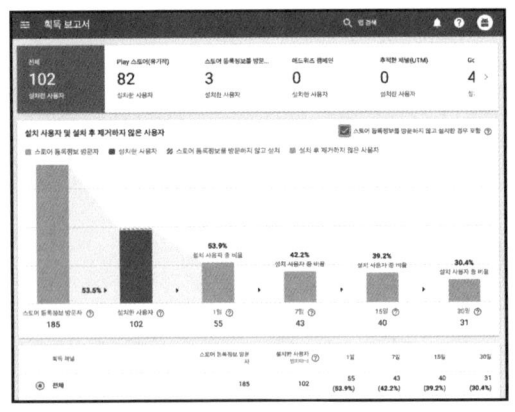

[그림 17-10] 사용자 획득 화면

설치율을 높이려면 조금 전 설명한 A/B 테스트가 효과적이지만 어떤 테스트를 할지 결정하는 재료로서 '유입경로(Play 스토어에 어떻게 도달했는가)'를 아는 것도 중요합니다. '사용자 획득'에서는 유입 경로를 알 수 있으므로 큰 비율을 차지하는 경로에 맞는 표현을 시험해 봅시다.

유입 경로는 Play 스토어, 추적한 채널, 구글 검색, 애드워즈 캠페인, 타사 리퍼러 등 몇 가지 채널로 구분되며 방문자 수와 설치한 사용자 수를 각각 확인할 수 있습니다.

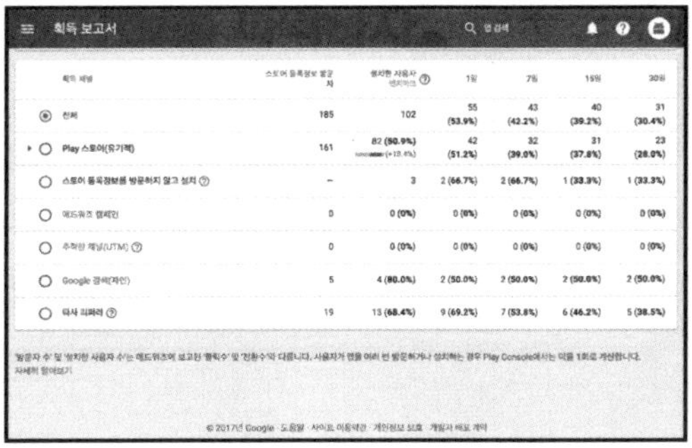

이 가운데 주목해야 할 것은 '추적한 채널'입니다. 추적한 채널을 이용하면 외부 사이트 등에서 Google Play로 이동한 수와 설치 수에 관한 보고서를 간단히 확인할 수 있습니다(추적한 채널이 등장하기 전에는 설치 리퍼러 취득 등 앱에서 구현할 필요가 있었습니다).

[그림 17-11]은 추적한 채널을 이용했을 때의 실적 확인 화면입니다. 채널별 방문자 수와 설치 수(유료 앱이라면 구매자와 반복 구매자도)

[그림 17-11] 추적 채널을 이용한 실적 확인

를 확인할 수 있습니다. 이 추적한 채널에 기재하기 위해 URL을 준비하는 것뿐이므로 매우 간단합니다. 기본적으로는 준비할 항목은 소스, 미디어, 캠페인 이름의 세 가지입니다. URL 작성에는 다음에 소개하는 구글 공식 도구를 사용하면 좋습니다(그림 17-12).

[URL] URL 작성 도구

https://support.google.com/analytics/answer/1033867?hl=ko

등록정보 페이지의 노출을 늘리는 연구 외에도 앞에서 설명한 A/B 테스트 등도 함께 활용해 사용자 방문과 설치율의 최대화를 목표로 합시다.

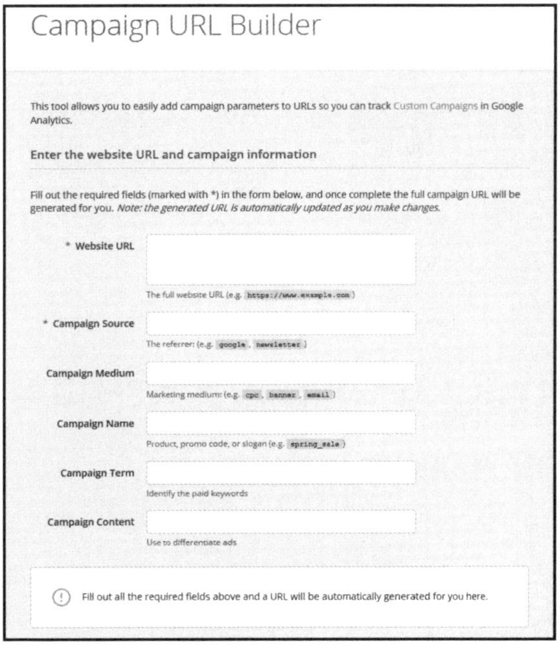

[그림 17-12] URL 작성 도구

17.3 사용자에게 적절히 앱을 전달하자

지금까지 앱의 릴리스 및 설치에 필요한 지식을 설명했습니다. 이번 절에서는 앱의 오류 발생과 사용자 리뷰에 의한 서비스 제공 상황 파악, 릴리스 빈도에 따라 사용자가 받는 인상에 관해서도 설명합니다. 앱을 릴리스한 후 사용자의 반응을 잘 따라잡아 설치 수 증가를 목표로 해 봅시다.

17.3.1 앱이 문제없이 동작하는지 파악하자

우선은 개발자 콘솔에서 확인할 수 있는 앱의 비정상 종료와 ANR(Application Not Response)을 알아보겠습니다. [그림 17-13] 비정상 종료 및 ANR 화면에는 앱에서 발생한 비정상 종료와 ANR이 표시됩니다. 단, 이 보고서는 비정상 종료 혹은 ANR이 발생했을 때 사용자가 스스로 보고하기 버튼을 누른 경우에만 표시되므로 주의가 필요합니다.

[그림 17-13] 비정상 종료와 ANR 확인 화면

결국 사용자가 직접 정보를 보내주지 않으면 개발자가 눈치채지 못하는 특성상, 실제 앱 개발 환경에서는 다른 충돌 분석 서비스가 사용되는 경우가 많습니다. 유명한 것으로는 Splunk MINT(구 BugSense)나 Crashlytics, Crittercism 등의 서비스가 있습니다. 앱 개발 시에는 꼭 이 같은 서비스를 이용해 보는 것도 검토해 보세요.

17.3.2 사용자의 리뷰를 확인하고 응답하자

'평가 및 리뷰'에서는 사용자가 Google Play에 남긴 리뷰 수나 별의 개수, 리뷰 본문 등을 볼 수 있습니다(그림 17-14). 평점 변동 추이에서는 비율 표시 등도 할 수 있으므로 평균적으로 리뷰가 좋은지 나쁜지 한눈에 알 수 있도록 배려하고 있습니다. 또한 리뷰에 대한 답글도 이 화면에서 달 수 있습니다.

개발자 댓글 게시 정책은 '명확히 설명한다' '예의 바르게 한다' '구매 권유나 선전을 하지 않는다' 등 문서로 정해져 있으니 한번 읽어둡시다. 성실하고 적확한 댓글은 사용자로부터 좋은 평가를 얻는 요인도 될 수 있습니다. 적극적으로 실천해 갑시다.

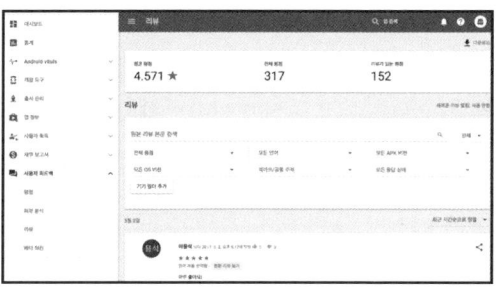

[그림 17-14] 평가와 리뷰 확인 화면

[URL] 앱 평점 및 리뷰를 확인하고 분석하기
https://support.google.com/googleplay/android-developer/answer/138230?hl=ko

17.3.3 릴리스 빈도와 방법을 최적화하자

웹의 경우 캐시를 제외하면 거의 매번 통신을 수행해 최신 버전의 HTML/CSS, 자바스크립트를 가져올 수 있지만 앱에서는 수동(혹은 특정 상황에서는 자동)으로 apk 파일을 내려받아 설치하는 형태로 업데이트해야만 합니다(그림 17-15). 결국 앱은 웹보다 업데이트하는 데 시간이 오래 걸리고, apk를 내려받을 때 비교적 많은 통신량이 필요합니다. 게다가 통신사의 통신망을 이용하는 경우 월 ○○GB까지는 제한 없이 사용할 수 있지만 그 이상은 통신이 제한되는 등 통신과 관련된 스마트폰만의 제약도 있습니다. 이렇나 시간과 통신량을 고려했을 때 사용자 관점에서 말하자면 가능한 한 앱의 업데이트 횟수는 줄이는 게 좋다는 것을 알 수 있습니다.

[그림 17-15] Google Play 앱 업데이트 화면

또한 통신량 외에도 '인상'에도 주의해야만 합니다. 현재의 안드로이드 OS 사양에서는 앱의 업데이트가 있는 경우나 업데이트가 끝난 후 알림을 사용해 메시지를 표시합니다. 극단적인 예로서 매일 앱을 업데이트해 버리면 매일 사용자에게 '업데이트가 있습니다' 혹은 업데이트 후에 '앱이 업데이트 됐습니다'라고 표시하게 됩니다. 데이터를 낭비한다거나 오류가 많다는 부정적인 인상을 줄 경우도 있습니다. 그러므로 적당한 기간을 두고 공개하도록 명심합시다.

그밖에 비상시에는 앱을 업데이트하게 만드는 구조를 검토하는 것도 좋겠지요. 과거의 예를 들면, 2012년에 어떤 브라우저 앱이 취약성에 관해 지적을 받는 사태가 있었습니다. 이 취약성이 뚫리면 정보 유출 등이 우려돼 앱 개발자는 곧바로 취약성에 대응한 앱을 공개하고 갱신하도록 알렸습니다.

웹이라면 취약성을 수정한 뒤 캐시를 지우면 바로 안전한 버전으로 사용자에게 서비스를 제공할 수 있습니다(사용자가 일부러 로컬 캐시 등을 사용하는 경우를 제외하면). 하지만 앱의 경우는 사용자가 앱을 갱신하지 않는 한 고지를 거듭해도 이런 사태에 대응할 수 없습니다.

만약 이런 상황에 빠진 경우에 피해를 최소한으로 줄이는 방법의 하나로 업데이트 알림창 기능을 미리 검토해 두면 좋겠지요. 업데이트 알림창은 앱이 시작될 때 Google Play에 업데이트가 있을 경우 알려주는 업데이트를 재촉하는 대화창입니다. [그림 17-16]은 알림창을 표시한 예입니다. 강제로 앱을 업데이트하고 싶은 경우는 이 창을 닫히지 않게(cancelable을 false) 설정해 앱을 업데이트하지 않고는 진행할 수 없게 강제하는 수단도 있습니다.

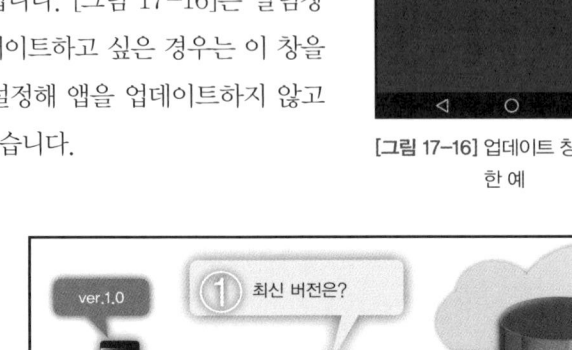

[그림 17-16] 업데이트 창을 표시한 예

이처럼 최신 apk 정보를 서버 쪽에 유지하고 업데이트 알림창 구조를 활용하면 필요에 따라 업데이트를 재촉할 수 있으므로 앱 버전에 의존하지 않고 최신 버전으로 관리할 수 있습니다(그림 17-17).

[그림 17-17] 업데이트 알림창의 기본 구조

17.4 정리

이번 장에서는 앱 공개에 관한 지식으로서 개발자 콘솔의 각종 데이터를 보는 방법과 공개 시 주의할 점을 학습했습니다. 앱의 공개는 최종 목표가 아니라 사용자에게 서비스를 제공하는 데 있어서 어디까지나 시작입니다. 사용자가 어떤 경로로 유입되는지, 어떻게 앱을 사용하는지 파악함으로써 사용자의 요구와 앱의 장점을 확인하면서 착실하게 앱을 성장시켜 갑시다.

또한 적당한 릴리스 빈도와 업데이트를 알려주는 구조도 설명했습니다. 계속해서 앱을 이용하도록 신경 써서 서비스를 제공해 갑시다.

공개한 앱을 성장시키자: 그로스 핵

CHAPTER 18

여러분이 애써 개발한 앱을 Google Play에서 배포하더라도 사람들이 사용해주지 않는다면 의미가 없습니다. 많은 사람이 설치하게 하고 지우지 않고 계속 사용하게 하는 것이 앱을 배포하는 목적이라고 할 수 있습니다. 사용자 수와 재방문율을 늘리고, 앱과 사용자의 연결(참여)을 강하게 하는 활동은 '그로스 핵' 등으로 불립니다. 앱 세계에서는 앱으로의 유입(인스톨)을 늘리는 것과 앱의 계속률(계속이용률)을 높이는 두 가지 축이 기본적인 진행 방향입니다. 이번 장에서는 이 두 가지 축에 관해 설명하고 실천 방법을 설명하겠습니다.

18.1 설치 수를 늘리자

앱의 규모를 키우려면 우선 설치 수를 늘리는 것이 중요합니다. 그렇게 하려면 무엇보다 많은 사람에게 노출 기회를 늘리고, 앱의 필요성을 강하게 보여주는 게 최고입니다. 이번 절에서는 Google Play에서의 노출과 프로모션으로 설치 수를 늘리는 방법을 이해해 봅시다.

18.1.1 유입 채널을 점검하자

안드로이드 앱을 개발할 때 배포처로서 가장 큰 영향력이 있는 곳이 Google Play라는 사실은 의심할 여지가 없습니다. 물론 타사 마켓도 있지만 인지도가 낮고 규모 면에서 충분한 설치 수를 확보하기 어려운 것이 현실입니다. 그러므로 Google Play에서 배포하고 그곳에 이르는 경로(채널)를 정리하고 분석해서 늘려가는 것이 영향력 있는 사용자 수를 확보할 수 있는 기본 전략이 됩니다.

사용자가 앱을 설치하는 데 이르는 경로(유입 채널)가 꼭 Google Play의 앱 검색만 있는 것은 아닙니다. 브라우저로 검색해서 Google Play로 링크를 타고 오기도 하고, 광고를 통해 Google Play로 직접 들어오는 수도 있습니다. 일반적인 유입 경로에는 다음과 것이 있습니다(표 18-1).

[표 18-1] 앱의 주요 유입 경로

유입 경로	설명	주요 개선책
자연 유입	Google Play 검색으로 유입	ASO(App Store Optimization)
자사 유입	자사 앱(App to App)이나 웹페이지(Web to App)로 유입	자사 서비스(앱, 웹페이지)에서 유도, 앱 인덱싱, 프로모션 사이트
프로모션	광고와 프로모션 등으로 유입	디스플레이 광고, 판촉 캠페인, CM 등

그 밖에도 회사가 놓인 환경 등으로 다른 획득 채널을 가진 경우도 있을 것입니다. 이제부터 위에서 언급한 일반적인 경로에 관해 설명하겠습니다.

18.1.2 자연 유입과 ASO를 이해하자

자연 유입은 Google Play 검색 또는 Google Play의 추천 코너나 인기 순위 목록을 통해 설치되는 경로입니다. Google Play 검색 결과에서 앱이 노출되려면 앱 상세 페이지의 소개 글 등도 많은 관련이 있습니다. 웹에서 말하는 검색엔진 최적화인 SEO(Search Engine Optimization)에 비유해 앱 스토어 최적화(ASO; App Store Optimization)로 불립니다. ASO는 자연 유입량 향상의 기본 대책이 됩니다. Google Play의 ASO도 SEO와 마찬가지로 구글의 검색 랭킹 로직이 공개된 것은 아니지만 기본이 되는 최적화 방법이 있습니다. 아래에 그 최적화 방법을 설명합니다.

앱 이름에 중요 키워드를 넣는다

앱의 콘셉트를 앱의 서브 타이틀로 넣으면 검색 순위에 오르기 쉬울 뿐만 아니라 검색 결과 목록 표시 단계에서도 어느 정도 콘셉트를 사용자에게 전달할 수 있습니다. 예를 들어, Yahoo! JAPAN 앱, 야후오크(ヤフオク) 앱, Yahoo! 간단캘린더 앱의 Google Play에 등록된 앱 이름을 살펴봅시다(그림 18-1).

Yahoo! JAPAN 앱은 '무료'로 '뉴스'와 '검색', '일기예보'를 사용할 수 있는 앱이라는 콘셉트를 전하고 있습니다. 야후오크 앱은 '입찰무료'로 '출품 수 일본 최대급'인 '온라인 옥션'이라는 강점을 전하고 있습니다. Yahoo! 간단캘린더 앱은 '무료' 스케줄 앱'으로 '관리'하는 계통의 앱이라는 사실을 알 수 있습니다. 각 앱은 이러한 키워드로 사용자가 검색했을 때 검색 결과 상위에 올라가는 것을 목표로 합니다.

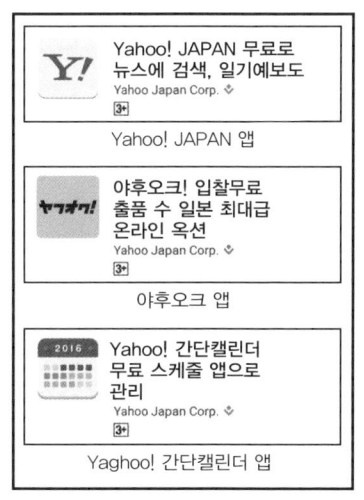

[그림 18-1] 앱 타이틀에 키워드를 삽입한다

주의할 점은 단순하게 중요 키워드만 집어넣는 것입니다. 구글은 문자열 내 키워드 비율을 본다고도 합니다. 하지만 과도한 키워드는 구글의 개발자 정책에도 위반되므로 키워드를 넣을 때는 앱 이름에 포함되지 않은 콘셉트로 추려서 짧게 마치는 것이 중요합니다.

검색 순위는 경쟁이나 그때그때 구글 검색 랭킹 로직에 의존합니다. 앱의 중요한 키워드를 결정하고 위치를 뒤바꾸거나 키워드를 바꿔보는 등 조정을 해서 항상 검색 결과 상위에 노출되게 합시다.

앱 아이콘

앱 아이콘은 앱 자체에서 이용하는 것과 Google Play에서 이용하는 것을 바꿀 수 있습니다. 아이콘은 Google Play의 검색 결과 목록 화면 등에서 콘셉트를 먼저 전달하거나 다른 앱과의 차별화에 이용합니다.

아이콘 이미지는 17장에서 설명한 A/B 테스트를 시행할 수 있으므로 더 효과가 큰 값으로 다가가는

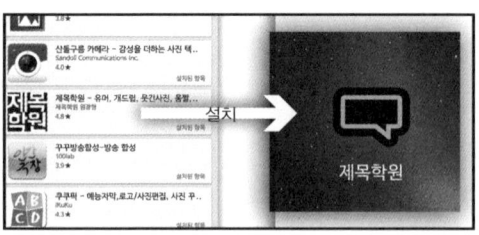

[그림 18-2] Goolge Play의 아이콘은 반드시 앱 아이콘과 같지 않아도 된다

것이 좋겠지요. 구글의 앱 아이콘은 머티리얼 디자인을 의식한 아이콘으로 변경되고 있습니다. 디자인 가이드라인을 의식한 아이콘으로 바꿔가는 것도 사용자를 끌어당긴다는 의미에서 검토할 가치가 있겠지요.

선전용 이미지, 스크린샷, 동영상

이미지와 동영상은 Google Play에서 사용자를 유인하는 아주 중요한 요소입니다. 설정만 해도 어느 정도 Google Play 검색 순위를 밀어 올리는 효과가 있다고 합니다. 빈칸 없이 채우는 게 중요합니다. 또한 동영상은 더욱 중요도가 높은 요소입니다. 동영상을 보고 콘셉트와 사용법을 이해하고 설치한 사용자 쪽의 계속률이 높은 경향이 있다는 사실이 알려졌습니다. 또한 스크린샷 등은 설명을 붙여 표시하면 사용자가 이해하기 쉽고 구매 욕구를 자극하는 효과가 있습니다(그림 18-3). 이런

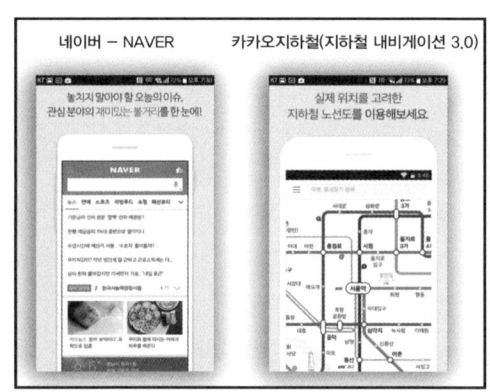

[그림 18-3] 스크린샷에 설명문을 붙인다

부분도 Google Play에서 A/B 테스트를 할 수 있으므로 PDCA 사이클을 정기적으로 돌면서 더욱 효과적인 방법으로 변경합시다.

간단한 설명, 자세한 설명

설명 부분도 제목과 마찬가지로 구글의 검색 랭킹 로직에 영향을 미칩니다. 키워드를 포함하는 효과적인 문장을 생각해 보세요. 중요한 키워드로 좁혀 키워드의 비율을 높이고, 검색 결과 상위에 나타나기 시작하면 몇 가지 서브 키워드로도 상위 랭킹을 노릴 수 있도록 조정해 갑시다.

리뷰에 댓글을 단다

Google Play의 리뷰는 사용자와의 접점이 되는 매우 중요한 요소입니다. ☆의 수가 적은 리뷰는 개발자에게 있어 가슴 아플 때도 있지만 확실히 사용자의 문제를 마주 보고 댓글을 달면 문제가 해결된 사용자는 ☆의 수를 바꿔주는 경우도 있습니다.

18.1.3 채널별로 효과가 높은 유도에 힘을 쏟자

자사 서비스 간에 협력해서 앱의 설치를 늘려가는 방법도 설치 수 확보에 필요한 요소의 하나입니다. 소스에 따라 앱이나 웹으로 App to App, Web to App으로 더 나눌 수 있습니다. 이전 장에서 설명한 것처럼 Google Play Developer Console 상에서 추적하는 추적된 채널을 자세히 나누어 분석하고 효과가 높은 유도에 힘을 쏟읍시다.

App to App

App to App이란 앱에서 앱으로 유입되는 경로입니다. 단순한 예를 들면, 어떤 앱의 광고란에 자사의 다른 앱 광고를 싣는 연계 방법이 있습니다. [그림 18-4]에서는 Yahoo! JAPAN 앱의 뉴스 피드에 들어가는 광고 영역에서 자사의 다른 앱인 Yahoo! 뉴스 앱 설치를 유도하고 있습니다.

또 다른 App to App의 예로는 앱의 기능을 분리해 다른 앱으로 기능을 위임하는 예가 있습니다. [그림 18-5]의 Google Map 앱의 예는 단순하고 실용적인 Map 앱에서 더 세밀한 지도 기능을 제공하는 Earth 앱으로 기능을 위임하고 있습니다. 물론 설치되지 않았으면 Earth 앱을 이용할 수 없겠지요.

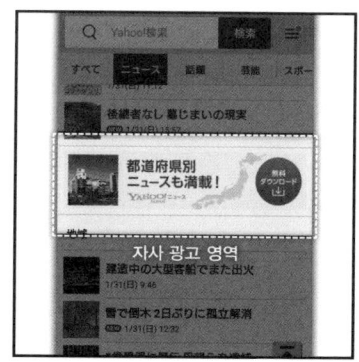

[그림 18-4] 자사 광고 영역(Yahoo! JAPAN 앱)

그럴 때는 Google Play의 설치 페이지로 안내하고, 설치돼 있으면 Map과 같은 위치 정보로 Earth 앱을 시작합니다. Map 앱은 Earth 앱의 시작점으로서 동작하며, 설치 후에도 사용자를 매끄럽게 인도할 수 있습니다. 이런 식의 연계는 설치 규모가 큰 앱에 적합하고, 앱의 설치 수를 일정 수준으로 끌어올릴 것을 기대할 수 있습니다.

[그림 18-5] Google Map 앱과 Google Earth 앱의 예

Web to App

Web to App은 웹페이지로부터 앱으로 유도하는 것입니다. 웹에서 앱으로 유도하는 데 중요한 것은 검색엔진 최적화 기법인 SEO입니다. 단순하게 프로모션 사이트를 만들어 SEO 랭킹을 올림으로써 노출 기회를 늘리는 방법도 있지만, 또 하나의 커다란 선택지로서 앱 인덱싱(App Indexing)이라는 것이 등장합니다. 앱 인덱싱은 구글이 모바일 검색 결과와 앱의 특정 콘텐츠를 연결하기 위해 공개한 기술입니다. 앱 인덱싱을 사용하면 서비스와 웹페이지를 연결할 수 있고, 검색 결과로부터 앱으로 사용자를 유도할 수 있습니다.

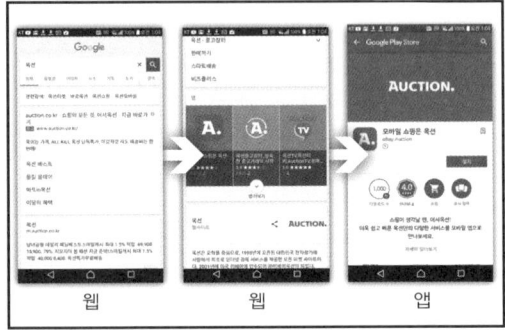

[그림 18-6] 검색 결과에서 설치 유도

옥션을 예로 들어 살펴봅시다. 우선, 크롬 브라우저 검색 창에 '옥션'을 입력합니다. 옥션 앱이 설치돼 있지 않으면 이 검색 결과에 옥션 앱 설치를 안내하는 내용이 표시됩니다(그림 18-6).

이번에는 앱이 설치된 경우를 생각해 보겠습니다. 크롬 브라우저 검색 창에 '옥션 시계 추천'으로 입력해 봅시다. 검색해 보면 '옥션 앱'이라고

[그림 18-7] 웹 검색 결과에서 앱을 실행

적힌 검색 결과가 나옵니다. 이 결과를 탭하면 옥션 앱의 메인 화면을 거치지 않고, 앱 내 검색 결과 페이지로 이동합니다(그림 18-7).

이처럼 앱 인덱싱을 이용하면 구글 검색에 앱 설치 유도와 앱의 상세 화면으로 연결(딥 링크)을 설정할 수 있으므로 신규 유입 및 계속률 향상 양쪽에 도움이 됩니다. 구체적인 내용은 다음 참고 URL의 설명을 읽어 주세요. 현재, 구글 앱 인덱싱(Google App Indexing)은 파이어베이스(Firebase) 앱 색인 생성으로 이름이 바뀌었습니다.

[URL] **Firebase 앱 색인 생성(기존의 앱 인덱싱)**
https://firebase.google.com/docs/app-indexing/

18.1.4 프로모션과 광고를 정리하자

앱의 신규 설치로 사용자층을 늘리려면 프로모션을 검토해 보세요. 앱에서 프로모션이란 제품에 대한 의식이나 관심을 높여 설치를 유도하는 방법입니다. 프로모션에는 다음과 같은 사항이 포함됩니다(표 18-2).

[표 18-2] 프로모션의 주요 종류

항목	설명
광고	광고를 통해 스토어 페이지로 유도
판촉	캐릭터 상품이나 통신사 매장 등과 연계한 홍보 활동
프로모션 페이지	프로모션 페이지를 제작해 사람들에게 알리고 설치를 유도
이메일	이메일을 보내 제품을 홍보. 광고의 일종인 경우도 있음

프로모션 중에서도 대표적인 것은 광고입니다. 광고 중에서도 중요한 것은 온라인 광고입니다. PwC의 연구 결과인 Global entertainment and media outlook 2015-2019에 따르면 세계 온라인 광고는 2016년에 1,700만 달러 규모로 성장하고, 2017년에는 텔레비전 광고 수입을 앞지를 것으로 예상됩니다. 그 견인차 역할을 하는 것 중 하나가 스마트폰을 중심으로 한 모바일 광고이고, 앱의 프로모션에 적합하다고 할 수 있습니다. 또한 온라인 광고는 광고의 탭 수와 설치 수 등을 수치로 알 수 있어 소액으로 시작할 수 있다는 장점도 있습니다.

온라인 광고에는 몇 가지 종류가 있고, 장단점을 확실히 파악하고 광고를 내는 것이 중요합니다. 지금부터 주요 광고의 종류와 특징을 설명하겠습니다.

[URL] Global entertainment and media outlook 2015-2019
https://www.pwc.com/gx/en/global-entertainment-media-outlook/assets/2015/internet-advertising-key-insights-1-advertising-segment.pdf

우선 광고의 종류와 특징을 간단히 정리했습니다(표 18-3).

[표 18-3] 광고의 주요 종류

광고의 종류	특징
광고 네트워크	웹 매체나 앱 등에서 광고 배포가 가능한 매체를 다수 묶어서 광고를 배포하는 네트워크
리스팅 광고	야후나 구글 등이 제공하는 검색엔진에서 사용자가 검색한 키워드에 연관된 광고를 표시
소셜 광고	SNS의 타임라인 상에 제출하는 광고. 현재는 페이스북과 트위터를 가리키는 경우가 많다
리워드 광고	광고를 통해 앱을 설치한 사용자에게 광고 수익의 일부가 환원되는 광고
넌인센티브 광고	광고를 통해 앱을 설치한 미디어에 광고 수익의 일부가 환원되는 광고

광고 네트워크

광고 네트워크는 게재 면에 배포 가능한 광고를 동적으로 배포합니다. 일반적으로 배너 광고나 텍스트 광고 등의 형태를 취하고, 탭(클릭) 과금인 경우가 대부분입니다.

이 과금 형태는 광고 탭 수에 대해 과금하므로 금액을 지급함으로써 사용자가 광고를 탭하고 Google Play의 앱 정보로 유도되는 수가 보증됩니다. 이 광고 배포 방식의 장점으로는 광고 배너 이미지나 Google Play의 앱 정보가 사용자에게 매력적이라면 비교적 저렴한 가격에 설치 수를 늘릴 수 있다는 점입니다.

배포를 시작할 때 광고 이미지를 몇 개 준비해 동시에 배포해 봅시다. 더 많은 사용자가 탭하는 효과가 높은 배너 이미지가 있으면 해당 배너 이미지를 집중적으로 배포하는 게 좋겠지요. 광고 운영에 드는 시간을 고려하면 장기적인 광고 예정이 있고 예산을 확보할 수 있는 앱 서비스에서 이용해야 하는 광고입니다.

[그림 18-8] 광고 네트워크의 예

열람자 입장에서 볼 때 광고를 본 시점에서는 동기 부여가 높지 않습니다. 광고 이미지와 광고 텍스트로 어떻게 흥미를 유발하는가가 중요합니다.

리스팅 광고

리스팅 광고는 '검색 연동형 광고'로도 불립니다. 검색이란 능동적인 행위로 드러난 사용자에 대해 해당 키워드와 관련된 광고를 내보내게 됩니다. 앱을 설치한 사용자는 검색 키워드에 이미 흥미가 있는 데다 탭해서 설치까지 했으므로 앱의 열성적인 팬이 되는 경우가 많다는 장점이 있습니다(계속률이 높음). 그렇지만 최적의 키워드를 선택하는 것과 경쟁 키워드의 중복 회피를 검토해야 하는 등 최적화에 시간이 걸리므로 장기적인 광고 예정이 있는 서비스에 적합합니다.

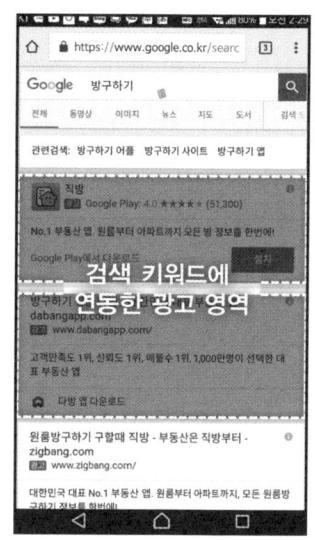

[그림 18-9] 리스팅 광고의 예

소셜 광고

형태는 배너 광고 형태를 취하고, 열람자는 광고를 본 시점에서 그다지 동기 부여가 높지 않다는 점에서 광고 네트워크 방식과 별다른 차이가 없고, 창의력이 중요한 점도 같습니다. 하지만 소셜 네트워크에는 성별, 나이, 지역 등의 속성과 관심이나 열람 이력 등, 다양한 표적화(target) 요소가 있습니다. 확실하게 구매 심리를 자극하는 내용으로 나누어 광고를 운영할 수 있다면 계속률이 높은 양질의 사용자를 획득할 수 있습니다.

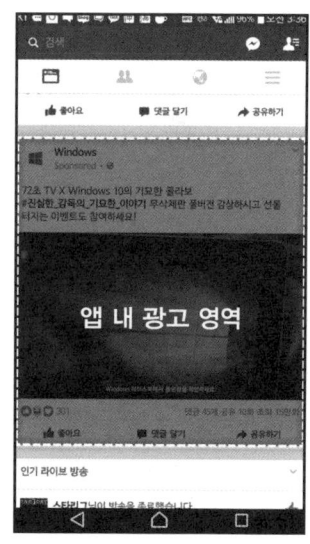

[그림 18-10] 소셜 광고의 예

리워드 광고

리워드 광고는 광고를 통해 앱을 설치한 사용자에게 광고 수익의 일부가 환원되는 광고로 폭발적인 확산력이 매력입니다. 앱을 설치하면 포인트를 주는 등의 광고를 본 적이 많을 것입니다. 광고에 대한 대가(인센티브)가 명확하므로 흥미가 없는 사용자의 수요를 끌어 낼 수 있고 단기간에 설치 수를 늘릴 수 있습니다. 그렇지만 설치한 사용자의 대부분은 인센티브가 목적이므로 서비스의 관심도나 이용 의향은 낮아 계속률이 나쁜 결과가 되기도 합니다. 또한 리워드 광고 출고로 Google Play 랭킹 순위가 오르면 비교적 계속률이 높은 자연 유입 사용자가 늘어나는 장점도 누릴 수 있지만 Google Play의 규약에서 금지된 랭킹 조작에 해당하지 않도록 균형을 잘 잡아 출고하는 것이 중요합니다.

넌인센티브 광고

넌인센티브 광고는 광고를 통해 앱을 설치하면, 미디어에 광고 수입의 일부가 환원되는 광고입니다. 광고주가 볼 때 리워드 광고와 마찬가지로 광고에 의한 성과(앱 설치)에 대한 과금(CPI 과금: Cost Per Install)이 되므로 리워드 광고와 다르지 않은 것처럼 보입니다. 하지만 사용자가 볼 때는 인센티브가 발생하지 않는 광고이므로 광고 네트워크처럼 사용자의 관심도와 인지는 그다지 높지 않습니다. 일부에서 기사 광고 등의 형태도 있고, 그런 광고의 경우는 사용자에게 서비스를 확실히 설명할 수 있으므로 계속률이 높아지기도 합니다. 다른 광고와 연계율과 획득률을 비교하면서 선택하면 좋습니다.

18.2 일상에서 많이 사용되는 앱을 목표로 하자

여러분은 보통 어떤 앱을 이용하시나요? SNS, 게임, 브라우저, 동영상 등 사람에 따라 다양하겠지요. 이번 절에서는 개발한 앱을 어떻게 평소에 자주 사용되는 앱으로 만들 것인지와 앱을 지속적으로 성장시키는 방법에 대해 이해해 봅시다.

18.2.1 지표를 모두 찾아내 개선점을 파악하자

닥치는 대로 기능을 추가하거나 사양 수정 등을 해도 대부분 앱의 성장으로 연결시키기는 어렵습니다. 그렇게 되지 않기 위해서라도 우선 앱이 성장해 갈 목표를 정하고, 그에 대해 어떠한 행동을 취하면 되는지 정리해 갑시다. 여기서는 목표와 목표 달성에 필요한 행동을 분석하는 지표인 KGI와 KPI를 사용합니다. 우선 각 지표의 의미를 설명하겠습니다.

KGI는 Key Goal Indicator의 줄임말로 '핵심목표지표'로 번역됩니다. KGI에서는 최종적으로 무엇을 달성해야 목표가 이뤄지는지를 정합니다. KGI의 예로 '반기에 OO의 매출을 달성한다' 등을 들 수 있습니다. 혹은 특히 앱의 경우는 서비스나 기업 전체의 사용자 획득을 위해 '반기에 OO명의 사용자를 서비스에 등록한다'와 같은 KGI를 정하는 경우도 있겠지요. 주로 기업 경영에서 쓰이는 용어지만 앱 단독으로 이 KGI를 정해서 이용하는 것도 효과적입니다.

다음으로 KPI입니다. KPI는 Key Performance Indicator의 줄임말로 '핵심성과지표' 등으로 번역됩니다. KGI를 달성하는 데 필요한 지표로, 예를 들면 '매출'이라는 KGI에 대해 '사용자 수' '사용자당 단가'와 같은 KPI를 들 수 있겠지요. 추상적으로 말하면 'KGI 달성에 필요한 것은 ○○와 □□다'라는 형태의 설명에서 ○○와 □□에 해당하는 것이 KPI입니다.

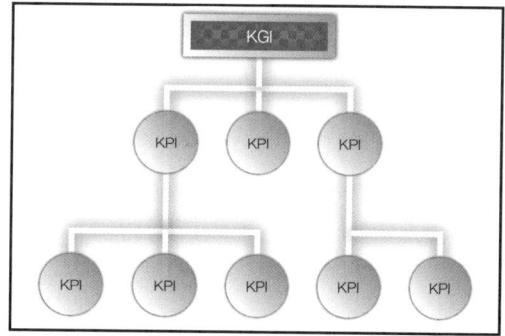

[그림 18-11] KPI 트리 구조

KGI와 KPI가 정해지면 다음으로 착수할 것은 KPI 트리 작성입니다. KPI 트리는 KGI와 KPI를 트리 구조로 나타낸 그림으로, KGI와 KPI의 관계성을 한눈에 알 수 있습니다. 보통은 [그림 18-11]처럼 KGI를 맨앞에 놓고, KGI 달성에 필요한 구성요소를 정리하고 인수분해하면서 KPI를 배치합니다.

실제로는 앱의 KGI가 정해지면 KPI를 몇 개 도출해 정리하고 KPI 트리를 만드는 흐름을 취하는 게 좋겠지요. 결정된 KGI와 KPI를 제대로 KPI 트리에 녹여낼 수 없다면 필시 각각에 수정할 여지가 있습니다. 개선점이 없는지 다시 살펴보세요.

KPI 트리가 어느 정도 완성되면 각 KPI에 정량적인 목표를 정하고, 달성을 향한 행동과 시책을 결정합니다. 팀의 행동을 일관성 있게 하고자 관계자가 언제라도 확인할 수 있는 곳에 KPI 트리를 게시하는 것도 효과적입니다.

뉴스 앱에서의 예

KGI/KPI/KPI 트리에 관한 지식을 정리했으니, 이제부터는 어떤 앱의 KGI를 결정하고 KPI 트리를 만들어 갑니다. 여기서는 뉴스 앱을 예로 생각해 보겠습니다. 우선 예제가 되는 뉴스 앱의 사양을 나타냅니다. [그림 18-12]처럼 아주 단순한 사양으로, 앱을 열면 뉴스 목록이 나열되고, 뉴스를 보고 싶을 때는 탭하면 본문을 볼 수 있는 앱입니다.

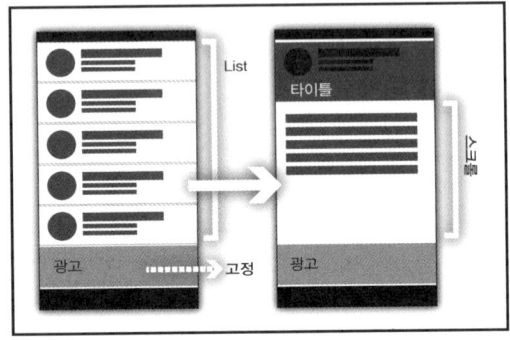

[그림 18-12] 뉴스 앱의 화면 설계

우선은 이 뉴스 앱의 KGI를 결정합시다. 이 시점에서는 왜 그 앱을 만들었는지 생각하고, 지향할 목표를 설정합니다. 이번 예에서는 광고 도입으로도 예측할 수 있듯이 '매출'이라고 합시다(이후로는 '매출 ≒ 광고의 탭 수'라고 가정하고 진행합니다).

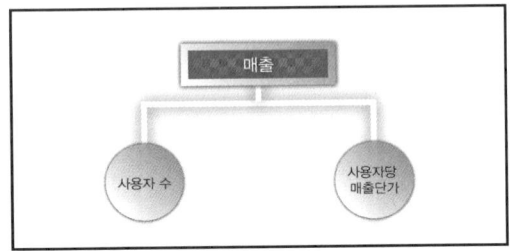

[그림 18-13] KPI 트리의 첫 단계

KGI가 정해지면 다음으로 해당 KGI를 달성하는 데 필요한 KPI를 모조리 찾아냅시다. '매출'을 달성하기 위해서 무엇을 하면 좋을까'라는 관점에서 생각해 KPI를 찾아냅시다. 분석의 한 예로 '사용자 수'와 '사용자당 매출단가' 같은 지표를 들 수 있습니다. 구체적으로는 '사용자 1인당 매출은 α원이고, 사용자가 β명 있으므로 매출은 'α원 × β명 = ○○원이다'라는 식입니다. 이 시점에서 우선은 간단한 KPI 트리를 작성할 수 있으므로 준비해 봅시다.

다음으로 KPI에 관해 조금 더 깊이 살펴보겠습니다. 여기서 '사용자 수'의 KPI의 정량적인 목표를 '시간당 사용자 수를 만 명으로 한다'라고 설정해도 좋지만 이것만 보고 행동이나 시책을 생각하기에는 그 방법이 너무 많으므로 현실적인 행동을 정하기가 곤란할 수도 있습니다. 이럴 때는 다시 KPI 분석을 합니다. 이번에는 '사용자 수를 늘린다'라는 KPI를 분해해 '신규 유입을 늘린다'와 '계속 사용하게 한다'로 나눠 봅시다. 마찬가지로 분해한 KPI를 다시 분해합니다. 최종적으로 이번에는 [그림 8-14]처럼 분해해 KPI 트리를 만들었습니다.

KPI 트리 작성이 끝나면 다음으로 KPI에서 정한 값을 달성하기 위한 시책을 결정해 개선을 목표로 합시다. 또한 여기서 작성한 KPI 트리는 정기적으로 확인하는 게 좋습니다. KPI 트리를 이용하다 보면 '그 지표도 있었구나', '이 지표는 중요하지 않을지도 모르겠다'라는 식으로 새로운 통찰을 얻을 수 있습니다. 적절히 트리를 수정하고 중요시할 KPI를 공유해 팀이 하나가 되어 개선할 수 있게 합시다.

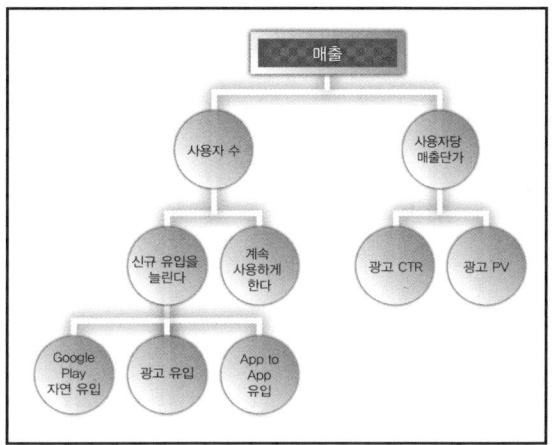

[그림 18-14] KPI 트리 최종 단계

18.2.2 개선책을 실시하자

앞에서 KGI 달성을 위해 그림으로 나타낸 KPI 트리를 만들었습니다. 이번에는 이 KPI에 대한 시책을 결정하고, 개선을 목표로 삼아 진행하는 절차를 설명하겠습니다.

사용자당 단가를 높인다

우선 사용자당 단가 향상 대책을 생각해 봅시다. 조금 전 보여준 KPI 트리에서는 KPI로서 '광고 PV'와 '광고 CTR'이라는 개념이 등장했습니다.

PV란 Page View의 줄임말로, 어느 정도 페이지가 보였는지 나타내는 수치입니다. 웹에서는 매우 일반적으로 사용되는 단위고, 앱에서는 앱 내의 화면 전환 수와 거의 같은 의미로 자주 사용됩니다.

CTR이란 Click Through Rate의 줄임말로, 어떤 콘텐츠와 모듈이 표시됐을 때 표시에 대해 몇 %가 클릭됐는지 나타내는 값입니다. 이 값이 클수록 클릭될 확률이 높습니다.

다음으로 PV와 CTR을 올리는데, 왜 사용자당 단가가 오르는지 생각해 봅시다. 우선은 CTR입니다. 어떤 시책으로 광고의 CTR을 끌어올렸다면 무슨 일이 일어날까요? CTR은 표시에 대한 클릭률이므로 표

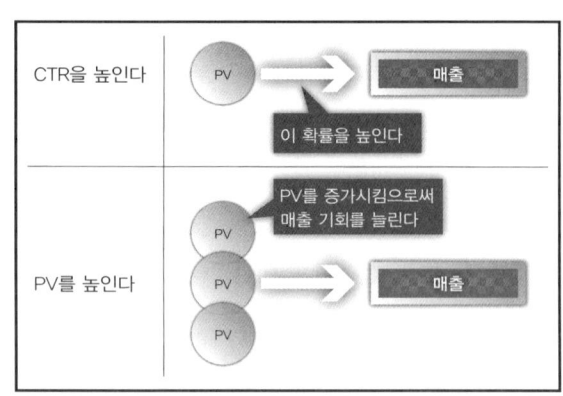

[그림 18-15] PV와 CTR을 향상시킨다

시 수가 같으면 CTR이 높을수록 클릭 수가 늘어납니다. 가령 표시 수에 변화가 없는 채로 CTR이 10배가 되면 클릭 수도 10배입니다. 이처럼 CTR을 높이면 광고 클릭 수도 늘릴 수 있으므로 사용자당 단가를 높이는 결과로 이어집니다.

다음으로 PV입니다. 매출을 고려할 때 PV를 얻을 수 있다는 것은 바로 광고 표시 기회를 얻는 것과 같습니다. 광고를 많이 표시할 수 있으면 당연히 매출 기회(지금 예에서는 광고 클릭 기회)는 증가합니다. 가령 PV가 10배가 되면 광고 표시 횟수도 10배입니다. 총 클릭 수의 증가를 예상할 수 있겠지요.

정리하면, 광고 클릭에 의한 매출에서 CTR은 '어떤 페이지를 봤을 때 광고 클릭률을 높이는 데', PV는 '광고 클릭 기회를 늘려 매출에 이르는 수를 올리는 데' 필요한 지표가 됩니다. 양쪽 다 중요한 지표이므로 균형적으로 성장시켜가도록 주의합시다(그림 18-15).

그럼 이러한 지표에 대한 시책을 생각해 보겠습니다. 예를 들어, 이번에는 '관련 뉴스 표시'와 '광고를 목록 안에 넣기'라는 두 가지 시책을 생각해 봅시다.

우선은 관련 뉴스 표시입니다. 이미 몇몇 뉴스 앱에서는 구현돼 있으므로 상상하기 쉬울지도 모르지만 여기서는 열람한 뉴스와 관련된 기사를 쉽게 볼 수 있게 하는 기능을 생각해 보겠습니다. 이번에는 뉴스 상

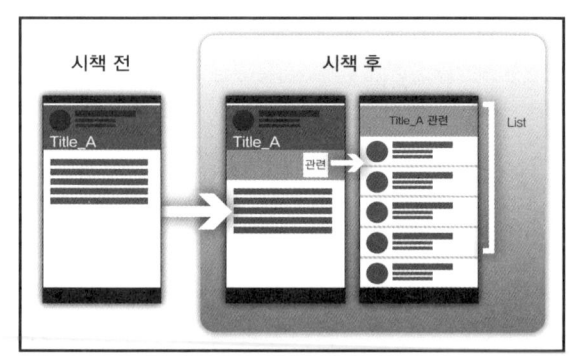

[그림 18-16] 관련 뉴스를 표시한다

세 화면에 '관련 뉴스' 탭을 만들고, 지금 보는 뉴스와 관련된 뉴스를 바로 볼 수 있는 기능을 가정합니다. 이미지는 [그림 18-16]처럼 됩니다.

여기서 관련 뉴스 시책에 따른 주된 목적은 'PV를 높이는 것'입니다. 뉴스를 본 사용자가 계속 다른 뉴스를 보게 해서 광고 클릭 기회를 늘리는 것을 주목적으로 합니다. 실제로는 이런 시책이 'KPI에 미치는 영향은 어느 정도인가, 목표는 어느 정도인가'를 평가해서 목표를 달성했는지 검증하는 것 또한 중요합니다.

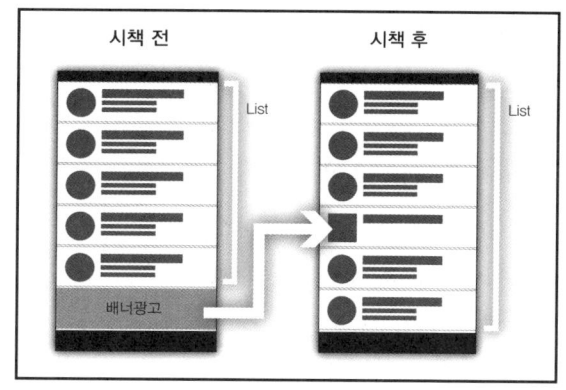

[그림 18-17] 광고를 목록에 표시한다

다음으로 광고를 기사 목록 안에 넣는 시책입니다. 이것으로 CTR 향상을 기대할 수 있습니다.

원래는 화면 하단에 고정으로 표시된 배너 이미지였지만 이 배너를 [그림 18-17]의 뉴스 기사처럼 목록으로 넣고 타이틀과 아이콘을 표시합니다. 이처럼 콘텐츠 일부로서 표시하는 광고를 '인피드(In-feed) 광고' 등으로 부릅니다. 함께 알아둡시다.

이러한 광고 노출 방식으로 사용자가 콘텐츠를 보는 흐름에서 자연스럽게 광고가 눈에 들어오는 경로를 만들 수 있습니다. 사용자의 관심을 끌 확률이 비교적 높아지므로 CTR 향상을 노릴 수 있습니다.

한편으로, 실제 앱에서는 광고를 보여주는 방식에 따라 사용자 경험이 저해되는 경우도 있으므로 사용자 이탈이 일어나지 않도록 충분한 주의를 기울여 설계해야 합니다. 또 한 가지 중요한 점으로서 이런 광고는 인터넷 광고에 관한 가이드라인이나 표시광고에 관한 법률 등을 준수하며 운영할 필요가 있습니다. 아래에 공정거래 위원회 홈페이지를 기재했으니, 관련된 내용을 찾아 읽어보세요.

[URL] 공정거래위원회
https://www.ftc.go.kr/

이번에는 두 가지 시책을 설명했지만 어디까지나 예로 든 것에 불과하며, 반드시 이런 시책으로 KPI를 달성할 수 있다는 것은 아닙니다. 심하면 시책을 시행한 후 신규 사용자 수가 줄어드는 등, 오히려 역효과가 나는 수도 있습니다. 특히 영향이 클 것 같은 시책은 결정 전이나 공개 전에 사용자 인터뷰나 A/B 테스트를 하는 등 시험적으로 도입하는 것도 염두에 두고 진행합시다.

계속 이용하게 한다

다음은 사용자에게 앱을 계속 이용하게 하는 것을 생각해 봅시다. 이때 중요한 지표는 '계속률'이 됩니다. 좀 더 구체적으로는 n일 계속률 등이겠지요. 이 n에는 '어떤 날에 앱을 연 사용자가, n일 후에 다시 앱을 여는 비율'이라는 일자 수가 들어갑니다. 계속률 중에서

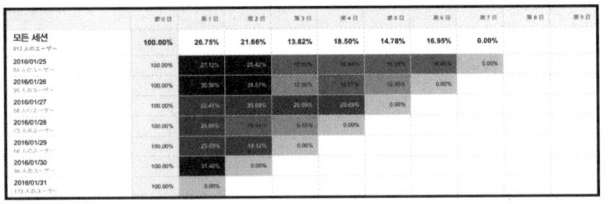

[그림 18-18] 구글 웹로그 분석에서 계속률을 표시한 예

도 신규 사용자에 대한 숫자는 특히 중요한 경우가 많습니다. 그 이유는 신규 사용자가 정착해서 착실하게 사용자 수가 누적되기 때문입니다. 구글 웹로그 분석이나 플러리(Flurry) 등 주요 액세스 분석 서비스에서는 계속률을 확인할 수 있는 기능을 제공하니 꼭 활용해 봅시다(그림 18-18).

- 중요 뉴스와 그 날의 뉴스 모음을 푸시 알림한다
- 뉴스를 즐겨찾기 해서 나중에 쉽게 찾아볼 수 있게 한다.
- 장르를 도입해 흥미 있는 뉴스를 보기 쉽게 한다
- 지역별 뉴스를 준비해 사용자에게 더 친밀한 뉴스를 제공한다

이렇게 대강 생각한 것만으로도 많은 시책이 나옵니다. 투입하는 시간과 거기서 얻을 수 있는 효과를 예상해 효율이 좋은 시책을 선택하고 서비스 전체의 기능과 장점을 살린 선택을 합시다.

18.2.3 처음 시작할 때 효과적으로 앱을 소개하자

앱을 설치하고 처음 시작할 때 앱의 매력과 사용 편의성을 단적으로 보여주는 것은 중요합니다. 처음 시작할 때 보여줄 흐름을 잘 구성해서 앱의 분위기를 전달하면 사용자를 팬으로 만드는 것도 불가능하지 않습니다. 이제부터 처음에 보여줄 UI로서 대표적인 패턴을 몇 가지 소개합니다. 각 패턴의 종류와 특징은 다음과 같습니다.

우선은 '워크스루'입니다. 워크스루는 앱을 시작할 때 전 화면에서 할 수 있는 일과 홍보할 내용이 몇 장 표시되고 슬라이드를 조작하면서 읽어가는 스타일의 UI입니다. 조작할 곳이 기본적으로 아주 적어서 홍보할 내용을 압축해서 표시할 수 있지만, 실제 앱에 도달하기까지의 단계가 많거나 슬라이드 장 수가 너무 많으면 고객이 이탈하는 원인이 되기도 하니 주의해서 사용합시다.

다음으로 '코치마크'입니다. 코치마크는 어디를 클릭하면 무슨 일이 일어나는지 특히 앱을 어떻게 조작하는지 전하는 데 이용하는 UI입니다. 조작법을 확실하게 전할 수 있지만 앱의 장점과 분위기를 전하기에는 조금 부족합니다.

끝으로 게임 등에서 주로 이용되는 '튜토리얼'입니다. 튜토리얼은 앱에서 일련의 흐름이 있는 경우 등에 이용되고, 특히 게임 앱에서는 처음 1스테이지를 클리어할 때까지

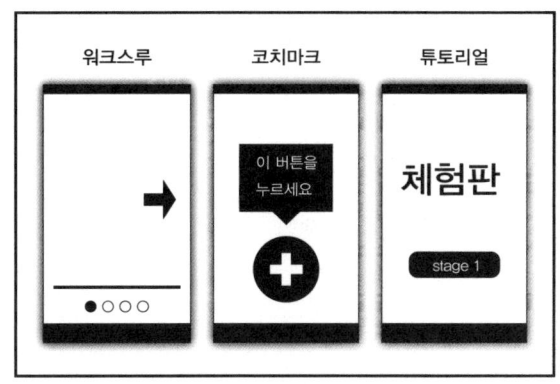

[그림 18-19] 처음에 이용되는 UI 패턴

튜토리얼이 이어지는 구성도 흔히 볼 수 있습니다. 앱 조작법과 함께 전체적으로 어떻게 진행되는지 보여주고 싶을 때 효과적입니다. 한편으로, 뉴스나 날씨처럼 기본적으로 표시된 내용을 확인하는 것이 목적인 앱은 오히려 이런 UI가 불편할 수도 있습니다.

실제 앱에서는 전하고자 하는 요점과 특징적인 조작법을 검토한 다음, 최초 흐름을 결정합시다. 여기서는 세 가지 UI 패턴을 소개했지만 워크스루를 1~2장만 표시하고 나머지는 코치마크를 표시하는 방식으로 패턴을 조합해서 사용하는 것도 생각해 볼 수 있습니다.

18.2.4 앱을 널리 퍼뜨리자

여러분은 친구나 동료의 추천으로 앱을 설치해 본 경험이 있으신가요? 혹은 Google Play의 리뷰나 평균 평가를 보고 설치할지 말지 결정한 경험은 있으신가요? 아마도 대부분 이런 경험이 있을 것입니다. 직감적으로 알 수 있겠지만 이처럼 다른 사람의 평가나 추천을 통한 설치 확보는 매우 중요합니다.

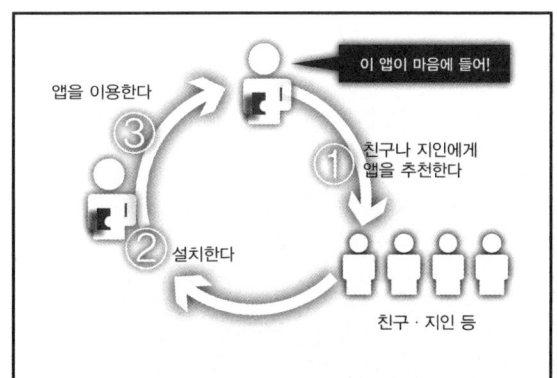

[그림 18-20] 확산을 통해 앱 사용자를 늘려간다

이런 흐름을 만들려면 앱 자체에서 확산을 돕는 기능을 제공하는 것이 일반적입니다. 구체적으로는 SNS의 타임라인에 공유하거나 Google Play에 리뷰를 의뢰할 수 있습니다. 앱을 사용해 본 후 확산시키는 흐름을 잘 만들면 앱을 설치한 사용자가 다시 다른 사람에게 퍼뜨리는 선순환 구조를 만들어 낼 수 있습니다.

기존 앱에서는 대부분 대화창 등을 표시해 Google Play에 리뷰를 호소하거나 SNS에 게시를 유도했습니다. 하지만 이런 대화창 등의 표시에 대해 앱 사용 경험이 미숙한 사용자는 오히려 짜증스럽게 느낄 수도 있습니다. 그러므로 어느 정도 앱에 익숙한 사용자에게 효과나 장점을 경험한 직후 표시하는 등 만족도가 높은 시점을 충분히 검토한 다음 호소해 보세요.

18.3 정리

아무리 좋은 앱을 만들어도 일정 수의 사용자는 결국 떠나갑니다. 그러므로 신규 사용자를 어떻게 확보하는가는 앱을 운영하는 데 있어 계속해서 생각할 필요가 있는 명제라고 할 수 있습니다. 유입 채널을 파악하고 증가시켜 각각 안정된 획득 수를 유지하면 앱의 보급 속도가 일정 수준 이상으로 올라갑니다. 사용자에게 앱의 가치를 확실히 보여 줄 수 있다면 앱이 제거되는 비율도 더 줄일 수 있을 것입니다. Google Play를 통한 자연 유입에만 의존하지 않고 여러 방법을 검토해 확실하게 앱의 규모를 확대해 갑시다.

또한 설치 후 사용자가 어느 정도 앱을 계속 사용하는가도 당연히 중요합니다. 앱의 가치를 똑바로 확인하고, 더 높은 가치를 제공할 수 있도록 최대한 노력을 기울입시다. 한편으로 앱을 제공하는 입장에서 '왜 앱을 제공하는가, 앱을 제공함으로써 어떤 이익이 있는가'를 생각하는 것도 빠뜨릴 수 없습니다. 앱이 달성할 목표를 정의하고, 목표를 달성하는 액션을 착실하게 실행해 가야 합니다. 이처럼 사용자와 앱 제공자 양쪽의 관점에서 서로에게 이익이 되는 상태를 만들어 가는 것이 건전한 서비스로 연결됩니다.

CHAPTER 19

푸시를 활용해 실시간으로 정보를 전달한다: GCM의 이해

여러분이 개발한 앱은 수많은 경쟁 앱이 버티고 있는 Google Play 스토어에서 배포됩니다. 사용자의 문제나 흥미와 일치해 내려받았더라도 제대로 사용하지 못하면 바로 실행하지 않게 되고 결과적으로 제거되고 맙니다. 앱 내에서의 사용자의 성장이나 깨달음을 장려하는 것이 앱을 오래 사용하게 하는 비결이라고 할 수 있습니다. 이번 장에서는 앱을 사용자가 더 잘 사용할 수 있도록 개발자 쪽에서 사용자에게 정보를 보내는 '푸시 알림' 기능을 설명합니다. 또한 푸시 알림에 관해 구글이 제공하는 GCM(Google Cloud Messaging)도 설명합니다.

19.1 푸시 알림의 장점과 이용법을 이해하자

푸시 알림이란 어떤 것일까요? 그리고 푸시 알림을 구현하면 어떤 장점이 있을까요? 이번 절에서는 푸시 알림에 관한 개요를 설명합니다.

19.1.1 푸시 알림의 기본을 이해하자

예를 들어, 브라우저 앱으로 웹 사이트를 열람한다고 해봅시다. 사용자 입장에서 볼 때, 우리는 자신의 액션을 계기로 해서 인터넷을 거쳐 정보를 구하러 갑니다. 사용자 쪽에서 요청해서 정보를 끌어내므로 이를 풀(PULL)형이라 합니다.

그런데 최근 스마트폰 앱의 특징은 서비스를 제공하는 쪽에서 정보를 보내는 것입니다. 예를 들어, 페이스북이나 LINE 같은 SNS에서 친구로부터 연락이 오는 경우를 생각해 봅시다. 이때 메시지를 보내는 쪽에서는 '보낸다'는 행위를 의

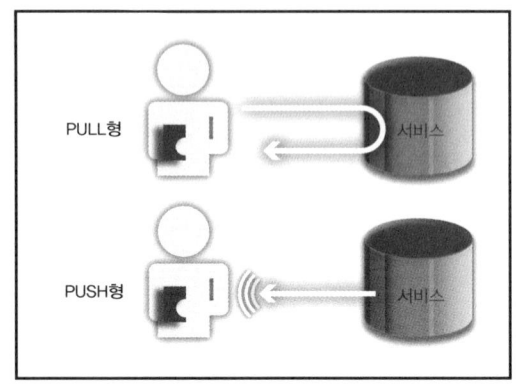

[그림 19-1] 풀형과 푸시형

식합니다. 반면 받는 쪽에서는 '받는다'는 행위를 의식하지 않고 실시간으로 메시지를 수신합니다.

이처럼 받는 쪽 사용자의 의사와 상관없이 사용자에게 정보를 보내는 형식을 밀어낸다는 의미로 푸시(PUSH)형이라고 합니다. 결국 푸시 알림이란 서비스 쪽 트리거로 사용자에게 정보를 보내는 구조를 가리킵니다(그림 19-1).

19.1.2 로컬 푸시와 리모트 푸시의 차이를 알자

푸시 알림은 서비스하는 쪽에서 사용자에게 적절한 시점에 알림을 보냅니다. 푸시를 구현하는 방법은 몇 가지가 있습니다. 하나는 특정 시점이나 앱에서 알람을 설정해 시한적으로 사용자에게 알리는 방법입니다. 야후에서는 로컬과 관련이 있다고 해서 로컬 푸시라고 합니다. 반대로 서버에서 보내는 정보나 처리 결과 등을 계기로 네트워크를 거쳐 단말에 푸시하는 방법을 리모트 푸시라고 합니다. 로컬 푸시는 단말 내부의 센서(위치 정보, 배터리 상태 변동 등)나 백그라운드 처리(시간이 걸리는 다운로드 등)로부터 정보를 받아 알려주는 경우에 자주 볼 수 있고, 리모트 푸시는 다른 사용자가 보낸 메시지 수신, 긴급 시 일제 알림 등에서 볼 기회가 많겠지요.

19.1.3 푸시 알림을 효과적으로 사용하자

푸시 알림에는 어떤 장점이 있을까요? 사용자가 앱을 내려받아 이용하지만 대부분 도중에 흥미를 잃고 사용하지 않게 되거나 삭제합니다. 이런 상황을 '이탈'이라고 부릅니다. 사용자가 이탈하면 핵심 팬이 된 일부 사용자만 남아 앱을 계속 사용하게 됩니다.

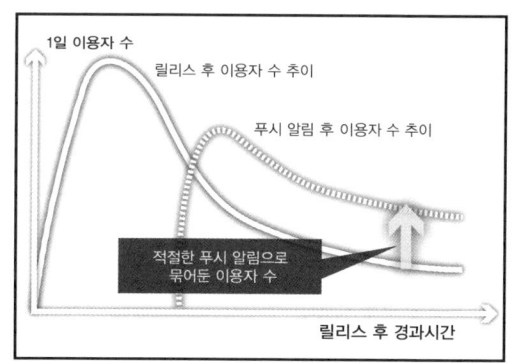

[그림 19-2] 사용자에게 가치가 있는 푸시 알림을 함으로써 팬을 늘릴 수 있다

서비스 제공자는 푸시 알림으로 사용자에게 흥미로운 정보나 앱 이용 성장으로 연결되는 정보를 사용자 행동 문맥에 맞춰 제공합니다. 이를 통해 이탈하려는 사용자가 어느 정도 핵심 팬으로 전환되길 기대할 수 있습니다. 그렇게 되면 앱에 많은 사용자가 머물러 누적되고, 서비스를 성장 사이클로 바꿀 수 있게 됩니다(그림 19-2).

푸시 알림은 매우 편리하지만 조심해야 할 부분도 있습니다. 다른 앱을 포함해서 사용자에게는 하루에도 수십 ~ 수백 개 이상의 알림이 도착합니다. 앱 하나에서 하루에도 몇 번씩 알림을 보내면 사용자가 꺼리게 되고 이탈할 가능성이 커집니다. 푸시 알림을 보낼 때는 '사용자 행동 문맥에 맞는가?' '사용자에게 가치가 있는가?'를 확실히 생각합시다.

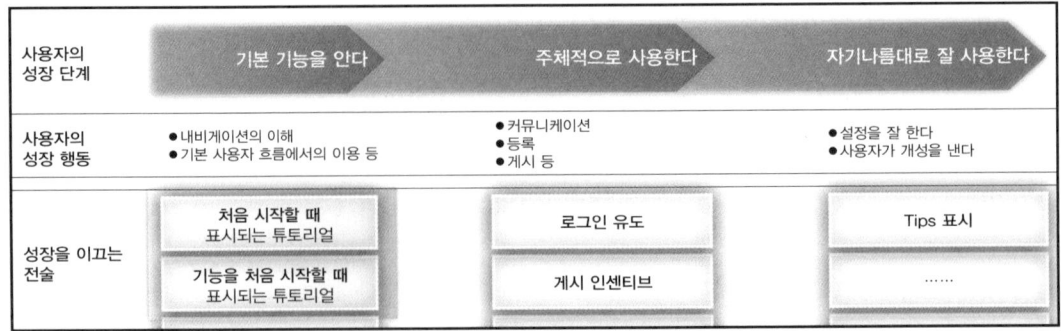

[그림 19-3] 사용자의 성장 설계를 그린다

[그림 19-3]은 사용자의 성장 단계에 맞춘 서비스 전술을 설계한 예입니다. 사용자의 성장 단계를 먼저 정의하고, 그중에서 어떠한 행동을 재촉할 수 있어야 사용자가 계속 사용해 줄지 생각합니다.

성장을 촉진하는 전술은 많지만 설치하고 얼마 동안은 앱의 핵심 개념을 알게 하는 데 주력하고, 그 후 사용자와의 연결을 강하게 하는 기능의 인지로 중심축을 이동해 갑시다.

19.2 리모트 푸시를 구현하자

서버를 거쳐 서비스 운영자가 사용자의 단말로 푸시하는 리모트 푸시를 구현하는 시스템으로 구글이 제공하는 GCM(Google Cloud Messaging)이 있습니다. 이번 절에서는 GCM으로 푸시 알림을 구현하는 방법을 설명합니다.

19.2.1 GCM과 아키텍처를 이해하자

GCM은 단말에 정보를 푸시하는 구글이 제공하는 시스템입니다. 2016년 5월 현재, GCM은 메시지 전송 수 등에 관계없이 무료로 이용할 수 있습니다. 3.0 버전에서는 iOS, 크롬 등을 지원하고 사용자가 구독하는 특정 화제만 푸시하는 기능(GCM Topic Messaging)이 추가됐습니다. GCM의 주요 기능을 이용하려면 안드로이드 2.3 이상의 단말이 필수 조건이 됩니다. 2016년 5월 현재 OS 점유율은 안드로이드 2.x 단말이 3% 이하이므로 안드로이드 4.x 이상을 타깃으로 하면 문제없겠지요.

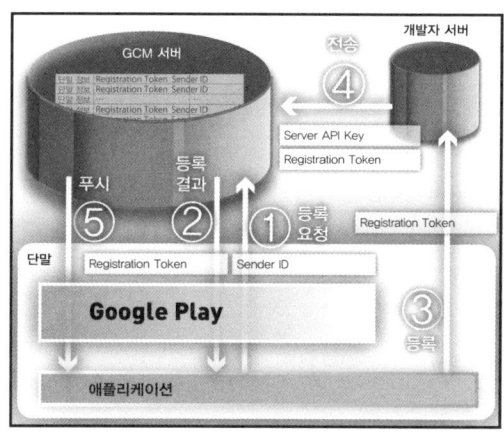

[그림 19-4] GCM 아키텍처 개요

GCM은 '개발자 앱' 'Google Play 앱' 'GCM 서버' 그리고 GCM을 통해 푸시를 보내는 '개발자가 이용하는 서버(HTTP 혹은 XMPP)'로 구현됩니다. 우선 개발자가 운영하는 서버에서 푸시 알림을 보낸다고 GCM 서버에 등록하고, API를 이용할 프로젝트를 특정하는 Sender ID와 API에 접속하기 위한 Server API Key를 발행합니다(그림 19-4). 이 값을 바탕으로 GCM을 이용할 수 있습니다.

다음 아키텍처 구성을 바탕으로 설명합니다.

1. 앱 쪽에서 Google Play 앱을 거쳐 GCM 서버에 자신의 단말을 푸시 대상으로 하도록 등록을 요청합니다. 이때, API 프로젝트를 특정할 Sender ID를 지정합니다.
2. GCM 서버는 Sender ID를 바탕으로 단말과 앱을 특정하는 Registration 토큰을 발행해 단말을 관리합니다. 발행된 Registration 토큰은 앱으로 보내집니다.
3. 앱은 개발자가 운영하는 서버에 Registration 토큰을 보내 등록합니다.
4. 개발자가 운영하는 서버는 푸시를 전송하고 싶은 사용자와 연결된 Registration 토큰을 지정해 API에 푸시 데이터를 전송합니다. 그때 API 접속에 필요한 Server API Key도 전송합니다.
5. GCM 서버는 Registration 토큰을 바탕으로 전송할 단말, 앱을 결정하고 푸시를 전송합니다.

19.2.2 구글의 예제 코드를 실행해 보자

GCM이 3.0이 되면서 구글은 GCM을 간단히 구현할 수 있게 했습니다. 크게 변한 점은 다음 두 가지입니다.

- 깃허브에 예제 코드 공개
- GCM 서버 등록 절차, 앱에 도입하는 절차의 간략화

구글이 깃허브에 공개한 예제 앱을 동작시키고 푸시를 동작시켜 봅시다.

예제 코드가 동작하는 순서는 다음과 같습니다.

1. 예제 코드를 가져온다
2. GCM 서버 이용 등록
3. 설정 파일 배치(안드로이드 앱)
4. 앱에 API_KEY 삽입(서버 앱)
5. 예제 앱 실행

① 구글의 예제 코드를 가져온다

구글이 제공하는 예제 코드는 깃허브에 공개돼 있습니다. 이 코드는 GCM 3.0을 기반으로 합니다. 우선은 깃허브에서 예제 코드를 내려받습니다. 깃허브 주소는 다음과 같습니다.

[URL] GCM 예제(깃허브)

https://github.com/googlesamples/google-services

구글 웹로그 분석이나 AdMob 등 Google Play Service의 다른 예제 코드도 있지만, 이 가운데 android/gcm을 안드로이드 스튜디오로 가져옵시다. 프로젝트 구성은 [그림 19-6]처럼 돼 있을 것입니다.

여기서 app이 GCM을 수신하는 앱의 예제 코드이고, gcmsender가 GCM을 전송하는 서버 측 자바 구현 예제에 해당합니다. 그레이들을 이용해 서버 측 구현을 실행할 수도 있으므로 간단히 GCM을 테스트할 수 있습니다. 그럼 예제 앱을 동작시켜 봅시다.

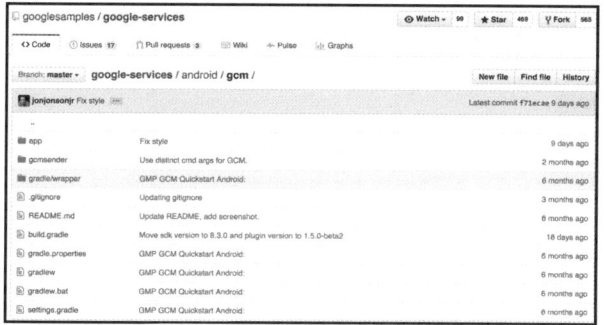

[그림 19-5] GCM 예제 저장소(github.com)

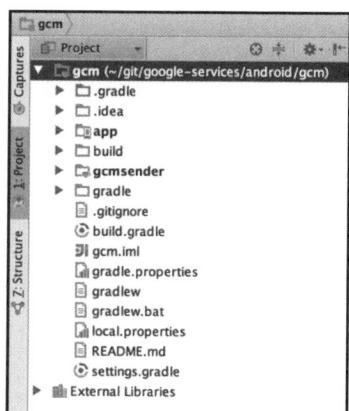

[그림 19-6] 예제 코드 프로젝트 구성

② GCM 서버에 이용 등록을 한다

예제 코드를 받았으면, 다음으로 GCM 서버에 앱 별로 GCM 이용 등록을 하고, 안드로이드 앱과 서버 앱에 삽입할 정보를 발행합시다. GCM 서버 이용을 등록하려면 [Get a configuration file] 항목의 버튼을 클릭해 등록 화면을 엽니다(그림 19-7).

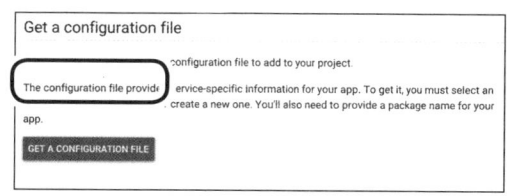

[그림 19-7] Get a configuration file 항목

[URL] GCM 이용 등록 페이지(Google Developers)

https://developers.google.com/cloud-messaging/android/client#get-config
https://firebase.google.com/docs/cloud-messaging/

※ (옮긴이) Firebase Cloud Messaging은 GCM의 새 버전입니다.

Firebase 클라우드 메시징

구글은 Firebase 플랫폼의 메시징 기능을 발표했습니다. 따라서 google-services.json을 제공하는 방식이 이 책의 집필 시점과 달라졌습니다. 아래 URL을 참고하세요.

[URL] https://developers.google.com/cloud-messaging/android/start

Firebase 플랫폼에 대처하는 흐름은 다음과 같습니다.

1. 아래 URL에서 Firabase console을 엽니다(앱을 제공할 구글 계정으로 로그인할 필요가 있습니다).

    [URL] https://firebase.google.com/console/

2. [프로젝트 추가] 버튼을 눌러 프로젝트를 생성합니다(앱의 프로젝트 이름과 주요 국가/지역을 지정합니다).

3. 생성한 프로젝트가 Firebase를 사용하는프로젝트에 나열되면 클릭해서 프로젝트 페이지를 엽니다.

4. [Android 앱에 Firebase 추가] 버튼을 누르고, 앱의 패키지명을 지정한 후 [앱 추가] 버튼을 눌러 google-services.json 파일을 구할 수 있습니다.

   ※ 그다음 google-services.json 배치나 그레이들 설정에 대한 설명이 표시됩니다.

다음으로 표시되는 Enable Google Services for your app이라고 된 페이지(그림 19-8)가 등록 화면입니다(로그인하지 않은 경우는 임의의 구글 계정으로 로그인할 필요가 있습니다). 여기서 등록한 정보는 실제로는 구글 클라우드 서비스를 관리하는 Google Developer Console 상에 등록돼 있습니다.

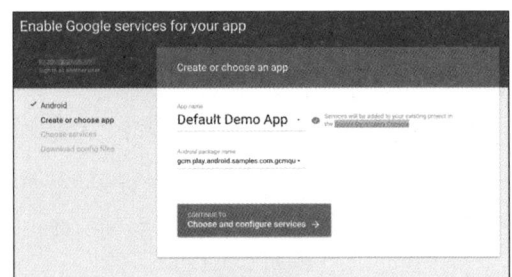

[그림 19-8] 앱 이름과 패키지 이름 입력

[URL] Google Developer Console
https://console.developers.google.com/

등록 화면에서는 처음에 개발하는 앱의 이름과 패키지 이름을 지정합니다. 예제를 실행해 보는 정도라면 기본으로 준비된 다음 정보로 충분하겠지요.

- **앱 이름**: Default Demo App
- **패키지 이름**: gcm.play.android.samples.com. gcmquickstart

입력을 마쳤으면 [CONTINUE TO Choose and configure services] 버튼을 클릭합니다 (그림 19-8).

Choose and configure services 화면(그림 19-9)에서는 Cloud Messaging을 활성화하면 등록된 Server API Key와 Sender ID를 확인할 수 있습니다. 이 값은 앱에 삽입할 필요가 있으므로 기록해 둡니다(이 페이지에서는 Google Sign-in, Analytics, App Invites, AdMob 등의 서비스도 동시에 활성화할 수 있습니다).

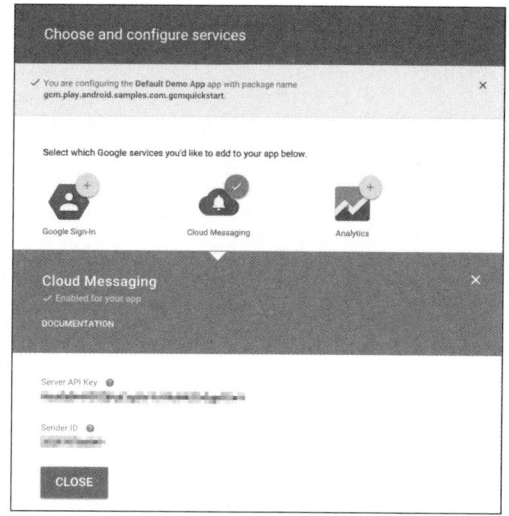

[그림 19-9] Server API Key와 Sender ID 확인

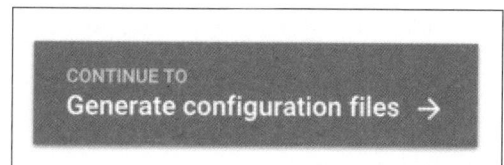

[그림 19-10] [CONTINUE TO Generate configuration files] 버튼

계속해서 페이지 아래에 있는 [CONTINUE TO Generate configuration files] 버튼을 클릭합니다.

마지막으로, Download and install configuration 화면에서 Download google-services. json을 눌러 google-services.json 파일을 내려받습니다. 내려받은 이 파일은 JSON 형식으로 돼 있어 GCM이나 다른 서버에서 공통된 설정이 모여 설정 파일로 만든 것입니다. 앱에 배치해서 이용할 수 있는 파일입니다.

③ 설정 파일을 배치한다(안드로이드 앱)

여기까지 해서 GCM 이용 등록을 마치고, 앱 구현에 필요한 정보를 가져왔습니다. 이제부터는 예제 앱에 삽입합니다. 안드로이드 앱의 경우 google-services.json 파일을 예제 앱의 gcm/app 바로 아래, 다시 말해 (ProjectRoot)/(임의의 앱 모듈) 바로 아래에 배치합니다(그림 19-11). 앱 쪽에서 배치하는 작업은 이것뿐입니다.

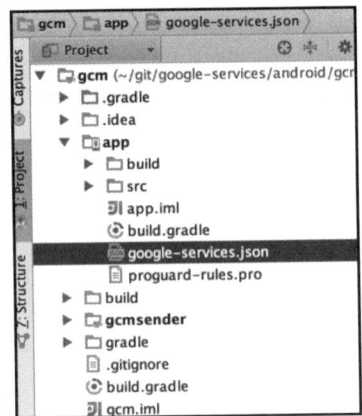

[그림 19-11] google-services.json 배치

④ 앱에 API 키를 삽입한다(서버 앱)

서버 쪽에도 API를 이용하기 위해 Server API Key를 삽입합니다. 예제 앱에서는 서버 쪽 구현도 프로젝트에 포함돼 있으므로 그곳에 삽입하면 됩니다. 조금 전에 구해 둔 Server API Key 값을 gcm/gcmsender 모듈 내 소스코드인 GcmSender.java의 31행에 있는 API_KEY 인수에 대입합니다(예제 19-1).

[예제 19-1] Server API Key 삽입(GcmSender.java)

```
생략
public class GcmSender {
    // 이곳에 Server API Key를 입력
    public static final String API_KEY = "AIxxxxxxxxxxxxxxxxxxxxxx";
    public static void main(String[] args) {
    if (args.length < 1 || args.length > 2 || args[0] == null) {
생략
```

⑤ 예제 코드 실행

앱에 등록 정보를 삽입했으면 예제 코드를 실행해 봅시다. 우선 앱을 단말에서 실행합니다(그림 19-12). 그리고 나서 그레이들로 서버 앱을 에뮬레이션하는 모듈을 실행합니다. 파라미터에는 사용자에게 보내고 싶은 메시지를 지정합니다. 동작 방법은 프로젝트 루트 아래에서 다음 명령어를 실행합니다. 메시지 내용은 임의로 지정합니다.

[예제 19-2] 그레이들 실행 명령

```
$ ./gradlew run -Pmsg="샘플앱 실행 테스트"
```

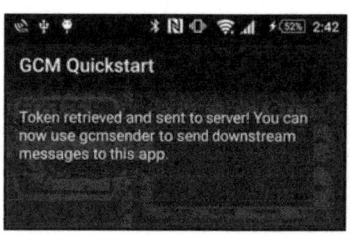

[그림 19-12] 예제 앱(GCM Quickstart)

커맨드를 실행하면 GCM을 통해 알림 영역에 메시지가 도착합니다(그림 19-13).

이것으로 예제 코드를 통해 GCM의 동작을 확인할 수 있었습니다.

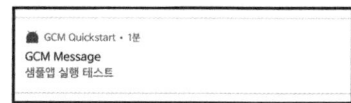

[그림 19-13] GCM을 경유해 수신한 메시지

19.2.3 GCM을 구현하자(클라이언트)

예제가 동작하는 것을 확인했으니 GCM 구현 단계를 확인합시다. GCM 구현 단계는 다음과 같습니다.

1. Google Play Service의 classpath 설정
2. Google Play Service의 Gradle Plugin 이용 설정
3. Google Play Service의 라이브러리 이용 설정
4. AndroidManifest에 minSdkVersion 지정
5. AndroidManifest에 Permission 설정
6. AndroidManifest에 Receiver 클래스 설정

구현

1. Google Play Service를 이용할 수 있는지 확인한다
2. Registration 토큰 취득
3. Registration 토큰 변경 시 처리 구현
4. Push 수신 시의 처리 구현

다음은 예제 코드와 비교하면서 확인해 주세요.

사전 설정: Google Play Service의 classpath 설정

우선은 자신의 프로젝트에 Google Play Service의 클래스패스를 설정합니다. 프로젝트 루트(예제 앱에서는 gcm 아래)에 있는 build.gradle의 dependencies 블록에 아래 내용을 입력합니다.

[예제 19-3] Google Play Service의 classpath 설정(build.gradle)

```
classpath 'com.google.gms:google-services:2.1.0'
```

사전 설정: Google Play Service의 그레이들 플러그인 이용 설정

플러그인을 설정함으로써 앞에서 설명한 설정 파일, google-services.json을 읽어 올 수 있게 됩니다. app 모듈 아래(예제 앱이라면 gcm/app)의 build.gradle에 다음 내용을 기술합니다.

[예제 19-4] Google Play Service의 플러그인 이용 설정(app/build.gradle)

```
apply plugin: 'com.google.gms.google-services'
```

사전 설정: Google Play Service의 라이브러리 이용 설정

app 모듈 아래(예제 앱이라면 gcm/app)의 build.gradle 안에 있는 dependencies 블록에 다음 내용을 기술합니다(예제 19-5).

[예제 19-5] Google Play Service의 라이브러리 이용 설정(app/build.gradle)

```
dependencies {
    compile 'com.google.android.gms:play-services-gcm:8.4.0'
}
```

사전 설정: AndroidManifest에 minSdkVersion 지정

GCM의 주요 기능을 이용하려면 안드로이드 2.3(API 레벨 9)이상인 앱이라야 합니다. AndroidManifest의 uses-sdk의 minSdkVersion은 9 이상을 지정합니다(예제 19-6).

[예제 19-6] minSdkVersion의 최솟값 지정(AndroidManifest.xml)

```
<uses-sdk android:minSdkVersion="9" android:targetSdkVersion=" ( 임의의 값 ) "/>
```

사전 설정: AndroidManifest에 Permission 설정

GCM 실행에 필요한 Permission 설정을 AndroidManifest에 기술합니다. GCM 실행에는 다음 Permission이 필요합니다(표 19-1).

[표 19-1] GCM 실행에 필요한 Permission

Permission	설명
android.permission.INTERNET	Registration Token 등의 정보를 서버에 보낸다
android.permission.WAKE_LOCK	푸시를 받았을 때 단말을 Wake 상태로 만든다
com.google.android.c2dm.permission.RECEIVE	푸시 등록과 메시지 수신

다음과 같이 AndroidManifest에 추가합니다(예제 19-7).

[예제 19-7] AndroidManifest에 Permission 이용 설정(AndroidManifest.xml)

```
<uses-permission android:name="android.permission.INTERNET" />
<uses-permission android:name="android.permission.WAKE_LOCK" />
<uses-permission android:name="com.google.android.c2dm.permission.RECEIVE" />
```

또한 다음 Permission을 정의하고 이용 설정을 함으로써 이 앱에 보내는 푸시를 다른 앱이 수신하는 상황을 피할 수 있습니다(표 19-2). 이 정의는 예제 앱에는 기술돼 있지 않지만 설정해 두면 좋습니다.

[표 19-2] 다른 앱이 이 앱으로 오는 푸시를 수신하지 않도록 Permission 정의

Permission	설명
(앱의 패키지 이름).permission.C2D_MESSAGE	푸시 등록과 메시지 수신

다음처럼 AndroidManifest에 추가합니다(예제 19-8).

[예제 19-8] Permission 정의와 이용 설정(AndroidManifest.xml)

```
<permission
    android:name="( 앱의 패키지 이름 ).permission.C2D_MESSAGE"
    android:protectionLevel="signature" />
<uses-permission
    android:name="( 앱의 패키지 이름 ).permission.C2D_MESSAGE"/>
```

사전 설정: AndroidManifest에 Receiver 클래스 설정

GCM 메시지는 com.google.android.c2dm.intent.RECEIVE의 Intent로 가져오므로 해당 Intetnt를 받아들이는 Receiver 클래스를 AndroidManifest에 추가합니다. 특별히 커스터마이징하지 않는다면 예제 앱처럼 이미 GCM 라이브러리에 있는 com.google.android.gms.gcm.GcmReceiver를 그대로 이용하면 되겠지요. 이 클래스를 AndroidManifest에 추가해 갑니다.

receiver 설정 시에는 permission 항목으로 com.google.android.c2dm.permission.SEND를 지정합니다. 또한 intent-filter의 항목으로서 com.google.android.c2dm.intent.RECEIVE의 Intent 이름을 지정하고, category 이름에는 패키지 이름을 지정합니다(예제 19-9).

[예제 19-9] GcmReceiver의 설정(AndroidManifest.xml)

```
<receiver
    android:name="com.google.android.gms.gcm.GcmReceiver"
    android:exported="true"
    android:permission="com.google.android.c2dm.permission.SEND" >
    <intent-filter>
        <action android:name="com.google.android.c2dm.intent.RECEIVE" />
        <category android:name="( 앱의 패키지 이름 )" />
    </intent-filter>
</receiver>
```

① Google Play Service를 이용할 수 있는 확인한다

우선은 GCM 처리를 위임할 Google Play Service를 이용할 수 있는지 확인합시다. 예제 앱에서는 MainActivity의 checkPlayService()로 확인합니다(예제 19-10).

[예제 19-10] Google Play Service를 이용할 수 있는지 체크(MainActivity.java)

```java
private boolean checkPlayServices() {
    GoogleApiAvailability apiAvailability
        = GoogleApiAvailability.getInstance();
    int resultCode = apiAvailability.isGooglePlayServicesAvailable(this );
    if (resultCode != ConnectionResult.SUCCESS) {
        if (apiAvailability.isUserResolvableError(resultCode)) {
            apiAvailability.getErrorDialog(this,resultCode,
                PLAY_SERVICES_RESOLUTION_REQUEST).show();
        } else {
            // 단말이 지원하지 않는다
            finish();
        }
        return false;
    }
    return true;
}
```

com.google.android.gms.common.GoogleApiAvailability를 이용해 단말의 Google Play Service를 이용할 수 있고 또한 최신인지 알 수도 있습니다. ConnectionResult 클래스의 결과 코드를 보고 성공했는지 판단합니다. 사용자 쪽에서 해결 가능한 문제인지는 isUserResolvableError()로 알 수 있습니다. 사용자가 해결할 수 있을 때는 getErrorDialog()로 대화창을 표시함으로써 사용자에게 해결 방법을 알려줄 수 있습니다.

② Registration 토큰을 획득한다

Google Play Service를 이용할 수 있으면 GCM에 Registration 토큰 발행을 의뢰하는 처리를 구현합니다. android.app.IntentService를 상속한 서비스 클래스를 구현합시다. 예제 코드에서는 RegistrationIntentService.java로 돼 있습니다(예제 19-11).

오버라이딩한 onHandleIntent() 안에서 com.google.android.gms.iid.InstanceID의 인스턴스로 getToken()을 호출합니다. 이때 Sender ID를 지정해야 하지만 google-services 플러그인이 google-services.json 값을 string 리소스로서 전개하므로 R.string.gcm_defaultSenderId와 string 리소스를 호출하는 것만으로 토큰을 획득할 수 있습니다. 획득한 토큰은 개발자 자신의 푸시 서버로 보내 서버 쪽에서 관리합시다.

[예제 19-11] IntentService 상속 클래스 구현

```java
public class MyRegistrationIntentService extends IntentService{
    생략
    @Override
    protected void onHandleIntent(Intent intent) {
        try {
            InstanceID iid = InstanceID.getInstance(this);
            String token = iid.getToken(getString(R.string.gcm_ defaultSenderId),
 GoogleCloudMessaging.INSTANCE_ID_SCOPE, null);
            /**
            * 토큰을 개발자의 푸시 서버로 보내는 처리 내용을 여기에 적는다
            **/
        } catch (Exceptione) {
            // 오류 처리
        }
    생략
    }
}
```

IntentService의 확장 클래스를 구현했으면 이 클래스를 앱에서 사용할 수 있게 AndroidManifest에 등록해 둡니다. AndroidManifest에 설정했으면 앱 시작 시 등에 구현한 IntentService의 클래스를 지정하고 액티비티의 startService()로 호출해서 GCM 서버에 등록합시다(예제 19-12).

[예제 19-12] IntentService 설정(AndroidManifest.xml)

```xml
<service
    android:name="(앱의 패키지 이름).MyRegistrationIntentService"
    android:exported="false">
</service>
```

여기서 android:exported="false"를 지정해 다른 앱에서 호출되는 것을 금지합니다.

③ Registration 토큰 변경 시의 처리를 구현한다

획득한 Registration 토큰은 단말의 업데이트나 초기화, Google Play 측 사정으로 갱신되는 경우가 있습니다. 그러므로 갱신될 경우를 대비해 재등록하는 절차를 구현해 둘 필요가 있습니다. GCM 3.0부터는 GCM 서버 쪽에서 갱신됐을 때 콜백을 받을 수 있게 됐으니 이 기능을 구현합시다.

com.google.android.gms.iid.InstanceIDListenerService를 상속한 클래스와 Registration 토큰이 갱신됐을 때의 콜백 메서드인 onTokenRefresh를 구현함으로써 토큰을 재획득합시다.

토큰을 재획득하는 처리는 앞에서 구현한 MyRegistrationIntentService를 호출하면 좋겠지요. 다음은 예제 코드의 InstanceIDListenerService에 주석을 추가한 것입니다(예제 19-13).

[예제 19-13] InstanceIDListenerService의 상속 클래스 구현(InstanceIDListenerService.java)

```
생략

public class MyInstanceIDListenerService extends InstanceIDListenerService {
    생략
    @Override
    public void onTokenRefresh() {
        // Registration Token이 변경됐으므로
        // 재획득 ~ 개발자의 푸시 서버로 보낼 때까지의 흐름을 재처리한다
        // 기본적으로는 이미 구현된 IntentService의
        // 확장 클래스에 처리를 위임한다
        Intent intent = new Intent(this, RegistrationIntentService.class);
        startService(intent);
    }
}
```

이 Service도 앱에서 사용할 수 있게 AndroidManifest에 등록해 둡니다. intent-filter에는 Registration 토큰의 변경 통지가 갈 인텐트 이름, com.google.android.gms.iid.InstanceID를 지정합니다(예제 19-14).

[예제 19-14] InstanceIDListenerService 설정(AndroidManifest.xml)

```xml
<service
    android:name=" ( 앱의 패키지 이름 ) .MyInstanceIDListenerService"
    android:exported="false">
    <intent-filter>
        <action android:name="com.google.android.gms.iid.InstanceID"/>
    </intent-filter>
</service>
```

④ Push 수신 시 처리를 구현한다

GCM 메시지는 com.google.android.gms.gcm.GcmListenerService로 받을 수 있습니다. 이 클래스를 상속해서 메시지 수신 처리를 구현합니다. onMessageReceived()의 두 번째 인수에 Bundle로서 수신한 값이 들어옵니다. 여기서 서버 쪽에서 지정한 임의의 키로 값이 얻어집니다. 예제 앱에서는 이 값을 이용해 Notification으로서 안드로이드 알림 영역에 표시합니다(1번째 인수에는 일부에게만 보내는 GCM Topic Messaging의 채널 정보 등이 들어 옵니다. 이에 관해서는 나중에 설명합니다). 다음은 예제 앱의 MyGcmListenerService.java 코드를 생략하고 주석과 설명을 추가했습니다(예제 19-15).

[예제 19-15] Push 수신과 Notification 표시(MyGcmListenerService.java)

```java
public class MyGcmListenerService extends GcmListenerService {
    생략

    @Override
    public void onMessageReceived(String from, Bundle data) {
        // 메시지 추출
        String message = data.getString("서버 측에서 지정한 임의의 키");
        // 알림 영역에 메시지 표시
        sendNotification(message);
    }

    private void sendNotification(String message) {
        // 통지를 열 액티비티를 지정해 통지를 만든다
        Intent intent = new Intent(this, MainActivity.class);
```

```
            intent.addFlags(Intent.FLAG_ACTIVITY_CLEAR_TOP);
            PendingIntent pendingIntent
                = PendingIntent.getActivity(
                  this,
                    0 /* 임의의 요청 코드 */,
                  intent,
                  PendingIntent.FLAG_ONE_SHOT);

            NotificationCompat.Builder notificationBuilder
                = new NotificationCompat.Builder(this)
                        .setSmallIcon(R.drawable.icon)
                        .setContentTitle("GCM Message")
                        .setContentText(message)
                        .setAutoCancel(true)
                        .setSound(defaultSoundUri)
                        .setContentIntent(pendingIntent);

        NotificationManager notificationManager
                = (NotificationManager) getSystemService(
                        Context.NOTIFICATION_SERVICE);
        notificationManager.notify(
                0 /*임의의 통지 ID */,
                notificationBuilder.build());
    }
}
```

푸시 알림은 보통 안드로이드 알림 영역에 표시하는 것이 일반적입니다. 하지만 앞에서 설명한 대로 수신한 메시지는 개발자가 표시할 곳을 구현하므로 비교적 자유롭게 표시 방법을 결정할 수 있습니다. GcmListenerService로 받은 메시지를 Intent에 전달해 액티비티를 시작함으로써 액티비티에서 대화상자처럼 표시할 수도 있습니다. LINE 등 메신저 앱에서 사용하는 대화상자 형식의 푸시 알림이나 Facebook Messanger 앱의 Chat Heads 등과 같이 홈 화면 안에 표시할 수도 있습니다. 이 Service에 관해서도 AndroidManifest에 등록해 둡시다(예제 19-16).

[예제 19-16] GcmListenerService 설정(AndroidManifest)

```
<service
    android:name="(앱의 패키지 이름).MyGcmListenerService"
    android:exported="false" >
    <intent-filter>
        <action android:name="com.google.android.c2dm.intent.RECEIVE" />
    </intent-filter>
</service>
```

19.2.4 서버에서 푸시를 구현하자

앱에서의 구현을 설명했으니, 여기서는 서버에서의 구현을 간단히 설명하겠습니다. 서버에서는 세 가지 방법으로 푸시할 수 있습니다. 첫째는 앱 쪽에서 가져온 Registration 토큰을 받아 단말에 푸시하는 방법입니다. 이때 HTTP의 POST 메시지는 다음과 같습니다. HTTP로 전송할 경우는 JSON API 형식이 됩니다(예제 19-17).

[예제 19-17] Registration 토큰 기반 푸시 송신을 위한 HTTP POST 요청

```
https://gcm-http.googleapis.com/gcm/send
Content-Type:application/json
Authorization:key=( Server API Key )
{
    "data": {
        "( 임의의 키 )": "( 임의의 메시지 )",
    },
    "to" : " ( 임의의 Registration 토큰 ) "
}
```

본 구현 예에서는 data 부분을 단순한 문자열로 해서 Notification에 표시했지만 JSON이나 XML처럼 구조화된 문자열로 전송해 앱 쪽에서 해석하면 푸시된 메시지로 복잡한 UI를 구성하거나 정상 동작 상태, 오류 동작 상태 등을 확실히 처리할 때 도움이 됩니다.

어느 송신처(to)가 어느 사용자인지 판별하기 위해서는 사용자 ID와 함께 Registration 토큰을 관리할 필요가 있겠지요.

푸시를 보내는 두 번째 방법은 Registration 토큰을 Device Group으로 불리는 단위로 묶어 보내는 것입니다. 이 Device Group은 GCM 서버에 요청해 생성할 수 있습니다.

[URL] **Android의 기기 그룹 메시징**
https://firebase.google.com/docs/cloud-messaging/android/device-group

그리고 마지막 푸시 송신 방법은 서버 쪽에서 특정 주제에 관해 메시지를 보내면 앱에서 사용자가 구독 신청한 주제만 앱으로 전달하는 방법입니다. 이를 GCM 주제 메시징이라고 합니다(현재 Firebase 클라우드 메시징의 주제 메시징에 해당).

19.3 GCM을 활용하자 : GCM 주제 메시징

GCM 구현을 이해했다면 이번에는 GCM 3.0의 새로운 기능을 적극적으로 사용해 봅시다. GCM이 3.0 버전으로 올라오면서 이전까지의 사용자 기반 푸시에 더해 주제 기반 푸시 기능인 주제 메시징이 도입됐습니다. 주제 메시징을 효과적으로 활용하면 푸시의 활용 범위가 넓어집니다. 이번 절에서는 주제 메시징에 관해 알아보겠습니다.

19.3.1 구독한 사람에게만 푸시하자

GCM 3.0에 새로 추가된 특징적인 푸시 전송 방법이 바로 주제 메시징(Topic Messaging)입니다. 주제 메시징은 개발자의 푸시 서버에서 '주제'로서 구분한 메시지를 배포하고, 앱 쪽에서 GCM에 구독 등록한 단말에만 메시지를 푸시하는 구조입니다. 사용자를 관리할 필요가 없어 구현 자체는 매우 간단합니다. 뉴스 배포나 날씨 등 지나치게 세분화된 정보를 배포하는 데 적합합니다. 이제부터 구현 방법을 소개하겠습니다.

서버 구현

개발자 쪽 서버 구현에서는 Registration 토큰을 기반으로 요청하는 메시지 형식에서 'to' 항목 값을 다음 정규 표현식에 따라 변경하기만 하면 됩니다(예제 19-18).

[예제 19-18] 주제의 형식(정규 표현식)

```
"/topics/[a-zA-Z0-9-_.~%]+"
```

상기 주제를 지정한 HTTP POST 요청은 다음과 같습니다(예제 19-19).

[예제 19-19] 주제 기반 푸시 송신 HTTP POST 요청

```
https://gcm-http.googleapis.com/gcm/send
Content-Type:application/json
Authorization:key=( Server API Key )
{
```

```
    "data": {
        "( 임의의 key )": "( 임의의 메시지 )",
    },
    "to" : "/topics/( 임의의 값 )"
}
```

주제 기반 푸시 송신은 서버 쪽에서 Registration 토큰을 관리할 필요가 없습니다. 푸시 배포에 특정화 요소가 적은 메시지, 예를 들어 개수가 한정된 광역별 일기예보 등의 일제 배포와 같은 경우는 서버 쪽 구현이 매우 간단해집니다.

앱에서의 구독 등록

GCM 주제 메시징을 이용하는 경우 앱에서 구독할 주제를 등록해야 합니다. 구독 등록은 com.google.android.gms.gcm.GcmPubSub 클래스의 subscribe()를 사용합니다. [예제 19-20]은 등록의 구현 예입니다. 예제 앱에서는 RegistrationIntentService에서 처리가 수행됩니다.

[예제 19-20] 구독 등록 구현 예(자바)

```
GcmPubSub pubSub = GcmPubSub.getInstance(this);
pubSub.subscribe(Token, "/topics/( 임의의 주제를 지정하는 문자열 )", null);
```

앱에서의 주제 메시지 수신

주제 메시지 수신은 GcmListenerService의 onMessageReceived()의 첫 번째 인수인 from에 "/topics/xxxx" 형태로 들어오므로 여기서 판단합니다. 다음은 메시지를 수신하는 예입니다(예제 19-21). 예제 앱에서는 MyGcmListenerService에서 처리가 수행됩니다.

[예제 19-21] 주제 기반 메시징의 판별(자바)

```
생략
@Override
public void onMessageReceived(String from, Bundle data) {
    String message = data.getString("( 서버 쪽에서 지정한 키 문자열 )");
```

```
    if (from.startsWith("/topics/")) {
        // GCM Topic Messaging의 메시지
    } else {
        // 기타 메시지
    }
  생략
}
```

정리

어떠셨나요? 푸시 알림을 구현함으로써 앱의 시작 경로를 다양하게 하고, 사용자가 앱을 계속 사용하게 하는 재료가 될 수 있다는 사실을 이해했을 것입니다. 푸시에도 여러 가지 솔루션이 있지만 구글이 대규모로 전송하는 GCM은 안정성도 높아서 푸시 구현에서 가장 먼저 검토해야 할 것입니다. 또한 세밀하게 사용자별로 나눌 수 있는 Registration 토큰 기반의 푸시나 큰 분류로 일제히 전송할 수 있는 GCM 주제 메시징을 이용한 푸시 등도 특성을 이해하고 잘 활용하면 유연하게 구현할 수 있습니다. 꼭 적극적으로 이용해 보세요.

번호

2차 빌드	255

[A]

A/B 테스트	437
ActivityTestRule	234
Activity Transition Animation	309
AdapterView	239
ADB Idea	28
adMob	391
AdMob	471
Adobe Color	279
AES-256	351
AIDL	91
Allocated	380
Analytics	471
android.app.IntentService	477
Android Design Support Library	311
Android Dev Summit	201, 229
Android Emulator Plugin	267
Android Gradle 플러그인	3, 180
android.hardware.fingerprint.FingerprintManager	418
Android Lint Plugin	268
AndroidManifest.xml	16
Android Monitor	380
android.permission.INTERNET	475
android.permission.USE_FINGERPRINT	418
android.permission.WAKE_LOCK	475
Android SDK Tools	372
android.security.keystore.KeyGenParameterSpec.Builder	428
android.security.keystore.serNotAuthenticatedException	428
android.support.v4.hardware.fingerprint.FingerprintManagerCompat	419
android.test.canceled	410
androidTestCompile	232
Android Testing Support Library	232
android.test.item_unavailable	410
android.test.purchased	410
android.test.refunded	410
Animation	363
Annotation 지원 라이브러리	106
ANR	442
API_KEY	472
AppBar	327
AppBarLayout	329
AppCompat	314
AppCompatActivity	34
AppCompatDelegate	35
appcompat-v7 라이브러리	320
App Indexing	450
App Invites	471
app:layout_anchor	332
app:layout_anchorGravity	332
app:layout_scrollFlags	329
applicationId	182
Application name	5
app-mvp	143
app-mvvm	157
App to App	446, 449
app-universal-release.apk	436
ArrayMap	386
ART	353
ASO	447
assembleDebug	178
attrs.xml	49
authenticate()	422
authorities	73
Auto-Boxing	386

[B]

BaseAdapter	239
Basic Activity	6
Basic Completion	20
beforeActivityLaunched	236
BindingAdapter	163
bindService()	91
BOOT_COMPLETED	86
BroadcastReceiver	85
build.gradle	172
buildToolsVersion	182
Build Variants	192

[C]

cancelable	444
category	476
CDP	271
Cheat Sheet	235

checkSelfPermission	344
Checkstyle	254, 270
Circle CI	258, 273
CI 서버	255
closeSoftKeyborad()	241
Cloud Messaging	471
Cobertura Plugin	267
Codeship	273
CollapsingToolbarLayout	329
colorAccent	317
colorPrimary	317
colorPrimaryDark	318
com.android.vending.BILLING	399
com.google.android.c2dm.permission.RECEIVE	475
com.google.android.gms.common.GoogleApiAvailability	477
com.google.android.gms.gcm.GcmListenerService	480
com.google.android.gms.gcm.GcmPubSub	485
com.google.android.gms.gcm.GcmReceiver	476
com.google.android.gms.iid.InstanceIDListenerService	479
Company Domain	5
compileSdkVersion	181
Complete Current Statement	22
Confirm Credential	414, 426
ConnectionResult	477
consume()	408
ContentObserver	81
ContentProvider	68
ContentResolver	68
ContentValues	79
content 커맨드	82
contract	143
CPI 과금	454
Crashlytics	442
createConfirmDeviceCredentialIntent()	429
createKeyPair()	420
Crittercism	442
CTR	457
Cursor	69
CyanogenMod	377

[D]

dangerous 퍼미션	342
Dashboards	9
DataBindingUtil.setContentView()	156
defaultConfig	182
DelployGate	432
dependencies	171, 474
DeployGate	271
Design Support Library	171
Developer Console	254
developerPayload	402
Device Group	483
Device Screenshot	246
Dex	353
DexClassLoader	354
DI	206
dp와 px의 비율	41
Draw	379
Dropdown Button	308
DRY	271

[E - F]

EditText	317
Elevation	301, 317
emptiness	303
Empty Activity	6
Exclusive Time	368
EXPLAIN QUERY PLAN	388
Factory 메서드	217
FindBugs	254, 267
Fingerprint Authentication	414, 416
FingerprintManager	422
Firebase 앱 색인 생성	451
Firebase 클라우드 메시징	470
Flat Button	307
Flinto	292
Floating Action Button	307
fps	364
Fragment	51

[G]

Garbage Collection	36
GCM	467
gcmsender	469

GCM 주제 메시징	484	insert()	77
getArguments()	59	Inspect Code	374
getBuyIntent()	402	Instant Run	31
getCallingActivity()	348	Integer	386
getChildFragment Manager()	60	IntelliJ IDEA	3
getErrorDialog()	477	intended	235, 241
getPackageName()	348	intending	235, 241
getStringExtra()	349	intent-filter	476, 479
getter	22	IntentFilter	85
getType()	80	IntentService	97
getWritableDatabase()	78	InVision	292
GID	337	Invocation Count	368
GitHub hook trigger for GITScm polling	263	isUserResolvableError()	477
GitHub Plugin	262	ItemTouchHelper	127
Glide	134		
Google Play Developer Console	396	[J – K]	
google-services.json	471	Jacoco Plugin	267
Google Sign-in	471	JavascriptInterface	354
Google 결제 센터	396	java.security.KeyPairGenerator	420
GPU Overdraw	375	java.security.Signature	424
gradle.properties	177	java.security.SignatureException	422
Gradle Wrapper	176	javax.crypto.Cipher	428
GradleWrapper	14	javax.crypto.KeyGenerator	427
GridLayoutManager	120	Jenkins	258
		JSON	471
[H – I]		JUnit	203
HAL	336	KeyguardManager	419, 427
HashMap	386	Keystore	416, 428
Heads-Up Notification	110	keytool	347
Hierarchy Viewer	377	KGI	455
Holo Theme	300	KPI	455
HSB	278	KPI 트리	455
https 스킴	359		
IAB	394	[L]	
IabHelper	400	launchMode	39
IBinder	95	launchPurchaseFlow()	402
IDE	2	Layout	379
Idle	363	layoutopt	373
IInAppBillingService	400	layout-v21	313
IInAppBillingService.aidl	397, 400	Layout View	378
ImageButton	155	layout_weight	43
ImageView	375	layout_width	43
In-App Billing	394	LeakCanary	381
Inclusive Time	368	LinearLayout	42
inflate	123	lint	372

Lint	254	onServiceConnected()	95
Lists	305	onServiceDisconnected()	95
ListView	324	onTokenRefresh	479
Load	363	onView	235, 239
loadLibrary()	354	OutOfMemoryError	380
LocalBroadcastReceiver	87		

[M – N]

[P]

Marshmallow	414	PDCA 사이클	448
MAT	381	permission	476
Matcher	237	permission.C2D_MESSAGE	476
Material Design Guidelines	301	Permission Stealing	345, 347
Maven	14	PMD	254, 270
Meaningful Transitions	301	POP	292
Measure	379	Postfix Completion	24
MediaPlayer	93	ProgressBar	158
MediaStore	70	Proguard	353
merge 태그	46	Project Kennedy	301
Minimum SDK	6	Project location	6
minSdkVersion	182, 475	ProsCons 리스트	286
Mock	292	protectionLevel	346
Mockito	205	Prott	292
Model View Presenter	130	PV	458
Modern UI	298		
MONOSPACE	282		

[Q – R]

moveToFirst()	72	query()	69
Multidex	176	queryPurchases()	408
Multiple APK Support	434	Quick Fix	21
MVP	130	RAIL	362
MVVM	131	Raised Button	307
MyRegistrationIntentService	479	RECEIVE_BOOT_COMPLETED	86
		RecyclerView	111
		RecyclerView.Adapter	111

[N – O]

		RecyclerView.ItemDecoration	118
NavigationView	320	RecyclerView.LayoutManager	112
Notification	107	RecyclerView.ViewHolder	111
NotificationCompat	107	RefWatcher	384
notifyChange()	79	registerReceiver	86
ObservableField	155	Registration 토큰	468, 479
ObservableInt	155	regression test	230
Offset	118	requestPermissions	344
onChange	81	Response	363
onData	235, 239	resultCode	430
onHandleIntent(Intent)	97	RESULT_OK	430
onMessageReceived()	480	Retrofit	134
onReceive	85	returnDefaultValues	214

RGB	278
RippleDrawable	308
Ripple Effect	315
Robolectric	215
RSA 공개 키	397
R.string.gcm_defaultSenderId	478
Runtime Permission	341
RxJava	134

[S]

SaaS	258
SDK, Min	6
Secure Coding	349
SecureRandom	359
Sender ID	467
SEO	447
serialize	424
SERIF	282
Server API Key	472
Service	91
ServiceConnection	95
Service 수명주기	92
setArguments(Bundle)	59
settings.gradle	175
setUserAuthenticationRequired()	428
setUserAuthenticationValidityDurationSeconds()	428
Shadow	317
Shared Elements	309
sharedUserId	338
shouldShowRequestPermissionRationale()	343
sign()	424
signature	341
signatureOrSystem	341
signingConfigs	182
SimpleArrayMap	386
Sketch	292
Smart Type Completion	20
SnackBar	330
SNS	462
SparseArrayCompat	387
Spinner	144, 158
splits	435
Splunk MINT	442
Sprout Method	220
SQLiteHelper	77

SQL 인젝션	350
SSLHandshakeException	356
startActivity()	345
startService()	91
startSetup()	400
Status Bar	318
Stetho	83
stopSelf()	92
stopService()	92
StrictMode	365
styles.xml	312
support-v4 라이브러리	320
Symmetric key	416
System.nanoTime()	366
Systrace	369

[T]

TabLayout	324
targetSdkVersion	183
taskAffinity	39
TDD	218
testCompile	207
TextView	375
Theme.Material	313
Thread	368
ThreadPolicy	366
Toggle Buttons	308
Topeka	235
Traceview	367
TraceView	369
Transaction	424
Travis CI	273
Tree Overview	378
Tree View	378
Trivial Drive	398

[U]

UI Automator	244
UI Automator Viewer	246
UID	337
UI 테스트	228
unbindService()	95
unregisterReceive()	86
UnsupportedOperationException	74
UriMatcher	78

URL 작성 도구	441
USB 디버깅	9
uses-sdk	475

[V - W]

v4 지원 라이브러리	105
v7 지원 라이브러리	106
values- v21	312
VCS	177, 255
verifyPurchase()	407
versionCode	436
ViewAction	241
ViewServer	377
Visibility	158
VMPolicy	366
VSync	371
V모델	201
WakefulBroadcastReceiver	88
WakeLock	88
Web to App	446, 450
WebView	358
Wrap Method	220

[ㄱ]

가변길이 인수	241
가비지 콜렉션	364, 381
개발자 모드	9
객체의 인수화	223
객체 풀	385
검색 연동형 광고	453
결합 테스트	410
경고	369
경쟁자 조사	286
계속률	460
계속이용률	445
고딕체	280
공개키	417
공유 요소	309
과금, 다운로드	392
과금 모델	390
관성	309
광고 네트워크	452
광고 모델	390
광원	302
구글 앱 인덱싱	451
구글 웹로그 분석	460
구독 등록	485
그레이들	170
그로스 핵	445
그루비	170
그리드 리스트	306
그리드 시스템	284
기능 해제	392
긴밀한 결합	221

[ㄴ - ㄷ]

넌인센티브 광고	454
느슨한 결합	221
다이내믹 컬러	318
단위 테스트	228
대칭키	416
데이터 바인딩	152
드롭다운 버튼	308
디플로이	254

[ㄹ]

랩 메서드	220
로컬 푸시	465
루빈의 잔	299
루팅	377
리눅스 커널	336
리모트 푸시	465
리버스 엔지니어링	353
리스트	305
리스팅 광고	453
리워드 광고	454
리프트 애니메이션	309
린캔버스	287
릴리스 빌드	255

[ㅁ]

마진	42
매번 과금	398
머티리얼 디자인	301
메모리 누수	381
메서드 추출	222
메인 스레드	363
메타포	297, 301
명조체	280
모네타이즈	390
모듈	15
목 객체	205
무드보드	283
물결 효과	315

[ㅂ]

배경	299
백스택	39
버튼	307
베타 버전	433
변조	417
보안 레벨	351
보안 모델	336
보안 코딩	349
브레이크 포인트	29
비대칭키	417
비밀키	417
비정상 종료	442
빌드	253
빌드 타입	185

[ㅅ]

사용성	432
사용성 테스트	290
사용자 획득	440
산세리프체	280
색	278
생체인증	413
서명 검증	347
설치 동의	340
설치율	437
세리프체	280
세터 메서드	217
소셜 광고	453
소스코드 난독화	353
소프트웨어 스택	336
수동 테스트	200
수명주기	36
수직동기신호	371
스위치	317
스큐어모픽	297
스택 영역	386
스파이 객체	211
스프라우트 메서드	220
슬립 상태	87

[ㅇ]

안드로이드 6.0 마시멜로	414
안드로이드 디자인 지원 라이브러리	312
안드로이드 스튜디오	2
알파 버전	433
암호화	264
애플리케이션 계층	336
액세스 분석 서비스	460
앱 아이콘	448
앱의 콘셉트	447
앱 이름	447
앱 인덱싱	450
업데이트 알림창	444
에스프레소	231
엠프티니스	303
오토박싱	386
온라인 광고	451
워크스루	460
유입경로	440
유입 채널	446

의존성 주입	206
이탈	465
인스턴트 런	31
인스펙션	254
인앱 과금	392
인터랙션	308
인터뷰	289
인피드(In-feed) 광고	459

[ㅈ]

자기 서명 인증서	356
자동 테스트	200
자사 유입	446
자연 유입	446
재방문율	445
전경	299
접근자 메서드	22
정적 응답	409
정크 프레임	369, 371
제스쳐 액션	306
증분 검색	25
지문인증	416

[ㅊ - ㅋ]

참여	445
청킹	306
추적한 채널	441
취약성	443
카드	306
커밋 빌드	255
커스텀 뷰	44
컨셉트 테스트	289
컬러 팔레트	317
코드 이동	224
코치마크	461
클래스 추출	223
키-값 형식	386

[ㅌ]

타이포그래피	298
태스크	39, 181
테스트	253
토글 버튼	308
튜토리얼	461

[ㅍ]

패딩	42
팩토리 메서드	59
페이퍼 프로토타이핑	292
폰트	279
표면 반응	315
푸시 알림	465
프래그먼트	51
프래그먼트의 수명주기	55
프래그먼트 추가와 삭제	58
프로덕트 플레이버	189
프로모션	446, 451
프로세스 간 통신	339
프로토타이핑	293
프리페어드 스테이트먼트	350
플랫 디자인	298
플러리	460
피드백	255, 307

[ㅎ]

해시값	347
핵심목표지표	455
핵심성과지표	455
헤드리스 프래그먼트	62
호출 스택	367
확보된 메모리	380
회귀 테스트	230
힙 메모리	380

쯔쯔이 슌스케
야후 주식회사 퍼스널 서비스 컴퍼니 앱개발부 부장

2005년 야후에 입사. 2009년부터 안드로이드 앱 개발을 진행. '야후오크!', 'Yahoo! 브라우저', 'Yahoo! 간단 사진정리' 등 다수의 앱 개발에 종사했다. 2013년 야후 인증 제도인 안드로이드 앱의 '검은띠' 인증. 강사로서 사내 엔지니어 기술력 강화에 힘쓴다. 이 책에서 02, 03, 13, 14 및 전체 감수를 담당했다.

사토야마 나미토
야후 주식회사 퍼스널 서비스 컴퍼니 앱 추진 본부 앱 개발 추진부

사이버 에이전트와 DeNA 등에서 앱 개발 경험을 쌓아 2014년 야후에 입사. 'Yahoo! 브라우저'를 비롯한 유틸리티 계통 앱의 관리와 기술추진업무에 종사했다. 사적으로는 안드로이드 앱 개발자 커뮤니티 'Shibuya.apk'를 운영한다. 이 책에서 12, 15, 16, 18, 19를 담당했다.

마츠다 쇼이치
야후 주식회사 CTO실 SWAT

대학에서 소프트웨어 설계와 개발을 전공했다. 2012년에 야후에 신입으로 입사. 2013년부터 안드로이드 개발과 iOS 개발을 했고, 주로 'Yahoo! 스마트폰 최적화 도구'의 개발 업무와 매지니먼트 업무에 종사했다. 현재는 회사 전반의 개발에 관한 과제 해결 업무를 하는 한편, 사내 안드로이드 라이트닝 토크를 주재한다. 서비스의 울타리를 넘어 지식 공유와 엔지니어의 관계 강화에 노력한다. 이 책에서 07, 08, 09, 17을 담당했다.

사사키도 히로키
야후 주식회사 퍼스널 서비스 컴퍼니 메일 본부 디자인부 리더

2008년 야후에 입사. 웹사이트 설계나 코딩을 주로 하면서 디자인 업무까지 폭넓게 종사한다. "Yahoo! 환승 안내"에 포함된 "통근 타이머"와 "Yahoo! 메일" 등 다수의 앱 설계 업무를 했다. 현재는 사내에서 정성조사와 설문조사를 이용한 UX 리서치를 추진하고 있다. 이 책에서 Tech10, 11, 12를 담당했다.

멘쥬 타카히루
야후 주식회사 미디어 컴퍼니 앱 추진 본부 앱 개발 추진부

대학에서 정보 공학을 전공했다. 스마트폰 앱 개발 기법에 관해 연구한다. 2013년 야후에 신입 입사. 주로 "Yahoo! 스마트폰 최적화 도구"나 "Yahoo! 브라우저" 개발 업무에 종사. 오픈 소스인 안드로이드 라이브러리와 안드로이드 스튜디오 플러그인을 개발하고, 회사 내외부의 라이트닝 토크에 자주 참가하는 등 기술적인 계몽 활동을 활발히 하고 있다. 이 책에서는 Tech01, 04, 05, 06을 담당했다.

야후의 검은 띠 제도란?
야후에는 기술이나 제작 분야에서 전문성이 뛰어난 엑스퍼트 인재를 '검은 띠'로 인증하고, 활동을 후원하는 '검은 띠' 제도가 있습니다. 어떤 분야에 뛰어난 지식과 스킬을 가진 그 분야의 일인자가 검은 띠로 임명되며, 포상금과 활동 예산을 줍니다. 각 분야에서 사내외로 정보를 적극적으로 발신함과 동시에 사내외 전문 기능의 발전에 기여합니다.